낮아짐의 은혜 ❷

정원 지음

영성의 숲

서문

낮아짐의 은혜는 본래 1권으로 계획되었으나 분량이 700쪽이 넘어가는 바람에 너무 두꺼워져서 2권으로 나누어 출간하게 되었습니다.

1권은 4부까지 주로 기본적인 원리를 다루었으며 2권은 5부, 6부와 결언 및 적용으로 실제적인 적용을 중심으로 다루었습니다. 낮아짐은 천국의 문을 여는 진정한 보화로서 사단은 이것을 빼앗기 위하여 어떻게 속이고 역사하는가 하는 것을 5부에 다루었으며 하나님은 이 보화를 우리가 얻을 수 있도록 어떻게 훈련하시는가 하는 것을 6부에 다루었습니다.

눈이 열릴 때 우리는 우리가 구하는 많은 것들이 대수롭지 않은 것들이며 심지어 우리의 영혼을 위험하게 한다는 것을, 그리고 우리가 낙심하고 좌절하던 많은 문제들이 오히려 우리의 영혼을 풍성하게 하며 하나님의 은총이 임하는 도구가 되는 것을 볼 수 있게 될 것입니다.

이 보화를 잘 발견하고 관리하십시오.

낮아짐의 보화를 발견할수록, 당신의 영혼은 전에 몰랐던 자유, 세상에는 숨겨진 천국의 은총과 기쁨을 발견하고 누리게 될 것입니다.

낮아짐은 천국의 비밀이며
낮아짐에는 주님의 임재가 있습니다.
당신이 이 보화를 얻을 수 있도록
주님은 오늘도 당신을 인도하시며 훈련하십니다.
부디 그 시험과 훈련을
합격하시고 통과하십시오.
그리하여 보화를 얻으십시오.
주님은 지금도
당신과 함께 하십니다.
할렐루야.

    2008. 7 정원

2권 목차

5부 낮아짐을 빼앗아가는 사단의 전략들

1. 장화신은 고양이/ 10
2. 깊은 곳에서의 유혹/ 17
3. 위대함에 대한 비전/ 35
4. 경쟁과 비교의식/ 51
5. 물질, 욕망, 편안함의 유혹들/ 73
6. 자기애의 함정/ 93
7. 영적인 요인들로 인한 높아짐/ 112
8. 낮아짐을 잃어버린 사람들의 증상들/ 145

6부 낮아짐을 위한 하나님의 훈련

1. 원수와 대적자를 사용하심/ 174
2. 가시를 통한 훈련/ 186
3. 멸시와 천대를 통한 낮아짐/ 200
4. 억울함의 경험/ 224
5. 꿈의 좌절/ 242
6. 한계 상황으로 인도하심/ 265
7. 사역을 위한 낮아짐의 훈련/ 285
8. 낮아짐의 훈련을 통과한 이들의 변화된 속성들/ 310

결언과 적용/ 323
부록 : 주님은 무엇을 아파하시는가/ 358

1권 목차

1부 은혜의 원리

1. 은혜의 비결은 낮아짐이다/ 10
2. 천국의 가치관과 세상의 가치관/ 16
3. 높은 마음에서 재앙이 시작된다/ 32
4. 하나님의 임재가 머무는 사람/ 41
5. 하나님의 임재가 멀리 있는 사람/ 57
6. 낮아짐과 열등감은 다르다/ 78

2부 높아짐의 시작과 타락

1. 우주 첫 번째의 죄/ 86
2. 지옥의 중심 원리/ 96
3. 두 번째의 죄/ 111
4. 높은 마음에서 나오는 여러 가지 악들/ 121
5. 세상의 중심 사상/ 132

3부 낮아짐의 시작과 은혜의 회복

1. 낮은 자로 이 땅에 오신 주님/ 162
2. 주님께 속한 사람들/ 167
3. 주님의 낮아지심과 십자가의 사역/ 176
4. 낮아짐과 주님의 임하심/ 194

4부 낮아짐의 풍성함들

1. 기도를 들으심/ 204
2. 낮아짐의 능력/ 221
3. 낮아짐과 부흥/ 235
4. 낮은 마음과 복음 전도/ 259
5. 낮음의 향기, 천국의 공동체/ 279

부록1. 그 발 앞에 엎드려/ 293
부록2. 낮아짐과 순복의 삶 속으로/ 301

5부 낮아짐을 빼앗아가는 사단의 전략들

낮아짐은 천국의 은총을 경험하는
비밀이며 보화입니다.
그러므로 사단은 수단 방법을 동원하여
이 보화를 빼앗으려고 합니다.
사람들은 건강을 지키고 재산을 지키며
자존심을 지키고 야망을 지키려고 노력합니다.
그 사이에 사단은 슬며시 낮아짐을 빼앗아가며
많은 이들은 기쁨과 행복과 천국을 잃어버리고
두려움과 슬픔 속에서
한숨을 쉬며 살아가고 있는 것입니다.
낮아짐을 지키십시오.
그의 계략에 속지 마십시오.
사단의 계략에 넘어지지 않고
낮음을 유지하는 사람만이
천국의 기쁨과 은총 속에서
행복한 삶을 누릴 수 있습니다.

1. 장화신은 고양이

낮아짐에는 풍성함이 있습니다. 낮아짐에는 은총이 있습니다. 낮아짐은 천국의 문입니다. 이 원리를 충분히 이해하고 깨닫고 적용한다면, 높은 곳에서 명령하고 지배하는 것보다 낮은 곳에서 순종하는 것이 더 많은 행복과 기쁨의 원천이 되는 것임을 사람들이 이해한다면, 우리는 도처에서 많은 행복한 사람들을 발견할 수 있을 것입니다.
그러나 현실은 그렇지 않습니다. 현실에서 은총을 누리고 그 아름다운 세계를 맛보면서 사는 이들은 많지 않습니다. 대다수의 사람들에게 천국과 같은 삶은 저 멀리 있는 것 같습니다.
그 이유는 무엇일까요? 그것은 낮은 마음을 가지고 있는 이들이 드물기 때문이며 애써 낮아짐을 얻어도 그것을 노리고 유혹하며 빼앗는 존재가 있기 때문입니다. 우리가 낮아짐의 길을 깨닫고 그 안에서 자유함을 얻는 것을 극도로 싫어하고 미워하며 유혹하고 방해하는 존재가 있기 때문입니다.

유혹은 계속되고 있다

그는 바로 마귀입니다. 그들은 사람들이 주님께 속하고 낮아짐의 길을 걸어갈 때 그것이 그들에게 곧 멸망을 의미한다는 것을 잘 압니다. 그러므로 그들은 어떻게 해서든지 사람들을 이 길에서 벗어나게 하기를 원합니다.
마귀는 자기의 위치를 버리고 높아짐의 길을 선택하였습니다. 그러다가 하늘에서 쫓겨났습니다. 그는 땅으로 내려와 사람들에게 높아지도록 유혹했습니다. 그리고 성공해서 사람들의 영혼을 그 수중에 넣게 되었습니다. 그러나 그리스도가 하늘의 영광을 버리고 낮아져서 이 땅에 오셨고 십자가에서 죽으심으로 그의 계획은 수포로 돌아가고 말았습니다. 그는 십자가에서 치명타를 얻어맞고 말았습니다.
하지만 마귀는 아직 포기하지 않았습니다. 최후 심판의 날이 있지만 아직 그 날은 이르지 않았습니다. 그러므로 그 날이 이르기까지 그는 계속적으로 사람을 유혹하여 그의 수하에 두기를 원하였습니다.

그러므로 하늘과 그 가운데 거하는 자들은 즐거워하라 그러나 땅과 바다는 화 있을찐저 이는 마귀가 자기의 때가 얼마 못 된 줄을 알므로 크게 분내어 **너희에게 내려갔음이라 하더라** (계12:12)

주님의 가르침대로 살아야 한다

주님은 십자가에서 죽으심으로 죽기까지 아버지께 복종하셨으며 또한 그러한 삶을 살도록 제자들에게 가르치셨습니다. 주 안에 거하고 주를 따르고 순종하며 낮아짐의 삶을 살도록 가르치셨습니다. 그렇게 할 때 사망의 권세가 더 이상 그들에게 미치지 못할 것입니다.
그러나 당시에나 지금이나 주를 따르고 믿는 다고 자처하는 이들은 주를 믿으면서도 주의 말씀을 소홀히 하는 경향이 많습니다. 그러므로 주님께서는 **너희는 나를 불러 주여 주여 하면서도 어찌하여 나의 말하는 것을 행치 아니하느냐** 고 말씀하셨습니다. (눅6:46)

어떤 이들은 단순히 주의 이름을 부르고 주를 영접한다고 고백하기만 하면 우리 마음대로 살아도 마귀의 권세로부터 벗어날 수 있다고 생각하기도 합니다. 그러나 그것은 오해입니다. 주를 영접하고 따른다는 것은 단순히 입술만의 고백으로 끝나는 것이 아니라 주의 말씀을 지키는 것이며 주님이 가르치신 방식으로 삶을 살아가는 것을 의미하는 것입니다. 주기도문은 주문처럼 외우라고 주신 기도가 아니고 주님께서 가르치신 기도의 방식입니다. 주의 이름을 부르라는 것도 주문처럼 시행하라는 것이 아니라 삶의 모든 순간에 주님을 주인으로 모시고 살라는 것입니다. 우리는 주님의 가르치심과 말씀하시는 것을 지켜야 합니다. 그 가르침의 의미를 이해하고 순종해야 합니다. 그렇게 할 때에 우리는 자유함을 얻을 수 있습니다.

낮아짐의 가르침은 주님이 말씀하신 삶의 중심적인 것입니다. 그러한 주님의 사상과 가르침을 무시하고 반대로 산다면, 그것은 본능에 속한 삶이며 마귀로부터 자유롭게 되는 삶이 아닙니다. 마귀는 입으로만 주를 부르며 그의 가르침을 중시하지 않는 이들을 유혹해서 그 은혜의 자리에서 실족시키기 위해 치열하게 활동하고 있기 때문입니다.

마귀는 이제 권리가 없습니다. 십자가 사건으로 인하여 죄의 빚은 갚아졌고 이제 마귀는 더 이상 주님께 속한 자를 괴롭힐 수 없습니다.

하지만 그들은 유혹은 계속 할 수 있습니다. 속이는 것은 계속 할 수 있습니다. 진리에 대해서 피상적으로 이해하고 있거나 주님을 형식적으로 따르고 깊은 진리 가운데 있지 않은 이들을 그들은 속이고 사로잡을 수 있습니다.

그러한 마귀의 유혹의 핵심은 무엇일까요? 그들이 사람의 영혼을 속이고 사로잡을 수 있는 강력한 방법은 무엇일까요?

그것은 바로 낮아짐을 잃어버리게 하는 것입니다. 마귀는 주님께 속한 낮아진 자를 지배할 수 없습니다. 그는 오직 높아지려고 하는 자들만을 사로잡을 수 있습니다. 왜냐하면 높아지려고 하는 것은 마귀의 근본성향으로서 가장 마귀를 닮은 것이며 마귀에게 속하게 하는 기본적인 성질이기 때문입니다.

동화의 교훈

널리 알려진 동화 가운데 '장화신은 고양이'라는 이야기가 있습니다. 그 내용을 보면 방앗간을 운영하는 아버지의 유산으로 형들은 방앗간과 당나귀를 물려받지만 막내는 고양이 한 마리만을 받게 됩니다.
그런데 이 고양이가 아주 똑똑한 고양이였습니다. 이 고양이는 자기의 주인에게 장화를 달라고 해서 신고 다니며 멋진 활약을 펼칩니다. 여러 가지 작전을 꾸며서 결국 나중에 자기의 주인인 막내가 왕의 딸과 결혼 하게 되지요. 그런데 그 과정에서 이 고양이가 거인이 살고 있는 성을 빼앗아서 자기의 주인 막내에게 주는 내용이 나옵니다.

이 성은 아름답고 큰 성이고 그 성의 주인인 거인은 마법도 사용할 수 있는 막강한 존재입니다. 고양이는 이 성을 빼앗아서 막내에게 주려고 합니다. 그렇게 되면, 막내를 성의 주인 카발라 공작이라고 왕에게 그 럴듯하게 소개할 수 있기 때문입니다.
그러나 마법을 쓰는 거인을 이 조그맣고 평범한 고양이가 어떻게 이길 수 있겠습니까? 조금 꾀가 많다고는 하지만 마법사는 고양이의 상대가 되지 않는 것입니다. 그러나 고양이는 마법사를 물리칩니다. 힘으로는 도저히 게임이 되지 않는 이 싸움을, 그는 꾀를 써서 이기게 됩니다.

먼저 고양이는 거인을 찾아가서 아부를 떨면서 정말 마법을 할 수 있느냐고 묻습니다. 거인이 할 수 있다고 하자 그러면 무서운 사자가 될 수 있느냐고 묻습니다. 마법사가 변신해서 사자가 되자 고양이는 벌벌 떨면서 무서운 척을 합니다. 그리고는 다시 묻습니다. '거인님은 참 능력이 많으시지만, 쥐와 같이 작은 동물로 변신하는 것은 어렵겠지요?'라고 살짝 약을 올립니다. 순진한 거인은 내가 왜 그까짓 것을 못하겠냐고 순식간에 변신을 해서 쥐가 되어 버립니다. 거인은 이 조그만 고양이를 너무나 우습게 본 것이었지요. 하지만 그것이 그의 최후였습니다. 고양이는 다른 것은 못 해도 쥐를 잡는 것만큼은 자신이 있었으니까요. 그래서 거인이 쥐가 된 순간에 고양이는 그 쥐에게 달려들어서 그를 잡아먹습니다. 그래서 고양이와 그의 주인은 성의 주인이 됩니다.

높아지는 순간에 모든 것을 잃는다

이 동화에서 나오는 고양이의 수법이 그리스도인들을 공격하는 마귀의 수법과 비슷하다고 할 수 있습니다. 거인은 고양이보다 훨씬 더 강하고 크며 힘을 가지고 있습니다. 그러나 고양이의 꾀에 넘어가 쥐가 된다면 거인은 그 순간 패배하게 됩니다. 그렇지만 않으면 그가 고양이에게 질 일은 없을 것입니다.

마법을 하는 거인과 그리스도인들을 비유한다는 것이 조금 불편하기는 하지만, 그리스도인들도 놀랍고 엄청난 권세를 가지고 있는 존재라는 점에서는 공통점을 찾을 수 있습니다. 이 우주의 주인 되시는 주님께서 우리를 사랑하시며 우리를 위해서 십자가에서 죽으심으로 우리는 권세를 가지게 되었습니다. 마귀는 우리의 머리털 하나도 건드릴 수 없게 된 것입니다. 그러므로 우리는 마귀의 왕국에 충격을 줄 수 있으며 명령할 수 있으며 귀신을 쫓아낼 수 있고 그들의 활동을 제한할 수 있습니다. 주님께서는 우리에게 그러한 권세와 능력을 주셨습니다.

하지만 신분상으로 그렇게 권세를 가지고 있는 우리도 한 가지 잘못을 할 때 그에게 눌리고 사로잡히게 될 수 있습니다. 그것은 바로 높아짐입니다. 거인이 쥐가 되는 순간에 고양이에게 잡히듯이 그리스도인들이 높아지는 순간에 그는 고양이 앞의 쥐와 같은 존재가 되는 것입니다. 마귀는 높아진 사람, 높은 마음을 가지고 있는 이들을 얼마든지 유린하고 속이고 사로잡을 수 있습니다. 파괴할 수 있습니다. 낮아짐은 천국의 역사와 능력이 시작되는 출발점이며 높아짐은 지옥의 활동이 시작되는 출발점이기 때문입니다. 우리가 스스로 높아질 때 그것은 하나님을 부인하고 자신을 높이 올리는 마귀의 속성과 같은 행동을 한 것이기 때문에 우리는 하늘의 보호를 받을 수 없는 것입니다.
그리스도의 이름으로 당당하고 담대하며 긍지를 가지는 것과 스스로 자기를 높이는 것은 다른 것입니다. 전자는 주님께 속한 것이며 후자가 지금 말하고 있는 자기높임인 것입니다.

사람을 높아지게 하는 것은 마귀의 작전이고 무기입니다. 마귀는 사람이 높아졌을 때 얼마든지 그를 자기 수하에 두고 요리할 수 있습니다. 그러므로 마귀는 어떻게 해서든지 사람을 높이고 기분 좋게 하고 스스로 위대한 존재로 여기도록 밤낮 쉬지 않고 활동을 하고 있습니다. 그렇기 때문에 오늘날 주를 믿으면서도 천국의 기쁨과 은총이 무엇인지 모르고 흑암 가운데 눌려서 사는 비참한 그리스도인들이 많이 있는 것입니다. 이들이 눈이 열려 마귀의 계략을 보게 된다면, 그리하여 그 세력으로부터 벗어나게 된다면, 이들은 죄에서의 해방, 묶임에서의 자유, 삶의 기쁨과 만족이 무엇인지 충분히 누리고 경험하게 될 것입니다.

높은 마음으로 은혜를 경험하는 이들은 없습니다. 거들먹거리면서 깊은 은혜와 감동의 자리에 나아가는 사람은 없습니다. 누구나 한 때 은혜의 순간이 있고 그 순간에는 하나님의 은혜와 부르심과 베푸시는 사랑에 대하여 낮은 자리에서 기뻐하고 감격합니다. 낮은 자리에 임하시는 하나님의 임재와 실상을 맛보고 즐거워합니다. 하지만 그 낮은 자리, 은혜의 상태를 계속 유지하는 이들은 많지 않습니다. 그 은혜의 감격을 계속 유지하는 이들은 많지 않습니다. 이들은 어느 순간에 마음이 높아지고 강퍅해지고 어느덧 하나님의 임재는 멀어집니다.

그것은 은혜를 소멸시키려 애쓰는 마귀의 공격 때문입니다. 마귀는 어떻게 해서든지 그 사람을 높은 곳으로 끌어올리려고 합니다. 마귀는 사람을 높이 올릴 때 그 영혼에 임한 은혜가 사라지고 그가 서서히 어둠의 구덩이로 떨어진다는 것을 잘 압니다. 그러므로 그는 은혜의 순간에 잠시 피해 있다가 문제가 사라지고 감격이 사라지면 조금 씩 조금 씩 사람들의 찬사나, 안이한 마음이나.. 여러 가지 방법을 동원해서 그 영혼을 높이는 것입니다. 그러므로 깨어있지 않는 이들은, 항상 낮은 자리에서 기도와 눈물과 무릎으로 살지 않는 이들은 쉽게 그 낮은 자리를 잃어버리고 또한 은총도 기쁨도 잃어버리게 되는 것입니다.

조심하십시오. 깨어있으십시오. 챔피언의 자리를 차지하는 것도 쉬운 일이 아니지만 그 자리에서 머물러 있는 것은 더욱 더 어려운 일입니다. 당신이 아직 깊은 티끌, 낮은 자리에 이르지 않아서 주님의 깊으신 임재에 대해서 알지 못한다면, 당신은 그 자리에 내려가도록 기도하고 은총을 구해야 합니다. 자기 절망과 낙담과 간절함을 구해야 합니다.

만일 당신이 어렵게 그 자리에 이르렀고 그래서 주님의 아름다우심과 은총의 세계에 깊이 발을 들여놓았다면, 이제 조심하십시오. 깨어있으십시오. 마귀에게 당신의 기쁨을 빼앗기지 않도록 그 낮은 자리에 머무르고 그 낮음을 계속하여 유지하도록 힘쓰십시오. 오직 쥐만 되지 않으면 고양이에게 먹히지 않습니다.
오직 높은 마음만 갖지 않는다면 당신은 그 은혜와 주의 임재의 아름다우심을 유지할 수 있습니다.
부디 깨어있으십시오. 높아짐을 위한 마귀의 유혹은 결코 중단됨이 없습니다. 그 유혹을 조심하며 깨어있을 때 당신은 천국의 임재, 천국의 은혜를 계속하여 맛보고 향유할 수 있게 될 것입니다. 할렐루야.

2. 깊은 곳에서의 유혹

선다싱의 경험

20세기의 성자로 알려져 있는 인도의 사두 선다싱은 복음 전도로 일생을 바친 깊은 기도의 사람이었습니다. 그는 어느 날 밤 깊은 숲에서 기도를 하는 가운데 이상한 경험을 하였습니다.

그가 기도를 하고 있는데 어떤 사람이 가까이 와서 옆에 섰습니다. 그는 옷차림이나 말투는 경건해보였지만 그의 눈은 교활함으로 빛났고 그가 말할 때 지옥의 냄새가 풍겼습니다.

그는 다가와서 이렇게 말했습니다.
"당신은 아주 거룩하신 분이며 제가 존경하는 분입니다. 당신의 시간을 방해한 것을 용서해주세요. 하지만 당신에게 유익을 주고 싶어서 이렇게 찾아왔습니다.
당신의 순수한 삶은 나에게도, 그리고 많은 경건한 사람들에게도 큰 감동을 주고 있습니다. 하지만 당신이 이렇게 희생하고 고생을 하며 수고를 한다고 하더라도 그것을 알아주는 사람들은 그리 많지 않습니다. 당신이 그리스도인이 된다는 것은 겨우 수천 명의 사람들에게만 영향을 끼치고 존경을 받을 수 있을 것입니다. 하지만 당신이 이슬람교도나 힌두교도가 된다면 수억 명의 사람들이 당신을 따르고 존경하게 될 것입니다. 그들은 당신과 같은 영적 지도자를 찾고 있습니다. 만일 당신이 내가 제안한 것을 받아들이기만 한다면 나는 당신을 그와 같은 위치에 이르도록 돕겠습니다."

이 말을 듣는 순간 선다싱은 크게 외쳤습니다.
"사탄아! 물러가라! 나는 네가 양의 탈을 쓴 이리라는 것을 금방 알았다. 네가 말하는 것은 주님이 가르치신 십자가와 생명의 길로 가는 좁은 길을 버리게 하는 것이다. 나의 주님은 나를 위하여 생명까지 버리셨으므로 나는 그를 위하여 그가 가신 좁은 길을 가고 나의 전부를 드리는 것이 마땅하다. 너는 나와 아무 상관이 없으므로 어서 물러가라!"
그러자 그는 투덜거리며 그 자리에서 사라지고 말았습니다. (사두 선다싱 전집, 은성 p.32-33)

깊은 곳에도 유혹이 있다

이 이야기는 깊은 기도와 은혜의 세계에 들어간 이들에 대한 마귀의 유혹을 보여줍니다. 사람들은 흔히 생각하기를 신앙의 초보에게만 시험에 대한 유혹이 있고 넘어짐이 있다고 여깁니다. 그래서 어서 믿음이 자라고 성숙해져서 흔들림이 없는 상태가 되면 얼마나 좋을까 하고 생각합니다.
그러나 그것은 오해입니다. 신앙의 세계에서 유혹과 전쟁이 없는 곳은 존재하지 않습니다. 영적으로 많이 성장했다고 해서 시험이 없는 것은 아닙니다. 오히려 더 심한 면이 있습니다.

어떤 사람이 자신을 주께 드리고 깊은 기도와 은총의 세계로 들어갔을 때 마귀는 그를 그대로 내버려두지 않습니다. 그가 지도자의 입장에 있고 많은 이들에게 영향을 끼칠 수 있는 사람이라면 그에 대한 공격은 더욱 더 심해지게 됩니다.
상식적으로 생각하면 이것을 곧 이해할 수 있을 것입니다. 이스라엘과 블레셋이 전투를 하고 있을 때 그 전투에 결정적인 영향을 끼치게 한 것은 지도자인 장수의 상태였습니다. 블레셋의 골리앗이 강력하게 이스라엘을 위협할 때 이스라엘군의 사기는 땅에 떨어져 있었고 그들은 감히 싸울 엄두조차 내지 못했습니다. 그러나 다윗에 의하여 골리앗이 죽임을 당했을 때 블레셋의 군대는 순식간에 오합지졸이 되어서 전투에 패했습니다. 전투에 있어서 가장 중요한 역할을 하는 것은 군을 이끄는 장수의 상태이며 그렇기 때문에 적장을 공격의 첫 번째 표적에 두는 것은 기본적인 전투의 공식입니다.

전쟁의 역사를 보면 강력한 위협이 되고 있는 적장을 회유하거나 아니면 이간질을 하거나 하는 방식으로 적을 무너뜨리는 모습을 자주 볼 수 있습니다.
중국 고사에 나오는 한나라의 유방과 초나라의 항우의 싸움도 그런 식으로 끝이 납니다. 항우를 도저히 이길 수 없었던 한나라는 적국의 왕인 항우와 그의 참모인 범증을 서로 이간질을 시킵니다. 이 계략에 넘어간 항우를 보고 범증이 크게 분노하고 실망하여 떠나게 되자 항우는 곧 방향을 잃고 얼마 가지 않아 비참한 최후를 맞게 됩니다. 결국 지도자 한 두 사람의 흔들림으로 인하여 하나의 왕국이 완전히 파괴되었던 것입니다.

이러한 전쟁의 계략은 영적인 영역, 영적인 전투에서도 그대로 적용됩니다. 그러므로 악한 영들이 영적인 사람, 하나님께 속한 사람이 되려고 애쓰는 사람, 많은 이들에게 영적인 영향력을 행사하는 이들을 파괴하기 위해서 얼마나 준비하고 애쓰는지를 상상할 수 있을 것입니다. 유력한 한 사람을 넘어뜨림으로 인하여 많은 이들을 실족시킬 수 있기 때문입니다.
영적인 깊은 세계에 들어가지 않은 사람들에게 마귀는 현실적인 삶에서 사람이나 물질이나 여러 문제로 시험하고 그를 유혹할 것입니다. 또한 영적으로 깊은 기도의 세계에 들어간 이들에게는 영적 세계에서의 여러 미혹을 시도할 것입니다. 마귀는 항상 시험하는 자요, 꾀는 자이기 때문입니다. 마귀는 하와를 유혹하여 인류를 타락시켰으며 인류의 구원을 위하여 오신 주님까지도 유혹하려고 시도하였습니다. 그런 마귀가 기도하고 은혜를 사모하여 깊은 은총의 세계에 들어간 사람을 내버려둘 리가 없는 것입니다.

마귀는 사람의 모습으로 선다싱에게 다가와 그럴듯한 제안을 하였습니다. 그는 거룩하고 존귀한 자라고 존경을 표하면서 하지만 왜 이렇게 남들이 알아주지 않는 쓸데없는 고생을 하고 있느냐고 위로하는 척하면서 그리스도에 대한 신앙을 버리고 다른 종교로 개종을 하면 엄청난 명예를 얻게 될 것이라고 유혹하였습니다.
만일 선다싱이 세상에 자기 이름을 드러내기를 원하고, 자신을 높이고 영광받기를 원하며, 고생이 없는 편안한 삶을 원하는 사람이었다면 그는 이 유혹에 넘어졌을 것입니다. 그러나 선다싱은 주를 위하여 당하는 고생을 기뻐하는 사람이었으며 '십자가는 천국이다'라고 가르치는 사람이었습니다. 그러므로 그는 이 유혹을 일언지하에 거절하고 물리쳤으며 마귀는 분노하여 그를 떠났습니다.

이 이야기를 통해서 추측할 수 있는 것이 있습니다. 세계의 많은 종교들, 많은 종교의 계파 중에서 교주나 추앙받는 인물들은 선다싱이 받은 것과 비슷한 형태의 유혹을 받지 않았을까 하는 것입니다. 선다싱은 그것을 거절하였지만 그들은 아마 거절하지 않았을 것입니다. 그래서 교주가 되고 신격화된 위치를 차지하게 되었을 것입니다.
한국에도 자신을 하나님, 예수, 보혜사 등으로 칭하는 많은 사람들이 있습니다. 보통의 정상적인 사람이라면 그것은 정말 가슴이 떨려서 감히 상상할 수도 없는 행동일 것입니다.
그러나 그들은 담대하게 하고 있습니다. 그것은 그들이 이 비슷한 유혹을 받고 마음이 높아져 그 영이 마비되었기 때문일 것입니다. 마귀에게 사로잡힌 상태에서야 그런 담대함을 얻을 수 있으니까요. 그런 사람들 중에는 처음에는 예수님을 잘 따르는 이들도 있었습니다. 하지만 처음에 열심으로 신앙생활을 하는 것 같던 그들이 마귀의 유혹에 넘어지고 말았습니다. 어떻게 그렇게 되었을까요? 어떻게 그렇게 마귀에게 그 영혼을 빼앗기게 되었을까요?

그들이 넘어간 것은 마귀의 유혹이 듣기에 좋았기 때문입니다. 마귀는 유혹하는 대상에게 말합니다. '당신은 최고의 신앙인입니다', '당신은 아주 영적인 사람입니다', '당신같이 순수한 사람은 없습니다. 이 시대가 많이 타락했지만 당신은 정말 다른 사람과 다릅니다', '당신은 정말 지혜롭습니다. 도대체 어떻게 그런 것을 깨달았나요?', '당신은 정말 억울하군요. 왜 사람들은 당신을 몰라준다는 말입니까?' 그런 말에 넘어가지 않는 이들은 드물 것입니다. 그런데 마귀는 그런 유혹의 말을 하는 데에 아주 능숙한 존재입니다.

압살롬도 백성을 자기편으로 끌어들이기 위해서 그렇게 말했습니다. '당신은 참으로 억울한 사람이군요. 그런데 왕이 당신에게 관심이 없으니 어쩌면 좋을까요. 만약 내가 왕이 된다면 당신이 억울하지 않도록 일을 잘 처리해줄 텐데요.' 이에 감격한 백성이 그에게 절을 하려고 하면 그는 절을 받지 않고 상대방을 포옹하고 입을 맞추었습니다. 그런 식으로 그는 사람의 마음을 얻었습니다. (삼하15:3-6)

마귀가 바로 그런 식으로 사람의 마음을 얻는 것입니다. 온갖 듣기 좋은 말을 하고 기분을 좋게 만들어서 영혼을 사로잡는 것입니다. 압살롬은 백성에게 친절하게 말했지만 백성들의 문제에는 아무 관심이 없었습니다. 그가 관심이 있는 것은 오직 자신이 왕이 되는 것이었지요. 그와 같이 마귀는 유혹받는 자에게 친절하게 다가가지만 그들의 행복에는 아무 관심이 없습니다. 오직 그 영혼을 붕 띄워서 정신을 잃게 해서 그 영혼을 노략하고 사로잡는 것을 원할 뿐입니다. 그것은 돼지를 사랑해서 잘 먹이는 것이 아니라 잡아먹기 위해서 잘 키우는 것과 같은 것입니다. 물고기를 사랑해서 낚시 바늘에 미끼를 끼우는 것이 아니고 오직 낚기 위해서 하는 것과 같은 것이지요.

칭찬을 조심하라

당신이 칭찬받는 것을 좋아한다면, 당신에 대해서 아주 좋은 평가를 하는 것을 지나치게 기뻐하는 편이라면, 당신의 영혼은 안전하지 않습니다. 당신의 영혼은 아주 쉽게 노략될 수 있기 때문입니다.
나는 사람들의 칭찬을 과도하게 기뻐하는 이들을 많이 보았습니다. 그것은 인간의 자연적인 본능이기는 하지만, 그러나 주님이 가신 길을 따라가려는 이들은 조심하고 절제할 필요가 있습니다. 그것은 높은 마음에서 비롯되는 것이기 때문입니다.

어떤 사람은 다른 사람이 과거에 자기를 어떻게 높이 평가했는지에 대해서 몹시 감격해서 반복하여 말하는 이들도 있었습니다. 자기의 성품에 대해서, 재능에 대해서 그 사람이 이렇게 높은 평가를 했다고 자랑스럽게 말하는 이들을 나는 많이 보았습니다.
그것은 어리석은 태도입니다. 잠언은 '타인으로 너를 칭찬하게 하고 네 입으로는 말며 외인이 너를 칭찬하게 하고 네 입술로는 말찌니라' (잠 27:2) 라고 말합니다. 하지만 자기 입으로 자기를 높이고 칭찬하는 것도 우습지만 타인의 칭찬에 대해서 몹시 기뻐하며 그것을 마음에 담고 있는 것도 우스운 일입니다.
우리의 의사와 상관없이 누군가가 우리를 칭찬한다면 그것을 막는 것은 어려울지도 모릅니다. 그러나 막지는 못할망정 그것을 마음속으로 은밀하게 기뻐한다면 그것은 한심스러운 일입니다. 아직 복음에 대해서, 진리에 대해서 잘 알지 못하는 초신자라면 어느 정도 이해할 수 있지만 복음을 받은 지 어느 정도의 시간이 지난 후에도 여전히 남의 칭찬을 기뻐하고 있다면 그것은 부끄러운 일입니다.

그것은 주님을 추구하며 그 길을 따르기를 원하는 사람의 태도가 아닙니다. 그러한 영혼은 안전하지 않으며 주님과의 깊은 교제에 들어가기 어렵습니다. 그것은 자기를 높이고 드러내기를 원하는 자세로서 주님의 마음과는 전혀 반대되는 성질을 가지고 있기 때문입니다.

영혼의 안전을 위해서 우리는 칭찬을 거절해야 합니다. 높임을 받고 칭찬을 받아야 할 분은 오직 주님뿐이시기 때문입니다.

하지만 오늘날 칭찬을 듣고 사람들에게 높임을 받기를 원하는 성향은 그리스도인들에게서 많이 발견됩니다. 심지어 사역자들도 높임을 받고 인정받기를 원하는 성향이 있습니다. 이것은 심히 어리석은 일입니다. 사역자들은 흔히 다른 사역자들을 시기하곤 합니다. 다른 사역자들이 많은 칭찬을 받을 때 그것을 부러워하며 자기도 그와 같은 것을 받고 싶은 마음에서 시기가 일어나는 경향이 많이 있습니다. 하지만 그러한 자세는 어리석은 것입니다. 칭찬을 받는 것은 좋은 것이 아니며 그러한 것을 부러워하는 것은 더욱 더 어리석은 것입니다.

진정 주를 따르는 사역자는 사람들의 칭찬이나 인정을 원하지 않을 것입니다. 그들은 마지막 심판 날에 주님께로부터 '너는 받을 상을 이미 받았느니라'는 말씀을 듣고 싶지 않을 것입니다. 그들은 '잘 하였도다, 착하고 충성된 종아'하는 말씀을 듣고 싶어 할 것입니다. 진정 주를 따르는 이들은 사람들 앞에서 자기를 드러내지 않으며 오직 주님이 인정하시고 칭찬하시는 것을 기뻐합니다. 그렇게 할 때에 마귀의 유혹으로부터 자기의 영혼을 지킬 수 있습니다.

상인들은 물건을 팔기 원할 때 고객을 칭찬합니다. 그렇게 해서 고객의 마음을 엽니다. 판매자가 고객에게 화를 내거나 욕을 하는 사람이 있다면 그는 이상한 판매자이며 실적을 올릴 수 없을 것입니다. 상인들은 고객을 즐겁게 해서 마음을 열어 상품을 판매합니다. 마귀도 그와 같이 고객을 즐겁게 하고 그를 높이고 칭찬을 해서 그 영혼을 파괴합니다. 그러므로 평소에 자기를 띄우는 말에 혹하는 사람들은 자신의 영혼을 지키기 어렵습니다.

베드로의 위로를 거절하신 주님

주님께서 딱 한번 베드로를 마귀 취급한 적이 있었습니다. 그것은 베드로가 주님께 대들었기 때문일까요? 불손한 태도를 취했기 때문일까요? 아니면 주님을 부인했을 때였을까요? 아닙니다. 주님께서 베드로를 사단이라고 하면서 물리치신 것은 베드로가 주님을 위로하고 힘을 주려고 나름대로 애를 쓸 때였습니다. 베드로는 나쁜 의도가 없었습니다. 자기 스승이 '나는 고난을 당하고 죽을 것이다'라고 하는데 '잘 됐네요. 그럼 잘 죽으세요' 하는 것도 이상한 일일 것입니다.

베드로의 권면에 대해서 우리 같으면 이렇게 말했을지 모릅니다. '베드로야, 너의 마음은 잘 알겠다. 하지만 그것은 하나님의 뜻이 아니란다. 그러므로 그런 마음을 품지 말아라.' 그의 의도가 악한 의도는 아니었기 때문에 아마 그런 식으로 부드럽게 거절했을지 모릅니다.

하지만 주님은 아주 단호하게 말씀하셨습니다. **사단아, 내 뒤로 물러서라. 너는 나를 넘어지게 하는 자로다. 네가 하나님의 일을 생각지 아니하고 사람의 일을 생각하는 도다** (마16:23)

보통 사람 같으면 제자의 따뜻하고 친절한 위로의 말에 눈물이 핑 돌았을 지도 모릅니다. 그러나 주님은 단호하셨습니다. 인간적인 애정과 위로를 통해서 사단이 역사할 수 있으며 베드로의 말이 바로 그런 통로가 되었음을 주님은 분명히 밝히셨습니다.

우리는 자기를 괴롭히는 이들을 보고 '저 마귀 같은 놈' 하고 생각합니다. 그리고 자기를 몹시 불쌍하게 여기며 하나님께서 상대방을 벌해주셨으면 하는 마음을 품습니다. 그러나 주님은 그렇지 않았습니다. 주님은 마귀의 친절한 제안을 거절하셨습니다. 배가 주리신 그에게 친절하게 다가와 떡을 만들라는 마귀의 제안을 거절했습니다.

세상을 얻기 위하여 십자가를 지시려는 주님께, 십자가를 질 필요 없이 그에게 절을 한번 하기만 하면 아주 쉽게 세상의 모든 것을 주겠다고 하는 그의 친절한 제안을 거절했습니다. 마귀가 제자를 통하여 그의 친절한 제안을 되풀이 했을 때 주님은 역시 그것을 물리치셨습니다.

우리들은 흔히 자기에게 불리한 것, 자기가 싫어하는 것이 오면 그것을 마귀취급하지만 주님은 자기를 넘어서 오직 아버지의 뜻을 구하셨습니다. 주님이 만일 칭찬과 위로를 좋아하시는 분이셨다면 주님은 유혹에 굴복하셨을지도 모릅니다. 그러나 주님은 아버지의 뜻을 위하여 우리를 구하시기 위하여 굴욕 당할 것을 선택하셨으며 쉬운 길을 선택하라는 사탕발림에 넘어가지 않으셨습니다.

만일 당신이 '하지만 그것은 주님이니까 가능한 것이고 우리는 약하지 않은가' 하고 생각한다면 그것은 오해입니다. 우리는 주님이 가신 길을 가야 합니다. 그것이 그리스도인의 길입니다. 그리고 우리는 아무 것도 할 수 없지만 주님을 바라보며 함께 걸을 때 주님은 우리의 길을 인도하시며 할 수 있도록 하는 힘을 주시는 것입니다. 그러므로 주님께서 자기를 부인하시고 칭찬과 위로를 거절하신 것처럼 우리도 그렇게 해야 합니다.

다른 이들의 넘어짐을 보고 경고를 받으라

사역자가 넘어지는 일이 있습니다. 널리 알려진 영적 지도자가 넘어지는 일이 있습니다. 어떻게 그런 일이 가능할까요? 간단합니다. 그것은 함정을 파는 존재가 있기 때문입니다. 스스로 함정을 파고 거기에 들어가는 사람은 없습니다. 그러나 누군가가 함정을 파고 거기에 빠트리려고 노력하는 존재가 있습니다. 그러므로 그리스도인들은 깨어있어야 합니다. 특히 영적 전쟁의 맨 앞 전선에서 뛰는 이들은 경계를 게을리 하면 안 됩니다.

나는 사역자들의 타락에 대하여 돌을 던지고 비난하는 이들을 많이 보았습니다. 교회의 타락과 부정에 대하여 강력하게 비판하는 이들을 많이 보았습니다.

하지만 우리가 쉽게 다른 이들을 정죄할 수 있을까요? 넘어진 사람들도 한 때는 주님의 아름다운 은총 가운데 있었을 것입니다. 한 때 눈물로 기도하고 주님께 헌신하며 주님께 자신을 드리던 때가 있었을 것입니다. 낮은 마음으로 겸손하게, 간절하게 기도하던 때가 있었을 것입니다. 넘어지는 이들은 처음의 그 낮음을 유지하지 못한 것입니다. 그렇기에 주님과의 친밀한 교제를 유지하지 못하였으며 마귀의 유혹과 계략에 쓰러졌을 것입니다.

가난하고 어렵고 힘들 때 사람들은 간절하게 주님께 나아가게 됩니다. 그리고 주님은 그에게 은총을 베푸십니다. 그러나 어느 정도 상황이 좋아지기 시작할 때 그의 마음은 느슨해집니다. 여유가 생기게 됩니다. 그 때 마귀는 다가와서 그를 높여줍니다. 당신은 대단한 주님의 종이며 위대한 사람이라고 말합니다. 이제 삶을 즐기며 여유를 가지고 높은 자리에 오르라고 말합니다. 항상 낮은 마음과 갈망과 무릎과 눈물을 유지하지 않는다면 마귀의 이 유혹을 거절하고 물리치는 것은 쉬운 일이 아닐 것입니다. 누가 자신은 그렇지 않을 것이라고 자신할 수 있을까요? 깨어있지 않으면 누구나 마귀의 불화살을 맞고 넘어지게 될 것입니다. 우리는 다른 이들의 넘어짐을 보고 자신을 돌아보고 경계해야 하며 우리의 대적이 누구인지 분명하게 인식해야 합니다.

20여 년 전 신학대학원에 다니던 시절, 나는 여러 젊은 사역자들이 교회의 여러 문제점에 대해서 혹독하게 비난하는 것을 많이 보았습니다. 이제 오랜 시간이 지난 지금, 그들은 그동안 자신의 사역을 통하여 많은 문제점들을 극복하고 회복하였을까요? 그들은 앞서간 선배들보다 나은 길을 걸어갔을까요? 문제를 인식하는 이들은 많지만 그것을 실제로 회복하는 것은 쉬운 일이 아닙니다. 특히 자신을 남들보다 낫게 여기는 이들은 더욱 더 넘어지기가 쉽습니다.

많은 이들이 쉽게 비판하고 비난합니다. 그러나 돌을 던지는 사람들은 많지만 변화와 생명을 위한 도구가 되는 이들은 많지 않습니다. 왜냐하면 변화와 생명은 돌을 던지는 사람으로 인하여 오는 것이 아니라 십자가를 지고 중보하며 자신을 희생의 제물로 던지는 이들로 인하여 오는 것이기 때문입니다.

돌을 던지는 사람은 부흥과 변화의 도구가 될 수 없지만 부흥과 변화를 위하여 희생하고 고통의 대가를 지불하기를 원하는 이들은 그 도구가 될 수 있습니다. 예전이나 지금이나 항상 필요한 것은 중보이며 희생이며 제물입니다.

넘어진 자와 넘어뜨린 자

남의 잘못이나 넘어짐에 대해서 흥분하거나 비난하는 이들은 안전한 영혼이 아닙니다. 그들은 넘어진 이들은 비난하지만 넘어뜨린 이는 비난하지 않습니다. 그들은 맞은 자는 비난하지만 때린 자는 비난하지 않습니다. 그들은 우리의 진정한 대적이 누구인지 제대로 인식하지 못하고 있는 것입니다. 그들은 자기들도 동일한 공격을 받을 것을 간과하고 있는 것입니다. 우리의 대적은 보이는 존재가 아닙니다. 타락시키고 사람을 넘어뜨리려고 배후에서 움직이는 존재는 눈에 보이지 않습니다. 그리고 그들을 이기며 그들의 공격을 극복하는 비결은 오직 깨어있음이며 낮아짐입니다.

넘어진 사람들을 한심스럽게 여기며 자신은 넘어지지 않을 것이라고 여긴다면, 자신을 신뢰한다면, 그의 영혼은 안전하지 않습니다. 마귀는 아주 간교한 존재이기 때문입니다.
넘어진 이들을 한심스럽게 여기며 쉽게 비난하는 사람들은 기본적으로 마음 깊은 곳에 자신은 그들과 다르며 그들보다 나은 사람이라는 마음이 있습니다. 자신을 남보다 낫게 여기는 교만이 기본적으로 마음속에 자리 잡고 있기 때문에 죄를 두려워하지 않고 쉽게 사람을 판단하는 것입니다.

나만은 다를 것이라고 여기는 사람들

남들은 다 넘어져도 나만은 넘어지지 않을 것이라고 생각하는 사람들이 있습니다. 이들은 어리석은 사람들이며 알지 못하는 사람들입니다. 그들은 자신이 특별한 존재라고 생각하며 자기 안에 신뢰할 만한 것이 있다고 생각합니다. 그러므로 다른 이들의 실족을 한심스럽게 여깁니다. '나 같으면 저렇게 안 할 텐데.. 아이고, 답답해라..' 그렇게 여깁니다. 하지만 그러한 이들은 속고 있는 것입니다. 낮은 마음으로 간절하게 주님의 지키심을 신뢰하고 믿음의 근거를 신실하신 주님의 은총에 두지 않는 이들은 안전하지 않습니다. 그들은 전쟁에 대해서 제대로 준비된 자들이 아닙니다. 베드로도 그런 오해를 하였습니다. 그는 주님께 말했습니다.

주님, 다른 사람들이 다 주를 버릴찌라도 나는 언제든지 주를 버리지 않을 것입니다 (마26:33)

그는 자신은 다른 사람들과 다르다고 생각했습니다. 하지만 그는 다른 사람들과 다르지 않았습니다. 그도 다른 사람들이 도망할 때 똑같이 도망했습니다. 자신을 특별하게 여긴다고 해서 특별한 존재가 되는 것이 아닙니다. 주님은 베드로의 말을 인정하시지 않고 그가 곧 주님을 부인할 것을 말씀하셨습니다. 서는 것과 넘어지는 것은 주님의 붙드심에 달려있는 것이며 자기 자신의 어떠함이나 위대함으로 결정되는 것이 아닙니다. 엘리야도 비슷한 고백을 하였습니다. 그는 말했습니다.

하나님이여, 주께 속한 사람들은 다 죽고 이제 저만 남아있습니다. 저 혼자 뿐입니다 (왕상19:14)

그러나 하나님께서는 그에게 대답하셨습니다.

아니다. 너 말고도 칠천 명이 있다. 그들은 다 바알에게 굴복되지 않은 자들이다. 너는 혼자가 아니다 (왕상19:18)

자신은 특별한 사람이며 하나님께서 특별하게 자기를 편애하신다고 여기는 것은 착각하는 것입니다. 그러한 이들은 이미 높은 마음을 가지고 있는 것입니다. 그러한 이들은 오히려 상대적으로 넘어지기 쉬우며 하나님의 은총 가운데 머물기가 어렵습니다.

나는 전화나 메일을 통해서 도움을 요청하는 수많은 이들을 접하였습니다. 이들 중에 영적 엘리트 의식을 가지고 자기는 특별한 존재라고 여기는 이들을 더러 보았습니다. 학벌이 높거나 지적이거나 사회적으로 인정받는 위치에 있거나 특별한 영적 경험을 했거나 하는 이들 중에 그러한 이들이 있는 것을 더 보았습니다.

이들은 내심 자신을 특별한 존재로 여겨주기를 바라는 성향을 보였습니다. 하나님께서 자신을 특별하게 사랑하시며 그들에게 크신 은총을 베푸실 것이며 크게, 귀하게 사용하실 것이라는 위로를 기대하고 그렇게 대하지 않으면 실망하는 모습을 보이곤 하였습니다.

하지만 그러한 의식은 위험한 것입니다. 그것은 자아적인 것이며 높은 마음에 속한 것입니다. 그렇게 자신이 특별한 대우를 받기를 원하는 마음이 있다면 그의 영혼은 마귀로부터 안전하지 않습니다. 그들은 언제 상처를 받고 언제 넘어질지 모릅니다. 이러한 사람들은 자기를 위로하고 자기의 비위를 맞추어 주는 사람을 찾는 것보다 자신을 낮은 곳으로 내려놓고 낮은 자리에서 엎드러지는 것이 은혜의 자리이며 자유와 회복에 가까운 길이라는 것을 발견해야 합니다.

물론 우리 한 사람 한 사람은 다 같이 하나님 앞에서 귀한 존재입니다. 우리를 위해서 주님은 십자가의 희생을 치르셨습니다. 그러나 하나님께서는 우리뿐만 아니라 다른 이들도 하나같이 귀하고 중요한 존재입니다. 우리가 다른 이들보다 낫다고 여기는 것은 바른 것이 아닙니다.

나아만의 자존심

아람의 군대장관 나아만에게도 그러한 마음이 있었습니다. 그는 문둥병을 고침받기 위하여 엘리사의 집을 방문하였으나 엘리사가 바깥에 나와 보지도 않고 종을 보내어 요단강에서 씻으라는 메시지를 전하자 화가 났습니다. 그는 화를 내면서 말했습니다.
"내 생각에는 그가 직접 나와서 하나님의 이름을 부르며 손을 흔들어 기도해서 문둥병을 고쳐줄 줄 알았는데, 고작 하는 말이 요단강에서 목욕을 하라고? 아니, 아람에는 더 좋은 강이 없어서 내가 여기를 온 줄 아나?"

그가 화가 난 것은 엘리사의 친절하지 않은 태도 때문이었을 것입니다. 이스라엘이 두려워하는 아람의 군대장관인 그가 이스라엘을 방문했다면 그는 일종의 국빈과 같은 대접을 받는 것이 보통일 것입니다. 그런데 관리도 아닌 일개 백성의 집에 방문했는데 그가 얼마나 유명한 의사인지는 모르지만 이렇게 문전박대와 같은 대우를 하다니 기가 막혀서 화가 났던 것입니다. '감히 나에게 이렇게 하다니, 내가 누군 줄 알고?' 하는 마음이 들었을 것입니다.
그의 생각으로는 엘리사가 문 앞에 달려 나와서 '각하, 어떻게 이렇게 누추한 곳에 친히 방문해주셨습니까? 가문의 영광입니다..' 이런 식으로 대할 줄로 기대했을 것입니다.

만약 그가 그렇게 화를 내고 그 자리를 떠났다면 그에게 치유는 오지 않았을 것입니다. 그러나 그는 지혜로운 부하의 조언을 듣고 따랐기 때문에 치유를 얻게 되었습니다. 그는 당초에 치유를 위하여 온 것이지 자존심을 세우고 높임을 받기 위해서 온 것은 아니었던 것입니다. 그는 자존심을 버리고 낮은 자세로 순복했기 때문에 기적적인 치유를 경험하게 되었습니다. 만약 그가 계속 높은 마음을 가지고 있었다면 그는 치유되지 못했을 것입니다. 높은 마음을 가진 상태로 마귀에게서 벗어날 수 있는 사람은 아무도 없습니다. 높은 마음을 가진 상태로 자기가 가지고 있는 고통에서 벗어날 수 있는 사람도 없습니다. 오직 낮음만이 치유와 회복과 은총의 시작입니다. 자존심을 가지고 있는 이들은 위험한 사람들입니다. 자기가 낫다고, 훌륭하다고 생각하는 사람들은 위험한 사람들입니다. 남들이 자기를 알아주고 비위를 맞추어 주기를 바라는 이들은 위험한 사람들입니다. 그들의 영혼은 안전하지 않습니다.
우리는 사람들의 인정과 칭찬을 두려워하고 싫어해야 합니다. 겸손하고 멋있게 보이기 위해서가 아니라 그렇게 해야 우리 영혼을 지키고 살아남을 수 있기 때문입니다. 칭찬을 듣고 기분 좋아 하고 남들이 자기를 높이 대우해주었다고 즐거워한다면 그의 영혼은 언제 실족하여 깊은 영적 감옥에 들어가게 될지 모릅니다. 영적인 세계, 그 전쟁은 결코 만만한 것이 아닙니다. 마귀는 사람의 본성을 아주 잘 알고 있기 때문입니다.

바울의 고백

바울은 서신중에 고백하기를 자기는 죄인 중에 괴수라고 하였습니다. 그는 말했습니다.

미쁘다 모든 사람이 받을 만한 이 말이여 그리스도 예수께서 죄인을 구원하시려고 세상에 임하셨다 하였도다 죄인 중에 내가 괴수니라 그러나 내가 긍휼을 입은 까닭은 예수 그리스도께서 내게 먼저 일절 오래 참으심을 보이사 후에 주를 믿어 영생 얻는 자들에게 본이 되게 하려 하심이니라 (딤전 1:15-16)

그는 자신이 가장 악한 죄인이라고 고백하였습니다. 그가 주님의 은총을 얻게 된 것은 오직 주님의 긍휼과 오래 참으심에 있다고 하였습니다.
그것은 긍정적인 고백이 아닙니다. 그것은 자신감으로 가득한 당당한 고백이 아닙니다. 죄송함으로, 미안함으로, 감사한 마음으로 간절하게 드리는 고백입니다. 자기의 과거 행적을 생각하면 그는 주님 앞에서 감히 얼굴을 들 수 없을 것입니다. 그러므로 그는 오직 주님의 긍휼과 참으심에 대해서 영광을 돌렸습니다.

나는 무익한 종이라는 의식, 죄인 중에 내가 괴수라는 의식.. 그러한 낮은 마음이 영혼을 안전하게 하는 것입니다. 나는 얼마나 지혜로운가, 나는 얼마나 특별한 존재인가! 하는 의식이 있다면 그는 결코 안전하지 않습니다. 왜 나와 같은 사람을 안 알아주는가! 하는 의식이 있다면 그는 얼마 가지 않아 마귀의 덫에 걸리게 될 것입니다.

선다싱은 깊은 기도에서 마귀의 유혹을 이겼습니다. 마귀의 달콤하고 친절한 유혹과 제안을 거절하였습니다. 그는 자신을 낮게 여겼으며 십자가와 고통을 기꺼이 받기를 원했기 때문입니다. 바울도 낮은 마음으로 많은 시험과 전쟁을 이기고 끝까지 달려갈 길을 마치고 완주하였습니다. 그러나 적지 않은 사람들이 넘어지고 실족하며 오늘날 이 순간에도 넘어지고 있습니다. 주님과의 첫 사랑을 잃어버리며 그 아름다운 교제와 기쁨을 잃어버립니다. 그리하여 영혼이 마비되고 완악해져서 육욕과 세상의 사랑과 쾌락에 넘어지고 죄 가운데서 살게 됩니다.
그 시작은 마귀의 유혹에 넘어져 낮은 마음을 잃어버린 것에 있습니다. 그리하여 마음이 높아져서 영혼이 병들고 마귀의 도구 노릇을 하게 되는 것입니다.
많은 이들의 넘어짐을 보고 죄를 짓는 것을 보고 손가락질만 하고 있다면 그러한 영혼도 결코 안전하지 않습니다. 자신은 다른 사람들과 다르며 넘어지지 않을 것이며 온전한 사람이라고 여긴다면 그의 영혼은 안전하지 않습니다. 오직 살아남기 위해서 우리는 자신을 돌아보아야 하며 낮은 마음으로 주님께 무릎을 꿇어야 합니다.

낮은 곳만이 안전하다

신앙의 초보자에게도, 어느 정도 성장한 사람들에게도, 깊은 곳으로 들어간 자들에게도 마귀의 유혹이 있습니다. 그의 유혹은 어떻게 해서든지 사람의 마음을 높아지게 하려는 것입니다. 그렇게 해야만 그는 사람의 주인이 될 수 있습니다.

그러므로 그들은 우리에게 속삭이는 것입니다. 당신은 대단한 존재이며 귀한 존재이며 특별한 사람이라는 생각을 심는 것입니다. 당신은 억울한 사람이며 온 세상에서 가장 상처 입은 사람이며 사랑받아야 할 사람이라고 속삭이는 것입니다. 그의 말은 달콤하지만 그의 이야기에 귀를 기울이고 있으면 고통과 상처는 결코 사라지지 않습니다. 그것은 우리 마음을 높아지게 해서 불안과 고통과 증오심을 증가시킬 뿐입니다.

영혼의 안전을 위하여 우리는 높은 곳을 거절하고 높은 제안을 거절해야 합니다. 우리의 위치는 오직 낮은 곳이어야 합니다.

오직 낮은 곳만이 안전하며
오직 낮은 곳에서 천국이 시작되는 것입니다.
부디 당신의 위치를 지키십시오.
자신을 남보다 나은 존재로, 나은 대우를 받아야할 존재로 여기지 마십시오. 좋은 대접을 받았다고 즐거워하지 말며 그것을 기대하지 마십시오. 마귀는 항상 좋은 대우를 약속한 후에 그 영혼을 노략합니다. 그러나 주님은 낮은 길과 좁은 길과 십자가를 요구하시면서 그 후의 풍성한 삶을 보장하십니다.

마귀의 유혹을 거절하고 주님이 인도하시는 낮고 좁은 길을 선택하십시오. 이 세상에서 그 길을 가는 이들은 많지 않지만 그 길을 선택하고 걸어가는 이들은 세상이 알지 못하는, 세상에 숨겨진 천국의 희락과 행복을 누리고 경험하게 될 것입니다.

3. 위대함에 대한 비전

낮음이 없으면 혼미해진다

마귀는 칭찬과 위로를 통해서 사람을 넘어뜨리며 낮은 마음을 빼앗아 갑니다. 그는 은혜의 깊은 자리에 이른 사람들에게까지도 포기하지 않고 그 마수를 뻗치며 칭찬과 위로와 듣기에 좋은 말로 그 영혼을 실족하도록 유혹합니다. 오늘날 칭찬을 원하며 자신을 알아주기를 원하며 위로의 말에 굶주려 있는 영혼들은 아주 많습니다. 이러한 영혼들은 영적 전투에 있어서 아주 취약하고 위험한 상태에 있는데 그것은 악령들이 이러한 영혼을 다루는 것에 능숙하기 때문입니다. 그러므로 이러한 영혼들은 쉽게 낮은 마음을 잃어버리고 악령들의 포로가 되어서 지옥적인 삶을 살게 됩니다.

낮은 마음을 잃게 되면 그 영이 악령에게 속하게 되어 마음과 생각과 판단력이 혼미해지기 때문에 아무 것도 분별할 수 없습니다. 그러므로 자신의 상태를 보지 못하게 됩니다.
그리하여 이들은 분노와 불만과 증오심과 원망과 한탄 등 각종 악의 열매를 맺으면서도 자신이 악한 영들에게 속고 있으며 눌려 있다는 것을 깨닫지 못하고, 환경을 원망하거나 자기를 그렇게 만들었다고 믿는 사람에 대해서 증오하거나 하나님을 원망하거나 자기 신세를 한탄합니다. 이러한 이들은 은혜의 눈이 열려서 자기 자신의 상태를 돌아볼 수 있을 때 비로소 회복의 길로 들어설 수 있게 될 것입니다.

파격적인 제안으로 영혼을 낚음

악한 영들은 그리스도인들의 낮아짐을 빼앗기 위하여 많은 전략을 사용하고 있습니다. 그 중요한 전략 중의 하나가 위대함, 위대함의 비전에 대한 도전입니다.
사단은 하와에게 접근하여 하나님이 금하신 선악과를 따먹게 하는 것에 성공하였습니다. 그는 어렵지 않게 그녀를 유혹하는 데에 성공하였는데 그가 사용한 유혹의 방식은 그 과실을 먹으면 하나님과 같이 될 수 있을 것이라는 메시지를 하와에게 전달한 것이었습니다.

하와는 아담을 돕는 배필로 만들어졌고 아직 타락하기 전이었으므로 하와에게 아담은 머리와 같은 어려운 존재였습니다. 그녀는 아담을 통해서 하나님의 말씀을 받았을 것이기 때문에 감히 하나님의 말씀을 어기려는 생각은 쉽게 하지 못했을 것입니다. 그러나 사단은 어렵지 않게 그녀를 유혹하여 넘어가게 했습니다. 하나님과 같이 된다는 것은 그녀에게 있어서 아주 멋지고 파격적인 제안이었기 때문입니다. 그것이 실현 가능성이 있든 없든 간에 하나님과 같이 된다는 것, 그와 같이 지혜롭고, 높고 위대한 존재가 된다는 것은 상상만 해도 매력적인 일일 것입니다. 상대가 감히 기대하지 못했던 파격적인 제안을 해서 상대의 혼을 쏙 빼앗아버리는 것, 그것이 마귀의 전략이었습니다.

오늘날도 악한 영들은 사람들에게 비슷한 제안을 하며 위대함에 대한 비전을 주고 꿈을 줍니다. 각 사람이 기대하기 어려운 파격적인 꿈을 주며 가슴이 뛰게 하는 것입니다. 그러한 전략은 눌려 있는 사람, 고통을 겪고 있는 사람의 가슴을 설레게 하고 희망을 줄 것입니다. 그것이 이루어지든 말든 일단 파격적인 이야기는 사람들에게 충격을 주고 용기를 주어 어렵지 않게 그들을 사로잡게 되는 것입니다. 여러 번 사회 문제가 되었던 피라미드 사기 사건과 같은 것에 많은 사람들이 끌려들어가는 이유도 파격적인 이익을 제시하기 때문입니다. 사람들은 그러한 이야기를 들을 때 황당한 이야기라고 생각하면서도 한편으로는 그것을 믿고 싶어 합니다. 비록 황당하다고 해도, 사람은 파격적인 꿈을 꿀 때 일시적으로 마음이 즐거워지며 기대감으로 힘을 얻기 때문입니다.

일반은총 자체가 나쁜 것은 아니다

오래 전에 어떤 목사님이 말씀하시는 것을 들은 적이 있습니다. 그는 자기 계발서로 유명한 어떤 책을 말하면서 그 책을 읽으면 힘이 난다고 하는 것이었습니다.
나는 모든 자기 계발서가 사단적인 책이라고 단언하고 싶은 마음은 없습니다. 신앙에는 일반 은총이라는 개념도 있기 때문입니다. 구원을 받고 생명을 얻고 죄에서 해방되는 특별 은총 외에도 세상에는 일반적인 은총이 있으며 일반적인 진리가 있습니다. 그것은 구원에 이르는 길은 아니지만 사람에게 일반적인 도움을 줄 수 있습니다. 의사가 불신자라고 해서 그의 치료를 거절하겠다고 한다면 그것은 자연스러운 일이 아닐 것입니다. 그와 마찬가지로 일반 은총은 거부해야할 악은 아닌 것입니다.

하지만 자기 계발서로 인하여 힘을 얻었다면 그 힘의 근원이 어디에서 오는지에 대한 분별이 필요합니다. 힘을 얻었다면 그 힘이 하나님으로부터 온 것인지, 아니면 다른 근원으로부터 온 것인지, 정신력이나 암시의 힘으로 인하여 온 것인지에 대한 분별이 필요합니다.
타락한 인간은 하나님을 의지하지 않고 스스로 강자가 되려고 하는 경향이 있고 사단은 그것을 부추기기 때문에 더욱 주의해야 할 필요가 있는 것입니다. 그러므로 우리가 어떤 힘이나 도움을 얻었다면 그 힘과 도움이 어디에서부터 오는지 살펴야 할 필요가 있는 것입니다.

인간은 위대하지 않다

위대한 존재가 되도록 힘을 주고 부추기는 것은 세상의 배후에서 영향력을 행사하고 있는 악한 영들의 중요한 전략입니다. '젊은이들이여, 꿈을 가져라.'하는 메시지를 우리는 어디서나 들을 수 있습니다. 그리스도 안에서, 하나님 안에서 꿈을 가지는 것은 좋은 일입니다. 그러나 사단은 거기서 그리스도를 빼 버리고 자기를 위해서 꿈을 가지게 합니다.

세상의 영들은 인간을 대단한 존재로 만들려고 노력합니다. 사람을 높이고 우상으로 만드는 것을 좋아합니다. 이 사람은 태어날 때부터 특별한 존재였다는 식의 이야기를 만들어내는 것을 좋아합니다. 그들은 사람을 높이고 우상시할 때 그리스도가 낮아지는 것을 잘 알기 때문입니다.

사람 안에서 역사하시는 그리스도가 위대하다

사역자들은 흔히 성경의 인물들에 대하여 위인전 식의 설교를 하는 것을 좋아하는데 그것은 진리적이라고 할 수 없습니다. 아브라함은 얼마나 대단한 사람인가, 다윗은 얼마나 놀라운가.. 이런 식의 메시지는 좋은 것이 아닙니다.
그들은 대단한 존재들이 아닙니다. 그들의 안에서 역사하시는 주님이 대단한 것입니다. 그들의 아름다움은 그들이 주님을 바라보고 앙망하였다는 것입니다. 그들 자체에 아름다움이 있는 것이 아닙니다. 그들이 주님의 손안에 잡혔고 그 손아래 굴복하였으며 그들을 통하여 주님의 원하심이 이루어진다는 것, 그것이 대단하고 중요한 것입니다. 그러나 역사하시는 하나님을 바라보지 않고 그 도구만을 바라본다면 그것은 좋지 않습니다.

그러한 위험은 성경 뿐 아니라 현실의 삶에서도 마찬가지입니다. 주님의 은총 가운데 있는 사역자를 통해서 주님을 알고 은총 가운데로 들어가는 것은 좋은 일입니다. 그러나 그 도구가 되는 사역자 자체를 사랑하고 좋아한다면 그것은 좋은 일이 아닙니다. 하지만 인간이란 보이지 않는 내면의 근원보다 보이는 것, 보이는 존재에 빠질 위험이 많은 존재입니다. 그러므로 조심이 필요합니다.

사람들은 그리스도가 아니라 도구를 보려고 하는 성향이 있습니다. 그리고 사역자들은 그리스도가 아닌 자신이 드러나고 위대해지고 싶은 꿈을 가질 수 있습니다. 그것은 위험한 것이며 악한 자들에게 속한 것입니다.

세상에서 위대한 사람, 훌륭한 사람이라고 알려진 이들이 많이 있습니다. 그것을 잘못이라고 할 수는 없습니다. 본인이 원치 않아도 존경을 받으며 사람들이 일방적으로 좋게 평가한다면 그것은 어쩔 수 없는 일일 것입니다.

또한 본인이 드러나기를 원치 않지만 주님을 드러내기 위해서 어쩔 수 없이 널리 알려진다면 그것은 어쩔 수 없는 일일 것입니다. 다만 그러한 것은 본인에게는 영적인 측면에서는 희생이라고 할 수 있는 것입니다. 그러한 이들은 이 세상에서 많은 것을 받게 되므로 영원한 차원에서는 잃는 것이 많을 것입니다.

어떤 이를 주님이 드러내시기로 작정하시고 그러한 도구로 사용하시기를 원하신다면 그것을 피할 수는 없습니다. 그러나 주님의 감동하심과 인도하심이 없는데 혼자서 위대해지는 것을 꿈꾼다면 그것은 좋지 않습니다. 그것은 위험합니다. 그는 자기 안에서 일어나는 소원이나 비전이나 감동이 어디에서 오는 것인지 분별할 필요가 있습니다. 많은 경우 위대함에 대한 비전은 사단이 사람을 파괴하기 위하여 사용하는 것이기 때문입니다.

낙관적인 메시지의 위험

악한 영들은 사람을 부추기는 것을 좋아합니다. 그것은 물고기를 낚을 때 미끼를 주면서 잡는 것과 같습니다. '당신은 위대한 존재이다', '당신 안에 있는 위대한 가능성을 키워라..' 이런 메시지가 담긴 책들이 참 많이 있습니다.
하지만 인간이란 그리 대단한 존재가 아닙니다. 인간이란 타락한 존재이며 골치 아픈 존재입니다. 하나님이 지으신 자연을 파괴하고 망가뜨리는 존재는 인간 밖에 없습니다. 인간이 함부로 대하고 우습게 여기는 작은 동물들도 그렇게 하지는 않습니다.

하나님을 거부하고 타락한 인간이라는 존재는 이 우주의 골치 덩어리입니다. 인간은 어서 빨리 하나님의 품으로 돌아와서 제 정신을 차려야 하는 존재이지 위대하고 놀랍고 대단한 그런 존재가 아닙니다. 하나님이 지혜와 기능과 많은 가능성을 주시고 창조하셨지만, 하나님을 떠나서 그 많은 지혜와 능력으로 사고만 치고 다니는 것이 인간입니다. 그러나 타락과 멸망에 빠져있는 그러한 인간에 대해서 이 세상의 영들은 낙관인 메시지만을 공급합니다.

당신은 위대한 존재일 뿐 아니라 뉴에이지는 아예 '당신은 신이다'라고 주장하기도 합니다. '당신 안에 있는 그리스도 의식을 깨워라, 예수가 깨달은 것처럼 당신도 그리스도임을 깨달으라.' 그런 메시지를 담고 있는 책들도 많습니다.

이것은 정말 기가 막힌 이야기들인데도, 그런 말을 듣고 미혹되는 그리스도인들도 있습니다. 아마 제대로 거듭난 사람이라면 그런 말에 미혹되지는 않을 것입니다.

꿈이 어디에서 시작되었는가

꿈이나 비전을 가지는 것 자체가 틀렸다고 할 수는 없습니다. 다만 중요한 것은 그 꿈이나 비전이 어디에서 시작되었는가 하는 것입니다. 그 꿈을 주신 분은 하나님이십니까? 아니면 자기 자신입니까? 이것이 중요합니다. 그것의 차이는 천국과 지옥의 차이와 같은 것입니다. 주님이 주시고 인도하시는 감동의 꿈이라면 그것은 천국의 은총과 같은 것입니다. 그러나 나로부터, 나의 성향이나 동기로 인하여 시작된 꿈이라면 그것은 곧 지옥의 재앙과 같은 것입니다. 그것은 많은 문제를 일으키게 됩니다.

어느 유명한 사역자가 아브라함의 꿈에 대해서 메시지를 전하는 것을 들은 적이 있었습니다.
하나님께서 '네 자손이 하늘의 별처럼 많게 될 것'이라는 말씀을 하셨기에 아브라함은 그 말씀을 듣고 하늘의 별을 볼 때마다 비전을 품게 되었다는 것입니다. 또한 '너 있는 곳에서 동서남북을 바라보라'고 하셨는데 이것은 바라봄의 법칙으로서 비전이 이루어지게 되는 방법이라는 메시지입니다. 오늘날 이러한 유형의 메시지는 많이 퍼져 있습니다.
하지만 그러한 성경 적용은 자연스럽다고 보기 어려울 것입니다. 아브라함을 과연 비전을 품은 사람이라고 보아야 하는지 그것은 좀 애매한 면이 있는 것입니다. 그는 비전을 품고 비전을 이루기 위해서 나아가는 사람이라기보다는 한 걸음씩 하나님이 인도하시는 길을 믿음으로 따라간 사람이라고 할 수 있습니다. 그에게 약속하신 자손에 대한 언급은 인류의 구속사에 대한 메시지로 예수가 오시는 구속의 길, 구속의 시작을 의미하는 것입니다. 그것을 개인적인 비전의 성취로 보는 것은 자연스럽지 않을 것입니다.

요셉의 꿈은 비전이 아니다

흔히 비전과 관련되어 인용되곤 하는 요셉의 꿈 이야기가 있습니다. 그러나 그것을 비전이라고 할 수 있을까요? 꿈이란 꾸어지는 것이지 내가 꾸고 싶어서 꾸는 것이 아닙니다. 요셉이 꾼 꿈은 일반적인 꿈이 아니고 그의 미래에 성취될 계시에 가까운 것입니다. 예언적 증표라고도 할 수 있을 것입니다. 요셉의 꿈은 나중에 그가 애굽의 총리가 되었을 때 기근을 피하여 애굽에 도착한 그의 형제와 부모들에게 은혜를 끼침으로 성취되었습니다. 그의 인생의 성취는 비전의 성취가 아니라 하나님의 계획의 성취이며 인도하심이었습니다.

중요한 것은 우리가 무슨 크고 위대한 꿈을 가지느냐 하는 것이 아니라 우리가 주님의 뜻을 발견하고 그의 뜻에 순종하는 것이며 인도하심을 받는 것입니다. 진정 중요한 것은 내가 무엇인가를 하는 것이 아니라 하나님께서 내 안에서 일하시도록 나를 맡겨드리는 것입니다.

본질은 크기가 아니고 생명이다

사람들은 흔히 큰 것, 위대한 것을 좋아합니다. 하지만 중요한 것은 큰가 작은가 하는 것이 아닙니다. 성경에서 주로 다루고 있는 문제는 생명과 진리에 대한 것입니다. 예수는 생명이며 아담은 사망입니다. 예수에게 속한 자는 산 것이며 아담에게 속한 자는 사망 가운데 있는 것입니다. 성경이 전하고 있는 것은 어느 쪽이 크고 어느 쪽이 작으냐하는 것이 아니고 살았느냐 죽었느냐 하는 것입니다.

본질은 크기가 아닙니다. 생명입니다. 어떤 것에 생명이 없다면 아무리 커도 의미가 없는 것입니다. 시체가 커서 무슨 소용이 있겠습니까? 커지는 것보다 중요한 것은 그 안에 생명이 있는가 하는 것입니다. 생명은 오직 주님과 그 안에 거하는 것 가운데 있으므로 그리스도인들의 가장 중요한 관심은 외형적인 성장이 아니라 주님의 생명, 그 뜻 가운데 거하느냐 하는 것이 되어야 합니다. 그 어떤 것이든 그것이 주님으로부터 온 것이면 거기에는 생명이 있습니다. 그러나 그것이 나로부터 온 것이고 나에게서 시작된 것이면 거기에는 생명이 없는 것입니다.

사역자들 중에 하나님이 사용하시는 큰 종이 되고 싶다고 기도하며 서원하는 이들이 많이 있습니다. 나는 어떤 집회에서 집회를 인도하는 사역자가 청중석에 앉아있는 사람을 불러내어서 기도해주며 '하나님이 당신을 크게 사용하실 것입니다, 당신은 놀라운 사역자로 쓰임 받게 될 것입니다..' 하고 기도하고 예언을 하는 것을 본 적이 있습니다. 사역을 하고자 하는 이들은 그러한 것을 보면서 부러움을 느낄 것입니다. 나도 저렇게 멋진 예언을 받았으면 하는 마음이 들 것입니다. 당사자는 '아, 나는 특별하게 선택된 그릇이구나.' 하고 자부심을 느끼게 될 것입니다. 사람들은 그렇게 인정을 받고 싶어 합니다. '당신은 큰 그릇입니다.' 이런 말을 듣고 싶어 합니다. '당신은 보통의 종이 아닙니다.' 이런 말을 듣고 싶어 합니다. 나는 어떤 이가 다른 이를 예언기도해주면서 '당신은 뽑고 또 뽑은 종입니다.' 라고 기도해주었다는 이야기를 들은 적도 있습니다.

하지만 그렇게 인정받고 싶어 하는 성향은 좋은 것이 아닙니다. 다른 이들보다 더 특별하게 대단한 존재로 쓰임을 받고 싶다는 것은 좋은 동기가 아닙니다. 그 동기가 주님을 드러내고 싶은 것이라면 그 마음을 유지하는 한 그는 안전할 것입니다. 그러나 그 동기 안에 자기가 드러나고 세상에서 우뚝 서고 싶은 마음이 있다면 그는 안전하지 않습니다. 왜냐하면 위대한 존재가 되고 성공한 존재가 되기 위하여 꿈을 가지는 것은 우리 자신을 높이 띄우기 위해서 사단의 자주 사용하는 전략이기 때문입니다.

이상한 좌절

나는 목회자들이 심히 좌절하면서 '주님, 저 사람은 저렇게 쓰임을 받는데 저는 이게 뭡니까?' 하고 기도하거나 말하는 것을 많이 보았습니다. 나는 어떤 목사님이 '널리 알려지고 유명한 어느 목사보다 내가 조금도 못한 것이 없는데, 나는 왜 이렇게 성공을 못하는 것일까요?' 하고 내게 하소연을 하는 것을 들었습니다. 나는 그가 생각하는 성공의 기준이 무엇인지가 궁금했고 또 자신이 별로 쓰임을 받지 못한다는 사실이 어떤 의미에서 그에게 좌절이 되는지가 궁금했습니다.
이러한 사람들의 중심 동기는 어디에 있는 것일까요? 그들의 중심에는 주님이 있을까요? 아니면 자신이 있을까요? 그의 관심사가 주님의 뜻이 이루어지는 것이라면 그는 그 목적을 위해서 자신이 쓰임을 받든 남이 쓰임을 받든 신경을 써야 할 이유가 없습니다. 누구를 통해서 이루어지든 간에 그는 주님의 뜻이 이루어지는 것을 기뻐하게 될 것입니다.

그러나 남이 쓰임 받는 것에 상처를 받으며 왜 자신이 쓰임을 받지 않느냐고 아파한다면 그러한 이들의 중심에는 자기가 있는 것이지 주님이 있는 것이 아닙니다.
이러한 이들은 더 이상 아파하지 말고 정신을 차려야 합니다. 이들은 악한 영들에게 속고 있는 것이기 때문입니다. 자신은 대단한 존재이며 자신은 대단한 실력을 가지고 있으며 크게 쓰임을 받는 것이 마땅하다는 악한 영들의 허무한 부추김에 속고 있는 것이기 때문입니다. 그러한 생각은 결코 주님에게서는 오지 않습니다. 내가 성공하고 유명해지고 큰 존재가 되고 싶다는 것은 사람의 본성에 맞는 것입니다. 위대함에 대한 메시지는 인간의 본성에 맞는 것입니다. 어릴 때부터 아이들은 '누가 제일 높아? 누가 제일 세? 슈퍼맨? 배트맨?'하고 묻습니다. 그것은 타락한 인간의 본성입니다.

하지만 위대함과 커지는 것이 누구를 높이기 위한 것인지, 하나님을 드러내기 위한 것인지 아니면 나를 드러내기 위한 것인지, 우리는 항상 그것을 분별해야 합니다.

오직 그 마음속에 하나님을 드러내기를 원하며 자기를 드러내는 것을 싫어한다면 그의 마음에는 자유함과 기쁨이 가득할 것입니다. 주님의 뜻이 자기가 아닌 다른 이를 통해서 이루어져도 행복해할 것입니다. 그러나 자기가 드러나기 원하며 위대해지기를 원한다면 그 영혼은 안전하지 않으며 진정한 기쁨을 알지 못할 것입니다.

꿈이란 꼭 좋은 것은 아니다

꿈을 가지면 성공한다고 사람들은 흔히 말합니다. 하지만 반드시 그런 것은 아닙니다. 꿈을 가지고도 망한 사람들은 많습니다. 엄밀하게 말하자면 꿈이 없는 이들은 없습니다. 누구나 행복을 꿈꿉니다. 누구나 행복하게 살고 싶어 합니다. 행복한 가정을 만들고 싶어 합니다.

이혼을 꿈꾸며 결혼하는 이들은 없습니다. 배신당할 것을 기대하며 사람을 만나고 사귀는 이들은 없습니다. 떨어지기를 기대하며 시험을 준비하는 이들은 없습니다.

모두가 다 행복하기를, 성공하기를, 시험에 합격하기를 바라고 꿈을 꿉니다. 하지만 많은 이들이 꿈을 꾸지만 실패하고 어려움을 겪습니다. 비교적 소수만이 꿈을 이룹니다. 꿈을 강조하는 이들은 소수의 성공자들을 예로 들지만 사실 더 많은 실패자들이 있습니다.

꿈이란, 위대한 꿈이란 과연 좋은 것일까요? 어떤 면에서 꿈이란 묶임일 수도 있습니다. 자신의 꿈을 성취하기 위하여 사람들은 많은 것들을 잃어버립니다. 시간을 잃고 여유를 잃으며 몸과 마음이 피폐해지기도 합니다.

행복이란 꿈을 이루는 데서 오는 것이 아니라 주님을 따르는 데서 오는 것입니다. 그러나 어떤 이들은 주를 따르는 것보다 꿈을 따르는 것 같습니다. 그 꿈이 주님으로부터 온 것이라면 그것은 좋은 일입니다. 거기에는 행복이 있을 것입니다. 주님이 꿈을 주셨다면 주님은 그것을 이룰 수 있는 능력과 힘을 같이 주시며 동행하시기 때문입니다.

그러나 만일 그 꿈이 주님이 주신 것이 아니라면? 주님이 주신 것이 아니라 그저 자기의 마음을 따라 분위기를 따라 일어난 꿈이라면? 그는 정말 인생을 피곤하게 살게 될 것입니다. 주님이 시키지도 않은 것을 가지고 씨름하면서 인생을 낭비하게 될 것입니다.

우리는 마지막 날에 주님 앞에서 이렇게 말합니다. '주님, 제가 주님을 위해서 이것, 저것을 하였습니다.' 그때 주님이 말씀하십니다. '내가 언제 너에게 그것을 하라고 시켰느냐?'

만약 이런 상황이 온다면 그것은 얼마나 비참한 일이겠습니까. 그러므로 우리는 살아있는 순간에 항상 주님의 감동을 받으며 주님의 인도를 얻기 위해 기도하고 기다려야 하는 것입니다.

꿈보다 주님이 중요하다

꿈보다 중요한 것은 주님입니다. 꿈을 이루는 것보다 중요한 것은 주님을 알아가는 것이며 주님을 닮아가는 것입니다. 주님께 자기에 속한 모든 것을 드리는 것입니다. 거기에는 생명도, 체면도, 성공에 대한 소원도 포함됩니다. 그 모든 것들이 주님께 드려져야 합니다. 그리고 오직 주님의 사람이 되어 주님이 시키시는 것을 주님의 능력으로 이루어가야 합니다. 우리는 꿈을 가지려고 애를 쓸 필요가 없습니다. 오직 주님을 사랑하고 교제하며 주님께서 감동을 주시고 인도하시면 그것을 행하며 그 길을 따라가면 되는 것입니다.

커다란 비전이란, 위대함의 꿈이란 많은 경우에 주님으로부터 오는 것이 아닙니다. 그것은 허황된 생각에서 오며 우리를 높이 띄우는 것입니다. 그리고 그것은 낮아짐을 빼앗아갑니다. 분수에 맞지 않는 꿈을 꾸면서 '나는 대단한 사람이다, 보통 사람이 아니다'하는 마음이 들 수 있습니다. 그것은 어리석은 마음입니다.
어떤 이들은 비전이 있기 때문에 암울한 상황에서도 힘을 얻을 수 있다고 말합니다. 그러나 암울한 상황에서 비전이 이루어지는 것을 바라보면서 힘을 얻는 것보다 주님 앞에 엎드러져 안식하고 힘을 얻는 것이 좋은 것입니다. 진정한 안식과 회복은 오직 영혼이 주님의 발 앞에 엎드러질 때 이루어집니다.

세상에 속한 허황된 꿈

위대함을 추구하는 과정에서 영혼은 강퍅해지기 쉽습니다. 낮아짐을 잃어버립니다. 자신을 남들보다 우수하고 대단한 존재로 여기게 됩니다. 자신을 어느 유명한 목사님과 비교하며 '주님.. 저는 뭡니까?' 하던 이들은 무엇이 부러웠던 것일까요? 많은 이들의 환호일까요? 사람들이 자기를 알아보고 자기 앞에서 일어나 인사하는 것이었을까요?
세상의 사람들, 이방인의 집권자들은 남에게 임의로 명령하고 지시하면서 으스댑니다. 하지만 그것은 세상에 속한 사람들의 삶이며 그들이 꿈꾸는 것이지 그리스도인의 삶과 꿈이 아닙니다. 우리가 사랑하며 따르는 주님은 그러한 분이 아니십니다. 스승을 사랑하고 따르면서 스승과 반대의 길을 걸어가는 제자가 있다면 그는 바른 제자라고 할 수 없는 것입니다. 위대함을 추구하면서 그 영혼은 많은 것을 잃어버릴 수도 있습니다. 아름다움과 겸손과 온유와 헌신과 섬김을 잃어가게 될 수도 있습니다. 남들에게 대한 비교의식, 분노, 자기에 대한 좌절, 하나님에 대한 원망이 일어날 수 있습니다. 그 영혼 안에서 주님의 자취, 사랑스러운 인품은 점점 더 사라지게 되고 그는 결국 세상적인 사람, 세상과 같은 존재가 될 수 있습니다. 주님이 아닌 위대함을 추구할 때 그렇게 될 가능성은 아주 높습니다.

희망적이지 않은 주님의 말씀

조심하십시오. 위대함에 대한 비전은 사단의 중요한 무기입니다. 그들은 항상 위대하고 대단한 것을 보여줍니다. 그는 주님께도 휘황찬란한 세상의 영광을 보여주면서 그것을 주겠다고 하였습니다. 그는 지금도 많은 그리스도인들에게 놀랍고 찬란한 영광의 모습을 보여주면서 그 영혼을 노략하려고 합니다.

예수님은 그를 따르는 제자들에게 위대함이나 안락함에 대한 메시지를 거의 주지 않으셨습니다. 그저 그분이 길이며 진리이며 생명이라고 하셨고 그를 따라오라고 하셨습니다. 나를 따라오면 위대하고 대단한 존재가 될 것이라고 하지 않으셨습니다.

그를 따르겠다는 사람에게 인자는 머리 둘 곳이 없다고 대답하셨습니다. 주님 자신의 미래에 대해서도 별로 인기를 끌만한 말씀을 하지 않으셨습니다. 십자가를 질 것이며 많은 고난을 겪고 죽으실 것을 말씀하셨습니다. 그 후에야 살아날 것이라고 하셨습니다.

제자들은 주님의 말씀을 듣는 것만으로도 두려움을 느꼈지만 주님은 그 말씀을 반복하셨습니다. 게다가 주님뿐 아니라 제자들에게도 각자 십자가를 지라고 하셨습니다. 좁은 길을 가라고 하셨습니다. 자기를 부인하라고 하셨습니다. 제자들의 미래에 대해서도 그다지 희망적인 말씀을 하지 않으셨습니다. 베드로와 제자들에게 너희는 나를 버릴 것이라고 하셨습니다. 또한 나중에는 사람들에게 핍박을 받을 것이며 잡혀갈 것이라고 말씀하셨습니다. 심문을 받을 때에 말할 것을 주시리니 두려워하지 말라고 하셨습니다. 제자들은 아마 이런 의문이 들었을 지도 모릅니다. '안 잡혀가면 안 되나? 잡혀갔을 때 변명할 말을 주시는 것보다 잡혀가지 않는 것이 더 좋을 텐데..' 하고 생각했을 지도 모릅니다.

논리적으로 생각하면 의문스러운 면이 있습니다. 왜 예수님은 긍정적이고 희망적인 말을 별로 안하셨을까요? 그러면 더 많은 제자들이 주님을 열심히 따랐을 텐데요. 그러나 주님은 그를 따르는 이들이 눈에 보이는 세상의 영광과 만족을 구하는 것이 아니라 보이지 않고 썩지 않는 영원한 보화와 진리와 생명을 구하도록 가르치셨습니다. 진정한 가치를 위하여 대가를 지불할 수 있는, 자기 생명까지도 바치고 지불할 수 있는 그러한 이들을 주님은 부르시고 찾으셨습니다.

주님이 말씀하시는 길은 좁은 길입니다. 그것은 위대한 비전과 이상의 길이 아닙니다. 그것은 낮아짐의 길입니다. 그 길은 언뜻 보기에 매력적인 길이 아닙니다. 그것은 어리석어 보이는 길입니다. 그러므로 많은 사람들이 가는 길이 아닙니다.
그것은 드러난 길이 아니며 감추어진 길입니다. 그러나 그 길을 한 걸음씩 따라가다 보면 세상에 감추어진 보화가 거기에 있음을 알게 됩니다. 거기에 놀라운 만족과 행복이 있는 것을 알게 됩니다. 심령에서 경험하는 기쁨과 자유를 맛보게 되면서 비로소 그 길이 진리이며 숨겨진 천국인 것을 경험하고 누리게 되는 것입니다.

행복하게 보이지만

사단이 보여주는 길은 그럴 듯한 넓은 길입니다. 그것은 좋아 보이며 멋있어 보이는 길입니다. 그 길은 위대함의 길이며 으뜸과 영광을 향한 길입니다. 그러므로 많은 사람들이 너도 나도 그 유행의 물결에 휩쓸립니다. 그러나 그 길을 가면 갈수록 그것은 사망의 냄새를 풍기는 길임을 알게 됩니다. 바깥에서 보았을 때 유명하고 위대하며 성공했다고 여김을 받는 이들을 가까이에서 보면 의외로 불행한 이들이 많이 있습니다. 깨어진 가정, 서로 사랑하지 않는 형식적인 인간관계, 소유가 있고 명성이 있으나 마음에 평화를 누리지 못하는 비참한 상태에 있는 이들이 많이 있습니다.

위대함에 대한 비전은 많은 경우에 주님으로부터 오지 않고 악한 세력으로부터 오는 속임입니다.
그것은 우리에게서 낮아짐을 빼앗아가며 영혼의 평화를 빼앗아갑니다. 우리는 위대해질 필요가 없습니다. 우리 주님이 위대하신 분입니다. 우리는 그 놀라우신 분을 붙들고 그 안에 거하며 순종하는 것으로 충분합니다.

낮음을 추구하십시오. 드러남을 추구하지 마십시오.
사람들이 당신을 칭찬하고 높일 때 도망가십시오.
살아남고 싶으면 그렇게 하십시오.
위대한 존재가 되려고 땅에서 큰 존재가 되려고 묶이지 마십시오.
오직 낮음을 유지하고 눈물과 갈망을 유지하며 주님을 따르십시오.
비전보다 위대함보다 오직 낮은 마음으로 주를 따르십시오. 그렇게 할 때 우리는 진정한 자유와 행복과 천국의 기쁨을 유지할 수 있게 될 것입니다.

4. 경쟁과 비교의식

비교와 경쟁, 이것은 사단이 이 세상 왕국을 지배하고 다스리는 중요한 방식입니다. 이 체제를 통하여 사단은 그의 왕국을 지옥적인 세계, 고통과 흑암과 절망이 가득한 세계로 유지할 수 있습니다.
모든 사람들이 저마다 1등을 원하고 남들보다 뛰어나기를 원하고 보다 높은 곳을 추구하며 영광받기를 원할 때 사단은 이 세상을 효과적으로 잘 유지하고 다스릴 수 있습니다. 그러한 비교와 경쟁을 통하여 사람들은 서로를 미워하고 시기하며 공격하고 좌절하고 낙담하게 되며 세상은 온갖 악과 고통으로 가득한 곳이 되어가고 마귀는 세상을 통치할 수 있기 때문입니다.

사람들이 자기를 부인하고 그 경쟁체제에서 벗어나 양보를 하고 낮은 곳에 서기를 원한다면 세상의 왕국은 유지가 되기 어려울 것입니다. 그것은 악한 영들에게 충격을 줄 것입니다. 그러므로 악한 세력들은 그러한 이들을 내버려두지 않고 공격을 함으로써 불이익을 주고 괴롭히려고 할 것입니다.

경쟁과 비교는 에너지를 준다

경쟁과 시기는 일종의 에너지와 같은 것입니다. 그것은 남에게 지지 않겠다는 욕망을 일으킵니다. 어머니들은 아가들이 음식을 잘 먹지 않을 때 흔히 이렇게 말합니다. '아이구, 이 맛있는 것을 안 먹네, 그러면 형아 줘야지.' 그런데 우습게도 그런 방식이 효과가 있습니다. 아가들은 음식을 안 먹으려고 하다가도 남에게 준다고 하면 즉시 먹는 경향이 있으니까요. 물론 이렇게 경쟁심을 일으키는 교육 방식은 좋지 않은 것입니다. 욕심을 자극하는 교육방식은 당장은 효과를 본다고 하더라도 아이들의 영혼에 부정적인 영향을 주게 됩니다.

이 세상의 교육체제를 보더라도 이것이 철저한 경쟁의 시스템인 것을 알 수 있습니다. 청소년기의 중고등 학생들은 대학에 가기 위한 입시 경쟁으로 인하여 10대를 황폐하게 보내게 되는데 그것은 아무리 공부가 하기 싫고 몸이 피곤하고 힘들어도 남들과 경쟁해서 이겨야만 하기 때문입니다. 그래서 학생들은 항상 지쳐 있습니다. 몸이 놀고 있다고 해도 마음은 쉬지 못하기 때문에 쉬는 것이 아닙니다.

경쟁은 인간을 파괴한다

기본적으로 경쟁이란 인간을 파괴하는 것입니다. 그것은 세상의 방식입니다. 그것은 하늘의 방식이 아니며 영계의 방식이 아닙니다. 하늘의 방식과 땅의 방식은 근본적으로 다릅니다.

학생들은 아무리 열심히 공부를 해도 지치게 됩니다. 왜냐하면 열심히 공부한다고 해도 자기만 공부를 하는 것이 아니기 때문입니다. 결국 좀 더 지독한 사람들이 경쟁에서 이기게 됩니다. 그렇게 경쟁에서 이긴 사람들을 세상에서는 높여주고 칭찬하고 받들어줍니다. 그리고 패배자들은 분노와 좌절과 체념과 패배의식으로 이 세상을 살게 됩니다. 그러한 경쟁이 사단의 세상 통치 방식입니다. 이 체제에 들어가게 되면 그 누구도 진정한 승리자가 될 수 없습니다.

누가 승리자인가

격투기가 있습니다. 벌거벗은 선수들이 서로 치열하게 때리고 맞습니다. 서로 피투성이가 됩니다. 두 사람 다 온 몸이 멍이 들고 망가지고 아픕니다. 그러다가 좀 더 망가진 사람이 패배를 당합니다. 그러면 승리자는 뛰어 일어나 환호하고 이겼다고 외칩니다. 과연 그는 승리자입니까? 사람들은 승자에게 박수를 쳐주고 그는 일시적으로 돈과 명예를 얻습니다.

승리자는 상대방을 많이 때렸고 공격했습니다. 하지만 승리자도 역시 많이 맞았고 아픕니다. 그는 맞은 것보다 좀 더 많이 때렸을 것입니다. 규칙에 의해서 그는 승리자로 분류되지만 근본적으로는 패배한 사람과 별로 다를 것이 없습니다. 상대방을 죽일 듯이 열심히 때렸다는 면에서 그는 비슷합니다. 언젠가 그는 자기보다 좀 더 잘 때리는 사람에게 패배할 것입니다. 결국 오직 한 사람 외에는 모든 사람이 패배자가 될 것입니다. 경쟁이란 그런 것입니다.

다른 사람을 때리고 상하게 해서 승리한다는 것은 참으로 슬픈 일입니다. 하지만 바로 그것이 경쟁의 원리입니다. 그리스도인들은 격투기를 보면 고개를 흔들 것입니다.
그러나 열심히 공부를 해서 다른 사람을 물리치는 것도 경쟁이라는 근본에서 그다지 다르지 않은 것입니다. 시험을 치르고 어떤 이들은 환호성을 울릴 것입니다. 그리고 어떤 이들은 낙심하고 눈물을 흘릴 것이며 극단적인 경우 어떤 사람은 아파트 옥상에서 뛰어내릴 것입니다.
그러한 비극은 최종적으로는 본인의 책임이겠지만 또한 그러한 압박감을 불어넣은 이 사회 체제의 책임이기도 합니다. 경쟁이란 근본적으로 남을 파괴하고 나를 살리는 것입니다. 경쟁을 통하여 남을 이겨야만 살아남는 이 사회의 체제는 무서운 체제입니다. 그것은 사람을 파괴하는 체제입니다.

보이는 승자가 승자가 아니다

공부를 열심히 해서 남들보다 좋은 성적과 좋은 등급을 받는 것이 나쁜 것이라는 의미는 결코 아닙니다. 다만 이 세상의 체제가 그렇다는 것입니다. 승리자도 있고 패배자도 있지만 그러나 영적인 측면에서 모든 이들은 다 피해자들입니다. 어쩔 수 없이 그러한 체제와 구조 속에서 살아갈 수밖에 없기 때문입니다.

나는 그러한 공부 경쟁에서 성공하여 모든 이들이 부러워하는 정점에 이른 이들을 많이 보았습니다. 그리고 그들은 성공자가 아니고 피해자인 것을 많이 느끼곤 했습니다. 그들은 경쟁의 과정 속에서 영혼이 많이 눌리고 억압되어서 다른 이들보다 영적으로 회복하고 성장하는 데에 많은 어려움이 있는 것을 느꼈기 때문입니다. 사람들이 부러워하는 S대 학부를 차석으로 졸업하고, 같은 대학의 대학원까지 졸업한 어느 자매가 이렇게 말한 적이 있습니다. "목사님, 저희 학교 출신들을 불쌍히 여겨 주세요. 저희들은 체제의 희생자들이에요."
S대 법대 출신의 어느 변호사는 나의 이야기를 듣고 내게 물었습니다. "목사님, 저희들은 성장이 어려운 건가요? 가망이 없는 건가요?"
나는 대답했습니다.
"가망이 없을 리가 있겠습니까. 다만 어려움이 있는 것은 사실입니다. 보통 사람들보다 더 많은 기도와 헌신이 필요합니다."

자기의 사명을 발견해야 한다

납득하기 어려울지도 모르지만, 경쟁은 영혼을 손상시킵니다. 이러한 세계에 대해서 알지 못하는 많은 영혼들은 그저 이기고 높은 곳으로 가기만을 원합니다. 그러나 정작 경쟁에서 이긴 이들은 이미 영혼을 많이 손상시켰기 때문에 성장에 어려움이 있으며 회복이 필요합니다.
'나는 이렇게 해서 하버드에 갔다'든지 '이렇게 해서 1등을 하게 되었다'든지 하는 류의 책들이 많이 있습니다. 하지만 그런 책을 읽는다고 해서 모두가 다 그렇게 되는 것은 아닙니다. 되는 사람은 되지만 안 되는 사람은 안 됩니다. 그것은 하나님께서 사람을 모두가 다 다르게 창조하셨기 때문입니다. 어떤 사람이 야구로 성공을 해서 미국의 메이저 리그로 간 다음에 '나는 이렇게 해서 메이저 리거가 되었다'는 책을 썼다고 합시다. 그 책을 읽고 '아, 나도 이렇게 하면 메이저 리거가 될 수 있겠구나' 하고 생각하는 이들은 많지 않을 것입니다. 왜냐하면 모든 사람이 야구를 다 잘 할 수 있는 것은 아니기 때문입니다.

공부도 그와 같은 것입니다. 아무나 다 공부를 잘 하는 것이 아닙니다. 지금 체제에서 공부란 거의 이해력과 암기력 등 뇌의 일부가 발달된 사람들에게 유리한 것입니다.
사람은 태어날 때부터 각자 다양한 재능을 타고 납니다. 어떤 이들은 만드는 것을 좋아하고 어떤 이들은 뛰어다니는 것을 좋아하며 어떤 이들은 책 읽는 것을 좋아합니다.
읽고 이해하고 암기하는 것을 좋아하고 잘 하는 것은 사람이 가지고 있는 수백 가지의 재능 중에서 지극히 일부에 불과한 것입니다. 그 지극히 작은 일부의 재능을 가지고 사람을 등급으로 나누고 그 등급에 따라서 사람을 평가한다는 것은 아주 우스운 일입니다.

하나님께서는 모든 사람들에게 재능을 주셨습니다. 개인적인 특성과 장점과 흥미를 주셨습니다. 누구나 자기에게 주어진 것이 있습니다. 누구나 자기가 무엇을 할 때 가슴이 뛰고 행복해지는 것이 있습니다. 그것은 넓게 보면 사명이라고도 할 수 있습니다.
그리스도인들은 사명이라고 하면 신학교에 가고 선교사로 나가는 것만을 생각하는 경향이 있습니다. 하지만 그렇지 않습니다. 그러한 것을 영적인 사명, 특별 사명이라고 한다면 자연적인 사명, 일반 사명도 분명히 있습니다.

어떤 이들은 의사의 사명이 있습니다. 어떤 이들은 학문을 연구하는 사명이 있습니다. 어떤 이들은 장사의 사명이 있고 어떤 이들은 가르치는 사명이 있습니다. 어떤 이들은 발명의 사명이 있습니다. 자기의 사명을 발견하게 되면 누구나 가슴이 뛰게 됩니다.

진정한 교육이란 각자의 사명을 발견하고 그것을 발전시키도록 격려하며 돕는 것입니다. 그래서 모든 사람이 하나님이 주신 재능과 사명을 따라 일하고 그 열매를 먹게 하는 것입니다.

사단은 경쟁을 만들려고 노력한다

그러나 사단의 입장에서 보면 그러한 체제를 내버려둔다면 그는 이 세상을 통치할 수가 없습니다. 모두가 다 자기의 맡은 것을 하면 모두가 다 1등이 되는 것인데 그렇게 되면 경쟁이 없어지고 싸움과 파괴가 없어지기 때문입니다.

그러므로 사단은 이 세상의 체제를 끊임없는 경쟁의 체제로 만들려고 애쓰는 것입니다. 그래서 그들은 뇌의 이해성이 뛰어난 사람을 세상의 1등으로 만들고 물질과 명예와 영광이 지극히 일부의 직업이나 직종, 일부의 사람에게 많이 돌아가게 만듭니다.

모든 사람이 각자가 하고 싶은 일이 있어도 '그것을 해서 먹고 살 수 있겠어?', '결혼이나 할 수 있겠어?'하는 질문이 나오도록 세상의 체제를 만들어갑니다. 그러므로 할 수 없이 많은 사람들은 치열한 경쟁의 세계에 뛰어들며 경쟁에서 뒤지지 않기 위해, 생활을 유지하기 위해 자기가 하고 싶지 않은 것을 계속 하면서 살게 됩니다.

비교와 경쟁은 삶을 황폐하게 만드는 원흉입니다. 세상에는 많은 유능한 사람들이 있습니다. 그런데 그들과 경쟁해서 이겨야 합니다. 그것은 얼마나 피곤한 삶이겠습니까. 나도 피곤하고 상대방도 피곤합니다. 친구는 적고 경쟁자는 많습니다. 아니, 모두가 일등을 원한다면 거기에는 친구가 없습니다. 친구도 경쟁자가 되기 때문입니다.

경쟁, 이것이 이 땅의 체제이며 방식입니다. 경쟁이 있고 싸움이 있고 피흘림이 있습니다. 승자가 있고 패자가 있습니다. 쫓는 자가 있고 쫓기는 자가 있습니다.

하나님이 세상을 창조하셨을 때 처음에는 사람에게 육식이 허용되지 않았습니다. 사람의 식물은 온 지면의 씨 맺는 모든 채소와 씨 가진 열매 맺는 모든 나무였습니다. (창1:29) 땅의 모든 짐승도, 공중의 새에게도 육식이 허용되지 않았습니다. 그들에게는 모든 푸른 풀이 식물로 주어졌습니다. (창1:30) 그러나 죄와 타락 이후 인간에게는 육식이 허용되었습니다. 짐승들도 자기보다 약한 짐승을 잡아먹기 시작했습니다. 강자가 약자를 죽이는 체제가 죄와 타락 이후 시작된 것입니다.

사람과 큰 짐승들이 육식을 하게 되었다는 것은 평화가 깨어진 것을 의미하는 것입니다.

사자가 초식만을 한다면 그 앞에서 사슴이 긴장할 이유가 없습니다. 그러나 육식을 하게 되면 어린 양이 사자 앞에서, 이리 앞에서 뛰어놀 수 없습니다.

숲에는 으르렁 대는 소리가 있고 비명을 지르는 소리가 있으며 피흘림이 있고 찢김이 있으며 고통이 있습니다. 자기의 어린 새끼가 찢기는 것을 어미 사슴은 멀리서 지켜봅니다. 새끼가 죽은 지 한참이 지났어도 사슴은 그곳을 뚫어지게 쳐다봅니다. 죄가 들어온 후에 세상은 이렇게 사악하고 살벌하게 바뀌어졌습니다.

경쟁은 죄의 결과이다

죄가 있는 곳에 경쟁이 있고 파괴가 있습니다. 그러므로 승자가 있고 패자가 있으며 압제하는 자가 있고 비명을 지르는 자가 있습니다. 이러한 체제가 바뀔 수 있을까요? 교육체제가 바뀔 수 있을까요? 정치가 바뀔 수 있을까요? 문화가 바뀔 수 있을까요? 없습니다. 그것은 마귀가 회개할 것이라고 믿는 것과 같이 어리석은 생각입니다.

세상은 바뀌지 않습니다. 해결책은 단체적인 것이 아닙니다. 해결책은 개인적인 것입니다. 해결책은 한 사람 한 사람이 개인적으로 거듭나서 사단의 왕국, 이 세상의 왕국에서 벗어나 사랑의 나라, 하나님의 나라로 신분이 바뀔 때만 있는 것입니다.

그러므로 세상에서는 경쟁과 비교와 싸움, 시기, 질투, 낙심, 좌절이 항상 끊어지지 않고 존재할 것입니다. 그것은 죄의 결과이며 사단이 세상의 배후에서 통치하는 한 어쩔 수 없는 일입니다. 거듭난 그리스도인들이, 눈이 열린 그리스도인들이 부분적인 변화를 일으키고, 약간의 도움을 줄 수는 있겠지만 근본 체제를 바꿀 수는 없습니다. 근본적으로 세상에는 소망이 없습니다. 요셉과 다니엘이 애굽과 바벨론의 총리가 된 것은 애굽과 바벨론을 변화시키기 위한 것이 아니라 하나님의 섭리 속에서 때가 되었을 때 하나님의 백성을 돕기 위한 것이었습니다.

신앙 안에 경쟁 체제가 들어와서는 안 된다

경쟁과 비교, 이것이 세상을 통치하는 악한 영들의 방식이며 그것은 어쩔 수 없는 일입니다. 그러나 문제는 신앙 안에도, 교회 안에도 이러한 원리와 체제가 많이 숨어들어왔다는 것입니다. 바로 그것이 심각한 문제입니다. 세상은 원래 지옥과 같은 곳이며 모든 이들이 본능적으로 욕망을 추구하고 으뜸이 되려고 하고 섬김을 받으려고 하는 곳입니다. 모든 이들이 서로 이기려고 하는, 만인이 만인을 상대로 한 경쟁과 투쟁이 있는 곳입니다. 모두가 서로 높은 존재가 되려고 하고 지배하려는 본성으로 살기 때문에 세상에는 경쟁이 없을 수 없습니다. 그것은 거듭나지 않은 이들의 삶의 방식입니다.

그러나 그리스도를 따르는 이들이 이러한 세상의 체제 속에서 같이 허우적거리고 있다면 그것은 심히 비참한 일입니다. 하지만 오늘날 신앙인들 사이에서도, 교회 안에도 이러한 경쟁의식, 경쟁적 사고방식이 많이 있습니다. 세상의 기운이 교회 안에 신앙 안에 침투되고 혼합된 것입니다.

한 세포의 극한 성장은 전체에게 해가 된다

위대한 비전을 가지는 것에 대해서 앞 장에서 언급했습니다. 그런데 한 사람, 한 사람을 하나의 세포로서 생각해봅시다. 한 사람, 한 사람이 한 개의 세포로서 전체의 사람을 이루는 한 구성요소라고 생각해보는 것입니다. 하나의 세포가 아주 위대하고 놀라운 존재가 되어서 엄청나게 커졌다고 합시다. 그러면 그 세포는 개별적으로는 기분 좋게 느낄 것입니다. 하지만 전체의 사람이라는 측면에서는 어떨까요? 그것은 바로 암세포와 같은 것입니다. 그것은 개별 세포로서는 좋을지 모르나 전체인 인간에게는 죽음이 되는 것입니다. 하나의 위대함으로 전체가 죽는 것입니다.

죄로 인하여 분리가 생겼다

인류는 범죄함으로 인하여 하나님으로부터 떨어졌습니다. 그런데 인간은 하나님으로부터만 떨어진 것이 아닙니다. 서로 서로를 향해서도 분리된 존재가 되었습니다. 아담은 아내와 서로 불화하게 되었고 자식들은 자식들끼리 싸우게 되었습니다. 부족은 부족끼리, 민족은 민족끼리 싸우게 되었습니다. 영적으로 하나님과의 연합이 깨어질 때 사람은 하나님의 형상을 가지고 있는 다른 사람들과도 관계와 연합이 깨어집니다. 하나님을 사랑하게 되면 사람도 사랑하게 되지만 하나님을 미워하게 되면 사람도 미워지게 됩니다.

거듭나지 못한, 세상에 속한 사람들은 그러므로 본질적으로 모두가 다 혼자입니다. 그러므로 고독하고 외로우며 모든 사람들이 다 경쟁의 상대가 됩니다. 그것은 그들 한 사람, 한 사람이 모두가 다 각자 분리가 되었기 때문입니다.

천국에서는 성도들이 서로 사랑하고 화합하고 지옥에서는 지옥의 사람들이 서로 화합한다고 생각하지 마십시오. 천국의 사람들은 서로 사랑하고 화합하지만 지옥의 사람들은 서로 증오하고 싸웁니다. 이 세상에서도 천국적인 사회, 거듭난 이들이 많은 사회에서는 앞서간 선배들이 뒤에 온 사람들을 접대하고 섬기며 도와줍니다. 그러나 지옥적인 사회, 예를 들어 감옥과 같은 곳에서는 앞서 있는 선배들이 뒤에 온 사람들을 괴롭히고 고통을 주며 그것을 즐깁니다. 지옥적인 사회는 강자들이 약자를 괴롭히고 기합을 주며 서로에 대한 증오와 분노가 있습니다. 지옥적인 사회에서 모든 대상들은 다 경쟁자이며 적들입니다.

하나님의 사람들, 하나님께 속한 사람들은 혼자가 아닙니다. 이들은 다 지체입니다. 이들은 주님을 머리로, 주인으로 모신 한 지체들이며 가족입니다. 거듭나는 순간 우리는 거대한 가족의 한 일부가 되는 것입니다. 우리는 혼자서 태어나는 것이 아닙니다. 그렇기 때문에 거듭나고 주님께 속하고 하늘에 속한 사람은 자기가 개인적으로 잘 되고 뛰어나고 싶은 마음이 사라지게 되는 것입니다. 그에게는 오직 머리되신 주님을 기쁘시게 하며 다른 이들을 돕고 섬기고 싶은 마음이 일어나게 됩니다. 혼자 튀고 싶은 마음이 사라지는 것입니다.

그러므로 한 세포의 지나친 확장과 위대함은 전체 인간으로서는 건강한 것이 아닌 것입니다. 그렇기 때문에 거듭난 하늘에 속한 사람에게는 개인적인 야망이나 개인적인 뛰어남에 대한 열망이 사라지게 됩니다. 그러한 것들은 전체와 머리를 생각함이 아니기 때문입니다. 비교의식도 사라지게 됩니다. 손과 발과 눈과 코가 누가 서로 제일 잘 났다고 경쟁을 하는 것이 의미가 있겠습니까? 그것은 떨어져 있는 존재들이 하는 것이지 한 몸에 속한 이들이 하는 일이 아닌 것입니다.

경쟁은 모두를 패배자로 만든다

하늘에 속한 사람들, 주님께 속한 사람들에게는 경쟁이 없습니다. 경쟁심에 빠지는 것은 몸의 바깥에 있는 상태이거나 혹은 한 몸의 지체이기는 해도 아직 충분한 깨달음이 부족한 상태라고 할 수 있는 것입니다. 비교와 경쟁은 재앙을 일으키는 것입니다. 그것은 시기와 질투를 일으킵니다. 자기에 대한 좌절과 낙담과 패배의식을 일으킵니다.

비교와 경쟁을 하는 이들은 모두가 다 패배자입니다. 모두가 다 한부분만을 잘 하기 때문입니다. 어떤 이는 지식이 많지만 노래를 부르는 것에는 뒤떨어집니다. 그러므로 그는 패배자입니다. 어떤 이는 일을 잘 하고 물건을 잘 고치지만 사람을 접대하는 것에는 서투릅니다. 그러므로 그는 그러한 면에서 패배자입니다. 모든 사람들이 모든 면에서 경쟁하려면 패배자가 될 수밖에 없습니다. 그러나 모든 사람들이 각자의 달란트로 섬기며 자기의 부족한 부분에 대해서 남에게 도움을 받는다면 그들은 모두가 다 승리자입니다. 이것이 하늘나라의 개념입니다. 여기에는 연합과 동역이 있을 뿐 경쟁의 개념이 없습니다. 하늘나라에는 개인적으로 탁월하게 뛰어난 존재가 없습니다. 모두가 다 각자에게 맡겨진 것을 열심히 순종하며 담당할 뿐입니다. 아무도 특별하고 대단하고 위대하지 않으며 모든 이들이 다 아름답고 귀중합니다.

사역자들은 서로가 경쟁자가 아니다

사역자들은 서로 서로에 대하여 비교하거나 경쟁할 필요가 없습니다. 그들은 모두가 다 동역자이기 때문입니다. 사역자들은 경쟁자가 아닙니다. 어떤 이들은 선의의 경쟁자라는 말을 하기도 하지만 그것도 아닙니다. 선의의 경쟁자도 아닙니다. 사역자들은 동역자입니다. 누가 서로 더 낫고 못 낫고의 개념이 아니고 서로가 다 동역자입니다.

하지만 현실의 한국교회는 너무 경쟁이 많습니다. 너무 비교와 견제가 많습니다. 남이 잘 되는 것을 싫어합니다. 다른 교회나 다른 사역자를 시기합니다. 열정과 재능을 가지고 서로 연합하고 도우며 서로 유익을 얻는 것이 아니라 서로 누가 나은지 경쟁합니다.
그것은 하늘나라의 차원에서 보았을 때 막대한 자원의 낭비입니다. 그것은 악한 영들만 기쁘게 해주는 것입니다. 그리스도인들의 적들은 마귀인데 많은 그리스도인들이 진정한 적을 모르고 서로 싸우고 있습니다. 그것은 안타까운 일입니다.

사역자들은 쉽게 다른 사역자들을 비난하고 견제합니다. 자기 교회에 다니는 교인이 다른 교회에 가면 그 교회나 사역자가 이단이라고 하는 이들도 많이 있습니다. 안타깝지만 이것이 현실입니다. 주님의 나라에 대하여 걱정하지 않고 자신의 위치나 입장에 대해서 걱정합니다. 이것은 너무나 가슴 아픈 일입니다. 이것은 비교와 경쟁의 체제 속에 들어간 것이며 마귀에게 속고 있는 것입니다.

사역의 크고 작음이 칭찬의 대상이 아니다

그리스도인들은 모두가 서로 동역자입니다. 아무도 특별하지 않습니다. 하나님께서는 모든 이들에게 사명을 맡기셨습니다.
작은 교회의 사역자들은 큰 교회의 사역자들에게 기가 죽을 이유가 없습니다. 모든 이들은 자기의 성향을 따라 기질을 따라 사명을 따라 맡겨진 것을 하면 됩니다. 사역의 크고 작음은 마지막 날에 주님 앞에서 칭찬이나 심판의 대상이 되는 것이 아닙니다. 크고 작다는 것은 세상적인 개념이지 하늘나라의 개념이 아닙니다. 1등, 2등은 세상적인 개념이지 하늘나라의 개념이 아닙니다.

다섯 달란트를 받아서 다섯 달란트를 남긴 종과 두 달란트를 받아서 두 달란트를 남긴 종에 대한 주인의 칭찬은 동일한 것이었습니다. 주인은 두 사람에게 똑같이 잘하였도다 착하고 충성된 종아 네가 작은 일에 충성하였으매 내가 많은 것으로 네게 맡기리니 네 주인의 즐거움에 참예할찌어다 하셨습니다. (마25:21,23)
주인에게는 다섯 달란트도 작은 일이었고 두 달란트도 작은 일이었습니다. 주인이 그들을 칭찬한 것은 그들이 한 일이 대단한 일이어서가 아니라 그들이 충성스럽게 일한 착한 종이었기 때문입니다.
한 달란트를 받았지만 그것을 파묻고 일하지 않은 종을 주인은 꾸짖었는데 그것은 그가 충성하지 않았기 때문입니다.
그러므로 심판의 기준이 크냐 작으냐의 문제가 아니라 얼마큼 충성하였느냐인 것은 명백한 것입니다. 주님은 많은 것을 요구하시는 분이 아니라 맡겨진 것에 충성을 다하기를 요구하시는 분이십니다. 그러므로 적은 달란트를 맡은 이들은 많은 달란트를 맡은 이들을 부러워하거나 기가 죽을 이유가 없는 것입니다. 유명하거나 큰 사역을 하는 이들을 인정해주고 높이는 것은 세상의 성향이지 하늘의 성향은 아닌 것입니다. 주님은 오직 맡은 것에 충성하기를 원하십니다. 주님은 우리에게 맡기신 적이 없는 것을 찾으시지 않습니다.

그리스도인들은 서로 비교할 필요가 없다

그러므로 그리스도인들은 서로 비교할 필요가 없습니다. '저 사람은 나보다 설교를 잘 하는구나. 부럽다.' 할 필요가 없습니다. '저 사람은 나보다 말을 잘 하는구나 부럽다. 나는 왜 이럴까' 할 필요가 없습니다. '저 사람은 저 사람대로 좋고 나는 나대로 아름답구나' 하고 여기면 됩니다. 저 사람은 저 사람의 맡은 것을 하고 나는 나에게 맡겨진 것을 하면 충성된 종이 되는 것입니다. 오늘날 그리스도인들 가운데 참 많은 비교가 있고 경쟁이 있고 싸움이 있습니다. 사소한 의견의 차이에도 원수처럼 대하는 경우가 많이 있습니다.

다 같이 주님을 사랑하고 성경을 사랑하고 주님께 순종하기 원한다고 하면서도 약간의 견해 차이로 인하여 하루 종일 싸우는 사람들을 나는 많이 보았습니다. 모두가 다 서로 자기가 성경적이고 자기의 견해가 진리라고 주장하면서 많은 시간을 싸우는 것을 많이 보았습니다. 인터넷에서도 지칠 때까지 서로 싸우는 것을 많이 보았습니다. 물론 그러한 투쟁의 결과로 견해를 바꾸는 이들은 거의 없었습니다. 다들 자기의 옳음과 확신 가운데 여전히 머무를 뿐이었습니다.

나는 그러한 논쟁들을 여기저기서 지켜본 적이 있습니다. 내가 느끼기에는 어떤 한 쪽이 절대적인 진리를 가지고 있고 다른 쪽이 다 잘못되었다기 보다는 다들 각자 자기의 성향을 따라 자기가 좋아하는 지도자를 따라 자기가 접한 책이나 환경을 따라 어느 쪽을 선택하고 좋아하는 것 같이 보였습니다.

고린도 교회의 분쟁

고린도전서 3장을 보면 초대교회의 고린도 교회에서도 분쟁이 있었음을 알 수 있습니다. 어떤 이는 말하기를 나는 바울에게라, 나는 아볼로에게라 하였고, 거기에서 시기와 분쟁이 일어나게 되었습니다.

너희가 아직도 육신에 속한 자로다 너희 가운데 시기와 분쟁이 있으니 어찌 육신에 속하여 사람을 따라 행함이 아니리요 어떤 이는 말하되 나는 바울에게라 하고 다른 이는 나는 아볼로에게라 하니 너희가 사람이 아니리요 (고전3:3-4)

바울의 신앙에 문제가 있었을까요? 아니면 아볼로에게 문제가 있는 것일까요? 아니면 베드로에게? 아닙니다. 그들에게는 아무런 문제가 없었습니다. 그들은 주님께 속한 훌륭한 신앙인들이었습니다. 하지만 그들에게는 문제가 없었지만 그들을 따르는 이들에게는 문제가 있었습니다. 어떤 이들은 바울을 더 좋아했습니다. 어떤 이들은 아볼로를 더 좋아했습니다. 베드로를 더 좋아하는 이들도 있었습니다.

그것은 진리의 차이입니까? 아닙니다. 그들이 믿고 있는 주님은 한 분이었습니다. 다만 지도자를 따르는 사람들의 성향에 차이가 있었던 것입니다. 기질적으로 지적인 것을 좋아하는 사람이 있습니다. 기질적으로 정서적인 것을 좋아하는 사람이 있습니다. 기질적으로 행동적인 것을 좋아하는 사람이 있습니다. 그것은 어느 쪽이 온전하며 이상적인 것이라고 할 수 없습니다.

성향에 따른 분열들

성향을 따라 분열이 있는 것은 오늘날도 마찬가지일 것입니다. 어떤 이들은 지적인 것을 좋아합니다. 깊은 지식을 원하며 논리적이고 합리적인 것을 좋아합니다. 그러한 이들은 성경을 자세하게 풀어 설명할 때 그것이 깊은 것이라고 좋아합니다. 부르짖어 기도하고 외치고 뛰고 느끼는 것은 유치한 것이라고 생각합니다.

어떤 이들은 논리적인 면을 좋아하지 않습니다. 느낌이 많은 것을 좋아합니다. 말씀도 단순한 것을 좋아합니다. 이들은 지적이고 다소 차갑게 느껴지는 이들을 바리새인적이라고 여기는 경향이 있습니다.

어떤 이들은 능력과 은사를 경험하는 것을 좋아합니다. 어떤 이들은 고요하고 깊은 것을 좋아합니다. 어떤 이들은 활동적이고 움직이는 것을 좋아합니다. 어떤 이들은 깨닫는 것을 좋아합니다. 어떤 사람은 지혜가 많고 어떤 사람은 사랑이 많습니다. 어떤 사람은 용감합니다.

자, 어느 것이 가장 온전한 것이라고 할 수 있겠습니까? 어느 쪽이 가장 신앙이 깊다고 할 수 있겠습니까?

그러한 것은 주님께서 각 사람에게 허락하신 것입니다. 어떤 이에게는 지혜와 가르침의 말씀을, 어떤 이에게는 따뜻함과 아름다움과 섬김을, 어떤 이에게는 열정과 능력과 여러 은사들을 주셨습니다. 어떤 이들에게는 부드러우나 유약함을 허락하셨고, 어떤 이들에게는 냉정하지만 굳건함을 주셨습니다. 그 모든 것들은 서로 판단하라고 주신 것이 아니라 서로 돕고 협력하여 온전함을 이루어가라고 주신 것입니다. 나에게 있는 것을 나누어주고 나에게 없는 것을 상대를 통하여 얻으라고 하신 것입니다. 나에게 있는 재능으로 상대를 공격하고 상대가 가지고 있는 것이 틀렸다고 부인하라고 하신 것이 아닙니다.

바울의 처방

바울은 사람을 따라 행하며 서로 시기하고 분쟁하는 이들에게 이렇게 전했습니다.

그런즉 아볼로는 무엇이며 바울은 무엇이뇨 저희는 주께서 각각 주신대로 너희로 하여금 믿게 한 사역자들이니라 나는 심었고 아볼로는 물을 주었으되 오직 하나님은 자라나게 하셨나니 그런즉 심는 이나 물주는 이는 아무 것도 아니로되 오직 자라나게 하시는 하나님뿐이니라 심는 이와 물주는 이가 일반이나 각각 자기의 일하는 대로 자기의 상을 받으리라 우리는 하나님의 동역자들이요 너희는 하나님의 밭이요 하나님의 집이니라 (고전3:5-9)

바울은 자기가 옳고 아볼로가 그르다고 말하지 않았습니다. 자기가 좀 더 뛰어나고 영적이며 아볼로는 이제 조금 성장해가는 중이라고 말하지 않았습니다. 그는 말하기를 우리는 서로 다른 부분을 맡았을 뿐이라고 했습니다. 우리는 다만 하나님의 도구일 뿐이라고 말했습니다. 그는 자연스럽게 사람들의 관심을 자기와 아볼로에게서 하나님으로 옮겨가도록 했습니다. 그리고 아름다운 표현으로 그의 말을 마무리했습니다. 그것은 우리는 동역자, 하나님의 동역자라는 것입니다.

아볼로와 바울은 서로 경쟁하는 사람이 아니었습니다. 그들은 서로 협력하는 동역의 관계에 있는 사람이었습니다. 바울은 자기가 좋아하는 지도자에게 열광하는 추종자들을 부드럽게 진정시켰습니다. 아볼로와 바울은 경쟁자가 아니고 하나님의 동역자이며, 나아가서 우리가 하나님의 동역자로서 사역하는 대상인 너희들은 하나님의 밭이며 집이라고 말했습니다. 경쟁과 시기와 분쟁의 분위기에서 모두가 다 한 식구이며 한 운명 공동체인 존재임을 바울은 상기시켰던 것입니다.

그런즉 누구든지 사람을 자랑하지 말라 만물이 다 너희 것임이라 바울이나 아볼로나 게바나 세계나 생명이나 사망이나 지금 것이나 장래 것이나 다 너희의 것이요 너희는 그리스도의 것이요 그리스도는 하나님의 것이니라 (고전3:21-23)

이것이 바울의 결론이었습니다. 사람을 따르지 말고 사람을 높이지 말고 사람을 자랑하지 말 것, 왜냐하면 우리 모두는 주님의 것이며 그리스도 안에서 하나이기 때문입니다. 그는 개인적으로 뛰어난 사람이 되고 위대한 사람으로 추앙받는 것을 기뻐하지 않았습니다. 베드로도, 아볼로도, 바울도 아무 것도 아니며 오직 주님 안에 있는 동역자이고 주 안에 있는 한 몸인 것을 전하였습니다.

만약 바울이 아볼로에 대해서 그는 나보다 한 수 아래의 사람이라고 말했다면 어떻게 되었을까요. 그는 지적인 사람이고 성경 지식과 학식이 뛰어나지만 아직 영적인 세계의 진리를 깨달은 지 얼마 되지 않은 사람이라고 말했다면 어떻게 되었을까요.

실제로 아볼로는 학문이 많고 성경에 능한 자였고 주의 도에 대해서 열심이 있었지만 그가 더 깊은 진리 가운데로 들어가게 된 것은 브리스길라와 아굴라를 통해서였습니다. 그리고 브리스길라와 아굴라는 바울에게서 복음의 진리를 배운 사람들입니다. (행18:1-3, 24-28)

말하자면 바울은 아볼로에게 있어서 사부의 사부쯤 되는 사람이었습니다. 만약 바울이 아볼로는 나의 제자에게 배운 사람인데 그가 어떻게 나와 동등할 수 있느냐고 말했다면 어떻게 되었을까요. 아마 고린도 교회의 분열은 돌이키기 어려울 정도로 심각해졌을 것입니다.

심는 것과 자라나게 하는 것은 근원이 다르다

그러나 바울은 그렇게 하지 않았습니다. 우리는 동역자라고 말했습니다. 나는 심었고 아볼로는 물을 주었다고 했습니다. 기초를 닦은 것은 자신이지만 그러나 아볼로는 그것을 돕고 발전시켰다는 것입니다. 그리고 하나님은 우리가 심고 물을 준 것을 자라나게 하셨으며 우리의 동역이 열매를 맺도록 역사하셨다고 하였습니다.

심는 것과 물을 주는 것과 자라나게 하는 것은 차원이 다른 것입니다. 심는 것이나 물을 주는 것은 하나의 행위일 뿐입니다. 그러나 자라나게 하는 것은 생명의 역사입니다. 그것은 사람이 할 수 있는 것이 아닙니다. 어떤 사람도 씨를 심고 물을 줄 수는 있지만 자라게 할 수는 없습니다. 그것은 오직 생명의 주인 되시는 분이 하시는 것입니다.

부모는 아이에게 음식을 줄 수는 있지만 그를 자라게 할 수는 없습니다. 그것은 하나님이 하시는 것입니다. 그처럼 씨를 심고 물을 주는 사람의 행위와 자라나게 하는 하나님의 역사는 비교 자체가 안 되는 것입니다. 그러나 문제는 씨를 심고 물을 주는 행위는 사람의 눈에 띄지만 자라나게 하시는 하나님의 역사는 사람의 눈에 보이지 않는다는 것입니다. 그러므로 사람은 쉽게 보이지 않는 배후에 계신 하나님보다 눈에 보이는 사역자를 높이고 따르고 대단하게 여길 수 있습니다.

사역자의 역할이 중요하다

그렇기 때문에 사역자의 역할이 중요한 것입니다. 사역자가 영광을 하나님께 돌리지 않고 자신을 대단한 존재로 여기며 영광을 취한다면, 은근히 자기가 가장 영적이며 다른 사역이나 사역자보다 우월하다고 암시를 준다면, 그는 잠시 즐거움을 누리겠지만 언젠가는 비참한 처지로 떨어지게 될 것입니다. 사역자들은 분파를 형성하게 될 것이며 교회를 분열시키는 도구가 될 것입니다.

관심을 사역자에게서 하나님께로 돌림

바울은 자신을 드러내지 않았습니다. 그는 비유를 들어 사역자들의 행위와 하나님의 역사를 비교하였습니다. 자기들은 아무 것도 아니고 단순히 맡은 것을 한 것뿐이며 모든 능력과 역사는 하나님께 있음을 말하며 영광을 하나님께 돌렸습니다. 그는 사람들의 관심을 사역자에게서 하나님께로 돌림으로써 회복과 일치가 온전히 이루어지도록 하였던 것입니다. 사람들의 시선을 오직 하나님을 향하게 하는 것.. 바로 진정한 사역자이며 바른 사역인 것입니다.

진정한 사역이 있을 때, 바른 사역이 있을 때 사람들은 변화됩니다. 그들은 주님과 가까워지게 되며 다른 사람들과도 가까워지게 됩니다. 인격이 변하고 삶이 변하며 인간관계가 변화됩니다.
그러나 바르지 않은 사역이 있을 때 사람들은 오직 사역자와만 가까워집니다. 우리 사역자, 우리 목사님만 최고라고 합니다. 모든 다른 이들과 다 불편한 관계가 되며 경직되고 날카롭고 공격적이 됩니다.
이것은 주님과 가까워진 것이 아니라 사역자와만 개인적으로 가까워진 것입니다. 그리고 이것은 바른 사역이 아닙니다. 이러한 사역이 있을 때 지도자를 무분별하게 추종하는 이들이 생기며 교회 안에 많은 분쟁과 분파가 일어나게 됩니다. 참된 사역자는 사람들을 주님께로 이끄는 사람이며 자기에게로 이끄는 사람이 아닙니다.

모든 사역자가 한 부분을 맡았을 뿐이다

나는 오늘날 한국에서나 세계에서나 지도적인 위치에 있는 이들이 이렇게 바울처럼 다른 사역자들을 동역자로 여기고 주 안에서 한 몸인 것을 고백하고 나눌 수 있다면 얼마나 좋을까 하는 마음을 가지고 있습니다. 자신만을 옳다고 하지 않고 자신은 한 부분을 맡았을 뿐이며 다른 사역을 하는 이들도 같은 그리스도의 몸이라고 전하는 사역자가 많으면 얼마나 좋을까 하고 생각합니다. 오늘의 현실을 보면, 그저 자기의 기질을 따라 성향을 따라 차이를 보일 뿐인 다른 패턴의 신앙에 대해서 나쁘게 말하는 지도자들을 많이 볼 수 있기 때문입니다.

오직 주님만을 사랑하도록 가르치지 않거나 세상을 사랑하도록 가르치거나 자기를 부인하지 않도록 가르치는 등.. 복음의 기본적이고 본질적인 부분에 대해서 잘못되어 있다면 그것은 분별되어야 합니다. 그것은 좋은 사역이 아니기 때문입니다.
하지만 중심에 있어서는 다르지 않는데 부분적인 사역의 특성과 차이로 인하여 다른 쪽을 나쁘게 평가한다면 그것은 주님이 기뻐하시지 않을 것입니다. 왜냐하면 어떤 지도자가 다른 패턴의 신앙에 대해서 비난할 때 그를 추종하는 이들도 똑같이 다른 쪽에 대해서 비난하고 마귀 취급을 하면서 벽을 쌓게 되기 때문입니다.
나는 일체의 비판이 모두가 다 잘못된 것이라고 여기지는 않습니다. 그러나 적절한 비판을 위해서는 충분히 기도해야 하며 주님의 인도하심과 감동이 있어야 합니다. 무엇보다 서로에 대한 일체감, 형제를 사랑하고 주님의 몸인 교회를 사랑하는 마음이 있어야 하는 것입니다.

우리는 온전하지 않다

어떤 이가 내게 '유명한 어떤 사역자가 목사님의 이런 부분에 대해서 옳지 않다고 합니다' 하고 메일을 보낸 적이 있었습니다. 나는 그에게 답

을 써서 보냈습니다. '귀하는 내가 대답하기를 나는 옳고 그분은 틀렸다고 말하기를 원하는 것입니까?'

이러한 일이 있을 때마다 나는 '그쪽이 옳고 훌륭하신 분이며 저는 부족하고 틀릴 수 있습니다'하고 답을 하곤 합니다. 모든 사역자들이 자기의 받은 은혜와 감동과 양심을 따라 주를 섬길 것입니다. 그러나 어느 누가 온전하다고 말할 수는 없습니다. 누구나 한 부분을 가지고 있기 때문입니다.

그리스도인들은 모두 주 안에서 하나입니다. 그리스도의 사역자들은 모두 동역자입니다. 우리는 경쟁자가 아니고 동역자입니다. 우리는 가지고 있는 것으로 다른 이들을 섬겨야 합니다. 우리는 우리 자신만이 옳다고 여겨서는 안 됩니다.

사단은 세상을 비교와 경쟁의 체제로 만들어서 세상을 지배하고 있습니다. 사람들의 안에 가득한 비난과 증오와 복수심을 보면서 즐거움의 미소를 짓고 있습니다. 안타깝게도 오늘날 신앙 안에 많은 비교와 경쟁이 있습니다. 남보다 높아지고 낮게 보이려고 하는 경쟁과 전쟁이 신앙 안에 많이 침투하였습니다.

우리는 거기에서 벗어나야 합니다. 우리는 온전하지 않습니다. 우리에게 맡겨진 것은 감사하고 충성하며 우리에게 맡겨지지 않은 것, 모르는 것은 다른 이들에게 배우면 됩니다.

비교와 경쟁은 낮아짐의 보화를 빼앗아가는 사단의 중요한 무기입니다. 그러므로 우리는 비교와 경쟁을 버려야 합니다. 우리는 자신이 가장 부족한 자이고 가장 낮은 자이며 가장 큰 죄인으로서 오직 주님의 은총과 긍휼이 필요한 존재임을 날마다 시간마다 분초마다 기억하고 고백하며 주님 앞으로 나아가야할 것입니다. 할렐루야.

5. 물질, 욕망, 편안함의 유혹들

마귀는 낮아짐을 빼앗기 위하여 사람에게 물질과 성공과 편안함을 주려고 합니다. 또한 그러한 것들에 대한 간절한 욕망을 일으키려고 노력합니다.
왜냐하면 물질적으로 여유가 생기고 외적으로 성공한 사람으로 여겨지며 고통과 걱정이 없는 편안한 삶을 살게 되면 자연적으로 마음이 높아져 낮음을 잃어버리게 되기 때문입니다. 그렇게 되면 사람들은 주님께 대한 간절함과 사모함과 눈물을 잃어버리고 점차로 영혼의 감각이 마비되어 주님과 멀어지게 됩니다.

인간의 모든 불행의 원인은 그를 지으신 하나님으로부터 떨어져 나가 제멋대로 사는 것에 있습니다. 그러므로 인간이 모든 재앙과 불행에서 벗어나 자유와 기쁨을 얻는 길은 오직 낮은 마음으로 하나님 앞에 엎드리고 굴복하여 자신을 주님께 드리는 것 외에는 없습니다. 인간의 문제는 내면적인 것, 영적인 상태에 있는 것이며 환경에 있는 것이 아닙니다.

그러나 이것을 잘 아는 사단은 온갖 거짓말로 사람을 속입니다. 그들은 그럴듯한 거짓말로 사람을 유혹합니다. 그는 속삭이기를 '네가 지금 불행한 것은 돈이 없기 때문이다' 하고 말합니다. '돈만 있으면 너는 행복해질 수 있다'고 말합니다. '성공하고 유명해지면 너는 행복할 것이다'라고 그는 속삭입니다.
사람들은 흔히 마귀를 오직 재앙을 주고 고통을 주는 존재로 생각합니다. 그래서 마귀라고 하면 '13일의 금요일'이나 '유령의 저주'와 같은 영화의 내용을 떠올립니다. 물론 마귀는 재앙을 주기도 합니다. 그러나 성경에서 마귀는 주로 유혹자로 묘사됩니다. 그는 인류의 조상을 유혹했고 구원자로 오신 주님을 유혹했으며 지금도 온 세상을 유혹하고 있는 자입니다.

큰 용이 내어쫓기니 옛 뱀 곧 마귀라고도 하고 사단이라고도 하는 온 천하를 꾀는 자라 땅으로 내어 쫓기니 그의 사자들도 저와 함께 내어 쫓기니라 (계12:9)

그는 유혹자이며 속이는 자입니다. 그는 사기꾼입니다. 속이는 자가 위협하고 저주만 한다면 그는 유혹에 성공할 수 있을 까요? 그렇지 않을 것입니다. 그러므로 그는 보기에 좋은 것을 보여주며 듣기에 좋은 소리를 속삭입니다.

여자가 그 나무를 본즉 먹음직도 하고 보암직도 하고 지혜롭게 할만큼 탐스럽기도 한 나무인지라 (창3:6)

멸망케 하는 선악과를 멋있어 보이게 포장한 것처럼 마귀는 생명이 아니고 진리가 아닌 것을 그럴 듯하게 포장하는 존재입니다. 그는 멸망하게 하는 죄를 아름답고 멋지게 보이도록 포장하는 존재입니다. 그는 생명과 진리에 속한 것을 한심하고 우습게 보이도록 만드는 자입니다. 그러므로 사단의 유혹에 넘어진 이들은 헛된 것들을 사모하고 추구하며 그러한 것들이 행복을 가져다준다고 생각합니다. 주님을 구하지 않으며 그 은총을 구하지 않습니다. 그것은 이미 속고 있는 것입니다.

너희가 어찌하여 양식 아닌 것을 위하여 은을 달아 주며 배부르게 못할 것을 위하여 수고하느냐 나를 청종하라 그리하면 **너희가 좋은 것을 먹을 것이며 너희 마음이 기름진 것으로 즐거움을 얻으리라** (사55:2)

행, 불행은 환경의 문제가 아니고 영의 문제이다

사단에게 속은 많은 사람들이 주님이 아닌 다른 것으로부터 만족과 행복이 올 것이라고 생각합니다. 돈이 있으면, 내가 성공을 하면, 나를 사랑해주는 사람이 나타나면 내가 행복해질 것이라고 생각합니다. 모든 불행은 환경이나 물질의 문제가 아니라 오직 자신과 주님과의 관계가 잘못된 데서 오는 것임을 보지 못합니다. 이는 마귀가 하고 있는 거짓말에 이미 중독이 되었기 때문입니다.

그러므로 많은 사람들이 허무한 것을 구합니다. 물질을 구하고 집착하며 외적인 성공이나 출세를 구하고 거기에 목숨을 걸며 자신이 겪고 있는 고통과 문제가 사라지기만을 구합니다. 오늘날 그리스도인들 중에서도 세상 사람들이 가지고 있는 이러한 의식의 수준에서 별로 더 나아가지 못하고 있는 이들이 많이 있습니다.

주님 자신을 구하는 것이 아닌 인생은 잘못된 인생이며 잘못된 방향의 길을 가고 있는 것입니다. 몸은 교회에 앉아있고 입으로는 찬송가를 부른다고 해도 그 인생의 목적이 주님을 아는 것과 주님의 뜻을 구하는 것이 아니라면 그는 진정한 삶의 방향을 발견하지 못한 것입니다.

마귀는 세상에 대한 갈망을 일으킨다

마귀는 세상에 대한 허황된 꿈과 이상을 줍니다. 배부르지 못하게 할 것, 우리 영혼을 만족시키지 못할 것에 대한 갈망을 심어줍니다. 그리하여 성도가 주님을 추구하지 않고 세상을 갈망하도록 만듭니다.

그러한 마귀의 가르침에 속아서 물질을 추구하고 성공을 추구하는 이들에게 주님과 생명을 가르친다는 것은 어려운 일입니다. 낮은 마음을 가르친다는 것은 불가능한 일입니다. 그것은 서로 전혀 다른 방향을 가지고 있기 때문입니다. 전자는 외적인 것이며 후자는 내면적인 것입니다. 누구든지 바깥을 바라보면서 동시에 안을 바라볼 수는 없습니다. 마귀는 바깥에 대한 욕망을 일으킵니다. 본능적인 사람에게 있어서 그것은 큰 유혹입니다.

욕망은 낮아짐을 빼앗아간다

욕망은 낮아짐을 빼앗아갑니다. 외적인 목표가 있을 때 낮아짐은 자리를 잡을 수 없습니다. 그러한 삶은 무능하고 바보같이 보이게 됩니다. 낮은 모습은 경쟁에서 질 것 같고 욕망을 이룰 수 없는 패배자가 될 것 같이 보입니다. 그와 같이 욕망은 사람을 부추기고 초조하게 합니다. 그것은 사람을 긴장하게 만들며 여유를 빼앗아갑니다.

낮아짐이란 꿈이 없는 자가 가능한 것입니다. 욕망을 내려놓은 자가 가능한 것입니다. 모든 개인적인 꿈을 버리고 주님이 주시는 감동과 인도하심에만 열려있는 사람이 비로소 진정한 낮아짐의 세계로 나아갈 수 있는 것입니다.

마귀는 항상 행복을 약속합니다. 만약 마귀가 사람을 괴롭히기만 한다면 사람들은 고통으로 인하여 그에게서 벗어나기를 구하며 구원의 길을 찾을 것입니다. 그러므로 그는 사람들이 떠나지 않도록 적당한 미끼를 던져주며 적당한 즐거움도 줍니다. 사람들이 그의 체제 안에 머물러 있기를 원하기 때문입니다.

마귀는 욕망을 일으키지만 쉽게 그 욕망을 달성시켜주지는 않습니다. 마귀는 자기가 인간에게 진정한 행복을 줄 수 없다는 것을 잘 알고 있습니다. 그가 주는 어떠한 쾌락에 대해서도 사람들은 곧 시들해지고 싫증을 느낄 것이라는 것을 마귀는 잘 알고 있습니다. 그가 만든 즐거움이나 쾌락은 다 거짓이며 사기이기 때문입니다. 이 우주 안에서 진정한 희락, 영원히 사라지지 않는 희락은 주를 예배하는 것이며 기도하는 것이며 그에게 순복하는 것입니다. 주님으로부터 나오는 것만이 생명의 기쁨을 줍니다. 그 기쁨을 맛본 자들은 마귀와 세상이 주는 기쁨이 얼마나 비참하며 공허한 것인지를 압니다. 그러므로 그들은 주님을 위하여 당하는 고통과 심지어 순교까지도 즐겁게 느끼는 것입니다. 그것은 주님이 주시는 참 평화와 만족은 고통과 죽음까지도 아무 것도 아닌 것으로 만들기 때문입니다.

마귀는 조금씩만 욕망을 채워준다

마귀는 자기가 가지고 있는 상품이 가짜인 것을 잘 알고 있습니다. 그는 마약이든 성적 쾌락이든 아주 잠시만 사람들을 붙잡아놓을 수 있다는 것을 압니다. 그러므로 그는 조금씩 욕망에 대한 유혹을 일으키기만 하고 채워주지는 않습니다. 욕망을 다 채워주면 사람들은 그것이 아무 것도 아닌 것을 알고 실망하고 다른 길을 찾을 것입니다. 그러므로 마귀는 아주 조금씩 욕구를 일으키고 조금씩 채워주고 다시 목마르게 하고 그런 식으로 조금씩 사람들을 사로잡아 갑니다.

처음에 친구나 친지를 통하여 제안을 받고 주식을 시작한 이들은 기대 이상의 수익을 얻는 것이 보통입니다. 그것은 당연한 일입니다. 그렇게 하지 않으면 사람들이 거기에 빠지지 않기 때문입니다. 마귀는 항상 처음에 재미를 보게 해줍니다.
일단 예상치 못한 이득을 취하면 그들은 놀라서 탐욕에 빠지게 되고 거기에 많은 재산을 투자하게 됩니다. 그리고 서서히 망해가기 시작합니다. 그것이 사단이 사람을 사로잡는 방식입니다. 정신을 차리고 거기에서 벗어나는 사람들도 있지만 많은 사람들은 본전이 아까워서 처음의 그 기적적인 이득을 기대하며 유혹에 머물러 있습니다. 한번만 성공하면 이제 벗어나겠다고 생각하며 계속 머물러 있습니다. 마귀는 그 사람이 아주 절망할 정도가 되면 조금씩 회복을 시켜줍니다. 그런 식으로 미끼의 줄을 당겼다 조였다 하면서 마귀는 사람의 영혼을 사로잡습니다. 그런 구도 아래 들어간 사람은 믿는 사람이나 믿지 않는 사람이나 그 마음속에 주님과 진리는 간 데 없고 오직 시체와 같은 폐인이 됩니다.

그것이 마귀가 사람을 사로잡는 방식입니다. 처음에 약간의 즐거움과 유익을 주고 거기에 빠지게 한 다음, 먹은 것을 다 토하게 합니다. 어느 정도의 애를 태우는 시간을 보낸 후에 다시 또 조금 맛을 보여줍니다. 조금 회복을 시켜줍니다. 그리고서 조금 있으면 다시 더 심한 좌절을 맛보게 합니다.

마귀는 이것을 반복해서 사람을 탈진시키고 만신창이를 만듭니다. 마귀는 이런 식으로 사람을 사로잡는데 그것은 주식뿐 아니라 다른 모든 것에 있어서도 마찬가지입니다. 도박이든, 연애든, 우정이든, 출세든 그 도구만 다를 뿐이지 사람의 마음을 잡았다 놓았다 하면서 사로잡고 만신창이로 만드는 것은 똑같습니다.

고양이가 쥐를 잡아먹는 방식

이러한 마귀의 방식은 고양이가 쥐를 잡아먹기 전에 가지고 노는 모습과 흡사합니다. 고양이는 쥐를 잡은 후에 즉시 잡아먹지 않고 놓아줍니다. 쥐는 비틀거리며 도망을 치게 되고 어느 정도 도망을 가면 고양이는 다시 쥐를 잡아버립니다. 그리고 괴롭히다 다시 쥐를 놓아줍니다.

쥐는 다시 피투성이가 되어 있는 힘을 다해 도망치고 고양이는 다시 쫓아가서 쥐를 잡아 내동댕이칩니다. 그리고 다시 쥐를 놓아줍니다. 이것이 반복되고 나중에 쥐는 움직일 힘도 없어지게 되어 도망할 생각을 하지 못하고 그 자리에 가만히 있는데 그러면 고양이는 쥐를 잡아먹습니다. 이런 식으로 마귀는 사람을 사로잡는 것입니다.

아직 힘이 있을 때 쥐는 있는 힘을 다해서 고양이에게서 벗어나려고 도망을 칩니다. 쥐는 자기가 최선을 다해서 달리기만 하면 고양이에게서 벗어날 수 있다고 생각할지도 모릅니다. 하지만 그것은 불가능합니다. 고양이는 애당초 쥐가 도망할 수 없는 것을 알고 그를 놀리고 있는 것이기 때문입니다.

스스로 욕망에서 벗어날 수 있는가

그처럼 사람들도 욕망의 포로가 되었을 때 자기가 마음을 먹기만 하면 거기서 벗어날 수 있다고 생각하지만 그것은 착각입니다. 사람들은 흔히 생각합니다. '나는 더 이상 그 여자를 만나지 않을 거야, 나는 더 이상 술을 마시지 않을 거야, 나는 더 이상 컴퓨터에 중독되지 않을 거야, 나는 내가 원하기만 하면 할 수 있어..'

하지만 그들은 있는 힘을 다해 달아나는 쥐와 같습니다. 쥐가 자유를 얻기 위해서는 고양이보다 강한 자의 힘이 필요한 것과 같이, 욕망에서 벗어나 자유를 얻고 싶으면 오직 마귀보다 강한 주님의 발 앞에 엎드려져 기도해야 하는 것입니다. 낮고 상한 마음으로 자신을 주께 드리는 것입니다. 그것 외에는 자유를 얻을 수 있는 길이 없는 것입니다.

욕망의 성취는 실패보다 더 비참한 것이다

진정한 행복과 평화는 오직 자신을 포기할 때, 주님 앞에 굴복될 때, 자기 인생을 주님께 맡기고 내려놓을 때 오는 것입니다. 그렇지 않으면 온 세상을 얻어도 평화가 없습니다. 인간은 그러한 존재입니다.

마귀는 우리를 만신창이로 만드는 과정에서 적당한 즐거움을 줍니다. 쾌락이 없으면 마귀를 따라가는 자가 없음을 그들은 잘 압니다. 그들은 우리의 외적인 목표를 달성하게 해줍니다. 일시적으로 돈을 주고 성공을 주고 외적인 성취를 줍니다.

그런데 그것들이 이루어지면 과연 좋을까요? 아닙니다. 우리는 욕망과 소원이 잘 이루어지지 않을 때도 영혼을 빼앗기지만 이루어지면 더 영혼의 생기를 빼앗깁니다. 우리의 영적 상태는 더욱 더 비참해집니다.

욕망의 만족이 이루어진 후에 허무함을 느끼게 된다면 그것은 좋은 일입니다. 허무함을 느끼면 사람들은 악한 세력으로부터 조금씩 벗어나게 됩니다. 하지만 그것은 욕망의 만족이 어느 정도 충분히 이루어진 후에 일어나는 것입니다. 대체로 허무함과 실망이 오기 전에 먼저 오는 현상이 있는데 그것은 마음이 높아지는 것입니다. 욕망이 이루어질 때, 물질의 충족이나 성공이 이루어질 때 일반적으로 사람들의 마음은 높아집니다. 은근히 거드름을 피우며 잘난 척을 하게 됩니다.

자본주의 사회에서 어느 정도 물질의 여유가 있고 소유가 많아지면 사람의 마음은 높아지고 거드름을 피우게 되기가 쉽습니다. 어느 정도 학벌이 좋고 사회적으로 인정받고 존경을 받는 위치에 있게 되면 마음이 높아지고 눈물이나 갈급함을 잃어버리는 것이 보통입니다.

세상적이고 외적인 풍요함에 대하여 허무감을 느낀다면 그것은 회복의 길이 될 것입니다. 그러나 만족감을 느끼게 되고 마음이 높아지게 되면 그의 영혼은 마비되고 주님의 임재를 잃어버리게 되며 천국의 실상에서 멀어지게 됩니다. 그는 자신의 영적인 비참함에 대해서 눈이 멀어지게 되는 것입니다.

네가 말하기를 나는 부자라 부요하여 부족한 것이 없다 하나 네 곤고한 것과 가련한 것과 가난한 것과 눈먼 것과 벌거벗은 것을 알지 못하도다 (계 3:17)

외적 성취가 높은 마음을 가져온다

이것은 영적으로 부족하고 어두운 상태에서 외적인 성취를 누릴 때 생기게 되는 비극입니다. 온 세상에서 영적 갈망을 잃어버리는 것처럼 무서운 것은 없습니다. 외적인 만족에 빠져 주님을 잃어버리고 자신의 상태를 보지 못한다면 그것은 정말 무서운 비극입니다.
환경이 나아지고 평탄해지고 상황이 좋아지면, 마음이 높아지고 강퍅하게 되는 사례들은 현실에도 성경에도 많이 등장합니다.

아람왕 벤하닷이 병들었을 때 그는 신하인 하사엘을 엘리사에게 보냈습니다. 그는 자기의 병이 나을 것인지 엘리사에게 물어보라고 시켰습니다. 그는 이스라엘의 적국인 아람의 왕이었고 이스라엘과 많은 전쟁을 하고 이스라엘에게 고통을 준 사람이었지만 하나님의 사람 엘리사와 그의 능력에 대해서는 잘 알고 있었습니다.
엘리사에게 혼이 난 적도 많았기 때문에 그는 적국의 사람이었지만 엘리사를 존경하고 있었습니다.
그래서 그는 부하 하사엘을 통해 많은 아름다운 물품을 예물로 보내었습니다. 그리고 하사엘은 왕의 명령을 따라 엘리사에게 왕의 병이 나을지 물어보았습니다. 이 때 엘리사는 이상한 태도를 보입니다.

엘리사가 가로되 너는 가서 저에게 고하기를 왕이 정녕 나으리라 하라 그러나 여호와께서 저가 정녕 죽으리라고 내게 알게 하셨느니라 하고 하나님의 사람이 저가 부끄러워하기까지 쏘아보다가 우니 (왕하8:10-11)

엘리사의 명성은 하사엘도 익히 들어 알고 있었습니다. 더욱이 그는 왕의 명령을 듣고 엘리사의 이야기를 들으려고 온 사람이라 엘리사에게는 더욱 조심을 할 수 밖에 없는 처지였습니다. 그런데 아람왕도, 이스라엘 왕도 두려워하는 그 놀라운 선지자가 자기를 뚫어지게 쳐다보다가 눈물을 흘리니 하사엘은 놀라지 않을 수가 없었습니다. 그는 놀라서 묻습니다.

하사엘이 가로되 내 주여 어찌하여 우시나이까 대답하되 네가 이스라엘 자손에게 행할 모든 악을 내가 앎이라 네가 저희 성에 불을 놓으며 장정을 칼로 죽이며 어린 아이를 메어치며 아이 밴 부녀를 가르리라 (왕하8:12)

놀란 하사엘의 질문에 대한 엘리사의 대답은 더욱 더 놀라운 것이었습니다. 엘리사는 선견자로서 하나님의 감동을 받아 앞으로 일어날 일에 대해서 감지하고 있었던 것입니다. 이에 대한 하사엘의 반응은 몹시 인상적입니다.

하사엘이 가로되 당신의 개 같은 종이 무엇이관대 이런 큰 일을 행하오리이까 엘리사가 대답하되 여호와께서 네가 아람 왕이 될 것을 내게 알게 하셨느니라 (왕하8:13)

그는 대답합니다. '위대한 선지자시여, 하나님의 사람이여.. 제가 어찌 그런 엄청난 일을 할 수가 있겠습니까? 이 개 같은 종이?'
하사엘은 자기를 엘리사의 개 같은 종이라고 언급했습니다. 그에게 엘리사는 너무나 커 보였습니다. 그는 자기를 엘리사의 평범한 종보다 훨씬 더 못한 존재로 묘사했습니다.
하지만 엘리사의 예언은 그대로 이루어졌습니다. 하사엘은 왕을 암살하고 아람의 왕이 되었습니다. 그리고 엘리사의 말대로 이스라엘을 괴롭히며 잔학한 행위를 저질렀습니다. 어떻게 그럴 수 있었을까요? 자기를 가리켜 '개 같은 종'이라고 말한 사람이 어떻게 왕이 되고 엄청난 짓을 저지를 수 있었을까요?

그가 자기를 '개 같은 종'이라고 말할 때 그는 자신을 부족한 존재로 여기고 있었는지 모릅니다. 하지만 상황이 바뀔 때 사람들은 누구나 쉽게 다른 존재가 됩니다. 미천한 존재에서 높고 강퍅한 자가 됩니다. 물질이 생기고 명예가 생기고 권세가 생길 때 사람은 더 이상 개 같은 종의 위치에 머물러 있으려고 하지 않습니다. 그는 자기의 지난 시절을 잊어버리고 강포한 자가 됩니다.
그리고 그렇게 만드는 것이 악한 영의 역사입니다. 마음이 높아지고 강포한 자로 만들기 위하여 마귀는 사람들에게 물질과 명예와 권세와 많은 것들을 허락하는 것입니다.

낮음을 빼앗기는 것은 모든 것을 잃는 것이다

사울도 왕으로 추대를 받을 때에는 자신이 없어서 숨었습니다. 그는 사무엘에게 말하기를 자기는 자격이 없으며 왕이 되는 것에는 아무 관심도 없다고 말했습니다.
그러나 그는 왕이 되자 그 자리를 지키기 위하여 다윗을 죽이려 혈안이 되어 찾아다녔습니다. 그는 그 과정에서 하나님의 제사장들까지도 죽였습니다. 시골 사람이었던 그가 왕이 되면서 이전의 낮은 마음을 잃어버렸습니다. 그는 마귀에게 자기의 겸손함을 빼앗겼던 것입니다.
그가 빼앗긴 것은 왕위가 아니라 겸손함이었습니다. 낮음, 낮아짐을 빼앗기게 되자 그는 왕위도 빼앗기고 마침내는 생명까지도 잃어버리게 되었습니다. 낮은 마음을 빼앗기는 것은 결국 모든 것을 빼앗기는 것과 같은 것입니다.

가난할 때는 겸손하지만 부유해지면서 겸손을 잃어버리는 이들이 많이 있습니다. 힘이 없을 때는 겸손하지만 권세를 얻을 때 거들먹거리며 겸손을 잃어버리는 이들은 많이 있습니다. 원하는 것을 얻지 못할 때는 기가 죽어서 지내다가 원하는 것을 얻고 사람들에게 인정을 받게 되면 방자해지는 이들이 있습니다. 이들은 영혼을 잃어가는 것이며 생명을 잃어가는 것입니다. 그들은 마귀에게 노략질을 당하고 있는 것입니다.

환경으로 흔들리지 않은 요셉

하나님의 사람 요셉이 있습니다. 그는 어려울 때 눈물로 주를 바라보았습니다. 가장 힘든 순간에 감옥에서, 노예 상태에서 주님과 동행했습니다. 놀랍게도 그는 애굽 전역의 총리가 되었을 때도 낮음을 잃지 않았습니다. 높은 위치에 섰지만 그는 여전히 아름다움과 갈망과 눈물을 잃지 않았습니다. 그는 여전히 주님의 임재 가운데 있었습니다.
감옥에서도, 궁정에서도 그는 낮아짐과 주의 임재를 잃어버리지 않았습니다. 그는 어려울 때도 주를 붙들었고 상황이 좋을 때도 주를 붙들었습니다.
하지만 요셉과 같이 승리하는 이들은 그리 많지 않습니다. 대다수의 사람들은 어려움을 겪을 때에 불평하며 명예나 권세나 편안함이 올 때에 마음이 높아지며 무디어집니다. 특히 좋은 여건에서 낮은 마음을 유지하며 갈망을 유지하는 것은 쉬운 일이 아닙니다.

좋아 보이는 상황을 조심하라

그러므로 우리는 어떤 좋은 상황이 보일 때에 함부로 휩쓸려서는 안 됩니다. 조건이 좋아 보일 때 그것을 덥석 받아들여서는 안 됩니다. 우리는 자신이 좋은 상황들을 잘 감당할 수 있는지, 또한 좋아 보이는 여건들이 하나님으로부터 온 것인지 기다리며 기도하며 분별해야 합니다. 좋아 보이는 상황이 마귀로부터 오는 유혹인 경우는 아주 많이 있기 때문입니다.

판매자는 항상 이것은 아주 좋은 기회라고 말합니다. 이 기회를 놓치면 안 된다고 말합니다. 부동산 중개인도 그렇게 말하고 주식 중개인도 그렇게 말합니다. 하지만 그 말을 듣고 욕심이 일어나서 이것을 절대로 놓치면 안 되겠다는 마음이 들면 이미 그는 시험에 들기 시작하는 것입니다.

꼭 잡으려고 하는 것이 제대로 이루어지는 것은 거의 없습니다. 대부분 그렇게 쫓기고 급하게 마음을 먹을 때 그것은 탐욕이며 속고 있는 것입니다. 대부분 그러한 것은 함정입니다. 이 사람을 놓치면 나는 끝이다, 이 기회를 놓치면 안 된다.. 그런 생각은 대부분 미혹입니다. 주님의 인도하심은 그렇게 쫓기는 마음을 주지 않습니다. 주님으로부터 오는 선물은 대부분 우리가 그것을 꼭 잡으려고 하지 않고 편안한 마음으로 주님께 맡기고 있을 때 옵니다. 우리의 손에 움켜쥐고 있는 것을 주님이 허락하시는 경우는 거의 없습니다.

우리가 마귀로부터 어떤 좋은 것을 받는다면, 도움을 받는다면, 유익을 취한다면 그것은 비극의 시작입니다. 세상에 공짜는 없습니다. 당신이 땀을 흘리지 않고 고생을 하지 않고 쉽게 이득을 취했다면 당신의 영혼이 안전한 상태로 있는 것은 아주 어려운 일입니다. 멀지 않은 장래에 반드시 대가를 치를 일이 생기게 됩니다.

파격적인 조건을 조심해야 한다

나는 물질이나 여러 가지 면에서 파격적인 좋은 제안을 받은 적이 많이 있습니다. 생각하기 어려운 거액의 시험이 오기도 합니다. 그럴 때 나의 입장은 한결같은 것입니다. 나는 그것을 굳게 붙잡지 않으며 주님께 맡깁니다. 나는 그것이 하나님으로부터 온 것인지 여러 면으로 시험하고 확인합니다. 그것이 오든지 가든지 나는 마음을 두지 않습니다. 나는 주님이 주신 것은 굳이 거절하고 싶은 마음은 없지만 주님이 원하시지 않는 것을 가지고 싶은 마음은 조금도 없습니다. 그러므로 나는 주님의 인도하심과 표적을 구합니다. 많은 것일수록, 큰 것일수록 나는 까다로운 태도를 취합니다.

나는 무엇이든 주님께 맡겨버리면 주님이 원하시는 것은 다 오게 될 것이라고 생각합니다. 그러나 주님이 원하시지 않는다면 우리가 잡는 것은 아무런 의미가 없을 것입니다. 그런 식으로 여러 번 좋은 제안을 거절했다가 시간이 흐른 후에 나는 그것이 좋은 결정이었음을 확인하곤 했습니다.

형통 속에서 낮음과 갈망을 잃지 말라

우리의 삶에 고난이 있지만 또한 형통함과 성공과 풍성함이 올 수 있습니다. 하지만 이 때 더 조심을 해야 합니다. 우리는 문제의 해결이나 성공이나 풍성함보다 주님의 임재를 구해야 합니다. 항상 주님의 임재를 구하며 낮은 마음과 갈망을 잃지 말아야 합니다. 형통과 성공을 추구할 필요가 없으며 좋아 보이는 것이 있어도 허겁지겁 손을 내밀어서는 안 됩니다. 그것은 미끼일 수도 있습니다. 우리는 언제 어디서나 미끼를 볼 수 있습니다. 그러한 미끼를 보고 기뻐하는 이들을 나는 많이 보았습니다. 나는 곧 그들이 미끼에 입이 꿰일 것을 예상할 수 있었습니다. 그러나 정작 당사자는 그것을 분별하지 못하는 경우를 많이 보았습니다. 미끼가 보이지 않는다고 덥석 물게 된다면 그것은 재앙입니다.

모든 것을 주님의 손 안에 두라

모든 형통과 물질이나 복이 다 나쁜 것이라고 할 수는 없습니다. 다만 주님으로부터 오는 것이 있고 그렇지 않은 것이 있습니다.
여러 가지의 훈련을 통과한 후에 주님께서 상급으로 좋은 여건을 주시는 경우가 있습니다. 그러한 것은 기도하고 분별한 후 받는다면 나쁘지 않습니다. 그러나 이유 없이 오는 유혹도 있습니다. 시험도 있습니다. 이것은 기도하고 분별해야 하며 자신에게 합당하지 않으면 버려야 합니다. 좋은 제안이 올 때에 충분히 기도 후에 하나님의 인도와 표적을 구해야 합니다.

우리는 아무리 가난하고 부족해도 당당할 필요가 있습니다. 하나님이 원하시면 주실 것이고 그렇지 않다면 허락지 않으실 것입니다. 우리는 모든 것을 주님께 맡기고 있어야지 지나치게 마음을 쏟거나 탐심을 품어서는 안 됩니다. 떠나는 사람을 잡으려고 울고불고 하는 것은 주님께 속한 사람의 자세가 아닙니다. 그것은 집착이고 탐심입니다.

그리스도인은 사람이든 물질이든 집착하고 마음을 빼앗겨서는 안 됩니다. 있으면 있는 것이고 없으면 없는 것입니다. 머물면 머무는 것이고 가게 되면 가는 것입니다. 사랑하는 사람이 떠나면 인생이 끝나는 것처럼 좌절하는 사람들이 있는데 그러한 이들은 마귀의 각종 시험이나 공격에서 이기기 어려울 것입니다. 집착이 많은 곳에 승리는 없습니다. 모든 것을 주님의 손아래 둔 이들의 영혼이 안전한 것입니다.

어디에서 오는 행복인지 분별하라

행복이 있습니다. 그런데 그 행복 중에서도 주님으로부터 오는 행복이 있고 주님과 상관이 없는 행복이 있습니다. 편안함이 있습니다. 그런데 그 편안함도 주님으로부터 오는 편안함이 있고 주님과 상관이 없는 편안함이 있습니다. 세상 사람들은 이 두 가지의 차이를 분별할 수 없을 것입니다. 그러나 그 차이를 그리스도인들은 알고 분별해야 합니다.
그 두 가지는 비슷한 것 같지만 영적으로 보면 천국과 지옥의 차이인 것입니다. 그리스도인들은 주님으로부터 오지 않은 모든 행복과 만족과 편안함은 거짓된 것이라는 사실을 알아야 합니다.
사사기 18장에 단 지파가 거할 기업을 찾기 위하여 다섯 사람이 땅을 탐지하러 가는 이야기가 나옵니다. 이들은 여행을 하다가 어떤 지역의 백성을 만나게 됩니다.

이에 다섯 사람이 떠나 라이스에 이르러 거기 있는 백성을 본즉 염려 없이 거하여 시돈 사람 같이 한가하고 평안하니 그 땅에는 권세 잡은 자가 없어서 무슨 일에든지 괴롭게 함이 없고 시돈 사람과 상거가 멀며 아무 사람과도 상종하지 아니함이라 그들이 소라와 에스다올에 돌아와서 그 형제에게 이르매 형제들이 그들에게 묻되 너희 보기에 어떠하더뇨 가로되 일어나서 그들을 치러 올라가자 우리가 그 땅을 본즉 매우 좋더라 너희는 가만히 있느냐 나아가서 그 땅 얻기를 게을리 말라
너희가 가면 평안한 백성을 만날 것이요 그 땅은 넓고 그 곳에는 세상에 있는 것이 하나도 부족함이 없느니라 하나님이 너희 손에 붙이셨느니라 (삿 18:7-10)

이들은 좋은 비옥한 땅을 만났습니다. 그리고 그 땅에 거하는 평안한 백성을 만났습니다. 그들은 신이 나서 형제들에게 보고했습니다. '우리는 넓은 땅을 만났고 평안한 백성을 만났다. 자, 이제 그 땅은 우리의 것이다!'

그 평안한 백성들은 다 어떻게 되었을까요? 그들은 영토를 빼앗기고 다 죽임을 당했습니다. 그들은 한가하고 평안한 백성들이었기 때문에 전쟁에 대해서는 전혀 몰랐습니다. 그들의 운명은 비참하게 끝났습니다.

이 이야기를 현대의 논리로 잣대로 판단해서는 안 됩니다. 그 평안한 백성들이 무슨 죄가 있느냐, 해서는 곤란합니다. 구약 성경의 역사는 역사이면서 영적인 메시지이며 의미가 있기 때문입니다.
자, 이 이야기에서 수많은 메시지를 얻을 수 있습니다만, 이 책의 주제와 관련이 있는 측면을 이야기하기로 합시다. 그 땅의 주인은 평안한 사람들이었습니다. 그러나 그들이 가지고 있는 평안은 주님으로부터 온 것이 아니었습니다. 그들은 그들이 가지고 있는 평안을 지킬 수 없었습니다. 이스라엘의 입장에서는 그 땅을 얻고 승리를 누렸지만 그들의 입장에서는 평안을 잃고 모든 것을 잃었습니다. 주님으로부터 오지 않은 평안이란 그와 같이 허무하고 비참한 것입니다.

이 세상에는 좋아 보이는 것이 많이 있습니다. 물질, 명예, 권세, 아름다움 등.. 행복과 같이 보이는 많은 것들이 있습니다. 그것은 좋아 보이지만 그 모든 것들이 주님으로부터 온 것은 아닙니다.
주님으로부터 온 것이 아닌 행복과 평안은 진정한 것이 아니며 영원한 것도 아닙니다. 라이스의 백성들처럼 그리스도와 상관이 없는 평안은 우리의 영혼에 아무런 유익을 주지 못합니다. 물질이든 성공이든, 그리스도로 인하지 않은 모든 것들은 우리 영혼을 방자하게 하고 나태하게 하고 낮은 마음을 잃어버리게 하는 것입니다.

주님이 없는 형통은 재앙일 수 있다

우리는 본문에 나타난 평안과 형통, 주님이 없는 평안이 재앙일수도 있음을 기억해야 합니다. 우리는 그것을 조심해야 합니다. 함부로 받지 말며 함부로 구하지도 말아야 합니다. 많은 좋아 보이는 것이 함정이기 때문입니다. 아브라함의 조카인 롯도 눈으로 보기에 멋있어 보이고 좋아 보이는 소돔과 고모라의 땅을 선택하고 가까이 갔다가 나중에는 아브라함의 중보로 인하여 간신히 목숨만을 건졌습니다. 보기에 좋은 것이 우리를 해롭게 하는 경우는 아주 많이 있습니다.

주님이 없는 평안, 기도가 없는 평안.. 그것의 결말은 비참한 것입니다. 많은 사람들이 기도하지 않고도 평안하기를 꿈꾸지만 그리스도인의 갈망과 무릎이 없는 평안은 결코 안전하지 않습니다. 기도 없는 형통함은 낮아짐을 소멸시킵니다. 그러므로 깨어있어야 합니다. 기도가 없는, 주님의 가까우심이 없는 축복은 좋은 것이 아닙니다. 그것은 사단의 통로가 될 수 있습니다.

우리의 목표는 가난도 부유도 아니고 오직 주님이다

우리는 물질 자체를 부정적으로 생각할 필요는 없습니다. 그러나 물질이나 형통이나 성공이 우리의 목표가 되어서는 안 됩니다.
우리의 목표는 부유함이 아닙니다. 우리의 목표는 가난도 아닙니다. 우리의 목표와 방향은 오직 주님입니다. 오직 주님과 주님의 뜻을 이루는 것이 우리의 목표요 꿈이 되어야 합니다. 우리에게는 형통이 올수도 있고 시험과 고난이 올 수도 있습니다. 우리는 그 결과를 주님께 맡겨야 합니다. 주권은 오직 주님께만 있습니다.

우리는 마귀가 주는 멋있어 보이는 제안을 분별하고 거절해야 합니다. 좋은 제안과 좋은 기회가 있을 때 함부로 결정하지 말고 기도해야 합니다. 우리는 좋아 보이는 것을 얻을 때보다 거절하고 포기할 때 좀 더 그리스도에게 가까이 나아가게 되는 경우가 많이 있습니다. 사단은 당신의 재물, 건강, 명예, 그 무엇보다도 당신의 낮아짐, 갈망, 눈물을 빼앗아가려고 노력한다는 것을 기억해야 합니다.

세상에 속한 사람들은 세상에서의 성공과 명예와 물질과 편안한 삶을 위하여 목숨을 겁니다. 그러나 그리스도에게 속한 사람들은 그러한 것들에 대하여 조심할 필요가 있습니다. 많은 경우에 그러한 것들은 마귀가 사용하는 도구가 될 수 있기 때문입니다. 그것들은 그리스도인들의 낮아짐을 빼앗고 결국에는 그의 영혼을 사로잡아 멸망으로 이끌려는 마귀의 도구가 될 수 있기 때문입니다.

우리는 우리에게 다가오는 모든 풍성함에 대하여 무조건 배척할 필요는 없습니다. 그러나 그리스도에게 속한 사람들이라면 그러한 것들에 대해서 마귀로부터 오는 유혹은 아닌지 항상 기도하고 분별하며 깨어 있는 자세가 필요합니다.

주를 사랑하고 갈망하고 충성하는 이들에게 주님은 그들의 필요를 공급하실 것입니다. 그러므로 그리스도인들은 주님의 돌보심을 신뢰해야 하며 세상에 속한 많은 것들에 대하여 집착하지 말아야 합니다. 그것들을 놓치면 큰일이나 나는 양 호들갑을 떠는 세상 사람들과 같지 않아야 합니다. 그리스도인들이 목숨을 걸고 간직해야 할 것은 오직 주를 향한 낮아짐과 사모함과 눈물과 갈망뿐인 것입니다.

오직 낮아짐과 갈망을 유지하라

당신이 지금 주를 향한 낮아짐과 사모함과 갈망을 잃었다면, 당신의 심령이 미지근한 상태라면 당신은 지금 사단의 화살을 맞은 것입니다. 마귀의 유혹에 속고 있는 것입니다. 어서 일어나 눈을 뜨고 주님의 발 앞에 엎드려 당신의 갈망을 회복해야 합니다.

건강을 잃었어도, 사람을 잃었어도, 물질을 잃었어도 지금 당신이 주님을 향한 눈물과 무릎과 갈망을 낮아짐을 잃지 않고 있다면 당신은 성공한 것입니다. 마귀는 당신을 유혹하고 넘어뜨리는 것에 실패한 것입니다.

부디 그 상태를 삶의 마지막 순간까지 유지하십시오. 절대로 그 낮음과 갈망을 빼앗기지 마십시오.
오직 더욱 더 깊은 낮아짐으로 갈망하며 나아가십시오.
낮아짐이 있고 갈망이 있는 곳에 주님은 임하십니다. 주님은 당신의 곁에 가까이 오셔서 당신의 눈물을 닦아주시고 당신에게 은총을 베푸시며 당신의 굶주린 영혼을 충만하고 풍성하게 채워주실 것입니다. 그 영광이 우리 모두에게 임하시기를, 오, 주님.. 할렐루야.

6. 자기애의 함정

자기애는 지옥적인 것

자기애란 자기 자신, 자아에 대한 애정을 의미하는 것입니다. 자기를 사랑하는 것 뿐 아니라, 자신과 관련된 모든 것들에 대한 애정도 여기에 포함된다고 할 수 있습니다. 즉 자녀를 비롯한 자기 가족, 혈연에 대한 지나친 집착과 같은 것도 자기애의 연장이라고 할 수 있을 것입니다. 자기애, 자기를 사랑한다는 것은 너무나 보편적이고 평범한 일입니다. 믿지 않는 이들은 이것이 왜 죄인지도 모를 것입니다. 아니, 이 시대에는 믿는 자들까지도 자기애가 왜 문제가 되는지 모르는 경향이 많이 있습니다.

하지만 자기애는 기본적으로 죄이고 악입니다. 그것은 지옥적인 것입니다. 주님을 사랑하는 것이 천국의 중심이라면 자기를 사랑하는 것은 지옥의 중심이라고 할 수 있습니다. 자기에 대한 애정과 집착이 지나친 사람들은 결코 지옥의 영들의 공격과 유혹에서 벗어날 수 없습니다. 자기를 사랑하며 자기를 위해서 사는 삶은 당연한 것 같지만 그것은 멸망을 향하여 가는 길입니다.

자기애의 시작

자기애는 어디에서부터 시작되었을까요. 그것은 사단으로부터이며 타락으로부터입니다. 인간이 마귀의 유혹을 받아 타락하면서부터 자기애는 시작되었습니다. 마귀가 범죄하고 타락하기 전에 이 우주 안에는 죄가 없었습니다. 하나님의 거룩하시고 온전하신 뜻을 거스르는 존재나 의지는 없었습니다. 그러나 마귀가 자기의 위치를 버리고 높아지면서 하나님의 뜻을 대항하는 하나의 존재, 하나의 의지가 생겨났습니다. 그것은 하나님의 뜻과 대립하고 독립하는 의지였습니다.

마귀는 높은 마음을 가지고 타락하여 하나님으로부터 독립된 의지를 가지게 되었습니다. 그리고 인간을 유혹하여 역시 인간의 마음을 높아지게 하고 하나님으로부터 독립하도록 하였습니다.

하나님으로부터 분리되어 자기애가 시작됨

인간은 본래 하나님과의 연합을 위하여 지어진 존재입니다. 하나님의 뜻 가운데에서 살도록 만들어진 존재입니다.

하나님께서는 인간에게 자유의지를 주셨습니다. 그러나 그 자유의지는 하나님을 떠나 제멋대로 살라고 주신 것이 아닙니다. 그 자유를 사용해서 하나님을 사랑하고 하나님과 교제하는 길을 선택하라고 주신 것입니다. 하나님은 기계적인 순복을 원하지 않으셨기 때문입니다.

인간은 하나님의 청지기로서 창조되었습니다. 하나님과의 교제를 누리며 또한 하나님의 시키시는 일을 하도록 만들어진 것입니다. 아담은 하나님의 지으신 에덴동산을 다스리며 지키는 일을 맡았습니다. (창2:15) 그것은 아담의 사역이면서 또한 권리이기도 한 것입니다. 그러나 아담이 타락하고 높아지면서 그는 하나님과 분리되어 더 이상 하나님의 명령을 따라 살지 않게 되었습니다. 하나님과 상관없는 독자적인 삶을 살게 되었던 것입니다. 거기에서부터 독립적인 자기인식이 생기게 되었고 자기애가 시작되었습니다.

높아짐과 자기애의 관계

결국 높아짐에서 타락이 왔고 하나님과의 분리가 생겼으며 이 분리를 통해서 시작된 것이 자아이며 자기애입니다. 그러므로 높아짐은 하나님과의 분리를 낳고 이 분리는 자아의 독립과 자기애를 낳는 것입니다. 높아짐은 자기애를 낳고 자기애는 또 다시 높아짐을 강력하게 합니다. 그리고 높아짐은 자기애를 더욱 더 강하게 합니다.

이 두 가지는 사단의 중요한 무기라고 할 수 있습니다. 자기애는 높은 마음과 같이 모든 죄의 근원이 되는 것입니다. 높은 마음은 자기애를 일으키고 자기애는 다시 높은 마음을 일으켜 하나님을 거스르고 대항하며 온갖 악의 열매를 생산하고 지옥을 끌어당기게 됩니다.

마음이 높아지지 않은 이들은 하나님의 말씀을 들으며 하나님의 뜻을 구하고 순종합니다. 그리하여 하나님의 기뻐하시는 것을 구합니다. 그러나 높아진 이들은 하나님으로부터 독립이 되어 스스로가 왕좌에 앉기를 원합니다. 그래서 스스로 자기가 원하는 것을 행하며 원하는 대로 살기를 원합니다. 자아를 독립시키기 원하는 것입니다.

그는 하나님과 독립되어 자기 마음대로 살고 자기 마음대로 사랑하며 자기 고유의 취향대로 살고 싶어 합니다. 자기가 원하는 것을 하려고 합니다. 주님께서 '얘야, 그것을 하면 안 된다.'하고 말씀하시면 '아닙니다. 나는 그것을 원합니다'하고 말합니다. 주님께서 '얘야, 그 사람을 가까이 하면 안 된다'고 해도 '주님, 그건 곤란합니다. 다른 것은 다 좋지만 나는 그 사람이 없으면 살 수 없습니다.' 하고 항의하는 것입니다.

하나님보다 자기를 더 사랑함

아담이 선악과를 먹지 않았다면, 그래서 하나님과 분리되지 않았다면 그는 높은 마음을 갖게 되지도 않았을 것이며 자기애를 갖게 되지도 않았을 것입니다. 그러나 그가 타락하자 그는 자기애를 갖게 되었습니다. 그는 하나님보다 자신을 더 사랑하였습니다. 아내보다 자신을 더 사랑하였습니다.

그는 자아를 만족시키기 위해서, 자존심을 방어하기 위해서 죄에 대하여 거짓말하고 변명하고 아내를 정죄하였습니다. 하나님에 대한 은근한 원망의 마음을 나타냈습니다. 그는 **하나님이 내게 주므로 나와 함께 하게 하신 여자 그가 나무 실과를 내게 주는 바람에..** (창3:12) 하고 말했습니다. 여자 때문에 문제가 생겼는데 그 여자는 하나님이 보내신 것이니 하나님의 책임이 아니냐는 의미를 담고 있는 것입니다. 자기애가 생기면 자기를 방어하기 위해서 하나님이든 아내든 누구든 공격을 가하는 것입니다.

자기애는 하나님 사랑과 공존할 수 없다

하나님께 속한 사람들은 오직 하나님을 사랑하고 하나님의 기뻐하시는 것을 기뻐하며 하나님이 원하시는 것을 행하는 것을 즐거워하며 그것을 인생의 목적으로 삼을 것입니다.

그러나 자기에게 속하고 자기애에 빠진 사람들은 오직 자기를 사랑하고 자기가 기뻐하는 것을 기뻐하고 행하며 자기를 즐겁게 하는 것을 인생의 목적으로, 낙으로 삼을 것입니다.

자기애에 빠진 사람은 자기의 기질과 이상을 만족시키는 것을 하나님의 뜻을 행하는 것보다 즐거워합니다. 자기를 즐겁게 해주는 이를 사랑하고 자기의 비위에 맞지 않거나 괴롭히는 자들을 미워합니다. 그의 의지나 감정은 하나님 중심이 되지 않고 자기가 중심이 됩니다.

이런 것을 보면 하나님 사랑과 자기 사랑은 근본적으로 서로 부딪치는 것임을 알 수 있습니다. 자기를 사랑하는 사람은 하나님을 사랑할 수 없으며 하나님을 사랑하는 이는 자기를 사랑할 수 없습니다. 주님은 원수를 사랑하라고 하셨습니다. 이것은 하나님을 사랑하는 사람들에게는 가능한 명령이지만 자기를 사랑하는 이들에게는 불가능한 명령입니다. 자기가 모든 것의 중심인 사람들에게 자기를 괴롭히고 모욕을 주는 사람, 불편하게 하는 사람을 용서하고 사랑하는 것은 심히 어려운 일이기 때문입니다. 원수를 사랑하라는 메시지는 우리가 하나님께 속한 사람인지, 자기에게 속한 사람인지를 가장 선명하게 드러내주는 말씀입니다.

자기 사랑이 주님을 거스름

자기 사랑은 주님사랑과 대립이 되는 것입니다. 자기애, 자기의 기질적인 사랑은 주님의 뜻을 거스릅니다. 삼손은 왜 들릴라에게 빠지게 되었을까요? 그것은 삼손이 보기에 그녀가 아름다웠기 때문입니다. 삼손이 그녀를 좋아했기 때문입니다.

힘이라고 한다면 그녀가 삼손에게 상대가 되었을 리가 없습니다. 삼손은 전에도 여자 문제에 휩쓸렸지만 그때는 그 여인이 죽든 살든 대수롭게 여기지 않았습니다. 삼손은 여인의 죽음을 복수하는 척하면서 블레셋 사람들을 크게 도륙하였습니다. (삿14:1-15:16) 삼손의 부모는 블레셋의 여자와 결혼하는 것을 반대하였습니다. 그러나 삼손은 아비에게 이르기를 "내가 그 여자를 좋아하오니 나를 위하여 그를 데려오소서" 하고 부탁하였습니다. 그리고 이어서 성경은 말합니다.

이때에 블레셋 사람이 이스라엘을 관할한고로 삼손이 틈을 타서 블레셋 사람을 치려함이었으나 그 부모는 이 일이 여호와께로서 나온 것인 줄은 알지 못하였더라 (삿14:4)

성경은 말하기를 이 일이 하나님께로부터 온 것이며 삼손이 그의 말한 것처럼 이방 여인과 사랑에 빠진 것이 아니라 그것을 이용해서 적들을 공격하려고 한 것이라고 합니다. 그런데 그랬던 삼손이 들릴라에게는 정신을 차리지 못하고 끌려 다니다가 비참한 신세가 되고 말았습니다. 삼손은 먼저의 블레셋 여인에게는 사랑하는 척을 했지만 들릴라에게는 척이 아니라 진짜로 사랑하게 되었습니다. 그렇기 때문에 삼손의 비밀을 알려달라는 들릴라의 간청에 괴로워하면서도 그녀를 떠나지 못했던 것입니다.

이상형과 자아

누구나 자기의 이상형이 있습니다. 그래서 '저 사람은 내 스타일이야' 하고 말합니다. 바로 그러한 것이 자아로부터 오는 것입니다. 그리고 그러한 기질적 자아적 애정이 하나님의 손에 길들여지지 않을 때 그것은 하나님을 대항하고 방해합니다. 그 자아적 애정이 마귀가 그를 사로잡는 중요한 도구가 되는 것입니다. 삼손이 그 애정으로 인하여 죽을 정도로 괴로워하다가 결국 비참한 결과를 맞는 것처럼 자아적 애정에 사로잡힌 사람들은 많은 고통과 어려움을 겪게 됩니다.

자기애는 하나님과 대립하며 하나님의 뜻을 대적하는 성격을 가지고 있습니다. 하나님께서 요나에게 니느웨로 가서 말씀을 전하라고 했을 때 요나는 불순종하고 다시스로 갔습니다. 그는 왜 하나님의 명령을 듣지 않았을까요? 그것은 니느웨가 그의 민족의 원수인 앗수르의 수도였기 때문입니다. 그는 자기 민족, 자기의 원수를 용서할 수 없었습니다. 그들이 회개를 하여 하나님의 은총 가운데로 들어가는 것을 그는 보고 싶지 않았습니다.

니느웨와 그 거민들에 대한 하나님의 긍휼은 구약에도 이방인에 대한 구원의 가능성이 있었음을 보여줍니다. 그러나 요나와 같이 자기의 기질적인, 자아적인 애정을 버리지 않은 사역자는 하나님의 뜻을 온전하게 드러낼 수가 없는 것입니다. 오직 자기와 관련된, 자기 자녀와 자기 민족과 자기 사람에게 은총을 베푸시는 하나님만을 원할 것이기 때문입니다. 그러므로 자기애를 벗지 못한 사람은 온전한 하나님의 그릇이 될 수 없는 것입니다.

자아는 주님의 마음에 둔하다

진실로 거듭나고 주님께 속한 이들은 주님에 대해서, 주님의 마음에 대해서 예민합니다. 그리고 자기에 대해서 둔감합니다. 그는 자신의 소원과 욕망에 대해서 둔감하며 사랑하는 주님의 임재와 마음과 분부하신 일에 대해서 민감해지게 됩니다. 그리고 그렇게 사랑하는 대상에 대하여 예민해지게 되는 것은 당연한 일입니다.

그러나 자아적인 사람은 주님의 마음에 대해서 둔감하며 오직 자기의 기분과 감정과 느낌에 대해서만 예민합니다. 그는 자존심에 대해서 예민하며 남이 자기에게 어떻게 했는가에 대해서 예민합니다. 그는 주님의 원하심보다 자신의 꿈과 이상과 행복에 예민하며 관심이 있습니다. 이렇게 자아에 사로잡혀 있는 미숙한 신자들을 오늘날 많이 볼 수 있습니다. 그리고 그것이 잘못된 것인지도, 죄인지도 잘 모르는 경향이 오늘날 많이 있습니다. 그렇기 때문에 많은 신자들이 주님과의 실제적인 교류에 대해서 알지 못하고 있는 것입니다.

자기애와 높아짐은 지옥의 두 중심이다

자기애와 높아짐, 이것은 지옥의 2가지 중심이라고도 할 수 있는 것입니다. 높아짐이 있고 자기애가 있는 곳에는 곧 지옥이 있고 지옥의 각종 열매들이 나타나게 됩니다. 분노가 있고 미움이 있으며 시기 질투가 있고 상처가 있으며 거짓이 있고 자기 연민이 있습니다. 이 모든 것들이 높아짐과 자기애에서 나오는 것입니다.

자기애에 빠진 이들은 많은 증상들을 가지고 있습니다. 이들은 자기와 관련된 것들에 대하여 과도한 집착을 보입니다. 이들은 자기 가족들이나 자녀들의 짐으로 인하여 많은 묶임을 가지고 있습니다. 자녀들의 학벌이나 성적으로 인하여 과도하게 괴로워하는 이들도 있고 자녀들의 영적인 문제, 구원이나 헌신과 같은 문제로 인하여 심한 고통을 겪는 이들도 있습니다. 자녀들을 위하여 많이 기도하는 것은 좋은 일입니다. 어떤 이들은 자녀들을 위하여 심히 아파하고 울면서 주님께 기도를 드리기도 합니다. 그것은 좋은 일이며 자녀의 성적이나 학벌로 인하여 아파하는 것보다 나은 일일 것입니다.

그러나 과연 그들은 자녀를 비롯 자기에게 속한 부분 외에, 자신에게 속하지 않은 주님의 다른 분부에 대해서 예민할까요? 주님의 다른 필요나 인도하심에 대해서는 민감하게 반응하고 있을까요? 자아애로 가득한 이들은 그렇지 않습니다. 그들은 오직 자기에게 속한 사람이나 문제에 대해서만 민감합니다. 그리고 그것은 집착과 같은 것입니다.
나이가 많은 분들은 항상 기도를 할 때 내 가족, 내 자녀들, 내 손자, 손녀들.. 그 기도의 범주에서 벗어나지 못합니다. 그것은 아름다운 기도이고 좋은 기도이기는 하지만 우리의 기도는 우리가 좋아하는 것보다 주님이 좋아하시는 것에 맞추어져야 합니다. 우리가 무엇을 원하느냐보다 더 중요한 것은 주님이 무엇을 원하시는가 하는 것입니다.

자기애에는 상처가 많다

자기애가 심한 이들의 중요한 증상은 상처를 많이 받는다는 것입니다. 이들은 자기에 대한 남들의 평가에 몹시 예민하므로 남들이 자기를 어떻게 대하는지, 자기를 잘 대우해주는지 아니면 무시하는지에 대해서 아주 예민합니다. 그러므로 자기에 대한 사소한 무례나 악한 태도를 잘 잊지 않으며 용서하지 않습니다.

남들에게 당한 불이익이나 억울한 일에 대하여 어떤 이들은 조금 상처 받고 어떤 이들은 심하게 상처를 받습니다. 어떤 이들은 죽어도 잊지 않으며 평생을 마음속에 간직하고 삽니다. 그 차이는 무엇일까요? 그것은 각 사람들이 가지고 있는 자기애, 자기 집착의 정도와 수준에 따른 것입니다.

자기애가 심할수록 그는 자기중심적인 사람이 되어 주님의 마음에도 둔감하고 다른 사람들의 입장이나 마음에도 둔감합니다. 그러므로 그들은 자신의 고통은 잘 알고 느끼지만 다른 이들의 고통은 잘 느끼지 못합니다. 어떤 이들은 '당신도 고통이 있어요? 당신은 아무 고통 없이 편하게 사는 것 같은데..' 하고 말하기도 합니다. 이들은 다른 이들에 대해서는 관심도 없고 거의 아무 것도 모르는 것입니다.

그러므로 이들은 자기의 상처에 대해서 예민하지만 다른 이들의 고통이나 상처에 대해서는 둔감합니다. 또한 자신이 다른 이들을 힘들게 하고 고통스럽게 한다는 사실에 대해서도 거의 모릅니다.

다른 이들의 아픔에 대해서 들으면 이들은 '나는 그것보다 훨씬 더 했다, 뭘 그런 것을 가지고 그러냐'고 반응할 것입니다. 이들은 자신이 다른 이들을 힘들게 한다는 것에 대해서 이해할 수 없으며 이해하려고 하지 않습니다.

자기 때문에 남이 힘들다면 그것은 상대방이 이해가 부족한 것이며 괜히 자기를 미워하기 때문이라고 생각합니다. 자기애의 사람은 이런 식으로 모든 것을 항상 자기중심으로 생각하고 해석하기 때문에 자기애가 강한 사람들이 있는 곳에는 항상 불편함과 상처가 생기게 됩니다.

자기애의 사람은 항상 위로자를 찾는다

이들은 세상 모든 사람들을 자기에게 잘 해주는 사람과 나쁘게 대하는 사람의 두 종류로 나누고 전자에 대해서는 끔찍이 아끼지만 후자에 대해서는 비난과 판단을 많이 하기 때문에 항상 분파를 만들게 됩니다.

자기애가 강한 이들은 언제나 억울한 것이 많습니다. 이들은 정도의 차이는 있지만 깊은 자기연민에 빠져 있는 것이 보통입니다. 이들은 자기가 얼마나 고통 속에 살았으며 억울한 일들을 겪었는지에 대해서 이야기하고 싶어 하며 항상 자기를 위로해줄 사람을 찾습니다. 이들은 항상 생각하기를 자기는 너무나 상처가 많기 때문에 충분한 치유가 필요하며 많은 사랑이 자기를 회복시킬 것이라고 여깁니다.
하지만 아무리 내적 치유를 받고 수많은 사람들의 위로를 받아도 진정한 만족은 결코 오지 않습니다. 그 허무함과 고통은 자기애에서 나오는 것이므로 온전한 회복과 치유는 자기를 버릴 때만이 가능한 것입니다.

어느 자매는 목사님이나 영적 지도자를 만날 때마다 '목사님, 저는 지금까지 자라면서 아무에게도 한 번도 사랑을 받은 적이 없어요.' 하고 말하곤 했습니다. 사역자는 그 말을 듣고 그녀를 불쌍히 여겨서 위로해주면 어느 정도의 시간이 지난 후에 그녀는 다른 곳으로 가서 다른 이들에게 '저는 지금까지 아무에게도..' 이렇게 반복하는 것입니다. 나는 그런 고백을 하는 이들이 의외로 그리 많은 고난을 당하지 않고 오히려 비교적 유복한 환경 속에서 자란 것을 나중에 알게 되어 놀라곤 했는데 그러한 이들은 환경에 문제가 있는 것이 아니라 자기애가 문제인 것입니다. 그들이 남들에 비해서 별 것이 아닌 일도 아주 심각한 비극으로 여기는 것은 자기 연민이 많이 있기 때문입니다. 하지만 그렇게 자기애에 잡혀 있는 이들은 아무리 사랑을 받고 위로를 받아도 결코 만족할 수 없을 것입니다. 만족과 기쁨은 사랑을 받고 위로를 받을 때보다 오히려 사랑을 주고 위로할 때 경험하게 되는 것입니다. 인간은 주님의 종이 되어 자기의 입장과 감정을 버리고 주님의 입장을 섬기며 기쁜 마음으로 다른 이들의 종이 될 때 진정한 행복을 느낄 수 있도록 창조되었습니다.

자기애가 고통을 만든다

고통을 진정 고통스럽게 하는 것은 자기애입니다. 자기애가 심하지 않은 이들은 남들에게 심한 대접을 받고도 별로 대수롭게 여기지 않습니다. 자기를 그리 불쌍하게 여기지 않습니다. 주님에 대한 시선을 항상 가지고 있는 이들은 어려운 일을 겪을 때 이 훈련이 내게 주어진 의미가 무엇인가를 생각하며 고통의 의미를 통해서 주님께 가까이 나아가려고 할 것입니다.

자기애가 있기 때문에 극심한 자기 연민이 있고 극심한 분노와 복수심이 있는 것입니다. 그러므로 고통의 근원은 자기 자신이며 자기에 대한 극심한 사랑이지 그에게 고통을 준 원수들이 아닙니다. 자기애가 사라지지 않는 한 그 사람에게는 원수들이 끊이지 않습니다. 하나의 원수가 사라지고 하나의 원수를 피해 달아나도 그는 가는 곳마다 원수들을 만나게 될 것입니다. 진정한 원수는 자기애이며 그것을 버릴 때에만 우리는 마귀에게서 놓여나고 고통으로부터 벗어날 수 있습니다.

자기애의 사람들은 항상 자기의 억울함에 대해서 이야기하며 다른 이들이 그를 위로하지 않을 때 당신은 내가 겪은 것을 당하지 않아서 모른다고 할 것입니다. 자기애의 사람은 가시에 찔려도 뼈가 부러진 사람들보다 더 고통을 느끼고 힘들어합니다. 그것은 그의 의식과 관심이 오직 자기를 향하고 있기 때문입니다. 하지만 이 우주 안에서 진정 억울하신 분이 있다면 그는 바로 주님이십니다. 그는 아무 죄 없이 십자가를 지셨습니다. 많은 고통을 겪었고 버림을 받았으며 무시를 당했고 조롱과 비방을 당했습니다. 그러나 그분은 억울해하지 않으셨습니다. 자기연민에 빠지지도 않으셨습니다.

우리가 주를 좇는 사람이라면 그러한 주님의 억울함과 고통에 대해서 예민해야 합니다. 자기에 집중해서 자기 연민과 억울함에 빠져 있는 것은 좋지 않습니다. 그것은 우리가 주님의 사람이 아니라 자기에게 속한 사람인 것을 보여주는 것입니다.

자기애에는 수많은 증상이 있다

자기애는 수없이 많은 악과 많은 증상들을 일으킵니다. 자기애의 사람들은 지나치게 소심하고 염려하며 온갖 근심이 끊이지 않는데 그것은 마음이 약해서가 아니라 자신을 너무나 사랑하기 때문입니다. 자기애가 심한 이들은 남들이 다 겪는 사소한 문제가 있어도 견디지 못하고 괴로워하며 몸이 조금 아프기만 해도 온 세상이 멸망하는 것 같이 두려워합니다. 그것은 자기 몸을 너무 사랑하기 때문입니다.

이들에게 근심과 염려가 끊이지 않는 것은 자기를 주님께 드리지 못하고 맡기지 못하기 때문입니다. 자신을 너무 귀하게 여기기 때문에 마음 놓고 주님께 드리고 맡기지 못합니다. 하찮은 것이라면 쉽겠지만 보화를 포기하는 것은 쉽지 않은 것입니다. 그러므로 자기애의 사람들은 자신을 너무나 귀하게 여겨 주님께 드리지 못하고 스스로 붙들고 있는 것입니다. 극도의 분노도, 자기에게 해를 끼친 사람들을 용서하지 못하는 것도 다 지나친 자기애에서 기인하는 것입니다. 자신을 대수롭지 않게 여기는 이들은 남들에게 겪는 부당한 일에 대하여 그다지 힘들어 하지 않습니다. 자기를 초월할수록 사람은 죽음과 같은 어려움이 다가와도 그다지 마음을 쓰지 않고 초연해지며 생과 사 모든 것을 주관하시는 주님을 바라보며 맡기게 됩니다. 그러나 자기애의 사람들은 그것이 아주 힘들고 어려운 것입니다.

자기애를 일으키는 것은 마귀다

그리스도인이 반드시 알아야 할 것은 그 자기애를 끊임없이 일으키는 존재가 마귀라는 사실입니다. 그러므로 자기애를 만족시킬수록, 위로를 받고 이해를 받을수록 그들은 더 증상이 심해지며 마귀에게 사로잡혀간다는 것을 알아야 합니다.

자기애의 사람들은 하늘과의 교통이 거의 막혀 있기 때문에 하늘의 감동을 받는 일이 드물고 평소에 끊임없이 들려오는 악한 영들의 음성과 감동에 대해서 열려 있습니다. 그래서 그들은 수시로 마음속에 두려움이나 슬픔이나 분노가 일어나는 것을 느끼게 됩니다. 하고 싶지 않아도 그 마음이 자꾸만 올라오는 것입니다.

10년 전에 겪었던 그 때의 억울한 일, 속상한 일들이 바로 어제 일처럼 생생하게 생각이 납니다. 혼자서 가만히 있는데 어둠 속에서 그 때의 상황과 상대방의 말투와 표정이 생생하게 기억이 납니다. 누가 그 기억을 그토록 생생하게 일으키고 그 감정까지도 선명하게 재생하는 것일까요? 그는 악한 영들입니다.

마귀는 사람이 자기애에 빠지고 자기의 감정에 집중할 때 그 영혼을 사로잡을 수 있는 것을 잘 알고 있습니다. 그러므로 마귀는 강력한 자기애를 불러일으킵니다. 네가 얼마나 억울한지 생각해 보라고 합니다. 세상에는 아무도 너를 이해하는 사람이 없다든지, 더 이상 참지 말고 네가 당한 것을 갚아주라든지.. 하는 생각을 끊임없이 일으킵니다.

마귀가 최후로 하는 말은 이제 아무 것도 더 할 수 없고 소용이 없으니 네 삶을 그만 끝내라고 하는 것입니다. 세상에서 일어난 유명한 범죄 사건들, 다른 사람들을 죽이고 자기는 자살하는 그러한 일들은 마귀가 일으키는 것입니다.

심한 자기애에 빠진 사람들은 그들의 말을 뿌리치지 못합니다. 마귀가 일으키는 이러한 생각과 감동에 오래 동안 꼭두각시처럼 순종하고 살아왔기 때문입니다. 그리하여 비참한 결과를 맞게 됩니다.

그러므로 자기애의 사람들은 마귀가 항상 그들에게 친절하게 대하고 항상 그들의 입장에서 말하고 그들을 대변한다는 것을 기억해야 합니다. 그들이 주는 음성과 생각들을 거절하고 벗어나야 합니다. 자기애에 빠지는 수준만큼 그들은 마귀의 밥이 되며 하나님과의 관계에서 멀어지고 자기 집착이 심해져서 점점 더 지옥의 사람에 가까워지기 때문입니다.

애정과 관심에 대한 욕구

자기애의 사람들은 어디서나 인정을 받으며 으뜸이 되기 원하는 속성을 가지고 있습니다. 그러므로 이들은 교회에서도 남들보다 뛰어나고 싶어 하며 남들보다 인정을 받고 싶어 하며 사역자의 사랑을 독차지하고 싶어 합니다. 그의 눈에 사역자가 다른 이를 총애하는 것이 보이게 되면 그는 극도의 분노를 가질 수도 있습니다.

이러한 이들은 인정받고 싶은 욕구로 인하여 교회 일에 열심이고 충성을 다하므로 다른 사람들로부터 신앙이 좋은 사람으로 보일 수 있습니다. 또한 자신도 그렇게 여길 수 있습니다. 그러나 그것은 위험한 상태입니다. 그들은 자신이 평생 주를 위하여 살았다고 착각할 수 있습니다. 이들이 언젠가 주님 앞에 서게 될 때 주님은 이렇게 말씀하실지도 모릅니다. '너는 너 자신을 위하여 설교했고 가르치고 봉사했으며 너 자신의 영리함을 자랑스러워했고 자신을 드러내고 높였으며 다른 이들의 좋은 평가와 인정을 받기 위해서, 자기만족을 위해서 살았다.' 주님으로부터 그러한 평가를 받게 된다면 그처럼 비참한 인생도 없을 것입니다.

눈이 열려서 자기를 바르게 객관적으로 그리고 주님의 시선으로 볼 수 있다면 그것은 자유의 시작입니다. 그러나 자기애에 빠진 이들은 자기를 바르게 보기가 어렵습니다. 그것은 그들의 눈이 악한 영들의 혼미한 속임으로 인하여 가려져서 자기에 대한 불리한 평가나 판단을 싫어하고, 자신을 변호하며 그 어둠 속에서 계속 있기를 원하기 때문입니다.

비위를 맞추는 마귀를 대적하라

자기애를 부추기는 것, 이것은 마귀의 중요한 도구이며 무기입니다. 마귀는 희생자들의 비위를 맞추어 줍니다. 그리고 기분을 즐겁게 해주려고 애를 씁니다. 너는 인생의 주인이며 너의 비위를 거스르는 자를 용서하지 말라고 가르칩니다. 잊으려고 해도 마귀는 예전에 그가 당한 억울한 일을 끊임없이 재생해줍니다. 분노하고 이를 갈고 자기 연민과 억울함에 빠지는 상태를 계속 유지하도록 유혹합니다. 그렇게 함으로써 마귀는 계속하여 그를 자기의 종으로 사로잡을 수 있는 것입니다.

그가 주님의 입장에 몰두하지 않고 자기의 입장과 감정과 체면에 집중하게 될 때 마귀는 얼마든지 그를 사용할 수 있습니다. 서운한 마음을 품게도 할 수 있고 이간질을 위한 도구로 이용할 수도 있으며 거짓말도 만들어내게 할 수 있습니다. 주님이 사용하시는 사람이나 주님의 역사를 대적하게 만들 수도 있습니다. 자기애에 빠지게만 하면 그 모든 일들이 가능하며 더 강력한 악의 도구로 사용될 수도 있습니다.

주님은 십자가의 길을 가지 말라고 간하는 베드로에게 "사단아, 내 뒤로 물러서라 너는 나를 넘어지게 하는 자로다 네가 하나님의 일을 생각지 아니하고 사람의 일을 생각하는도다" 하고 꾸짖으셨습니다. (마 16:23) 이렇게 하나님의 일을 생각하지 않고 사람의 일을 생각하는 것이 자기애의 모습입니다.

사랑하는 자녀가 주를 위하여 목숨을 버리기를 원하고 선교를 위한 제물로 자신을 드리려고 할 때 적지 않은 부모들은 그것을 반대하며 방해할 것입니다. 그것이 자기애의 모습입니다. 주님은 그들에게 '너희가 하나님의 일을 생각지 아니하고 사람의 일을 생각하는도다' 하고 말씀하실 것입니다.

그러한 경우에 중요한 문제는 나의 사랑하는 자녀가 나를 떠나간다는 사실이 아니라 자녀가 받은 하나님의 감동이 맞는 것인가 하는 것입니다. 헌신되고 지혜로운 부모가 있다면 그들은 자녀들이 가는 길에 대해서 기도하고 주님의 인도와 감동을 받으며 주님의 뜻을 따라 지혜롭게 조언을 할 수 있을 것입니다.

자기애에 대하여 자유로운 사람들만이 주님의 뜻과 인도하심을 알고 발견할 수 있습니다. 그렇지 않은 이들은 주님의 원하심보다는 현실적인 형통과 편안함만을 구하게 될 것입니다.

자기애의 사람은 주님을 섬길 수 없다

자기애는 무서운 함정입니다. 그것은 당연한 것 같지만 무서운 것입니다. 인간이 타락해서 하나님을 떠났기 때문에 그것이 보편적인 것이 되었던 것입니다.

우리는 자기애가 사단의 중요한 유혹이며 무기인 것을 알아야 합니다. 자기애는 높아짐의 산물이며 그것은 낮아짐을 빼앗아가는 것입니다. 자기애의 사람은 결코 낮아질 수가 없습니다. 그는 자기에게 집중하느라고 주님을 섬길 수가 없습니다. 다른 이를 섬길 수도 없습니다. 그는 너무나 억울하고 속상한 것이 많아서 자기를 달래줄 사람을 찾느라고 너무 바쁘기 때문에 다른 이들을 섬길 여유가 없습니다. 그러한 이들이 억지로 주님을 섬기고 남을 섬긴다고 해도 그것을 알아주지 않는다면 그들은 또 다시 지독한 상처 가운데로 들어가게 될 것입니다.

부디 이것을 기억하십시오. 마귀는 자기애를 일으키고 높아짐을 일으켜서 그들이 천국에 이르지 못하도록 방해합니다. 그들이 우리를 칭찬하고 위로하는 것은 우리가 예뻐서가 아닙니다. 오직 영혼을 실족시키고 하나님보다 자신을 높이게 하기 위한 것입니다.

칭찬은 고래도 춤추게 한다는 말이 있습니다. 그 정도로 칭찬의 힘은 무섭습니다. 마귀는 우리를 칭찬해서 기분을 좋게 하고 춤을 추게 합니다. 그러나 춤을 추고 뛰어오른 다음에 반드시 넘어지고 실족하여 깊은 우울과 낙담에 빠지게 합니다.

자기애를 버려야 합니다. 자기를 벗어 던져야 합니다. 그것이 자유로 가는 길이며 마귀로부터 벗어나는 길입니다. 그때 비로소 천국의 세계, 빛으로 가는 세계가 열리게 됩니다.

자기에서 벗어나고 자기 입장에서 벗어나면 새로운 눈이 열립니다. 바울의 눈에서 비늘이 떨어진 것처럼 새롭게 많은 것들이 보이고 새로운 시각과 관점이 열리게 됩니다.

눈이 열리게 되면 그동안 자신이 얼마나 자기에게 묶여 있었고 오직 자신만의 감옥에 갇혀있었는지 남들의 시선과 평가와 모든 것에 묶여 있었는지를 보게 됩니다. 비로소 진정한 낮아짐과 섬김의 가치도 알게 되고 자기에서 벗어나 진정한 종이 되고 싶은 마음이 일어나게 됩니다. 분하고 속상했던 마음은 사라지고 이기적이었던 자신을 돌아보게 되며 사람들의 관심이나 시선에서 벗어나 보이지 않는 곳에서 섬기고 싶은 마음이 일어나게 됩니다.

자기애에서 벗어난 자유인의 삶

자기애에서 벗어난 자유인은 다른 이들의 시선이나 평가에 대해서 차츰 둔해지게 됩니다. 칭찬에 대해서 둔해지고 비난에 대해서 둔감해집니다. 칭찬이 그리 기쁘지 않으며 비난이 그리 아프지 않습니다. 왜 내가 전에는 사소한 말들에 그렇게 아파하고 억울해하고 속상해했는지 이상하게 여겨질 것입니다. 그것은 그의 관심이 이미 자기에게서 벗어나 주님을 향하고 있기 때문입니다. 자기애를 벗어난 사람은 오직 주님을 구하고 주님을 사랑하며 주님의 마음에 민감합니다. 오직 그것이 그의 기쁨이 됩니다.
그것이 바로 자유인 것입니다. 칭찬을 좋아하고 자기편을 좋아하는 사람은 항상 안정감이 없고 불안합니다. 진정한 평화를 알지 못합니다.

자기에게서 벗어나라

부디 그 자기애에서 해방되십시오. 다른 사람이 당신을 버리는 것을 두려워하지 말고 당신이 먼저 자신을 버리십시오. 누군가가 당신을 버리겠다고 하면 '나도 나를 예전에 버렸는데?' 하고 반응하십시오. 자기를 버린 사람만이 주님을 온전히 따를 수 있습니다. 자기의 기분, 자기의 입장, 자기의 감정, 자기의 체면을 버린 사람만이 주님을 따를 수 있습니다. 그러한 사람이 주님의 기분, 주님의 입장, 주님의 감정, 주님의 뜻을 이해하고 느끼고 경험하게 됩니다.

사람들이 당신을 칭찬할 때 주님 앞에 엎드려 '오, 주님.. 불쌍히 여기시옵소서. 저는 무익한 종입니다' 하고 고백하십시오. 그것이 자유함의 길입니다. 사람들이 좋아하든 싫어하든 그저 편안하십시오. 칭찬을 받으면 주님을 바라보고 비난을 받아도 주님을 바라보십시오. 주님이 나의 사랑이고 나의 감정이며 주인이라고 고백하십시오. 그것이 자유함을 줍니다.

오직 자기 사랑을 거절하고 포기하십시오. 그 때 마귀는 더 이상 당신을 가지고 놀지 못할 것입니다. 형통에도 흔들림이 없으며 환란에도 비굴함이 없이 그저 잔잔함과 고요함으로 조용히 주님 앞에 엎드릴 수 있게 될 것입니다.

주님께서 당신의 주변에 맡기신 영혼들, 가족이나 지체들에 대해서도 집착하지 않고 그들이 있을 때 그들을 섬기며 그들이 떠날 때 편안한 마음으로 축복할 수 있게 될 것입니다.

부디 자기 사랑에서 벗어나십시오. 그것에 성공할 수 있을 때 당신은 천국의 영광에 이르는 낮아짐의 길에 좀 더 가까워질 수 있을 것입니다. 할렐루야.

7. 영적인 요인들로 인한 높아짐

마귀는 사람들의 마음을 높아지게 하려고 노력합니다. 그것에 성공할 때 그는 사람들을 사로잡을 수 있기 때문입니다. 높아지게 함으로써 그는 사람들의 영혼을 어둡게 할 수 있으며 혼란과 마비에 빠지게 할 수 있습니다. 마음이 높아진 이들은 천국의 빛이 비추어지지 않으므로 영혼이 어둠 속에 빠지게 되어 자기의 모습을 보지 못하며 판단과 악과 각종 어두움의 열매를 맺게 됩니다.

악한 영들은 높은 마음을 심기 위해서 세상적인 도구만을 사용하는 것은 아닙니다. 그는 영적인 도구를 사용할 수도 있습니다. 신령하게 보이는 여러 가지 도구도 그의 목적을 위하여 사용할 수 있습니다.
마귀는 세상의 풍성함들이나 명예나 권세나 각종 성취에 대한 욕망을 이용하여 사람의 마음을 높아지게 할 수 있습니다. 하지만 세상에 대한 관심을 별로 가지지 않고 신앙과 교회 안에서만 사는 사람들에 대해서는 어떻게 할까요? 그는 사람을 높아지게 하는 그의 사역과 유혹을 포기할까요? 그는 사람들이 하나님의 은혜 가운데로 나아가는 것을 그저 무력하게 보고 있기만 할까요?

그렇지 않습니다. 그는 그러한 이들에 대해서도 공격과 유혹을 멈추지 않습니다. 그는 하늘로 향하는 길을 막기 위하여 수단과 방법을 가리지 않습니다.
그가 가지는 목표는 불신자에 대해서나 신자에 대해서나 같은 것입니다. 그는 오직 사람을 높아지게 하려고 노력합니다.

신앙 안에도 세상적인 성향이 적지 않다

오늘날 교회와 신앙의 세계를 보면 악한 영들의 이러한 궤계가 많이 성공한 듯이 보입니다. 신앙의 세계 안에도 세상적인 성향이 많이 침투하였습니다. 교회 안에서도, 신앙 안에서도 높아짐을 추구하는 이들이 많이 있습니다. 각종 장을 뽑는 선거에서도 경쟁을 하고 돈을 뿌리는 세상의 방식이 사용되고 있습니다.

세상은 원래 마귀가 지배하고 미혹하는 곳으로써 높아짐을 추구하는 것이 당연한 것이지만 교회와 신앙 안에도 이러한 성향이 있다는 것은 놀라운 일입니다.

교회 내부에서도 인정받기를 원하고 높임받기를 원하는 이들이 적지 않습니다. 섬김을 위하여 받은 직분을 마치 권세나 명예인 것으로 여기는 이들도 적지 않습니다. 교회나 신앙 단체 안에서도 주님으로 인하여 아파하거나 상처를 받는 것이 아니라 자신으로 인하여 불쾌해하거나 상처를 받고 자신을 인정해주지 않으면 상처를 받으며 시험에 드는 이들이 적지 않습니다.

그 모든 일들은 신앙 안에도 높아짐을 추구하게 만드는 마귀의 침투가 적지 않음을 보여주는 것입니다. 교회나 신앙적인 단체라고 하더라도 서로 낮아짐과 섬김을 추구하지 않고 높아짐과 자존심을 추구한다면 그것은 진정한 신앙의 모임이 아닙니다. 그곳에는 주님이 임하실 수 없기 때문에 결국 형식만 남고 생명은 서서히 죽어가게 되는 것입니다.

악한 영들은 어떻게 믿는 자들을 미혹하여 높아짐을 추구하도록 만드는 것일까요? 그들은 육적이거나 단순한 사람들에게는 신앙적인 도구를 사용하는 것보다 세상적인 도구를 사용해서 그들의 마음이 높아지도록 할 것입니다. 세상적인 성공이나 물질의 부유함이나 명예나.. 그런 것들을 사용하여 그들을 넘어뜨릴 것입니다. 아직 가치관이나 의식이 주님 중심으로 변화되지 않은 이들에게 이러한 도구들은 효율적인 무기가 됩니다. 그러므로 악한 영들은 물질이나 외적인 형통함을 그들에게 공급하기도 할 것입니다.

그러한 외적인 복들은 하나님만이 주실 수 있는 것이 아니고 악한 영들도 얼마든지 줄 수 있기 때문입니다. 우상으로 가득한 나라 일본도 경제적으로는 풍성한 측면이 있으며, 하나님을 알지 못하는 불교 신자나 무신론자들 중에도 부자가 많이 있습니다. 이러한 사례들은 물질이나 외적인 형통함이 하나님으로부터 오지 않고 악한 영들, 세상의 영들로부터도 올 수 있음을 보여주는 것입니다.

마귀는 영적인 도구들도 사용할 수 있다

그러나 악한 영들은 이러한 세상적인 풍성함의 도구로는 그리스도인들을 높아지게 하는 데에 성공하기가 어렵다는 것을 알고 있습니다. 그러므로 그들은 신자들을 공격할 때는 흔히 은혜의 도구들을 사용합니다. 기도나, 능력이나, 은사나 말씀.. 등 은혜의 통로가 되는 아름다운 요소를 사용하는 것입니다. 그러한 것들은 그 자체로는 나쁜 것이 아니고 아름다운 것이지만 악한 영들은 그러한 은혜의 도구들도 그들의 목적을 위하여 사용할 수 있습니다. 그것이 더 효과적으로 그리스도인들을 넘어뜨릴 수 있는 방법이기 때문입니다. 그렇다면 그리스도인들의 마음을 높아지게 하고 우월감을 일으키는 영적인 요인, 도구들에는 어떤 것들이 있을까요? 그 몇 가지를 살펴보겠습니다.

1. 사역자라는 자부심

사역자로 부르심을 받은 것에 대한 자부심이 높은 마음을 일으키는 요인이 될 수 있습니다. 오래 전에 어떤 분과 대화를 나누는데 말끝마다 사명자, 사명자.. 라고 하는 것을 보았습니다. 자신이 목회 사명을 받았다는 것을 자랑과 긍지를 담아서 이야기하는 것입니다. 나는 웃으면서 그에게 말했습니다. "아니, 사명자가 아닌 사람도 있나요?"

모든 그리스도인들은 사명자입니다. 목사가 되는 것은 세상에 있는 수많은 직업 중에서 하나일 뿐입니다. 그리스도인의 사명이란 주님을 알아가는 것이며 그리스도를 닮아가는 것이며 자신이 경험하고 누린 그리스도의 생명을 사람들에게 공급하는 것입니다. 그리고 그러한 생명의 공급은 목회사역을 통해서 할 수도 있지만 자신의 직업을 통해서도 할 수 있는 것입니다. 중요한 것은 그리스도의 생명으로 충만한 사람이 되는 것이며 사역자로 부름을 받았다는 것 자체를 대단하게 여길 필요는 없습니다. 주님의 손 안에 있다면 모든 사람은 다 대단하고 아름다운 사람이기 때문입니다.

높은 마음의 사역자는 위험하다

어떤 이들은 자신이 세계적으로 알려진 큰 종이 될 것이라고 말하며 자신이 대단한 존재가 되는 것처럼 은근히 자신을 높이기도 합니다. 하지만 그것은 좋은 마음이 아닙니다. 크게 드러나게 쓰임을 받든, 작게 보이지 않는 곳에서 쓰임을 받든 그것은 주인의 마음이지 자기가 결정하는 것이 아닙니다. 맡은 자에게는 오직 충성이 필요할 뿐이지 크고 위대해지고 드러나는 것이 목표가 되어서는 안 됩니다.

사역자로 부름을 받았다면 그것은 단순히 주님이 그것을 원하시고 맡기셨을 뿐이지 자신의 잘남이나 대단함에 기인한 것이 아닙니다. 그러므로 부르심 자체로 인하여 자신을 대단하게 여긴다면 그는 오히려 비참한 상태에 빠질 수도 있습니다. 그러한 이들은 높은 마음을 갖게 되어 오히려 마귀가 사용하는 도구가 될 수 있습니다. 사역자가 높은 마음을 가지게 되면 그러한 이들은 사람들을 그리스도에게로 이끄는 것이 아니라 자신에게 이끌려고 할 수 있습니다. 다른 사역자들과 비교하고 경쟁하려는 마음을 가질 수 있습니다. 유능하거나 존경받는 사역자가 있으면 그에 대해서 시기하거나 비방하거나 하는 식으로 주님의 몸된 교회를 분열하는 도구가 될 수도 있습니다.

그렇게 된다면 그는 사역자로 부름을 받은 것이 오히려 재앙이 될 것입니다. 사역자가 주님을 높이고 드러내지 않고 자신을 바라보고 드러내기 원한다면 그것은 비극이 아닐 수 없습니다.

높은 마음은 마귀의 도구가 되는 지름길입니다. 특히 높은 마음을 가진 사역자를 마귀는 내버려두지 않을 것입니다. 그러므로 사역의 부르심에 대한 감사의 마음과 긍지는 있을 수 있지만 그로 인하여 마음이 높아지지 않도록 사역자와 사역의 부르심을 받은 이들은 항상 깨어 있어야 할 것입니다.

2. 영적 경험으로 인한 높아짐

은사적인 경험이나 신비적인 영적 경험을 통해서도 우월감이나 높은 마음이 들어올 수 있습니다. 이것도 보편적인 모습입니다.

여러 가지 요인으로 그리스도인들은 영적 경험을 할 수 있습니다. 기질적으로 하나님의 임재를 경험하기 쉬운 사람도 있고 믿음이 연약하거나 어려운 여건의 사람에게 하나님께서 특별한 은총을 베풀어주시는 경우도 있습니다. 극한 상황에서 위로의 경험이 주어지기도 합니다.

경험의 수준과 상태는 다양합니다. 많은 경우 그러한 경험은 신비롭고 아름다우며 황홀하게 느껴지기도 합니다. 그러므로 당사자는 우쭐한 마음을 갖게 될 수 있습니다. 자신이 특별한 존재이며 하나님과 특별하게 가까운 사람이라는 마음이 일어나기도 합니다.

몇 가지 눈에 띄는 은사가 나타나는 이들은 눈에 띄게 높은 자세를 보이기도 합니다. 기도나 도움을 요청하는 이들에게 무당이 그렇게 하는 것처럼 반말을 하거나 위압적인 태도를 보이기도 합니다. 예언사역을 하는 많은 사람들이 겸손하고 지혜롭게 행하지만 간혹 어떤 이들은 무례하고 방자한 모습을 보이기도 합니다.

나도 그런 경우를 적지 않게 보았습니다. 예언을 하는 이들의 말에 신빙성이 있고 표적이 나타나기 때문에 많은 사람들이 굽실거리며 꼼짝을 하지 못하는 것들을 보곤 했습니다. 그러한 경우 그 사람이 설사 악한 영에 의하여 잘못된 예언을 하는 것이 아니고 하나님으로부터 오는 바른 예언이나 권면을 하는 것이라고 하더라도 그러한 이들과는 거리를 두는 것이 좋을 것입니다.

왜냐하면 그러한 이들은 은사나 영적 경험이 있다고 하더라도 성숙하지 못한 사람이며 다른 이들을 영적으로 지도할 수 있는 수준의 사람은 아니기 때문입니다. 또한 그러한 이들은 악한 영들에게 미혹되어 넘어질 가능성이 많이 있습니다. 주님께 속한 사람은 주님께 속한 열매를 맺습니다. 어떤 이가 무례하고 자기를 높이며 물질에 대해서도 탐욕적이거나 한다면 그러한 영혼은 안전하지 않으며 주님께 속한 사람이라고 보기 어려운 것입니다.

젊은 청년시절 나는 또래의 젊은이들과 함께 중보기도 모임을 정기적으로 하고 있었습니다. 우리의 모임은 몹시 열정적이며 부르짖는 기도를 많이 드리는 가운데 은사들이 많이 나타났습니다. 예언이나 능력, 치유, 기도의 응답도 많이 나타났었습니다. 처음에 대여섯 명 정도가 모이다가 점점 숫자가 늘어나 나중에는 5-60 명 정도가 모여서 여러 가지 문제를 가지고 중보하며 부르짖어 기도하곤 했습니다. 기도하는 가운데 감동이 오는 대로 예언을 하는 이들도 있었습니다. 나도 그들 가운데 하나였습니다. 예언을 하면 사람들은 자기의 마음이 드러나는 것을 느끼고 감동을 받기도 하고 울기도 했습니다.

하지만 지금 생각해보면 그것은 깊은 것이 아니었습니다. 나는 어느 날 어떤 자매와 대화를 나누면서 내가 강한 감동으로 예언하고 외치지만 확신이 없을 때도 있다고 했는데 그 말을 들은 자매는 내가 예수님 바로 밑에 있는 줄 알았는데 그 말을 들으니 놀랍다고 하였습니다. 지금 생각하면 나는 그 때 아주 어리석었던 것에 틀림이 없습니다. 왜냐하면 나는 그 때 나의 신앙이 참 좋은 줄로 알았기 때문입니다. 나는 내가 주를 향한 열심이 특심하다고 생각했었습니다. 그것은 교만한 마음이었습니다.

영적이고 은사적인 경험은 사람을 붕 뜨게 하는 요소가 있습니다. 오래 전, 집회를 인도하는 가운데 사람들이 쓰러지고 울며 뜨거운 감동에 빠지는 것을 보았을 때 나는 마음이 아주 흐뭇했었습니다. 몸과 마음이 날아갈 것 같이 상쾌한 느낌이었습니다.
나는 나를 대단하게 여겼습니다. 하지만 나중에 생각하면 당시에 나는 아주 위험한 상태에 있었습니다. 자신을 영적이라고 생각하고 능력이 있다고 여기며 사람들의 존경과 찬사를 받고 즐거워한다면 그것은 정말 위험한 상태에 있는 것입니다. 그것은 멸망의 길에 가까이 있는 것입니다.

외적 경험과 내적 경험

은사적인 경험과 영혼의 내적인 경험은 다른 것입니다. 전자는 바깥의 경험에 속한 것이고 후자는 내면에 속한 것입니다. 전자는 뜨겁고 강렬한 것이며 후자에 가까울수록 강렬하기 보다는 평화로움에 가깝습니다. 전자의 경험은 기능적인 것입니다. 쉽게 불타오르고 쉽게 꺼지며 삶과 인격과 의식에 변화를 가져오지 않습니다. 그것은 권능의 옷을 입은 것과 같은 것입니다.

그러나 후자의 경험은 심령의 중심에서 오는 것이므로 삶과 인격을 변화시킵니다. 그것은 인격적인 경험이기 때문입니다.

전자의 경험은 기쁨과 힘과 능력과 자신감을 일으키지만 후자의 경험은 달콤함과 함께 고통이 수반되기도 합니다. 전신이 촛물이 녹아지는 것같은 상태가 됩니다. 고통이 임하고 일시적으로 무기력에 빠지기도 합니다.

전자의 경험은 능력을 경험하고도 자기 마음대로 사는 것이 가능하지만 후자의 경험은 자기 스스로 움직이는 것을 어렵게 합니다. 주님께 순복하지 않거나 자기를 높이거나 한다면 고통과 불편함을 느끼게 됩니다. 그것은 실질적으로 그 영혼이 하나님의 손에 잡혀 들어가는 과정입니다.

두 가지를 다 경험하지 않는 한 그 두 가지의 차이점을 분별하는 것은 쉽지 않을 것입니다. 그리고 이런 외적 경험과 내적 경험은 어느 쪽이 더 우월한가의 문제가 아니고 기능의 차이라고 할 수 있습니다. 그러므로 두 가지가 다 의미가 있고 필요한 것입니다.

그리스도인에게는 바로를 물리치는 기적과 능력이 나타나는 애굽의 경험도 필요하고 자신의 모습이 산산이 부서지는 광야의 경험도 필요하며 주님과 연합하고 안식하는 가나안의 경험도 필요합니다.

다만 은사적이고 기계적인 경험은 바깥의 육체에 임하는 것이기 때문에 인격의 변화와 내적인 생명에는 별 영향을 끼치지 않으므로 교만에 빠질 위험이 높다는 것을 이해해야 합니다. 일단 높은 마음이 들어오면 그가 어떤 신령한 체험을 했든 간에 그 모든 경험들은 다 의미가 없어지며 그는 악한 영의 도구가 되어버립니다.

물론 잠시 넘어지거나 실수를 한다고 해서 하나님과 완전히 멀어지는 사람이 된다고 할 수는 없습니다. 주님께서는 그의 백성을 지키시며 실패와 넘어짐의 경험을 통해서 더 깊은 회개의 길로 인도하실 것입니다. 누구든지 자신의 높아짐을 깨닫고 회개한다면 주님은 그를 용서하시고 받아주십니다.

아무튼 그것이 은사적인 경험이든 어떤 경험이든 간에, 그것이 아무리 신비롭고 황홀하며 아름다운 경험이라고 하더라도 그로 인하여 자신을 대단한 존재로 여긴다면 그것은 이미 마귀에게 속고 있는 것입니다. 그러한 이들은 자기가 경험한 즐거움 이상의 좌절과 고통을 반드시 겪게 됩니다. 그러므로 조심해야 합니다.

자신이 무엇을 겪었든 그것은 하나님의 선물일 뿐이며 자신이 받을 만해서 받는 것은 아닙니다. 그러므로 경험의 내용과 상관없이 오직 주를 높이고 그 발 앞에 엎드려야 합니다.

경험이 높여져서는 안 된다

바울도 삼층 천의 경험을 한 후에 그것을 공개하지 않았습니다. 필요에 의해서 14년이 지난 후에 조금만 언급했을 뿐입니다. 영적 경험이 공개될 때 나타나는 일은 일부의 어리석은 추종자들의 등장과 다수의 비난하고 시기하며 공격하는 이들의 등장입니다. 그 어느 쪽도 그리스도인들의 연합과 성장에 도움이 되지 않습니다. 비판자들이나 추종자들 어느 쪽도 그리스도의 몸에 유익을 끼치지 않습니다. 오히려 마귀에게 틈을 줄 뿐입니다. 성숙한 사람은 자신을 드러내는 것을 좋아하지 않으며 자신의 경험을 공개하는 것도 좋아하지 않습니다. 그들은 자신이 대단한 존재로 여겨지는 것을 두려워합니다.
성숙하지 않은 사람일수록 다른 이들에게서 좋은 평가를 받고 싶어 합니다. 영적인 사람으로 보이고 싶어 합니다. 그러므로 작은 영적 경험도 광고하고 과장하는 것을 좋아합니다. 자신이 주님의 특별한 은총을 받고 있다고 알리고 싶어 합니다. 하지만 그것은 자기에게도 그리스도의 몸에게도 아무런 유익이 없습니다.

영적 경험의 의미에 대한 이해와 해석에는 많은 경험과 훈련이 필요합니다. 그것은 논리의 측면이 아니며 경험의 영역입니다.
그것은 신앙의 중심에 나타나야 할 이유가 없습니다. 특별한 경험은 사람을 드러나게 하고 그리스도를 드러나게 하지 않습니다. 그러므로 경험 자체보다는 그리스도가 드러나는 것이 좋습니다. 우리의 목표와 관심을 그리스도에게 두어야 하며 특별하고 신령한 경험에 두어서는 안 됩니다.
성숙한 신자란 주님을 깊이 사랑하는 사람이며 체험을 많이 하는 사람이 아닙니다. 온갖 체험을 하고도 인격의 수준이 낮으며 이기적이고 경솔하며 남을 배려하지 않으며 자기를 드러내는 이들은 많이 있습니다. 그러한 이들은 영적으로 어린 아이와 같습니다.

하나님이 허락하시는 여러 가지 은총의 경험을 하는 것은 좋은 일입니다. 그러나 그러한 경험으로 인하여 자신을 대단한 존재로 생각하는 것은 좋지 않습니다. 자신을 높이는 것도 좋지 않습니다. 사람들에게 자랑하거나 사람들의 칭찬을 즐기는 것은 좋지 않은 일입니다.
체험을 했든 안 했든 하나님이 우리에게 귀한 은총을 베푸셨든 어쨌든 우리는 여전히 무익한 종이며 부족한 종일 뿐입니다. 우리는 주님의 긍흄을 얻은 것뿐이며 여전히 부족하고 한심한 존재입니다. 마귀는 영적 경험을 통하여 우리를 높아지게 하려고 유혹합니다. 그들이 직접 이상한 미혹의 경험을 줄 수도 있지만 그렇지 않더라도, 하나님으로부터 오는 경험이라고 하더라도 마귀는 그것을 이용하여 우리를 부추겨서 자신을 대단한 존재로 여기게끔 하려고 노력합니다. 그러므로 부디 조심하십시오. 체험이 아름다워도 그것으로 인하여 기뻐하지 말고 오직 주님 자신으로 인하여 기뻐하며 그 분의 발 앞에 엎드리십시오. 자신을 낮고 부족한 존재로 여기십시오. 그것만이 악한 영들의 미혹에서 벗어나는 안전한 길임을 결코 잊어서는 안 됩니다.

3. 기도에 대한 자부심

기도에 대한 요소도 높아짐을 일으키는 원인이 될 수 있습니다. 기도를 많이 한다든지, 기도의 응답을 많이 받았다든지.. 하는 것으로 인하여 자부심을 가질 수 있는 것입니다.
모든 자부심은 다 좋지 않습니다. 기도로 인한 자부심도 마찬가지입니다. 마귀는 아름다운 은총의 도구도 사람을 높이고 부추기는 도구로 사용할 수 있다는 사실을 기억해야 합니다.

기도의 시간에 대한 자부심을 가지는 이들은 일부러 기도의 시간을 늘리기 위하여 노력할 수도 있습니다. 그러한 것은 자연스러운 일이 아닙니다. 주님과의 깊은 기도와 교제로 인하여 자기도 모르게 시간이 가는 것은 좋은 일이겠지만 억지로 시간을 늘리려고 애쓰는 것은 그리 자연스럽지 않은 것입니다. 그러한 이들은 상대적으로 기도의 분량이 적은 사람들을 판단할 수도 있습니다. '저 사람, 아직 기도의 세계를 모르는군.' 하는 식으로 함부로 판단할 수 있습니다. '저 사람은 아직 깊지 않아.' 하는 식으로 판단할 수 있습니다.

이러한 경우 어리석은 사람은 다른 사람이 아니고 바로 자신인 것입니다. 기도의 응답도 주님께서 불쌍히 여기시고 은총을 베풀어주신 것인데 그것을 통하여 스스로 영광을 취하고 자신을 높인다면 그것은 마귀에게 속고 있는 것입니다. 그리스도인의 자랑은 바울의 고백처럼 오직 십자가밖에 없으며 그것을 넘어서는 것, 자기를 영적으로 보며 기도의 사람으로 보며 그로 인하여 자신을 대단하게 여기는 것.. 그것은 진정 마땅히 알아야 할 것을 알지 못하는 것입니다.

4. 지적 탁월함에 대한 자만

지적인 탁월함도 높은 마음을 일으키는 도구가 될 수 있습니다. 사람은 기질적으로 몸의 활동력이나 재능이 뛰어난 사람이 있고 정서적으로 예민한 사람이 있으며 지적인 기질의 사람이 있습니다. 손재주가 뛰어나 만들기 등을 잘 하는 사람도 있습니다. 이런 사람이 손을 대면 고장난 물건 들이 쉽게 고쳐지곤 합니다.
정서적으로 민감하여 느낌이 많고 감동을 잘 받는 사람도 있습니다. 또한 어릴 때부터 책을 좋아하고 지식을 얻는 것을 좋아하는 사람도 있습니다.
이것은 하나님께서 허락하신 각자의 기질이자 섬김을 위한 달란트와 같은 것이며 어느 쪽이 우월하다고 할 수는 없는 것입니다.
그러나 이 중에서 지적인 성향의 사람들은 높은 마음이나 비판하는 마음이 다른 기질보다 많은 경향이 있습니다. 행동적인 사람들을 낮은 수준의 사람으로 여기며 정서적인 사람들도 유치하게 보는 것입니다.

기질은 특성이며 우월한 것이 아니다

신앙에 있어서도 행동을 강조하는 이들이 있고 정서적인 느낌을 강조하는 이들도 있으며 지적인 요소를 강조하는 이들도 있습니다. 이것은 상호보완적인 것이며 어느 쪽은 옳고 다른 쪽은 잘못된 것이 아닙니다. 지적이고 합리적인 남성은 정서적이고 따뜻한 여성과 결혼하여 서로의 부족한 부분을 보완해주며 행복한 가정을 꾸밀 수 있습니다. 이 때 남성과 여성은 모두 아름답습니다. 어느 쪽이 좀 더 우월한 사람이라고 생각할 수는 없습니다.

그러나 책을 좋아하고 지식을 좋아하는 이들 가운데 자신을 높이 여기며 다른 사람들의 무지나 어리석음을 비웃는 사람들이 있습니다. 자신의 지식을 자랑하고 싶어 하는 이들이 있습니다. 그것은 어리석은 것이며 마귀에게 이용당하는 것입니다. 그러한 높은 마음은 그리스도의 몸된 교회를 연합시키는 데에 방해가 됩니다.

나는 친분이 있는 어떤 사역자가 책을 몇 권 읽은 후에 그 책의 관점으로 모든 다른 사역자와 사역을 비판하는 것을 본 적이 있습니다. 그는 그 책을 접한 지 불과 며칠이 되었을 뿐인데 말입니다.

그것은 불행한 일입니다. 책을 몇 권 읽었다고 해서 그 책의 저자와 같은 영역에 순식간에 이르는 것은 아닙니다.

어떤 주님께 속한 사역자의 전기를 읽었다고 해서 그와 같은 수준의 사람이 되는 것은 아닙니다. 그러한 저자들은 일생동안 주님의 다루심을 받으며 주님과 동행하였겠지만 그러한 저자의 책을 읽는 것은 불과 몇 시간에서 며칠이면 충분합니다. 그러므로 자신에게 어떤 실제적인 변화와 열매가 나타나기 전에 단순히 지식만을 가지고 무엇인가를 평가한다는 것은 좋지 않은 것입니다.

지식이나 지식을 좋아하는 성향은 달란트와 같은 것입니다. 그것은 그러한 달란트를 통하여 다른 이들을 이롭게 하고 섬기라는 부르심이지 자기를 높이고 다른 이들을 낮추어 보라는 부르심이 아닙니다. 그것은 높은 마음이며 악한 영들에게 좋은 기회를 주는 것입니다. 지적 자부심이 있는 이들은 비슷한 기질을 가진 이들과 함께 논쟁에 많은 시간을 보내는 경향이 있는데 그것은 건설적인 것이 아닙니다. 그러나 낮은 마음을 가지고 자기의 달란트를 사용하는 이들은 주님의 교회에 유익을 끼칠 수 있을 것입니다.

5. 성경지식에 대한 자부심

성경지식에 대한 자부심도 높아짐을 일으킬 수 있는 도구가 될 수 있습니다. 이것도 지적인 사람들이 빠질 수 있는 유혹입니다. 성경에 대한 지식도 지적인 능력에 비례하는 면이 있습니다. 그러므로 그것도 하나의 달란트, 성향적인 부분이지 신앙적인 수준이나 인격적인 수준의 성숙함을 반드시 동반하는 것은 아닙니다. 예를 들어 인격적인 성숙과 헌신도가 뛰어나다고 해서 지적인 수준이나 성경을 이해하는 수준이 다 깊은 것은 아닙니다. 그것은 달란트적인 것입니다.

지나친 합리성이 성경을 제한할 수도 있다

지적인 기질의 사람들은 무엇보다도 깨달음이나 진리를 좋아하는 성향을 가지고 있어서 성경의 진리를 이해하는 면에 있어서 탁월합니다. 배우는 것도 좋아하고 가르치는 것도 좋아합니다. 그러나 모든 지식이 온전한 것은 아니며 옳아 보이지만 오류가 있는 것도 있습니다. 지적인 성향은 지나친 합리성으로 치우쳐서 오히려 성경의 진리를 제한할 수도 있습니다. 말씀의 진리는 단순한 논리나 지적 이해를 초월하는 면이 있기 때문입니다.

자신의 성경지식이나 관점에 대해서 자신감과 긍지를 가지고 확신을 가지는 이들은 많이 있습니다. 그러나 적지 않은 경우 그들의 확신은 자기가 좋아하는 지도자의 견해를 따른 것이거나 자기가 속한 교파의 사상을 따르는 것입니다. 그러므로 견해를 달리 하는 이들이 모여서 토론을 하게 되면 똑같은 성경 구절을 가지고 모두가 서로 옳다고 주장하는 모습을 흔히 볼 수 있습니다. 그 토론이 몇 백 년 동안 끝나지 않는 경우도 있는데 아마 주님이 오실 때까지 토론을 계속해도 결론은 나지 않을 것입니다.

어떤 이들은 아주 사소한 해석의 차이로 인하여 심한 다툼을 하기도 합니다. 여러 가지 논리로, 성경의 다른 구절을 사용하며 자기의 견해가 더 성경적이라고 주장을 하기도 하고 유명한 학자의 말이나 원어를 풀어서 자기의 견해를 입증하려고 애를 쓰기도 합니다.

다른 기질의 사람들이 보았을 때 이런 부분은 조금 이상하게 보일 것입니다. 행동적인 스타일의 사람은 그들의 주장을 제대로 이해하는 것도 쉽지 않으며 또 그런 시간에 직접 복음을 전하거나 믿음의 행동을 실천하는 것이 낫다고 여길 것입니다.
정서적인 기질의 사람은 사납고 공격적인 자세로 토론을 하는 것 보다 사랑을 베풀고 상대를 배려하는 것이 낫다고 여길 것입니다.
이것은 기질의 차이이며 관점의 차이이며 사명의 차이입니다. 다만 지적인 기질의 사람들은 논쟁에 휘말리고 자기의 견해와 같지 않은 이들, 자기와 같은 성경해석을 가지고 있지 않은 이들을 정죄할 가능성을 많이 가지고 있습니다. 그러므로 그러한 부분에 대해서는 조심해야 합니다. 진리를 밝히고 사수하는 것은 좋은 일이지만 혹시나 자기 확신에 빠져서 스스로를 높이거나 다른 이들에게 상처를 주는 것은 좋지 않기 때문입니다.

지적인 사람이 논쟁에서 이긴다

법정에서 변호사와 검사의 논쟁이 붙었을 때 이기는 사람은 누구일까요? 그것은 범죄의 사안이나 실제 상황에 따라서 다를 것입니다. 그러나 판단을 내리기 애매한 문제가 있다면 그것은 변호사나 검사의 능력에 따라 좌우될 것입니다. 그것은 진실 여부의 문제보다 누가 더 영리하고 유능한가의 문제가 됩니다.

성경의 토론에 있어서도 이와 비슷한 일이 벌어집니다. 어떤 논쟁에 있어서 진리가 승리할까요? 아니면 지적인 사람이 승리할까요? 예를 들어서 어떤 사람이 주님을 사랑하지만 지적 능력이 조금 떨어지고 감성적인 면이 많은 사람이라고 합시다. 그리고 어떤 사람이 인격은 조금 부족하지만 지적능력과 논리능력이 뛰어나다고 합시다. 이 두 사람이 어떤 성경의 주제를 가지고 토론을 벌인다면 어떻게 될까요? 아마 게임이 되지 않을 것입니다. 그것은 진리의 문제가 아니고 지적 능력의 문제에서 차이가 나기 때문입니다.

어떤 이들은 비교적 단순한 편이며 기도를 많이 합니다. 그래서 주님이 허락하시는 영적인 능력을 많이 경험합니다. 이들의 말은 단순하지만 능력이 있습니다. 그래서 사람들의 마음을 움직이며 주님께로 이끌곤 합니다. 이 때 지적인 이들은 이렇게 생각할 수 있습니다. '저 정도의 말이 사람을 움직인다는 말인가? 저 말에는 깊이가 없다. 나 같으면 좀 더 깊고 오묘한 진리를 펼칠 수 있을 텐데..'

만약 이 두 종류의 사람들이 토론을 벌인다면 누가 승리할까요? 논리적인 능력을 가진 사람이 승리할 것입니다. 그는 상대방 쪽 사람들의 경험을 얼마든지 비성경적인 것으로 만들어버릴 수 있을 것입니다. 전자의 사람들은 자신의 입장을 변호하는 데에 어려움을 느낄 것입니다.

삶의 열매가 진리를 입증한다

어느 쪽이 더 진리에 가까운가 하는 것은 논리능력이나 정서적인 풍부함으로 입증되기 보다는 구체적인 삶의 열매를 통해서 입증될 수 있을 것입니다. 그가 삶에서 어떤 열매를 맺는지, 삶에서 진실로 자신을 부인하는지, 주님만을 높이는지, 자신을 낮고 부족한 자로 여기는지, 섬기는 것을 좋아하는지, 가족들이나 다른 이들과 어떤 관계를 맺고 있는지.. 등이 그가 주님과 어느 정도 가까운 거리에 있는 지를 입증해줄 수 있을 것입니다. 지적 능력도, 행동적인 열정도, 풍부한 감수성도, 다 그 자체가 온전한 것은 아니기 때문입니다.

논리적으로 옳지만, 누가 들어도 성경의 진리를 탁월하게 제시할 수 있지만 정작 개인의 삶은 이기적이고 교만하며 위선적인 모습이 나타날 수도 있습니다.
또한 자신이 깊은 영적 체험을 했으며 신령한 사람이라고 여기는 이들이 권위적이고 이기적이며 탐욕적인 모습을 보일 수도 있습니다. 이 경우에 옳고 그름보다, 느끼고 체험하는 것보다 더 중요한 것은 실제적인 삶의 모습입니다. 실제로 주님과 가까이에 있는 사람은 반드시 그에게서 주님의 향기가 나타나기 때문입니다.

성경의 지식과 진리에 대한 애정은 달란트이며 사명입니다. 그러나 이로 인하여 긍지를 가지고 자신을 높이 여기는 것은 악한 것이며 위험한 것입니다. 그것은 주님의 몸 된 교회를 오히려 분열시키며 유익을 끼칠 수 없습니다.
진리가 이상해도 무조건 하나가 되는 것이 교회의 진정한 연합이며 유익이라고 할 수는 없습니다. 자신의 양심을 따라 다른 쪽이 성경적이지 않고 옳지 않다고 판단하는 것이 잘못이라고 할 수는 없습니다. 다만 어떠한 것을 주장하는 자세에 있어서 주님 앞에서의 낮은 마음과 온유한 자세가 필요한 것입니다.

대학자 아볼로가 작은 형제에게 배우다

초대교회에 아볼로라는 사람이 있었습니다. 그는 알렉산드리아 출신의 유대인으로 학문이 많고 성경에 능한 사람입니다. (행18:24) 그는 일찍이 주의 도를 배워 성경에 관하여 자세히 말하고 가르치기에 열심이 있었지만 요한의 세례만 알고 있었습니다. 그가 회당에서 담대히 말하기를 시작할 때 브리스길라와 아굴라가 듣고 그에게 하나님의 도에 대해서 더 자세히 풀어 가르쳤습니다. 이것은 놀라운 일입니다. 아볼로는 성경에 박식하며 지적이고 학문이 많은 유식한 사람이기 때문입니다. 그런 사람이 지금으로 말하자면 노가다를 하고 있는 아굴라에게 가르침을 받는다는 것은 놀라운 일이 아닐 수 없습니다.

아굴라는 황제의 칙명으로 인하여 살고 있던 로마에서 이전하여 고린도에 온 사람으로 천막을 만드는 일을 하고 있었습니다. 그가 복음과 진리에 대해서 배운 것도 천막을 만들면서 만나게 된 바울에게서 배운 것으로 학문적으로 깊은 수준이라고 할 수는 없는 것입니다.
그러나 아볼로는 겸손한 자세로 그에게 하나님의 도에 대해서 자세히 배웠습니다. 그리고 이후로 고린도 교회의 지도적인 위치를 차지하게 되었으며 형제들에게 유익을 끼치게 되었습니다.

아볼로가 아가야로 건너가고자 하니 형제들이 저를 장려하며 제자들에게 편지하여 영접하라 하였더니 저가 가매 은혜로 말미암아 믿은 자들에게 많은 유익을 주니 이는 성경으로써 예수는 그리스도라고 증거하여 공중 앞에서 유력하게 유대인의 말을 이김일러라 (행18:27-28)

아볼로는 그의 성경 지식과 지적인 능력으로 교회와 믿는 자들에게 많은 유익을 주었습니다. 당시에 성령의 권능으로 말미암아 표적과 역사들이 많이 일어났지만 성경적으로 복음과 예수에 대해서 입증하고 가르칠만한 사람들은 그리 많지 않았습니다.

유대인들은 베드로와 같은 예수의 제자들을 학문도 없는 단순 무식한 사람들로 생각했습니다. 그러므로 아볼로와 같은 지적 엘리트가 성경적으로 유대인의 논리를 물리치고 예수의 그리스도이심을 입증하는 것은 복음과 진리의 도를 증거하고 확산하는 데에 많은 도움이 되었던 것입니다. 유능한 학자 아볼로는 단순한 사람들에게도 배울 수 있는 겸손한 자세로 인하여 그의 지적인 달란트를 잘 사용할 수 있었습니다.

그와 같이 겸손하고 순수하며 순결한 갈망이 있는 사람이라면, 성경에 대한 지식이나 달란트를 주를 위하여 사용하며 몸 된 교회를 온전케 하는 데 사용될 수 있을 것입니다.

그러나 성경의 지식을 자신을 입증하고 다른 이들을 정죄하는 도구로 사용한다면, 자기를 높이는 도구로 사용한다면 그것은 어리석은 일이며 좋은 열매를 맺지 못할 것입니다. 성경에 대한 공부와 연구는 필요하며 가르침의 달란트를 받은 이들은 더 힘써야할 필요가 있지만 그것이 오직 주님의 선하심을 드러내고 자기를 드러내는 것이 되지 않도록 조심해야 할 것입니다.

6. 재능도 높은 마음을 일으킨다

각종 재능도 높은 마음을 일으키는 도구가 될 수 있습니다. 재능이 뛰어난 사람들이 있습니다. 언변이 뛰어난 사람들도 있고 음악적인 재능이 뛰어난 사람들도 있습니다. 예술적인 재능이 뛰어난 사람들도 있습니다. 그 외에도 다양한 재능을 하나님께 받은 사람들이 있습니다.

재능은 공짜로 받은 것이다

이러한 재능들은 지적인 능력이나 다른 달란트와 마찬가지로 거저 주어지는 것입니다. 본인이 노력해서 얻은 것이 아니고 하나님으로부터 거저 받은 것입니다. 그러므로 그렇게 공짜로 주어진 것으로 인하여 자신을 높여야 할 이유는 없습니다. 오직 충성스럽게 맡은 부분을 관리하고 훈련하며 주님의 영광을 위하여 사용하여야 합니다.

그러나 그럼에도 불구하고 재능이 있는 이들은 다른 이들과 자신을 비교하며 자신을 높일 위험성을 가지고 있습니다. 겉으로 보기에 적어도 그 측면에서는 자신이 남보다 나아보이기 때문입니다.

언변이 뛰어난 사람들은 말을 조리 있게 하지 못하는 사람들을 보면 몹시 답답하게 여깁니다. 판단하는 말을 하기도 합니다. 혹은 겉으로는 말을 하지 않더라도 속으로는 '왜 저렇게 말을 못할까.. 나 같으면 이렇게 말할 텐데..' 하고 생각할 수 있습니다. 그것이 바로 판단하는 것입니다.

공중기도나 대표기도를 하는 것을 좋아하는 사람들이 있습니다. 이들은 대체로 언변에 능력이 있는 사람들입니다. 대부분의 사람들은 공중기도나 대표기도를 시키면 두려워합니다. 개인적으로 기도를 많이 하는 사람들도 대표기도를 맡으면 부담스러워하는 것이 보통입니다. 그러나 언변이 뛰어난 사람들은 대표기도를 맡으면 아주 유창하게 기도를 합니다. 마치 물을 만난 물고기처럼 휘황찬란한 어휘를 구사하며 길게 기도를 드립니다. 식사를 위한 대표기도를 10분 이상을 하는 이들도 있습니다. 그러한 기도는 대부분의 사람들에게 고통을 주지만 본인들은 그러한 기도를 즐기며 기도를 통해서 자신의 신앙과 언변과 지성을 자랑하고 드러냅니다.

그러므로 이러한 이들은 기도를 시켜주지 않으면 상처를 받기도 합니다. 그것은 언변이 뛰어난 사람에게 연설을 시켜주지 않을 때 상처를 받는 것과 비슷한 것입니다. 이러한 것도 재능이나 장점으로 인하여 마음이 높아져 있기 때문에 생기는 일입니다.

다양한 재능을 받은 사람들이 있습니다. 음악이나 예술과 같이 눈에 잘 띄는 재능을 가진 이들도 있습니다. 이들 중에 많은 사람들이 적어도 자기 분야에서는 자기가 아주 뛰어나다고 생각합니다. 긍지를 가지고 자부심을 가집니다. 이들은 그 분야에서 알려진 어떤 사람에 대한 이야기를 들으면 사실 그 사람은 알려진 것만큼 실력이 없다고 말하기도 합니다. 이러한 이들은 속으로 '나는 그 사람보다 더 나은데..' 하는 마음을 가지고 있는 경향이 있습니다.

나는 자기 분야에서 자신이 실력이 있지만 돈이 없어서, 또는 운이 없어서 성공하지 못했다고 여기며 상처를 가지고 있는 이들을 많이 보았습니다.
그러한 상처는 많은 경우에 높은 마음으로부터 오는 것입니다. 오직 모든 것을 주님께 드린다면 좀 더 상처로부터 자유로워질 수 있을 것입니다. 재능을 주시는 이도, 그것을 사용하시는 분도, 많은 이들 앞에서 드러내시는 분도, 영광을 받으시는 분도 오직 한분이기 때문입니다. 자신의 능력과 재능과 그 결과와 모든 것이 주님 앞에 드려질 때에 사람은 진정 자유함을 누릴 수 있게 될 것입니다.

비범한 재능은 사람을 높아지게 할 수 있습니다. 사람들의 인정과 칭찬은 더욱 그렇게 만듭니다. 사람들의 칭찬과 환호를 잊어버리고 거절하고 낮은 자리에 남아있는 것은 쉬운 일이 아닙니다. 그러한 높은 자리에 오르려는 꿈을 버리는 것도 쉬운 일은 아닙니다. 많은 이들이 그러한 길을 갑니다.

하지만 그러한 높음의 길, 높음을 추구하는 길이 사람의 본성을 이용한 마귀의 부추김임을 결코 잊어서는 안 됩니다. 마귀는 사람을 높이고 유혹하지만 그가 원하는 것은 사람의 행복이 아니라 오직 파괴이며 멸망인 것을 잊어서는 안 됩니다. 아무리 탁월한 재능을 받았더라도 그것으로 인하여 자신을 대단하게 여기는 것은 멸망으로 가는 지름길입니다. 오직 낮은 마음으로 자기에게 주어진 사명과 사역을 감당할 때 그는 마귀에게서도 벗어날 수 있을 것이며 주인으로부터도 칭찬을 받을 수 있게 될 것입니다.

7. 신앙 경력도 높은 마음을 일으킨다

각종 신앙의 경력과 훈련의 경험도 높은 마음을 일으키는 도구가 될 수 있습니다. 교계에는 다양한 신앙훈련을 하는 곳들이 있습니다. 여러 가지 형태의 세미나와 훈련들이 있습니다. 제자훈련도 있고 영성훈련도 있으며 단기간에 행해지는 세미나도 있습니다.
가정사역, 상담사역, 아버지 학교, 치유학교, 전도훈련, 기도훈련, 하나님의 음성을 듣는 훈련까지 다양한 내용의 훈련들이 있습니다.
그러한 과정들은 각 사람마다 신앙의 부족한 부분들을 보완해주는 것으로 겸손한 마음으로 잘 습득하고 적용하면 유익이 될 수 있을 것입니다. 그러한 과정을 인도하고 가르치는 이들은 무엇인가 주님으로부터 받은 것이 있기 때문에 그러한 사역을 하는 것일 것입니다.

그러나 이러한 것들이 아무리 좋은 것이라도 훈련을 받는 이들의 마음 자세가 좋지 않으면 역시 부작용을 가져올 수 있습니다. 높은 마음을 가지게 되면 이 모든 훈련들이나 훈련을 받은 경험들이 자신에게나 교회 등에 부정적인 영향을 줄 수 있는 것입니다.
어떤 이들은 그러한 훈련의 경력을 대단한 것으로 생각합니다. 온갖 세미나 훈련을 찾아다니는 것을 좋아하는 이들도 있는데, 예를 들어 영성훈련이나 세미나를 여기 저기 많이 다닌 이들은 자신을 영성이 아주 깊은 사람으로 여기기도 합니다.

이러한 이들은 실제적으로 그의 삶에 영적인 열매들이 나타나지 않음에도 불구하고 자기가 배우고 알고 있는 것들을 다른 이들에게 몹시 가르치고 싶어 합니다.
어떤 경우에는 자신이 스스로 높이지 않아도 그가 유력한 선교단체 출신인 것을 알고 교회에서 높여주기도 합니다. 나는 그런 대우를 교회에서 받으면서 자신의 신앙이 아주 높은 줄 알았다는 어떤 이의 고백을 듣기도 했습니다.

일부의 선교단체 출신들은 기성교회에 대하여 낮게 보는 경향을 가지고 있기도 합니다. 출신에 대하여 긍지를 가지기도 합니다. 하지만 무엇보다 중요한 것은 변화된 실제입니다. 실제적인 열매이며 실제적인 변화된 삶입니다. 많은 훈련을 받았지만 그것이 실제가 되지 않고 지식에 그치는 경우도 있습니다. 그러한 경우 그것은 자기에게나 다른 이들에게 별 유익을 끼치지 못합니다.
훈련을 받은 결과 그가 속한 교회나 소속의 단체에서 갈등을 빚는 일도 많이 있습니다. 나는 그러한 이야기를 많이 듣기도 하고 직접 겪기도 하였습니다. 그 모든 것들은 훈련에 문제가 있는 것이 아니라 그것으로 인하여 높은 마음을 가지게 되는 것에서 기인하는 것입니다.

어떠한 곳도 최고가 아니다

안타깝게도 훈련 단체나 각종 훈련을 하는 곳에서 '우리가 최고로 영적이다, 다른 곳들은 낮다'는 식의 사고를 주입하는 경향이 있기도 합니다. 그러한 것이야말로 분열적인 것이며 악한 영들의 손에 사람들이 빠지도록 방치하는 것입니다.

그렇게 여길 수 있는 사람이나 단체는 세상에 없습니다. 자신이나 자신이 속한 단체를 가장 깊으며 온전하다고 여길 수 있는 이들은 아무도 없습니다. 모든 이들이 하나님께로부터 한 부분을 맡았을 뿐입니다.

자기를 최고로 여기는 이들은 다른 이들을 도울 수 없습니다. 오히려 해를 끼치게 됩니다. 그들은 이미 마귀의 미혹 속에서 영적 어두움 가운데 빠져 있는 것이며 다른 이들도 같은 흑암에 빠지게 할 것입니다.

나는 영성 훈련을 받기 전까지는 멀쩡한 사람이었는데 그 후에 이상해지는 이들을 많이 보았습니다. 겸손하고 단순한 사람들이 높은 마음의 사람이 되는 것들을 많이 보았습니다.

하나님의 음성을 듣도록 훈련시킨다는 곳을 다녀온 이후 툭하면 '하나님이 이렇게 말씀하셨어요.' 하는 이들을 보았습니다. 그들이 말할 때 어두움과 혼미함의 기운이 흘러나왔지만 그들은 전혀 그 사실을 인식하지 못했습니다.

훈련을 하는 곳에 영적으로 문제가 있는 곳도 있습니다. 어떤 곳이든 높은 마음을 일으키는 곳이라면 그곳은 사람들에게 유익을 주지 못합니다. 사람들은 자기기만에 빠지게 되고 다른 사람들을 가르치려고 들며 좋지 않은 열매를 맺게 되고 관계에서도 문제가 생기게 됩니다.

바른 깨달음을 주는 곳이라면 거기에서 사람들은 자기의 부족함을 인식하게 되고 낮은 마음을 품어 주님과 연합되므로 삶과 인격에 기쁨과 자유함이 나타나게 됩니다. 그러한 변화들은 주위에서 가장 잘 알 수 있으며 광고를 하지 않아도 사람들은 그들에게서 향기를 느끼게 되는 것입니다.

사람은 한 순간에 바뀌지 않는다

경력은 실제가 아닙니다. 아버지 학교를 다녔다고 해서 갑자기 좋은 아버지가 되는 것은 아닙니다. 기도학교를 다녔다고 해서 갑자기 온전한 기도의 사람이 되는 것은 아닙니다. 그것은 작은 하나의 시작일 뿐입니다. 사람은 누구나 한 순간에 바뀌지 않습니다. 자신을 변화시키는 데는 많은 시간들이 필요합니다. 그러므로 받고 배운 것에 대해서 꾸준히 낮은 마음으로 적용하고 시도한다면 거기에는 유익이 있을 것입니다. 새롭게 얻은 통찰력을 구체적으로 지속적으로 삶에 적용한다면 자기와 다른 이들에게 유익을 주게 될 것입니다.

그러나 단순히 그것을 경력으로 삼고 자부심을 갖게 된다면 그것은 유익이 없을 것입니다. 그것은 어리석은 일입니다. 그것은 자기의 가문이나 학벌로 인하여 긍지를 가지는 것과 비슷하게 유치한 것입니다. 그러한 자부심과 자기높임은 재앙의 시작이 될 수도 있습니다. 훈련과 경력으로 인하여 관계가 불편해지고 공동체에 문제가 생기는 것을 나는 많이 보았습니다.
그것은 높은 마음으로 인하여 마귀에게 틈을 준 것입니다. 그러므로 훈련과 배움과 경력이 악한 영들이 역사하는 도구가 되지 않도록 조심하고 깨어있는 것이 필요합니다. 그렇게 낮은 마음으로 있을 때 각종 은혜의 도구들은 좋은 영향을 끼치게 될 것입니다.

8. 봉사, 헌신, 열심에 대한 자부심

각종 봉사나 헌신, 행위에 대한 열심도 높은 마음을 일으키는 도구가 될 수 있습니다. 신앙적 봉사에 열심인 사람들이 있습니다. 이들은 교회의 모든 일에 충성스럽게 참여하며 봉사합니다. 이러한 열심이 지나

쳐서 자신이 모든 일의 중심이 되어야 하며 그렇지 않으면 상처가 되는 이들도 있습니다. 새벽기도에도 자기가 항상 제일 먼저 참석해서 다른 사람들이 앉는 모든 자리에 성경책과 찬송가를 놓아두어야 직성이 풀렸다고 고백하는 이도 있었습니다.

선한 행위가 다 주님에게서 오는 것은 아니다

신앙 봉사 뿐 아니라 구제와 헌금에 지나치게 열심인 사람도 있습니다. 나는 어떤 집사님이 경제적으로 별로 여유가 없음에도 불구하고 지나치게 구제에 열심이었던 것에 대해서 들은 적이 있습니다.
그녀는 먹고 입고 쓰는 모든 것을 철저하게 아끼고 구제의 금액을 늘리는 데에 힘썼습니다. 그것은 무리한 삶이었으나 일단 금액이 올라가는 데에 만족을 느끼게 되자 점차 더 큰 목표를 갖게 되고 구제의 금액을 더 올리려고 노력하게 되었습니다. 나중에는 심지어 빚을 지면서까지 구제에 힘쓰게 되었습니다.
하지만 그러한 그녀의 희생적인 삶에도 불구하고 그녀의 삶에는 기쁨이 없었습니다. 그녀는 자신의 행위에 대해서 긍지를 느꼈지만 그녀의 삶에는 기쁨이 없었습니다.

구제하고 남을 돕는 것은 쉬운 일이 아닙니다. 본능적으로 탐욕에 빠지는 것은 쉬운 일이지만 자기 소유를 포기하고 다른 이들에게 헌신한다는 것은 어려운 일이며 분명히 아름다운 마음이며 행위입니다.
그러나 그러한 행위의 근원이 다 주님으로부터 온 것은 아닙니다. 그것은 자기만족에서 온 것일 수도 있습니다. 그것은 좋지 않은 것입니다. 거기에는 보상심리라든지, 피해의식이라든지 타인에 대한 판단이라든지 하는 등의 여러 부작용들이 일어나게 됩니다. 겉으로 좋아 보이는 것이라 해도 그것이 주님으로부터 오지 않은 것에는 항상 부작용이 따르는 것입니다. 나는 그녀의 구제에 대한 열정이 주님으로부터 온 것이라고 보기 어렵다는 메시지를 전했습니다. 구제가 목표가 아니고 오직 주님이 목표가 되어야 하며 주님이 시키시는 분량만큼만 해야 한다고 전했습니다.

주님이 시키시고 감동을 주시는 만큼 할 때에 거기에는 기쁨과 자유가 있지만 자기 스스로 하는 것에는 자유가 없고 억압과 고통이 있으며 기쁨을 누리지 못하기 때문에 자연스럽게 남을 판단하고 정죄하게 된다는 것을 전했습니다.
절제하고 아끼는 삶 자체는 아름다운 것이지만 가난이 목표가 되어서는 안 되며 가난과 풍요와 모든 것에 대해서 주님께 맡기고 자유로운 삶이 되어야 한다고 전했습니다.
곧 그녀는 구제에 대한 지나친 목표와 부담을 버리게 되었습니다. 그리고 이전의 창백하고 어두운 분위기에서 벗어나 밝고 자유로운 모습이 되었습니다.

주님의 인도 속에서 봉사해야 한다

봉사도 아름답고 구제도 헌금도 아름답지만 중요한 것은 그러한 행위가 주님을 통해서 나와야 한다는 것입니다. 주님의 감동과 인도하심을 따라 그러한 행위를 하게 될 때 거기에는 항상 기쁨과 자유함이 있습니다. 그러나 주님으로부터 그 행위들이 나오지 않고 스스로 하게 될 때 거기에는 묶임이 있습니다. 거기에는 의무감과 부담이 있을 뿐 자유함과 행복을 누릴 수가 없습니다. 자유롭고 행복하지 않기 때문에 이들은 다른 이들을 비판하게 됩니다.
자신이 주님의 인도 속에서 만족과 행복을 누리게 되면 그렇지 않은 상태에 있는 다른 이들을 불쌍히 여기게 됩니다. 그러나 진정한 기쁨과 만족이 없으면 자기를 불쌍히 여기게 되고 희생자로 여기게 되며 다른 이들을 비판하고 미워하게 되는 것입니다. 그러한 자기희생과 고통은 주님으로부터 온 것이 아니며 자기와 다른 이들을 불행하게 하는 것입니다. 주님의 인도하심의 분량을 넘어서는 모든 것들이 다 좋지 않은 열매를 맺게 됩니다.

그러한 좋지 않은 열매의 가장 대표적인 것이 자신을 높게 보며 자신에 대해서 긍지를 느끼는 것입니다. 자기의 행위로 인하여, 자기의 신앙적인 열심으로 인하여, 자기의 희생으로 인하여 자기를 깊은 존재, 대단한 존재로 보는 것입니다. 그것이야 말로 비참한 일입니다. 고생은 고생대로 하고 그 결과 자기 영혼은 어둠속에서 방황하게 되는 것입니다.

엘리야가 이세벨을 두려워하여 도피했을 때 하나님께 이러한 하소연을 했습니다. '하나님이여, 제가 하나님을 위하여 열심이 특심하오나 모두가 다 죽임을 당하고 이제 저 혼자만 남았습니다.' 그러나 그의 고백은 로마서에서 별로 좋지 않은 평가를 받았습니다.

하나님이 그 미리 아신 자기 백성을 버리지 아니하셨나니 너희가 성경이 엘리야를 가리켜 말한 것을 알지 못하느냐 저가 이스라엘을 하나님께 송사하되 주여 저희가 주의 선지자들을 죽였으며 주의 제단들을 헐어버렸고 나만 남았는데 내 목숨도 찾나이다 하니 저에게 하신 대답이 무엇이뇨 내가 나를 위하여 바알에게 무릎을 꿇지 아니한 사람 칠천을 남겨 두었다 하셨으니 그런즉 이와 같이 이제도 은혜로 택하심을 따라 남은 자가 있느니라 (롬11:2-5)

이 말씀의 중심은 엘리야에 대한 부정적인 평가가 아니고 이스라엘에 남은 자가 있다는 것입니다. 그러나 그 과정에서 바울은 엘리야의 고백에 대한 하나님의 말씀을 인용합니다. 엘리야가 자신에 대하여 열심이 특심한 사람이며 자기 혼자만 남았다고 할 때 하나님은 너는 혼자가 아니며 나에게 속한 많은 사람이 있다고 하신 것입니다.

신앙적인 봉사와 헌신과 구제와 헌금 등의 행위에 열심을 내는 이들이 비슷한 착각을 할 수가 있습니다. 내가 하나님을 향해서 열심이 특심하며 신앙이 좋다고 여길 수가 있습니다. 자기 혼자 특별한 사람이라고 여길 수가 있습니다. 그것은 미혹입니다.

과도한 희생은 자기 의를 일으킬 수 있다

과도한 희생이 있을 때 거기에는 보상심리가 따르게 됩니다. 그는 주님의 상급과 칭찬과 위로를 기대하게 됩니다. 그는 주님께 빚을 진자가 아니고 주님의 빚쟁이와 같은 상태가 될 수 있습니다. '나는 무익한 종'이라는 의식이 줄어들게 됩니다. 그는 주님 발 앞에 엎드러지는 것이 아니라 고개를 당당히 들고 주님 앞에 나아갈 수 있습니다. 그것은 어리석은 일입니다.

무엇보다 무서운 것은 자기 의입니다. 자기를 의롭다고 여기는 것입니다. 선행도 좋은 것이고 구제도 좋은 것이고 섬기는 것도, 봉사하는 것도 다 좋은 것이지만 그것으로 인하여 자기를 의롭게 여긴다면 그것은 무서운 일이며 비극입니다. 자기 의가 있는 곳에는 주님의 긍휼이 임하실 수가 없습니다. 그들은 계속하여 자기의 힘과 능력으로 삶을 살아가야 합니다. 그것은 무서운 비극이 아닐 수 없습니다.

마귀는 자기 의를 일으키기 위하여 온갖 것들을 사용합니다. 사람이 자기를 스스로 높이도록 만들기 위하여 온갖 것들을 사용합니다. 세상적인 성취나 유능함을 도구로 사용하기도 합니다. 재능이나 각종 탁월함을 통해서 높은 마음을 심어주기도 합니다. 영적인 것들, 기도나 영적 지식이나 성경 말씀이나 리더십이나 각종 아름다운 것들을 통하여 높은 마음을 심어주려고 애를 쓰기도 합니다.

그는 승리자를 치켜세우고 패배자를 충동해서 시기와 질투를 일으킵니다. 그것은 똑같은 근원에서 나오는 것인데 둘 다 높은 마음으로부터 오는 것입니다. 승리하고 높은 곳에서 환호성을 즐기는 것도 높은 마음이며 높은 곳에 올라가지 못해서 그런 이들에 대해서 시기하고 분노하는 것도 역시 높은 곳으로 가고 싶어 하는 높은 마음에서 오는 것입니다. 그러한 마음들은 천국에서 오는 것이 아니고 지옥의 영들로부터 오는 것입니다.

마귀는 사람을 높이기 위해서 사용할 수 있는 모든 것을 사용할 것입니다. 어떤 이들은 자기가 시간을 잘 지킴으로 스스로를 자랑스럽고 대단한 존재로 여기며 그렇지 않은 이들을 정죄합니다.

물론 시간을 잘 지키고 약속을 중히 여기는 것은 좋은 것입니다. 그러나 자기를 높이는 것은 좋지 않습니다. 그러면 반드시 다른 이들을 낮추어보게 됩니다.

이러한 이들은 항상 남을 향하여 '어쩌면 저럴 수가 있을까.. 나 같으면 이렇게 할 텐데..' 하는 마음을 가지고 있습니다. 그것은 주를 바라보지 않고 자신을 바라보는 것입니다. 그것은 곧 우상숭배입니다. 자기를 향한 숭배입니다.

어떤 이들은 마음이 선하고 다른 이들을 잘 배려하는 것으로 인하여 은근한 자부심을 갖습니다. 어떤 이들은 인간관계를 잘 하는 것으로, 어떤 이들은 자신이나 자녀가 공부를 잘 하고 영리한 것으로, 어떤 이들은 자신의 섬세한 예술성으로 인하여 자부심을 가집니다.

그러나 스스로를 옳으며 선하게 여기는 모든 것들은 다 잘못된 것입니다. 그것은 자기를 높이는 것입니다. 주님을 자랑하지 않고 주님의 긍휼과 십자가를 자랑하지 않고 자신의 어떠함으로 인하여 스스로 높아짐이 있는 이들은 마귀에게 속게 됩니다. 이러한 이들은 드러나게 죄를 짓는 이들보다 나을 것이 없으며 오히려 더 위험합니다.

스스로를 낮게 여기면 은혜가 소멸된다

스스로를 낮게 여기면 그는 주님의 은혜에서 떨어져 나갈 수 있습니다. 주님은 자신의 비참함을 알며 무익한 종됨을 아는 이들에게 가까이 임하시기 때문입니다.

지식으로 인하여 자기를 높이는 것이나 선행으로 인하여 높이는 것이나 근원은 다 한 가지입니다. 영성으로 인하여 자기를 높이는 것이나 신앙으로 인하여 자기를 높이는 것이나 자신의 교양이나 우아함으로 인하여 자기를 높이는 것이나 근원은 다 같습니다. 그러한 모든 것은 다 악한 것이며 지옥으로부터 오는 것입니다.

우리는 항상 조심하며 깨어 있어야 합니다. 은혜의 도구도 마귀에게 사용될 수 있음을 우리는 기억해야 합니다. 마귀는 만만한 존재가 아닙니다. 그는 강한 존재는 아니지만 속이는 존재입니다. 그들은 우리를 기분 좋게 만들고 미혹하는 방법을 잘 알고 있습니다. 그러므로 주님을 항상 바라보고 그 앞에서 자신을 낮추지 않는 이들은 그의 손에 넘어가게 됩니다. 자신을 대단한 존재로, 잘 믿는 존재로 안다면 그는 이미 많은 부분을 마귀에게 눌리고 빼앗기고 있는 사람입니다.

우리는 오직 주님의 긍휼과 은혜로 그 앞에 나아가는 것입니다. 우리의 안에는 취할 것이 전혀 없습니다. 우리 안에는 오직 썩음만 가득합니다. 오직 주님만이 빛의 근원이시며 우리 안의 썩음을 회복하고 치유하실 수 있습니다. 모든 종류의 자기 확신과 자부심, 높임은 다 지옥으로부터 옵니다. 높음이 있는 곳에는 천국의 영광과 광채가 비춰질 수 없습니다. 마귀는 오직 우리에게 높음을 일으키고 그의 종으로 우리를 사로잡으려고 합니다.

하나님의 빛이 가까울수록 우리의 의는 사라진다

하나님의 빛과 영광에 가까이 나아갈수록 우리의 의는 사라집니다. 자기의 선은 사라집니다. 그 빛은 너무나 거룩하고 영광스럽고 찬란하여 우리는 감히 고개를 들 수 없습니다. 자신의 추악함이 점점 더 드러나고 더럽고 고통스러워 견딜 수 없게 됩니다.

어둠 속에 있을 때는 아무 것도 보이지 않기 때문에 자신의 추함과 더러움을 보지 못합니다. 그러므로 함부로 자신을 높이고 함부로 다른 이들을 평가하며 비난합니다.

그러나 찬란한 빛이 임할 때에 아무도 고개를 들 수 없습니다. 영광의 빛 아래서 모든 이들은 주님 앞에 엎드러져 울며 오직 그분의 긍휼을 구할 수 있을 뿐입니다.

초기의 편지에 자신을 사도라 칭했던 바울은 후기에 자신을 죄인의 괴수라고 불렀습니다. 성자라고 불리던 성 프란시스는 제자들이 자신을 항상 '죄 많은 분'이라고 부르기를 바랐습니다. 그는 자신의 죄인됨을 고백하면서 하도 많이 울어서 시력이 나빠질 정도였습니다. 그가 보통 사람들보다 좀 더 특별한 죄를 많이 지었던 것일까요? 아닙니다. 누구든지 거룩하신 하나님의 임재 앞으로 가까이 나아가면 갈수록 그는 상대적으로 더럽고 추악한 자신의 모습을 선명하게 보게 되는 것입니다.

어떤 사역자가 집회를 인도하게 되었습니다. 집회 가운데 하나님의 은혜가 많이 나타나서 많은 이들이 울고 회개하는 은총의 시간들이 있었습니다. 사역자는 집회가 끝나기 전에 도망갔습니다. 사람들이 그에게 와서 '은혜를 많이 받았습니다. 감사합니다' 하고 인사를 하고 자기를 높일까봐 걱정이 되었기 때문입니다.

주님께 가까이 나아가는 자는 그 영광스러운 하나님의 광채 아래서 자신의 비참한 모습을 봅니다. 그는 자기에게 아무 소망이 없고 오직 주님을 바라는 것 외에는 아무런 길이 없음을 압니다.

그러므로 그러한 이들은 높임받기를 원하지 않습니다. 영광을 받는 것을 두려워하며 자기의 재능을 높이지 않고 자신의 어떠함을 드러내고 싶어 하지 않습니다.

우리는 언제나 주님 앞에서 십자가 앞에서 낮은 마음을 붙들고 있어야 합니다. 마귀는 우리의 낮은 마음을 빼앗으려고 온갖 술수를 사용하는데 이는 그가 낮아짐을 빼앗을 수 있을 때 우리의 모든 것을, 심지어 생명까지도 빼앗을 수 있기 때문입니다.

바울의 고백처럼 우리의 자랑은 오직 십자가뿐입니다. 자식이 명문대에 가는 것이 자랑이 아니라 주님이 우리를 용서하시고 긍휼을 베풀어 주셨다는 것, 그것만이 우리의 자랑입니다.

그것만을 자랑으로 붙들고 있는 이들은 그 영혼이 안전할 것입니다.
깨어있으십시오.
당신의 모든 자랑을 버리십시오.
당신의 모든 높음을 버리십시오.
오직 낮은 마음으로 주를 갈망하고 주님만을 자랑하며 눈물로, 간절함으로 그분과 동행하십시오. 그것이 진정한 승리의 비결이며 이 어둡고 슬픔이 많은 세상에서 천국의 은혜와 기쁨 속에서 살아가는 은총의 원리인 것입니다. 할렐루야.

8. 낮아짐을 잃어버린 사람들의 증상들

악한 영들은 사람들에게서 낮은 마음을 빼앗아갑니다. 그리하여 높은 마음을 품게 합니다. 처음부터 높은 마음의 상태로 있던 사람도 있고 한 때 은혜를 경험하고 낮은 마음의 상태에 있었으나 마귀의 공격으로 인하여 그것을 빼앗긴 이들도 있습니다. 그 어느 쪽이 되었든 그 결과는 높은 마음의 상태가 되는 것입니다.

그것은 비극입니다. 그것은 그들의 영혼이 어두움과 혼미함 속에 빠지게 된 것을 의미합니다. 그들은 악한 세력들의 먹잇감이 된 것이나 마찬가지입니다.

높은 마음에는 많은 증상들이 있습니다. 그들은 외적으로는 신앙생활을 열심히 하는 사람일수도 있습니다. 그러나 그들의 삶에는 자유함이 별로 없을 것입니다. 그들은 지옥적인 삶, 고통이 가득한 삶을 살게 됩니다. 그것은 낮은 마음을 잃어버린 사람들의 증상입니다.

1. 혈기가 많음

높은 마음을 가지고 있는 이들은 혈기가 많습니다. 그래서 사소한 일에도 툭하면 화를 냅니다. 이들은 작은 일에도 자기의 생각대로 되지 않으면 화를 냅니다.

사소한 물건을 잃어버려도 이들은 분노가 일어납니다. 길이 막혀도 이들은 화를 냅니다. 전화를 하려는 상대방이 통화중이어도 이들은 화가 납니다. 상대방이 약속 시간을 지키지 않아도 이들은 불같은 분노가 일어납니다. 자기의 마음먹은 대로 일이 풀리지 않고 막혀도 이들은 화를 냅니다. 그 때 그 때 마음의 상태에 따라 분노의 크기는 달라지지만 화를 내는 일이 자주 있으므로 마음의 평화를 유지하기가 힘이 듭니다. 본인도 분노가 자주 일어나니 힘이 들겠지만 주변에 사는 사람도 불안하고 힘들게 됩니다.

이들은 분노가 마음이 높은 자들에게 나타나는 증상이며 악한 영들이 그의 안에서 일으키는 것이라는 사실을 알지 못합니다. 마음이 높은 자들의 의식은 대체로 바깥을 향하고 있으므로 자기 자신의 내적인 상태를 객관적으로 보는 것이 어렵습니다. 이들은 모든 문제가 다른 사람들에게 있고 환경에 있다고 생각합니다. 그러므로 자신이 화가 나는 것은 당연한 일이며 다른 사람이나 환경이 자기를 그렇게 만들기 때문에 어쩔 수 없다고 생각합니다.

이들은 자기를 괴롭게 하고 화를 내게 만드는 사람에게서 벗어나면 마음의 평화와 기쁨을 찾을 수 있다고 생각합니다. 그러나 이러한 사람들의 문제는 자기 안에 있는 것이므로 자기를 괴롭히는 사람들이 사라져도 이들은 평화와 기쁨을 얻을 수가 없습니다.
분노와 평화, 이러한 것들은 결코 환경에서 기인하는 문제가 아니며 그 마음의 수준과 상태에 의한 것이기 때문입니다. 그러므로 마음이 낮아지지 않는 한 이들은 결코 분노에서 벗어날 수도 없으며 마음의 평화를 누릴 수도 없는 것입니다.

분노를 표현하는 방식은 사람의 스타일마다 다 다릅니다. 어떤 이들은 울컥 치미는 대로 분노를 표현합니다. 외향적이고 급한 기질의 사람일수록 그렇게 쉽게 폭발하고 또 쉽게 후회합니다. 이들은 분노가 식은 후에 자기의 행실을 만회하기 위해서 상대방에게 선물을 사주기도 하고 잘 대해주려고 애를 쓰기도 합니다.
어떤 이들은 속으로 화가 나기는 하지만 그것을 잘 표현하지 않으며 속에 그것을 쌓아둡니다. 내성적이고 조용한 성품을 가진 이들이 보통 이렇게 합니다.

그러나 표출되지 않은 분노는 속에 쌓이기 때문에 더 위험하고 악한 것입니다. 겉보기에 이들은 온유해 보이기도 합니다. 그러나 온유한 외모의 배후에 감추어진 분노는 그의 심령을 더욱 더 완악하고 독하게 만듭니다. 이들은 오랫동안 분을 품으며 그것은 그의 영혼을 질식시키고 파리하게 만듭니다. 그러므로 이들은 오래 기도하고 많은 시간을 주님께 나아가도 깊은 은혜의 자리에 이르지 못합니다.

마음이 높은 이들은 제어할 수 없는 혈기로 인하여 마음이 자주 우울하고 비참해집니다. 이들은 분노가 좋지 않은 것이라는 것을 잘 알지만 그것을 다스릴 수가 없습니다. 그러므로 이들은 마음의 평화를 얻지 못하며 혈기를 내고난 후에는 깊은 죄책감과 침체 속으로 빠지곤 합니다. 이들은 자유롭지 않으며 행복하지 않습니다.

분노는 높은 마음에서 나오는 것이며 지옥의 기운으로 가득한 것입니다. 그것은 표현되든 감추어졌든 악한 것입니다. 그것은 영혼의 아름다움과 기쁨을 파괴합니다. 아름다운 은혜와 감동에 들어갔다 하더라도 조금만 화를 내면 곧 그 기쁨과 평화가 사라지게 됩니다.

분노는 그리스도인들의 무서운 적입니다. 이 악이 높은 마음으로 인하여 지옥에서 올라오는 것임을 이해할 때 사람들은 조금씩 이 악에서 벗어나 자유를 얻을 수 있게 될 것입니다.

2. 비판이 많음

비판도 마음이 높은 이들이 흔히 가지고 있는 증상입니다. 비판과 비난은 분노와 비슷한 속성을 가지고 있는데 그것은 공격성입니다.

이들은 높은 마음을 가지고 높은 위치에서 모든 것을 바라보기 때문에 마음에 드는 것이 별로 없습니다. 무엇을 보아도 잘못된 것들이 자꾸 보이게 됩니다. 정치를 보아도 경제를 보아도 신앙과 교회의 모습을 보아도 이들은 온통 잘못된 것만이 보입니다.

지도자들도 이들의 눈에는 그저 한심스럽게만 보일 뿐입니다. 이들은 누군가를 존경하고 인정하는 것이 아주 어렵습니다. 권위에 순복한다는 개념이 이들에게는 아주 어렵습니다. 그들은 순종하는 이들을 어리석은 맹종자로 여깁니다.

이들은 지도자를 비판하고 공격하면서 자신을 옳다고 여깁니다. 이들은 자신을 의를 위하여 핍박받는 존재나 선지자적인 인물로 여기는 경향이 있습니다. 그러나 선지자들은 단순히 비판하고 비난하는 사람들은 아니었습니다. 그들은 무엇보다 기도의 사람들이었으며 하나님의 임재와 권능을 알고 있는 사람들이었습니다. 예레미야와 같은 사람은 눈물의 선지자로 불렸습니다.

사람들은 결코 비판이나 비난을 통해서 변화되지 않습니다. 예수님의 십자가가 그를 믿는 모든 이들을 구원하신 것처럼 십자가는 변화와 능력의 원리입니다.

그와 같이 온 세상의 죄악과 어두움은 이를 위하여 자신을 버리고 희생의 대가를 지불하는, 십자가를 아는 사람을 통해서 부분적으로 조금씩 소멸되는 것입니다.

세상도, 교회도, 돌을 던지는 사람으로 인하여 변화되지 않으며 대신하여 돌을 맞고 희생하는 사람으로 인하여 변화됩니다. 고통의 대가를 지불하며 중보하며 눈물로 무릎으로 사는 이들로 인하여 변화되는 것입니다. 이 악한 세대, 복음의 진리가 혼란스러운 이 시대에 필요한 것은 정죄자가 아니라 희생자입니다.

마음이 높은 이들이 하는 비판은 분별이 아니고 비난입니다. 그것은 하는 자나 듣는 자나 망하게 하는 것입니다. 비난할수록 그 영혼은 어두워지고 듣는 자의 심령도 상하게 됩니다.

그러나 나라와 민족과 교회의 많은 어두움과 악으로 인하여 그것이 나의 죄임을 고백하고 고통하며 눈물을 흘리며 부르짖는 기도는 사람의 마음에 후련함을 주고 본인의 심령도 빛으로 가득하게 합니다. 그것이 진정 주님의 역사입니다.

마음이 높은 이들은 항상 비판을 하지만 그들의 심령은 결코 만족과 행복을 얻지 못합니다. 항상 속이 상하고 짜증이 납니다. 그것은 세상과 환경이 악해서가 아니라 그들의 마음이 높아져있기 때문입니다.

그것을 버리고 낮은 곳으로 내려올 때 많은 문제들이 자기 안에 있는 것을 알게 됩니다. 그리고 주님 발 앞에 엎드러져 마음의 평화를 얻게 됩니다.

그러한 엎드러짐과 낮아짐과 눈물의 분량이 많아질수록 그들은 다른 이들을 자유롭게 하는 사역에 도움이 되며 쓰임을 받게 될 것입니다. 빛을 경험한 이들이 빛을 줄 수 있으며 마음이 높은 곳에 있어 그 심령에 어두움이 가득한 이들은 세상의 어두움을 변화시킬 수 없습니다.

3. 가르치려는 성향

높은 마음을 가지고 있는 이들은 가르치는 것을 좋아합니다. 항상 깨달은 것이 많고 가르칠 것이 많이 있기 때문에 이들은 가르치는 것을 좋아합니다.

가르치고 싶어 하는 성향은 일종의 달란트적인 것이기도 합니다. 진리나 사물의 이치에 대해서 잘 깨우치거나 지식을 얻기를 좋아하는 성향은 사명적인 것입니다.

그러므로 가르치는 것을 좋아하는 성향 자체가 교만하며 악한 것이라고 할 수는 없습니다.

그러나 진리나 사물의 이치를 잘 깨닫는 은사가 있고 가르치는 사명이 있다고 하더라도 그러한 재능과 사명이 주님의 감동과 인도하심을 따라 사용되지 않는다면 그것은 유익이 되지 않습니다.

또한 가르치려는 성향은 재능이나 사명과 상관없이 단순히 높은 마음에서 일어날 수도 있습니다. 깨달음이 깊지 않고 가지고 있는 지식이 대단하지 않은데도 스스로 도취하여 대단하게 여기고 다른 이들을 가르치려는 자세를 가질 수도 있는 것입니다.

주님으로부터 오는 아름다운 가르침은 듣는 자의 심령을 시원하게 하고 깨우침을 주며 어두움과 묶임에서 해방되게 합니다. 그러나 그렇지 않은 인간적인 가르침은 좋은 열매를 맺지 못하며 오히려 분쟁과 상처를 주게 될 것입니다.

바른 지식과 바른 가르침은 진리를 드러내며 주님을 드러내는 것입니다. 그러나 바르지 않은 가르침은 주님을 드러내지 않고 자신을 드러내며 자신의 탁월함과 옳음과 영리함을 드러냅니다.

높은 마음에서 나오는 가르침은 항상 자기를 드러내기 원하므로 상대방이 자기의 가르침을 받아들이고 자신을 알아주었을 때 몹시 기쁨을 느낍니다. 상대방이 자유함과 변화를 얻으며 주님께 가까이 나아가는 것보다 그가 자신을 알아주고 인정해주었다는 것에서 더 큰 기쁨을 느끼게 되는 것입니다.

그러므로 이들은 반대로 자신을 알아주지 않고 자기가 옳다고 느끼고 있는 견해를 거절당할 때 깊은 분노와 상처를 느끼게 됩니다. 그는 상대방들이 완악하고 어리석으므로 자신의 이야기를 듣지 않는다고 생각합니다. 그러므로 이들은 자신의 기쁨을 위하여 항상 자기의 동조자나 추종자를 찾아다닙니다.

가르치기를 좋아하는 이들은 항상 자기가 옳다고 여기기 때문에 비슷한 성향의 사람을 만나게 되면 자주 논쟁과 분쟁에 빠지게 됩니다. 서로 간에 가르치려고 하며 자기가 옳다고 주장하기 때문에 분쟁이 일어나게 되는 것입니다. 이런 경우 분쟁은 대부분 처음의 논리싸움에서 감정적인 격분으로 나아가는 것이 보통입니다.

가르치기를 좋아하며 자기의 의견에 대한 확신을 가지고 있는 이들은 일반적으로 듣는 것에 둔합니다. 그들은 자기의 말이 지혜롭고 옳으며 상대방의 말은 어리석고 낮은 것이라고 생각하기 때문입니다. 그러므로 그들은 상대방의 이야기를 듣는 것을 좋아하지 않으며 상대방의 말을 중간에 끊고 자기의 이야기를 계속 이어가기를 원합니다. 또한 상대방의 이야기를 들을 때에도 건성으로 들으며 자기가 할 이야기만을 생각합니다. 그러므로 논쟁은 동문서답으로 이어지기 마련입니다.

인터넷에서 자주 볼 수 있는 논쟁도 상황은 비슷합니다. 각자 상대방의 글은 대강 넘어가고 자기의 논리에 집중합니다. 그러므로 서로가 '아, 제 말 좀 자세히 들어 보세요' 라든지 '이해력이 떨어지시는군요. 제가 언제 그렇게 말했습니까?' 하는 식의 문답을 서로 반복하게 됩니다. 사실은 이해력이 떨어지는 것이 아니고 자기의 주장을 펴는 것에만 집중을 하며 상대방의 주장에는 별로 관심이 없기 때문입니다.

이런 과정에서 서로에 대한 인신공격이나 모독은 흔히 일어나는 일입니다. 안타깝게도 그리스도인들의 논쟁도 이와 별반 다르지 않습니다. 사실 그리스도인들은 각자 더 많은 확신을 가지고 있어서 좀 더 상대방을 마귀 취급하는 경향이 있습니다. 어찌 보면 불신자들보다 더 치열하게 싸우는 것 같이 보이기도 합니다. 다 같이 주님을 믿으며 성경을 믿고 예수를 주로 시인하는 이들이 본질적인 문제가 아닌 사소한 의견이 다른 것으로 인하여 치열하게 서로 공격하고 대립하기도 합니다. 주님께 속한 이들은 다른 지체들의 인격을 모독하는 것을 싫어할 것입니다. 그러나 현실적으로 자신에 대한 모독은 참지 못하면서도 상대방에 대한 모독을 서슴지 않는 이들은 많이 있습니다. 그것은 어리석은 일이며 마음이 높은 자들이 가지고 있는 하나의 증상입니다. 그러므로 마음이 높은 이들이 있는 곳에는 미움과 전쟁이 끊이지 않는 것입니다.

마음이 높은 이들은 자기 확신이 많습니다. 그러므로 자기의 확신과 깨달음을 자꾸 전하고 싶은 마음이 있습니다. 어떤 지식이나 사상을 접한 지 얼마 되지 않았고, 충분한 경험과 열매와 논증이 부족하더라도 자기의 성향에 맞는 것은 곧 좋아하고 확증하는 경향이 있습니다. 짧은 시간에 무엇인가를 깨우치고 평생 동안 그 분야에 있었던 이들을 판단하는 이들도 있습니다.
그것은 성급한 것입니다. 사람의 생각은 계속하여 바뀌기 때문입니다. 그들은 자기가 깨달은 것이나 경험한 것이 과연 진실한 것인지 최소한 몇 달에서 몇 년은 기다릴 필요가 있을 것입니다.

지나친 확신은 바람직한 것이 아닙니다. 사람은 누구나 틀릴 수 있습니다. 똑같은 성경 구절을 가지고 원어를 제시하고 문맥을 파헤치고 시대적 배경을 가지고 논하면서 끝없는 평행선을 달리는 이들은 많이 있습니다. 이들은 계속적으로 자기 쪽이 성경적이라고 주장합니다. 이런 경우 한 쪽은 맞고 한 쪽은 틀릴 것입니다. 아니면 둘 다 틀릴지도 모릅니다.
자기의 성향에 맞는 것을 좋아하는 것은 어쩔 수 없는 일입니다. 그러나 그것만이 옳고 다른 쪽은 다 틀렸다고 여긴다면 그것은 곤란한 일입니다. 자기와 의견이 다르면 원수가 되는 것은 좋지 않습니다.
가르치는 것을 좋아하는 사람이 있습니다. 그들이 다 잘못된 것이며 나쁘다고 할 수는 없습니다. 그러나 많은 경우 가르치려는 성향은 마음이 높은 데서 옵니다. 상대가 준비되어 있지 않고 듣기 싫어하며 그가 전하려 하는 것이 상대에게 유익이 되지 않는 것도, 오히려 반발과 상처를 줄 뿐인데도 열심히 가르치려고 애쓰는 이들이 있습니다. 주님은 인격적인 분이십니다. 예외적인 경우도 없지는 않겠지만, 주님은 일반적으로 억지로 강요하지 않으십니다. 그러므로 주의 영에 속한 이들은 다른 이들을 억압하지 않으며 일방적인 강요를 좋아하지 않습니다.

사람의 심령이 낮은 곳에 있을 때 그는 가르치는 것을 좋아하지 않습니다. 그는 자기가 가르칠 자격이 있다고 생각하지 않습니다. 사람들이 가르침을 원해도 그는 자리를 피하고 싶어 합니다.
깨달음이 임하고 주의 영이 임하실수록 그는 낮아지며 자기의 비천한 모습을 발견하기 때문입니다. 그는 주의 강권에 의해서 조금씩 가르치고 전하지만 가르침을 받는 자들보다 자신이 낫다고는 결코 생각지 않으며 가르치는 자에게 심판이 있을 줄을 알고 두려워합니다.

마음이 주를 향하는 낮은 사람들은 지혜로우며 항상 주님의 인도 속에서 움직이려고 합니다. 그러므로 이들은 성령의 감동과 인도하심이 없이는 함부로 가르치지 않습니다. 이들은 자신의 지식이나 옳음을 전하려 하지 않습니다. 이들은 오직 주님을 드러내며 주님이 인도하실 때에만 상황에 맞는 지혜를 전하고 가르칩니다.
이들은 성령의 강권이 있지 않는 한 준비가 되지 않은 이들에게 무엇을 강요하여 주장하지 않습니다. 그러므로 낮은 이들이 있는 곳에는 분쟁이 없고 평화로움이 있습니다. 이들은 함부로 가르치려 하지 않고 서로 배우려 하며 서로 가르침을 받고 서로 권합니다.
골로새서 3장 16절은 "그리스도의 말씀이 너희 속에 풍성히 거하여 모든 지혜로 피차 가르치며 권면하고"라고 말합니다. 이와 같이 그리스도인들이 서로 겸손한 자세로 배우고 가르치며 권면하는 것은 아름다운 일입니다. 서로 도움을 받으며 겸손하게 서로의 약점을 시인하고 배우는 것은 아름다운 일입니다. 그것이 성도의 교제이며 풍성함입니다. 낮은 사람들이 있는 곳에는 화목과 연합과 사랑과 서로 존귀히 여김이 있습니다. 그것은 천국의 모임입니다. 그러나 마음이 높은 이들은 그것과 멀리 있습니다. 모두가 서로 가르치려 하고 서로가 옳으며 자기 확신을 가지고 분쟁합니다. 그것은 마음이 높은 자들이 있는 곳에서 자주 나타나는 아름답지 못한 현상입니다.

4. 거스름의 성향

높은 마음의 사람들에게는 거스름의 증상이 나타납니다. 이들은 모든 권위자에 대해서 순복하지 않고 거스릅니다. 부모에 대해서, 교사에 대해서, 선배에 대해서, 사역자에 대해서, 위정자에 대해서, 기성세대에 대해서 항상 거스르는 마음을 가지고 있습니다.
거스름의 영은 악한 영들이 심어주는 것이며 그 영은 높아짐을 추구하다가 밑바닥으로 떨어진 영들이 공통적으로 가지고 있는 영입니다. 이 영들은 높은 마음을 가지고 있는 이들에게 권위에 거스르고 대항하는 영을 계속 심어줍니다. 그리하여 모든 질서를 파괴하게 만듭니다.

거스름의 증상을 가지고 있는 이들은 순종하는 것이 어렵습니다. 이들은 모든 권위자들이 존경스럽게 보이지 않습니다. 이들은 어느 곳에 있든지 리더를 대항하는 입장에 서는 것을 좋아합니다. 자신이 리더보다 낫다고 여기는 경향이 있습니다. 그래서 리더의 행동에 대해서 비판하며 자기가 하면 저렇게 안 할 것이라고, 자기가 하면 더 나을 것이라고 생각합니다. 이들은 앞서간 선배들과 자신은 다를 것이라고 생각합니다. 그러나 많은 세월의 실패를 겪은 후에 자기도 앞서 간 이들보다 나을 것이 없다는 것을 깨닫게 됩니다.

세상에는 많은 악과 많은 어리석음이 있지만 모든 리더, 모든 권위자들이 다 악하고 문제만 있는 것은 아닙니다. 하나님의 도구로 쓰이는 선한 이들도 분명히 있습니다. 이러한 경우 그러한 이들을 사랑하고 존경하며 순복하는 이들은 쉽게 그들이 가지고 있는 영적인 능력이나 어떤 장점을 공급받을 수 있을 것입니다.

그러나 거스름의 사람들은 순복과 존경이 어렵기 때문에 이러한 유익을 거의 얻을 수 없습니다. 그러므로 혼자서 가시밭길 인생을 헤쳐 나가야 합니다. 주를 위하여 고난을 받는 것이 아니라 스스로의 완악함으로 인하여 겪지 않아도 될 고통을 겪게 되는 것입니다.

어떤 이들은 겉으로 드러나게 거스르고 어떤 이들은 겉으로는 모범생의 모습을 보여주지만 속으로 거스름의 마음을 가지고 있습니다. 어느 쪽이든 거스름은 삶에 있어서 많은 고통을 가져옵니다. 이들은 가는 곳마다 리더를 비판하기 때문에 아웃사이더의 삶을 살게 됩니다.

자기가 싫어하는 리더 아래에서 비판을 하면서 사는 것보다는 거기에서 벗어나 자기가 따르고 싶은 리더 밑에서 존경하고 감사하며 배우는 것이 좋은 것입니다. 하지만 이상하게도 거스름의 증상을 가지고 있는 이들은 비난을 하면서도 그 자리를 떠나려 하지 않습니다.

나는 청년 시절에 어떤 자매가 그녀가 소속한 교회의 사역자에 대해서 심한 인신모독적인 비난을 하는 것을 들었습니다. 나는 그녀가 어떻게 그러한 상태로 교회에서 봉사를 하며 소속해있는지 이해가 가지 않았습니다. 나는 그녀와 대화를 나누며 사역자를 존경할 수 없고 그에 대해서 기도하며 중보할 마음도 없다면 교회를 옮기는 문제를 놓고 기도를 하는 것이 낫지 않겠느냐고 물어보았습니다. 그러자 그녀는 몹시 당황하면서 말하기를 교회를 옮길 마음은 없다는 것이었습니다. 그것은 적절한 태도라고 할 수 없습니다. 싫어하는 사역자가 있는 곳에서 신앙생활을 하는 것은 좋은 일이 아닙니다. 그것은 가장 먼저 자기에게 유익이 되지 않으며 다른 이들에게도, 교회 전체에도 부정적인 영향을 끼칩니다. 사역자에게 잘못이 있다고 하더라도 그를 미워하면서 하는 비난은 아무런 긍정적인 영향을 줄 수 없습니다.

순수한 영을 가지고 있을 때 사람들은 누군가를 미워하거나 비판하는 것에 대해서 고통을 느끼게 됩니다. 그러한 말을 하고 나면 마음이 아프고 힘들어서 기도하는 것이 어렵고 찬양도 할 수 없는 것이 정상입니다. 예배를 드리는 것도 어려운 것이 정상입니다. 가슴이 답답해지기 때문에 기도도 찬양도 모든 것이 어려워지는 것입니다. 그러므로 바른 영을 가지고 있다면 어서 그 상태에서 벗어나고 싶은 마음이 드는 것이 보통입니다.

그러나 거스름의 영을 가지고 있으면 남을 비판하고 비난하면서도 태연하게 기도도 하고 예배도 드리게 됩니다. 어떤 면에서는 비난을 하면서 속의 후련함을 느끼기도 합니다. 어떤 이들은 다른 이들의 욕설을 들으면서 속이 아주 시원하다고 하기도 합니다.

그러한 것은 바른 영이 아닙니다. 그것은 주님에 속한 영이 아닙니다. 그러한 것을 즐거워하는 영은 복수의 영과 분노의 영과 판단의 영입니다. 바른 마음을 가지고 있는 이들은 그러한 말과 글을 대하면 고통스럽고 힘든 것이 정상입니다.

바른 영을 가지고 있는 이들은 감사하고 사랑하며 축복하고 순종할 때 행복감을 느낍니다. 그러나 거스름의 영을 가지고 있는 이들은 그러한 사람들이 어리석고 한심스럽게 보입니다. 이들은 대적하고 거스르는 이들을 지혜롭고 의식이 깨어있는 사람이라고 생각합니다.

이들은 순종하고 감사하는 이들이 누리는 행복에 대해서 그것은 아무 생각이 없이 살기 때문에 편한 것이라고 여깁니다. 자신들이 대적하고 거스름으로써 겪는 마음의 불편함에 대해서는 그것이 좁은 길을 가는 사람의 고통이라고 생각합니다. 마음과 영이 다르면 인생, 신앙, 모든 것에 대해서 전혀 다른 관점과 인식을 갖게 되는 것입니다. 권위를 거스르고 대적하는 이들이 질서 자체를 싫어하고 평등을 좋아하는 것은 아닙니다. 거스름의 중심은 자기중심이며 자기를 높이는 것에 있기 때문에 이들은 자신의 위권위에 대해서 거스르지만 자기의 아래 사람이 고분고분하지 않는 것을 보면 참지 못하고 고통스러워합니다. 이들은 젊은 시절에는 기성세대를 비난하고 나이가 들면 신세대를 비난합니다. 마음에 거스름이 있으면 아무 것도 좋아 보이는 것이 없습니다.

거스름은 어디에서부터 시작되는 것일까요? 가장 중요한 역할을 하는 것은 부모라고 할 수 있을 것입니다. 부모가 자녀를 양육하면서 바른 권위와 사랑을 가지고 인격적으로 대하지 않고 많은 모순을 보일 때 자녀들은 권위에 대해서 부정적인 시각을 갖게 됩니다. 일단 부모에 대해서 부정적인 마음을 갖게 되면 대부분의 권위에 대해서도 부정적인 마음을 갖고 비판하게 됩니다. 그러므로 가장 큰 책임은 부모에게 있다고 할 수 있을 것입니다.

그러나 그렇다고 해서 모든 책임을 부모나 환경에 돌릴 수만은 없습니다. 똑같은 환경에서 자라도 효자가 있고 불효자가 있는 것처럼 동일한 학대나 미움의 분위기 속에서 자랐더라도 거스르는 사람이 있고 순복하는 사람이 있기 때문입니다. 결국 그것은 각 사람 영혼 고유의 속성이며 선택이라고 할 수 있습니다.

가장 근원적인 것은 그 사람의 마음이 높으냐 낮으냐의 문제입니다. 마음이 낮은 이들은 동일한 환경의 고통을 통해서 마음이 더 낮아집니다. 마음이 높은 이들은 동일한 환경의 고통을 통해서 많은 분노와 자기 연민과 거스름을 키워나갑니다. 결국 그 모든 증상, 거스름의 기원은 높은 마음이라고 할 수 있습니다. 높은 마음은 환경을 넘어서 수많은 악과 죄와 중상을 일으키는 무서운 재앙의 근원이라고 할 수 있는 것입니다.

5. 상처를 잘 받음

높은 마음의 사람들은 상처를 많이 받습니다.
이것은 아마 의외로 여겨질지도 모릅니다. 마음이 높은 이들은 완악하고 강퍅한 편이기 때문에 상처와는 거리가 멀지 않을까 하고 생각할 수 있기 때문입니다. 그러나 겉으로 강건하게 보이는 그들의 마음은 의외로 그리 강건하지 않습니다. 오히려 쉽게 마음이 상하고 흔들리며 고통을 겪습니다. 그러므로 높은 마음을 가진 이들은 자신을 마음이 아주 여린 사람이라고 생각하곤 합니다.
높은 마음의 사람이 상처를 잘 받는 이유는 그들의 마음이 높으므로 자아가 하나님에게서 벗어나 독립적인 상태에 있기 때문입니다. 자아가 예민하고 스스로 영광을 받기 원하기 때문입니다.
그러므로 이들은 자존심이 아주 세고 칭찬과 영광을 좋아하며 사소한 굴욕도 잘 견디지 못합니다. 이들은 자아의 감각이 아주 예민합니다. 자신은 다른 이들을 쉽게 비판하지만 정작 본인들은 조금만 비판을 받아도 심하게 상처를 받으며 그것을 견디지 못합니다.

이들의 귀는 항상 사람들의 평가와 시선에 예민합니다. 자기와 관계가 없는 말은 그냥 관심 없이 지나치지만 조금이라도 자기와 관련된 이야기인 것 같으면 이들은 귀를 쫑긋 세웁니다. 다른 말에 대해서는 기억력이 없어도 누군가가 자기에 대한 평가를 한다면 그는 그것을 10년이 지나도 기억할 것입니다.
이들은 칭찬을 기뻐하며 비평을 견디지 못합니다. 자신이 인정받지 못했다는 사실을 견디지 못합니다. 자신을 항상 대단하고 높은 존재로 여기고 있기 때문에 사람들이 자신을 낮게 평가한다면 그것을 몹시 고통스럽게 여기는 것입니다.

어떤 이들은 상대방의 사소한 무례에도 극심한 분노와 자기 연민에 빠집니다. 사소한 일에도 자신이 모욕을 당했다며, 이게 무슨 망신이냐며 울고불고 온갖 난리를 치는 사람도 있습니다. 아무도 그 사실을 인식하지 못하는데 말입니다. 주위에 있는 사람들은 도대체 왜 이 사람이 이렇게 상처를 받는지 의아할 수도 있습니다. 그것은 그의 마음이 너무 높은 데 있으며 자존심이 세고 자신을 낮게 여기는 것을 견디지 못하기 때문입니다.

그러므로 마음이 높은 사람은 마음의 평안을 유지하는 것이 아주 어렵습니다. 그들의 귀는 다른 이들의 말에 대하여 아주 예민하기 때문에 언제 마음이 상하고 상처를 받게 될지 모릅니다. 오직 그 높은 마음의 상태에서 벗어나 낮고 낮은 사람이 될 때 비로소 그들은 전에 알지 못했던 평화의 상태에 들어갈 수 있게 될 것입니다.

6. 반성을 싫어하고 변호를 좋아함

높은 마음의 소유자들은 어지간해서는 반성을 하지 않으며 자신들의 잘못이 드러나도 잘못을 시인하거나 사과를 하지 못합니다.

어떤 이는 말하기를 '나는 죽어도 잘못했다는 말을 할 수가 없어. 성격이 그런가봐' 하기도 합니다. 하지만 그것은 성격이 아니라 마음이 높기 때문입니다.

다윗과 같이 위대한 용사도 잘못을 했을 때 선지자 앞에서 어린아이처럼 울었습니다. 그것은 그가 마음이 낮은 사람이었기 때문입니다. 그러므로 높은 마음의 소유자는 은혜받기가 어려우며 간신히 은혜를 받아도 잘 유지하지 못합니다. 잘못이 있어도 그것을 수정하기도 어렵고 용서받기도 어렵습니다. 그러므로 변화가 어렵습니다. 반성을 하지 않고 자기의 잘못에 대해서 계속 변명하기만 한다면 용서도 변화도 성장도 이루어질 수가 없는 것입니다.

낮은 마음을 가지고 있는 이들은 자신이 어려운 일을 겪을 때 하나님 앞에서 자신을 낮추며 반성합니다. 주님의 십자가 옆에 달렸던 한 강도는 자신이 받은 형벌에 대해서 늦게나마 반성을 하면서 자신이 마땅히 받을 벌을 받고 있다고 고백하였으며 주님께 자기 영혼을 부탁하였습니다. 그것은 낮은 마음의 고백이었으며 주님은 그의 고백을 들어주셨습니다.

그러나 옆에 달린 다른 강도는 여전히 높은 마음을 버리지 않았습니다. 그는 고통 중에 있으면서도 여전히 반성하지 않고 분노하고 원망하였습니다. 이 강도처럼 높은 마음을 가지고 있는 이들은 어려움을 겪을 때 자신은 아주 억울한 일을 당하고 있다고 생각합니다. 그래서 이들은 항상 언제나 억울하다고 호소합니다. 이들은 하나님을 원망합니다. 이들은 하나님이 공평하지 않다고 생각합니다. 자신의 행위는 생각하지도 않고 오직 억울하다고 생각합니다.

달란트를 받은 종들 중에서도 열심히 사명을 감당한 이들은 원망 불평이 없습니다. 그러나 악하고 게으른 종은 제대로 일을 하지 않았으면서도 제일 말이 많고 원망이 많았습니다. 바깥 어두운 곳에 쫓겨나는 이들은 항상 거기에서 슬피 울며 이를 갑니다. 그것은 반성하는 것이 아니라 억울하다고 분노하고 원망하는 것입니다. 그것이 높은 마음을 가진 사람들의 특성입니다. 잘못하면 그것은 그들의 영원한 운명이 될 수도 있습니다.

7. 권리에 대해서 예민함

높은 마음을 가진 이들은 의무보다 권리에 민감합니다. 이들은 권리를 주장하는 것을 좋아합니다. 이들은 자기가 해야 할 일, 지불해야 할 것에 대해서는 대강 지나가지만 자기가 받아야 할 것, 누려야할 것에 대해서는 철저하고 정확합니다.

세상에서는 이러한 사람들이 영리하고 유능한 사람으로 인정받으며 대접을 받습니다. 조용히 있는 사람은 받을 것을 받지 못하지만 주장하고 위협하는 사람은 귀찮아서라도 주게 됩니다. 그러므로 이러한 이들은 이득을 많이 취하는 것 같이 보입니다. 그러나 실제로 이들은 그리 많이 취하지 못하며 행복하지도 않습니다.

그러한 자세는 똑똑하고 옳은 것 같지만 모든 사람이 다 각자 권리를 주장하고 사랑해달라고 요구하면 만인에 대한 만인의 투쟁이 시작될 것입니다.

모두가 서로 사랑을 받겠다고, 인정해달라고, 칭찬해달라고 주장하며 자기를 사랑해주지 않는다고 분노하고 서운해 하고 외로워합니다. 자기를 챙겨주지 않는 상대방에 대해 서운함을 품고 비난을 하는 가운데 부부싸움이 생기고 가정이 깨어집니다. 가정뿐만 아니라 사회의 모든 인간관계에서 긴장과 갈등이 증가됩니다. 부부싸움이든 뭐든 싸움이 있는 것은 서로 대접을 받고 싶어 하는 마음이 있기 때문입니다. 서로 간에 높임을 받고 싶은 마음이 있기 때문입니다.

모두가 권리를 주장하면 거기에는 평화가 없습니다. 모두가 권리를 주장할 때 거기에는 항상 전쟁이 있습니다. 그러므로 권리를 주장하고 권리에 민감한 사람이 있는 곳에는 항상 전쟁이 있고 갈등이 있고 피곤함이 있습니다. 그러한 이들은 유능한 것 같지만 사실은 항상 긴장과 피곤함 속에 살며 진정한 기쁨을 얻지 못합니다. 사람들은 항상 권리를 주장하는 이들을 불편하게 여기며 피하게 됩니다. 권리를 주장하며 거기에 민감한 것은 주님의 가르침이 아니며 천국에서 오는 것이 아닙니다. 주님은 말씀하셨습니다.

무엇이든지 남에게 대접을 받고자 하는 대로 너희도 남을 대접하라 이것이 율법이요 선지자니라 (마7:12)

이것이 율법이요 선지자라는 말씀은 이 메시지가 구약의 중심 되는 내용이라는 것입니다. 그 말씀은 받고자 하는 높은 마음을 버리고 낮은 자세로 남에게 대접하고 주어야 한다는 말씀입니다. 그것은 '당신은 사랑받기 위해서 태어났기 때문에 사랑을 받고 권리를 누릴 자격이 있다'는 메시지와는 다른 것입니다.

받으려고 할 때는 항상 배고프고 외롭고 허전하지만 주려고 하고 낮은 자리에 서려고 할 때는 진정한 천국의 기쁨과 만족이 있는 것입니다. 그러나 마음이 높은 사람은 이러한 진리를 알지 못합니다. 이들은 오직 권리를 주장하고 싶어 합니다. 그러나 주님은 서로 권리를 버리고 낮은 마음으로 섬기라고 가르치십니다. 주님의 가르침은 세상의 가르침과 다릅니다. 세상과 다른 주님의 가르침을 받아들이고 따를 때 이들은 진정한 행복감을 얻게 될 것입니다.

8. 두려움이 많음

높은 마음을 가진 이들은 두려움이 많습니다. 겉보기에 강퍅한 이들은 담대해 보이지만 사실 속으로는 두려움이 많습니다. 혈기를 많이 내는 이들은 겉으로는 강해보이지만 사실은 그 반대입니다. 혈기가 많은 만큼, 그에 비례해서 겁도 많습니다. 분노는 많은 경우 두려움에서 기인하는 것입니다. 두렵기 때문에 자신을 방어하기 위해서 분노가 일어나

기도 합니다. 오히려 온유한 사람들이 두려움이 적습니다. 온유하고 겸손한 이들은 마음이 잘 흔들리지 않으며 화도 잘 내지 않고 겁도 잘 내지 않습니다. 이들은 안정된 마음을 가지고 있기 때문입니다.

마음이 낮은 곳에 머물러 있는 이들은 안정감이 있습니다. 그러나 마음이 높은 곳에 있는 이들은 불안하고 흔들립니다. 높은 곳에는 안정감이 없습니다. 그러므로 이들은 분노하기도 하고 두려워하기도 합니다. 한번은 분노를 터뜨리고 다음에는 두려워합니다. 사소한 일에 분노하기도 하고 사소한 일에 두려워하기도 합니다.

그것은 파도와 같은 것입니다. 파도가 끊임없이 밀려왔다 밀려가는 것처럼 사람의 감정도 파도와 같습니다. 마음이 낮고 안정된 사람은 파도의 세기가 부드럽고 약하지만 마음이 높고 불안한 사람은 파도의 세기가 강합니다. 그러므로 많이 밀려들어왔다가 많이 밀려나갑니다.

이들은 파도가 오가듯이 한번은 강력한 분노 가운데 사로잡히고 그 분노가 식으면 깊은 허탈감이나 슬픔, 두려움에 사로잡힙니다. 후회에 사로잡힙니다.

폭발을 한 후에 용서를 빌거나 선물을 사가지고 와서 상대의 환심을 사려고 하기도 합니다. 하지만 상대방은 알고 있습니다. 이 파도가 지나가면 조금 후에 다시 분노가 폭발하는 파도가 밀어닥칠 것이라는 사실을 말입니다. 분노가 사라지면 두려움이 올 것이며 그 두려움은 다시 다른 분노를 만들어낼 것입니다. 낮은 마음으로 내려오지 않는 한 사람들은 이 고통스러운 사이클에서 벗어나기 어려울 것입니다.

9. 근심과 염려가 많음

마음이 높은 이들은 근심과 염려가 끊이지 않습니다. 근심과 염려가 끊이지 않는 이들은 표면적으로 교만한 이들은 아닙니다. 표면적으로 이들은 교만하게 보이지 않습니다. 이들은 오히려 심약하게 보입니다. 이들은 겉으로 거드름을 부리거나 높은 자리를 좋아하거나 거리에서 인사받기를 좋아하거나 잔치에서 상석에 앉고 싶어 하거나 외식으로 길게 기도하는 사람들은 아닙니다.

그러나 이들은 외적으로 교만하지는 않더라도 내적으로 교만한 것입니다. 이들이 염려와 근심에 잡혀 있는 이유는 근본적으로 자기의 삶을 하나님께 드리지 않고 문제를 하나님께 맡기지 않고 자기의 능력과 힘으로 삶을 살아가고 있기 때문입니다. 하나님을 의뢰하지 않고 자신의 생각과 힘으로 인생을 살아가는 것도 근본적으로는 교만한 것입니다.

이들은 아직 자신이 하나님 앞에서 얼마나 무능한 존재인지, 얼마나 한심하고 미약한 존재인지 충분히 깨우치지 못하고 충분히 절망하지 않았기 때문에 자신의 힘으로 사는 것입니다. 이러한 사람들은 기도를 많이 하더라도 여전히 근심의 짐에 눌려서 지내는데, 그것은 오직 주님의 발 앞에 엎드려 자신의 생사와 모든 것을 주님께 의탁하고 낮아질 때 사라지는 것입니다.

자신이 주인 되지 않고 진정한 주님의 종이 될 때, 그렇게 낮아질 때 비로소 인생의 짐과 문제들은 사라지게 됩니다. 진정한 능력의 왕이 우리 삶의 주인 되실 때 더 이상 근심과 염려는 있을 수 없는 것입니다. 오직 낮은 곳으로 낮은 마음으로 내려올 때만이 온갖 무거움과 짐에서 벗어날 수 있습니다.

10. 외롭고 고독함

마음이 높은 이들은 외롭습니다. 외롭고 고독한 사람이면 모두 마음이 높다고 할 수는 없습니다. 그러나 마음이 높은 사람은 외롭게 됩니다. 그들은 마음이 높아서 같이 마음을 나눌 사람이 별로 없기 때문입니다.

그러므로 마음이 고독하고 외롭게 느껴집니다. 이들은 자신이 낮추어 보고 한심스럽게 여기는 이들이 다른 이들과 친밀하게 지내는 것을 보면 내심 부러움을 느끼게 됩니다. 하지만 이들은 가까이에 진정한 친구라고 할 사람을 찾기 어렵습니다. 이들은 다른 이들을 진정으로 사랑할 줄 모르며 좋아하지 않습니다. 또한 다른 이들도 이들에게 가까이 오는 것을 꺼립니다. 마음이 높은 이들은 자기주장이 강하고 공격적인 데가 있으며 상대방에 대한 배려가 부족하고 자신만 배려하며 자신의 입장만 드러내는 면이 많으므로 그들의 주변에는 사람들이 잘 모이지 않습니다. 그러므로 이들은 항상 외로움을 느낍니다.

높은 이들은 열정이 많기 때문에 세상에서 세력을 얻는 경향이 있습니다. 그러나 젊어서 힘과 세력이 있을 때에는 사람이 주변에 많이 있지만 이들이 나이가 들고 세력을 잃으면 가까이에 있는 이들을 찾기 어렵습니다. 그것은 이러한 사람들은 다른 이들의 마음을 알지 못하며 사람들의 마음을 얻지 못하기 때문입니다. 그러므로 이들은 인생의 황혼이 다가올수록 더욱 더 외로워집니다.

이들은 자기가 은혜를 베풀었음에도 불구하고 자기를 떠나버린 많은 이들에 대해서 분노하면서 시간을 보내게 됩니다. 사실 자신이 사람들에게 은혜를 베풀었다고 여기지만 동시에 그들에게 얼마나 많은 상처와 고통을 주었는지에 대해서는 잘 모릅니다. 이들은 자기반성을 잘 할 줄 모르며 자기의 마음 외에는, 다른 이들의 마음에 대해서는 잘 모르기 때문입니다.

높은 산이 평지와 멀 듯이 높은 마음의 사람에게는 가까이 접근하는 것이 쉽지 않습니다. 그들은 항상 자기를 존귀히 여겨주기를 바라며 대접해주기를 바랍니다. 그들의 입장을 들어주고 이해해주며 그들의 편이 되어주기를 바랍니다.

이들은 하나님을 믿어도 자기가 하나님의 편이 되는 것보다 하나님이 자기의 편이 되어주시기를 바랍니다. 자연히 이들은 고독해집니다. 사람들은 그들에게 가까이 가는 것을 싫어합니다. 이들은 다른 사람들과 마음을 가까이 나누지 못합니다.

그것은 높은 산이 다른 산과 멀리 떨어져 있는 것과 같은 것입니다. 높은 산들은 서로 만날 수 없습니다. 낮은 곳에 있는 평지는 넓습니다. 그러나 높은 곳으로 올라갈수록 폭은 좁아집니다. 계곡의 물은 흘러서 강이 되고 넓은 하류에 이르러 바다로 나갑니다. 하늘의 비가 땅에 내려 흐르고 흘러서 바다로 가듯이 은혜와 풍요로움은 낮음에 있습니다. 은총의 세계에서도 낮아져야만 넓어지고 풍요롭게 되는 것입니다.

외로운 인생은 불쌍한 인생입니다. 마음이 높은 이들은 항상 외롭고 비참합니다. 그렇다면 그것은 영적인 고독과는 어떻게 다를까요? 세상이 가지 않는 좁은 길을 걸으며 세상에 감추어진 보화를 찾고 주를 추구하는 삶을 살기 때문에 느끼는 고독도 있지 않을까요?

물론 그러한 고독도 있습니다. 그러나 그러한 고독에는 주님의 보상이 있습니다. 주님의 함께 하심이 있습니다. 그리고 그러한 길을 같이 걸어가는 믿음의 동지들이 또한 있습니다. 이들은 숫자가 그리 많지 않을지라도 같은 이상과 비전을 가지고 있으므로 요나단과 다윗이 서로 사랑하듯이 서로 사랑하며 깊은 믿음의 친교를 나누게 됩니다.

설사 그러한 교류를 나눌 수 있는 믿음의 동지가 없을지라도, 사람들과 가깝지 않더라도 살아계신 주님과 가깝다면 그는 외롭지 않을 것입니다. 그러한 이들은 주님이 주시는 친교의 아름다움이 사람이 주는 만족보다 결코 못하지 않음을 알게 될 것입니다.

그러나 마음이 높은 이들은 사람들과도 멀지만 하나님과도 멀리 있습니다. 이들은 하나님의 임재와 멀리 있습니다. 그렇기 때문에 이들은 삶이 언제나 고독하고 외롭습니다. 외로움은 무서운 질병이며 무서운 증상입니다. 진정으로 낮은 마음을 가지고 낮은 곳으로 내려올 때만이 이 비극적인 증상은 사라지게 됩니다. 낮은 마음이 일어날 때에 자신을 낮추어 보고 다른 이들을 사랑하고 섬기게 되고 배려하게 되어 사람들을 편안하게 해주는 사람이 됩니다. 그렇게 될 때 그의 주변에는 사람들이 모이게 됩니다. 세상에는 어디나 마음이 추운 사람이 있으며 그러한 이들이 따뜻한 화롯가와 같은 사람의 주변에 모이게 되는 것은 당연한 이치이기 때문입니다.

11. 하나님의 임재가 멀리 있음

마음이 높은 이들은 하나님의 임재를 누리기 어렵습니다. 이것은 증상이라고 하기는 조금 애매한 것입니다. 그러나 그 어떤 증상보다도 더 슬픈 일입니다. 마음이 높은 이들은 신앙생활을 나름대로 열심히 할 수도 있습니다. 봉사에 힘을 쓸 수도 있습니다. 하나님을 알기 위해서 애를 쓸 수도 있습니다. 그러나 이들은 비극적이게도 하나님의 실제적인 임재와 멀리 있습니다.

이들은 깊은 하나님의 임재 속에 들어가기 어렵습니다. 놀라운 하나님의 영광을 경험하기 어렵습니다. 많은 시간을 기도한다고 해도 이들에게 그 시간은 달콤함이 되지 않고 의무에 지나지 않을 가능성이 많습니다. 이들은 가까이 계셔서 말씀하시고 위로하시고 함께 하시는 주님의 은총을 누리지 못합니다. 이들에게 하나님은 멀리 계시는 분입니다.

이들은 많은 지식을 가질 수도 있습니다. 성경에 대해서 많이 알 수 있습니다. 잘 가르칠 수 있습니다. 자신의 지식이나 가르침의 은사에 대해서 자부심을 느낄 수도 있습니다. 그러나 그 지식과 깨달음들은 실제가 되지 않고 지식만으로 남아있기 쉽습니다. 이들에게 주님은 지식과 관념 이상이 되기 어렵습니다.

이들은 많은 것을 알아갈수록 다른 이들의 많은 잘못된 것들만 보게 됩니다. 안타깝고 답답하게 느껴지지만 그 깨달음들이 자신을 변화시키고 새롭게 하지 못합니다. 그들은 여전히 공허하고 무엇인가 비워져 있으며 진정한 만족을 얻지 못합니다.

이들은 여러 은사들을 체험할 수도 있습니다. 방언이나 예언이나 능력을 경험할 수도 있습니다. 다양한 능력이나 황홀한 체험을 할 수도 있습니다. 하지만 그것은 그리 오래 가지 않습니다. 잠시 감동이 있고 기쁨이 있지만 그것은 온전한 평화가 아닙니다. 그들의 인격의 깊은 중심 부분을 바꾸지 못합니다. 이들은 한두 가지, 몇 가지 은혜를 경험한다고 해도 깊은 속에서 만족이 없습니다. 달콤함은 있어도 그것은 오래 가지 않습니다.

몸으로 하나님을 체험할 수 있습니다. 은사로 하나님을 경험할 수 있습니다. 지식으로 하나님을 체험할 수 있습니다. 그러나 심령이 열려서 하나님을 경험하는 것은 다른 것입니다. 그것은 다른 세계입니다.
높은 마음을 가지고 있는 이들은 바깥의 세계에서, 지식이나 외적인 은사를 통해서 하나님을 경험할 수는 있습니다. 그러나 심령의 깊은 부분은 열리지 않습니다. 이들은 몸이 뜨거워질 수는 있지만 심령의 깊은 부분이 열리지는 않습니다. 이들은 천국의 깊은 곳과 통하기 어렵습니다.
그러므로 그들은 말씀을 공부하고 기도하고 찬양을 드리고 예배를 드려도 어느 정도 이상으로 깊이 들어가지 못합니다. 그들은 오래 신앙생활을 해도 깊은 변화를 경험하지 못합니다. 오래 전에 짓던 죄를 여전히 계속해서 지으며 오래 전에 드린 기도를 반복해서 드립니다. 그것은 깊은 영역이 아닙니다. 그것은 믿음이 피상적인 세계에 머물러 있는 것입니다. 그것은 하나님을 피상적으로 알고 있는 것입니다. 이론으로만, 피상적인 경험으로만 알고 있는 것입니다.

하나님을 실제적으로 깊이 알게 되는 것은 오직 낮은 마음을 통해서 시작됩니다. 나를 버리고 주님 발 앞에 엎드리는 데서, 굴복이 이루어지는 데서 시작되는 것입니다. 진정한 낮아짐이 있는 곳에 진정한 연합이 있습니다. 그러므로 마음이 높은 이들은 아무리 많이 성경을 읽고 아무리 많이 기도하고 아무리 많이 열심을 내어도 놀라운 하나님의 임재와 은총에 대하여 멀리 있습니다.

그들은 하나님의 임재가 얼마나 아름다운지, 얼마나 감격적인지 알 수 없습니다. 그 포근함의 영광과 평강의 물결이 어떠한 것인지 알 수 없습니다. 그 영광의 은총 앞에서 눈물과 통곡 속에 빠져 들어가는 것이 어떠한 것인지 이들은 알 수 없습니다.

낮은 곳, 낮은 심령에는 하나님의 임재와 영광이 임합니다. 그가 지식이 부족하고 외모가 부족하고 많이 연약한 사람일지라도 주님은 그에게 가까이 임하여주십니다. 그러나 마음이 높은 이들은 그 영광의 세계에 가까이 갈 수 없습니다. 이들은 그러한 세계가 있다는 사실조차 잘 모릅니다. 높은 이들의 여러 가지 증상 중에서 이것처럼 무섭고 고통스러운 것은 다시 없을 것입니다.

조금이라도 그 은혜의 자리에 나아간 이들은, 그 압도적인 사랑의 바다에 빠진 이들은 높아짐, 높은 마음으로 인하여 그 영광의 임재를 잃어버리는 것을 가장 두려워하고 걱정하고 싫어하게 될 것입니다. 낮은 마음을 가지고 주님을 갈망하는 자들에게 주님은 너무나도 실제적인 분이시기 때문입니다.

높은 마음을 가진 이들은 수많은 증상들을 가지고 괴로워합니다. 이들은 몹시 불행한 사람들입니다.

이들은 마음의 평화를 알지 못합니다. 수시로 아주 작은 일에도 혈기가 일어납니다. 이들은 그것을 절제할 수가 없습니다. 참으려고 해도 자꾸 화가 납니다. 조금만 무시를 당해도 불같이 분노가 일어나고 조금만 일이 꼬여도 폭발하고 싶어집니다.

화를 낸 후에는 마음이 공허해지고 비참해집니다. 두려워지고 우울해지며 불안해집니다. 마음이 항상 쫓기고 불안합니다. 삶이 긴장되고 피곤하며 어디에서도 안식을 얻을 수 없습니다. 일이나 무엇인가에 몰두할 때는 모르지만 그렇지 않을 때는 삶이 피곤하고 지치고 허무함을 느낍니다.

진정 사랑하는 사람도 없고 그리워하는 사람도 없습니다. 자기를 좋아해주는 사람도 별로 없습니다. 마음은 외롭고 삶은 피곤한데 위로를 받을 곳도 없고 마음을 나눌 대상도 별로 없습니다. 인간관계도 힘들고 삶에 재미가 없습니다.

자아에 집중이 되어 있기 때문에 남들의 문제에 대해서는 별로 관심이 없고 알고 싶지도 않습니다. 하지만 자신은 사랑받고 싶어 하는데 아무도 자기에게 관심을 기울이지 않기 때문에 자주 슬프고 외로운 마음이 듭니다.

기도하고 예배를 드려도 깊은 만족감이나 행복감은 별로 맛보지 못합니다. 오래 동안 신앙생활을 해도 하나님은 저 멀리 계신 것 같습니다.

정도의 차이는 있지만 마음이 높은 이들은 이와 비슷한 많은 증상들을 가지고 있습니다. 이들의 삶은 행복하지 않습니다. 이들은 남들에게 상처를 많이 주면서 살지만 또한 자신들도 많은 상처를 받고 마음에 담으며 삽니다.

높은 마음이 있는 곳에는 고통의 증상이 있습니다. 그것은 한두 가지가 아니고 수백 수천 가지가 넘을 것입니다. 높은 마음은 지옥의 모든 재앙이 시작되는 기점이기 때문입니다. 사람은 원래 낮은 마음으로 하나님을 섬기고 다른 이들을 섬길 때 행복하도록 창조되었기 때문에 이들의 삶은 가시와 엉겅퀴가 가득한 삶이 될 수밖에 없는 것입니다.

높은 마음의 사람들은 예수를 주로 시인하며 믿기는 믿어도 삶이 행복하지 않습니다. 심하게 말하자면 지옥과 같은 삶을 삽니다. 평화와 기쁨을 누리지 못하며 마음속에 분쟁이 끊이지 않습니다. 그것은 그들이 입으로는 예수를 믿지만 예수의 영으로, 예수의 말씀으로, 예수의 방식으로 살지 않고 지옥적인 삶의 방식으로 살기 때문입니다.
지식을 알고 은사를 알고 영적 전쟁을 알고 마귀를 대적하는 것을 알아도 삶의 중심이 바뀌지 않으면 이들은 아주 작은 승리만을 경험할 수 있습니다. 그러한 승리는 오래 가지 않습니다. 어느 정도 가다가 한계에 부딪치게 됩니다. 오직 낮은 마음의 상태에서만 진정한 자유와 승리는 올 수 있습니다.

어디에서 지옥이 시작되는지, 어디에서 자기의 고통이 시작되는지.. 이것들을 이해할 수 있고 볼 수 있다면 그들은 회복되기 시작할 것입니다. 높아지기 위한, 높음을 받기 위한 지옥적인 삶을 버리고 자기를 버리고 낮은 곳으로 가서 섬기는 천국적인 삶을 선택할 때, 주님이 가르치신 길을 가기 시작할 때 치유와 회복은 시작될 것입니다.
어떤 사람도 100% 높은 마음을 가지고 있지는 않을 것입니다. 누구도 100% 낮은 마음을 가진 사람은 없을 것입니다. 우리 중의 모든 사람이 어느 정도 높은 마음을 가지고 있으며 어느 정도 낮은 마음을 가지고 있습니다. 우리 안에는 천국도 있고 지옥도 있습니다. 주님은 천국은 너희 안에 있다고 하셨습니다. (눅17:21) 주님은 또한 말씀하시기를 사람의 마음 안에서 악한 생각과 살인과 간음과 음란과 도적질 등 각종 악이 나온다고 하셨습니다. (마15:19) 사람의 안에는 하나님의 나라, 천국도 있지만 온갖 지옥적인 요소도 있습니다. 우리 안에는 항상 전쟁이 있습니다. 천국과 지옥의 전쟁이 있으며 빛과 어두움의 전쟁이 있습니다. 이 마음속의 전쟁은 바깥의 싸움보다 더 치열한 것이며 중요한 것입니다. 우리는 우리의 마음을 지켜야 하며 이 내적인 전쟁에서 승리해야 합니다.

우리 안에는 높은 마음도 있고 낮은 마음도 있습니다. 주를 사모하는 마음이 일어나다가 다시 순간적으로 자기를 높이고 싶은 마음이 일어나기도 합니다. 낮은 마음으로 섬기고 싶다가 다시 어느 순간 대접을 받고 싶은 마음이 생기기도 합니다.

마귀는 호시탐탐 틈을 노리며 우리에게 높은 마음을 심어주고 자기중심의 마음을 심어주며 자기에게 집중하는 높은 마음과 자기 연민과 서운함과 억울함을 심어줍니다. 무릇 깨어있지 않은 이들은 이 전쟁에서 승리하기가 쉽지 않을 것입니다.

우리는 항상 깨어서 자기를 바라보지 않고 주님을 바라보아야 합니다. 우리 안에 낮음을 증가시켜야 하며 높은 마음을 버려야 합니다. 그리고 그것이 신앙의 중심적인 투쟁임을 잊어서는 안 됩니다.

부디 낮음을 얻고 은혜를 얻으며 그것을 유지 하십시오. 당신의 낮음을 보화처럼, 목숨처럼 조심스럽게 간직하고 악한 영들에게 빼앗기지 마십시오. 그것은 곧 천국을 유지하는 것이며 주님의 임재를 유지하는 것이기 때문입니다.

그 낮은 곳에서 임하는 천국과 은총의 세계에 항상 거하십시오. 지속적으로 더 깊은 낮음을 배우고 추구할 때 천국을 향한 우리의 여정은 더욱 더 깊고 아름다운 것이 될 것입니다. 부디 주님의 은총이 우리와 함께 하시며 마귀의 모든 술수로부터 우리를 건지시기를.. 할렐루야. 아멘.

6부 낮아짐을 위한 하나님의 훈련

마귀는 사람을 유혹하여 높은 마음을 품게 하고 높아지게 합니다. 그리하여 그 영혼을 노략하고 그의 수하에 두려고 합니다.
그러나 하나님은 그분께 속한 사람을 다양한 도구로 훈련하셔서 그 마음을 낮추시며 낮아지게 하십니다.
그리하여 낮은 사람으로 만드셔서 천국에 속한 모든 풍성한 은총을 베풀어주십니다.
천국에 속한 모든 풍성함은 이 낮아짐의 훈련을 통과한 이들만이 누리고 받을 수 있는 것입니다.

1. 원수와 대적자를 사용하심

마귀는 사람을 높아지게 만듭니다. 어떤 이가 일시적으로 은혜를 입어 낮은 마음을 품게 되었다고 하더라도 그것을 빼앗기 위하여 끝없이 공격합니다. 어떻게든 유혹하여 높은 마음의 사람으로 만들려고 합니다. 그러나 하나님은 우리에게 천국의 생명과 보화를 누릴 수 있도록 계속하여 낮은 마음을 얻게 하시고 훈련하십니다.

하나님은 우리의 마음이 낮아져 하나님만을 바라보도록 환경을 사용하시고 사람을 사용하십니다. 히브리서 5장 8절은 이렇게 말합니다.

"그가 아들이시라도 받으신 고난으로 순종함을 배워서 온전하게 되었은즉.."

하나님의 아들 예수님도 죄를 지은 적이 없음에도 불구하고 저절로 순종을 얻은 것이 아니라 고난을 통해서 순종함을 배우셨다고 하였습니다. 하물며 죄와 악과 자아로 가득한 우리가 낮은 마음으로 순종하는 것을 배우기 위해서는 얼마나 많은 고난과 훈련을 받아야 할까요. 그러므로 우리의 삶에서 다가오는 많은 어려운 일들은 재앙이 아니라 하나님의 훈련들이며 우리를 낮은 사람, 하나님께 속한 사람, 순종의 사람으로 만들어가는 과정인 것입니다.

우리를 낮추시기 위한 하나님의 훈련 과정에서 가장 일반적으로 쓰이는 존재는 원수와 대적자입니다. 하나님은 이들을 사용하십니다. 우리는 흔히 훌륭하고 영적인 지도자가 우리를 영적으로 성장시킬 것이라고 생각합니다. 물론 그러한 면도 있습니다. 그러나 원수와 대적자는 하나님께서 우리의 성장을 위하여 사용하시는 더욱 중요한 도구입니다.

모든 사람에게 원수가 있다

일반적인 통념에서 원수라고 하면 우리에게 치명적인 피해를 준 사람, 그리하여 깊은 원한이 맺힌 대상이라고 생각하지만 성경에서 가르치고 있는 원수는 단순히 우리를 괴롭히고 불편하게 하는 존재입니다. 그 원수는 가족이나 가까운 사람일수도 있습니다. 주님은 제자들에게 사람의 원수가 자기 집안 식구리라 라고 말씀하신 적도 있습니다. (마10:36) 이 말씀은 복음으로 인하여 가까운 이들과 불편한 관계가 될 수도 있다는 말씀이지만 아무튼 이렇게 가까운 이들도 우리에게 원수같이 느껴질 수 있습니다.

주님은 사람들에게 원수를 사랑하라고 하셨는데 이는 모든 사람들에게 원수가 있기 때문입니다.

누구나 일상에서 부딪치는 원수가 있고 괴롭히는 대적자가 있습니다. 그들의 괴롭힘은 영화에서 나오는 것처럼 우리를 죽이려고 하는 등의 중대한 문제가 아니라 사소한 문제일 경우가 대부분입니다. 그러나 우리는 그 사소한 일로 상처를 입으며 마음의 평화를 잃어버립니다. 그러한 역할을 하는 원수와 대적자가 우리의 삶에 항상 있는 것입니다.

한나의 대적

사무엘의 어머니인 한나에게도 대적이 있었습니다. 한나의 남편인 엘가나는 아내가 둘이어서 한나 외에도 다른 아내인 브닌나가 있었는데 성경은 브닌나를 대적이라고 표현하고 있습니다.

여호와께서 그로 성태치 못하게 하시니 그 대적 브닌나가 그를 심히 격동하여 번민케 하더라 (삼상1:6)

한 남편에게 두 아내가 있으니 그 두 사람의 관계는 연적이라고 할 수 있겠지요. 그러니 사이가 좋을 리가 만무합니다. 그래서인지 한나는 그녀를 대적이나 원수로 표현하였습니다. 한나가 기도의 응답을 받고 사무엘을 낳은 후 하나님께 감사의 기도를 올려드리는데 그 안에도 원수라는 표현이 나옵니다.

한나가 기도하여 가로되 내 마음이 여호와를 인하여 즐거워하며 내 뿔이 여호와를 인하여 높아졌으며 내 입이 내 원수들을 향하여 크게 열렸으니 이는 내가 주의 구원을 인하여 기뻐함이니이다 (삼상2:1)

'내 원수들'이라고 복수를 사용한 것을 보면 그 대상이 브닌나 한 사람은 아닐지도 모릅니다. 또한 하나님을 대적하는 영적 세력, 영적인 원수들에 대한 포괄적인 표현일 수도 있겠지요. 하지만 원수라는 표현이 의미하는 중심에 브닌나가 있다는 것은 의심의 여지가 없습니다.
사실 브닌나도 그녀의 입장에서는 할 말이 있을 것입니다. 엘가나는 같은 아내지만 브닌나보다 한나를 훨씬 더 사랑했습니다. 브닌나와 모든 자녀들보다도 더 한나를 사랑하고 아껴 주었습니다. (삼상1:4,5) 브닌나의 입장에서는 자신은 남편에게 자녀를 낳아주었음에도 불구하고 남편이 한나를 배나 더 사랑하는 것에 대하여 화가 났을 것입니다. 그러나 아무튼 본문은 한나의 입장에서 기록하고 있습니다.

한나의 입장에서 브닌나는 대적이었습니다. 당시 사회의 여인으로서 가장 치명적인 약점인 잉태하지 못하는 것에 대하여 브닌나는 계속하여 한나를 공격하고 조롱하였습니다. 한나는 먹는 것도 잊고 울기만 하였습니다. 나중에 아이를 낳고 나서 비로소 대적에게 승리했다고 기뻐하는 것을 보면 브닌나의 공격과 조롱이 한나가 잉태하지 못하는 것에 집중되어 있었음을 알 수 있습니다. 한나의 입장에서 보면 브닌나는 정말 야비한 존재라고 할 수 있는 것입니다. 하지만 한나가 하나님께 나아가 기도할 수 있도록 결정적인 역할을 한 것은 누구였을까요? 그것은 바로 브닌나였습니다. 그녀의 남편인 엘가나는 한나가 아이를 잉태하지 못하는 것에 대하여 비난하기는커녕 오히려 그녀를 더 위로하고 사랑해주었습니다. 그는 한나를 지극히 사랑한 남편이었습니다.

그러나 한나가 엘가나의 위로에 만족하고 있었다면 그녀는 하나님께 나아가 간절하게 기도하지 않았을 것입니다. 그리고 이스라엘의 위대한 지도자 사무엘을 낳을 수 없었을 것입니다. 결국 한나가 하나님께 나아가도록 돕고, 하나님의 뜻을 이루도록 도운 사람은 엘가나가 아니고 브닌나였습니다. 사랑하는 이의 친절한 위로보다 대적자의 악랄한 공격이 한나를 더 하나님의 사람이 되도록 하였던 것입니다.

대적은 우리를 성장시킨다

대적자들은 우리를 아프게 합니다. 우리를 힘들게 합니다. 그러므로 우리는 그러한 이들을 원망하며 왜 저런 인간이 우리의 주변에 있어서 우리에게 고통을 주느냐고 속상해합니다. 그러나 우리의 영혼에 진정으로 도움이 되는 이들은 바로 그러한 대적자들입니다. 그들은 우리의 영혼을 하나님의 품으로 이끌어줍니다.
우리는 친절한 위로자들을 좋아하지만 우리의 영혼은 오히려 그러한 이들로 인하여 넘어질 수도 있습니다. 우리를 실족하게 하는 이들은 대적자가 아니고 오히려 우호적인 사람들일 수도 있습니다. 우호적인 사람들은 우리가 하나님께 나아가는 데에 방해가 될 수도 있습니다. 한나도 친절한 사람인 엘가나의 위로를 통하여 만족을 얻었다면 하나님의 뜻을 이루지 못했을 것입니다. 그러나 한나는 엘가나의 위로를 거절하였습니다. 그리고 오직 하나님의 위로를 받기를 원하였습니다.

결국 한나는 엘가나의 위로를 거절하고 브닌나의 격동시킴을 받아들여서 새로운 차원으로 나아가게 되었던 것입니다. 하지만 우리들은 많은 경우에 원수들의 격동을 무시하고 우리 편의 위로를 받아들이며 거기에 안주해버립니다. 그것은 우리의 본능에 속한 일이며 어리석은 일입니다.

대적은 우리를 기도하게 한다

대적자는 우리를 기도의 자리로 인도합니다. 작은 원수, 작은 대적은 우리에게 기도의 영을 일으킬 만한 힘이 없을 것입니다. 그러나 지속적으로 우리를 강력하게 괴롭히는 대적의 공격은 우리의 마음을 힘들게 만듭니다. 우리는 기도하지 않을 수 없는 상태가 됩니다. 하나님께 나아가지 않을 수 없게 됩니다.

다윗도 사울이 그를 대적함으로 인해 도피하게 되었고 하나님께 나아가 기도하게 되었습니다. 다윗의 기도, 주를 향한 그의 갈망, 그의 한숨, 그의 탄식, 그의 시들은 바로 사울의 핍박으로 인한 것이었습니다.

사울은 원래 하나님이 선택하고 사용하시는 그릇이었습니다. 그는 하나님의 기름부음을 받은 사람이었습니다. 그러나 그는 시기로 인하여 악한 영이 사용하는 도구가 되어 버렸습니다. 이것은 오늘날에도, 아니 기독교 역사에 항상 등장하는 내용입니다. 한 때 하나님의 은혜를 사모하였고 한 때 하나님의 도구였으나 자기가 아닌 다른 사람을 하나님이 사용하시는 것을 보고 시기하고 분노하여 대적하는 이들은 언제나 있습니다. 우습게도, 이들은 자기에게 하나님이 역사하시는 것을 다른 이들이 시기하면 그들이 공격한다고 고백합니다. 그리고는 다른 이들에게 하나님이 역사하시는 것을 보면 자신도 시기하여 공격하곤 하는 것입니다. 이것은 사역자들이 언제나 쉽게 빠지는 마귀의 함정입니다. 자기를 부인하고 자신의 이기심과 욕망을 십자가에 넘기고 십자가의 죽음을 통과하지 않은 사역자들은 누구나 그러한 함정에 빠지고 넘어질 수 있습니다.

사울은 다윗을 변화시켰다

사울의 실족은 안타까운 일입니다. 하지만 그의 시기와 분노는 자신에게는 멸망이 되었으나 다윗에게는 유익한 도구로 작용하였습니다.
한 나라의 왕인 사울이 다윗을 죽이기 위하여 혈안이 된 것은 다윗에게 커다란 위협이었습니다. 사울은 시기심과 증오심에 불타서 아무의 이야기도 듣지 않았습니다. 딸의 입장도, 아들의 변호도, 심지어 제사장의 말도 그는 듣지 않았습니다. 다윗을 향한 그의 적대감은 그토록 심각한 것이었습니다.
다윗은 그를 피하여 도망하고 도망하였습니다. 그러나 이스라엘의 어느 곳으로 피해도 그는 안전하지 않았습니다. 그의 유일한 피난처는 오직 기도였고 하나님의 임재 앞이었습니다.
다윗의 도피와 연단은 오랜 세월이 흘러서 끝이 났습니다. 그는 결국 하나님의 훈련을 통과하고 하나님의 마음에 합한 자가 되어 이스라엘의 왕이 되었습니다.

만약 사울이 아니었다면 그가 그렇게 간절하고 사모하는 기도의 사람이 되었을까요? 사울이 없었어도 다윗은 낮은 사람, 낮은 마음의 사람이 되었을까요?
그가 도피하고 있었을 때 고통을 겪는 많은 사람들이 그에게로 왔습니다. 다윗은 그들을 받아주고 그들의 마음을 위로하며 낮고 상한 이들의 지도자가 되었습니다. 만약에 다윗이 사울의 무시무시한 위협과 증오로 인한 고통을 겪지 않았더라면 그는 그러한 사람이 될 수 있었을까요? 물론 무한하신 하나님은 사울이 아니었어도 다양한 도구를 통하여 다윗을 훈련하시고 그분의 사람으로 만드셨을 것입니다. 그러나 다윗을 온전하고 아름다운 사람으로 만들어준 가장 강력한 훈련의 도구는 사울이었음은 분명한 사실입니다.

대적을 피하지 말라

우리의 삶에도 그러한 사람들이 있습니다. 우리를 괴롭히고 우리의 마음을 상하게 하는 대적들이 있습니다.
우리는 '저 인간만 없으면 행복할 텐데..' 하고 생각합니다. 우리는 언제 저 원수로부터 해방될 것인가 생각하며 괴로워합니다. 우리를 괴롭히는 사람을 피해서 도망가려고 애를 씁니다. 때로 그러한 이들로부터 벗어나는 데 성공하기도 합니다.
하지만 벗어나도 소용이 없습니다. 우리는 다른 곳으로 가도 또 다시 대적자와 원수 역할을 하는 상대를 만나게 됩니다. 그 사람을 벗어나기만 하면 만사가 바뀌고 행복해질 것이라는 것은 환상입니다. 어디에서도 대적자는 존재하는 것입니다.

직장 상사가 너무 힘들게 해서 다른 곳으로 직장을 옮깁니다. 그러나 새로 옮긴 곳에서도 여전히 괴롭히는 사람이 있습니다. 남편이 너무 힘들게 해서 견디지 못하고 이혼을 하고 재혼을 합니다. 그러나 그 후에도 삶은 여전히 곤고합니다. 새로운 남편도 역시 고통을 줍니다. 괴롭히는 역할을 하는 대상만 바뀌었을 뿐 대적자와 원수는 여전히 존재합니다. 하나님은 왜 이런 경험을 허용하시는 것일까요? 모든 남자는 다

악하기 때문일까요? 아니면 자신의 인생이 유달리 불운하기 때문일까요? 물론 그렇지 않습니다. 이러한 경험을 통해서 하나님께서 가르치시는 것이 있습니다. 그것을 배우기 위하여 하나님은 우리의 삶에 대적자를 허용하시며 인도하시는 것입니다.

문제는 우리 안에 있다

문제는 어디에 있을까요? 그것은 우리 안에 있습니다. 환경 안에, 다른 사람의 안에 있는 것이 아니라 우리 안에 있습니다. 우리의 안에 대적자를 끌어들이는 요소가 있습니다.
그러므로 우리 안의 상태, 자기의 마음과 영을 돌아보는 것이 필요합니다. 그리고 그것이 회복의 시작입니다.
하나님은 우리에게 훈련과 정화가 필요하기 때문에 대적자를 허용하십니다. 우리는 이 훈련으로 인하여 낮아지고 하나님의 뜻 앞으로 나아가야 합니다. 마음이 낮아져야 합니다.
대적들은 우리를 절망하게 하고 낙심하게 하여 하나님 앞으로 나아가게 합니다. 그리하여 하나님의 뜻을 성취하게 합니다. 한나나 다윗도 그러한 경우입니다. 대적들이 우리의 영적 성장에 기여하는 부분이 또 있습니다. 그것은 우리의 참 모습을 보여주며 우리가 낮은 마음을 가질 수 있도록 돕는다는 것입니다. 그런 의미에서 대적들은 하나님이 우리의 낮아짐과 성장을 위하여 사용하시는 귀한 도구라고 할 수 있는 것입니다.

대적은 우리 자신을 보여준다

왜 우리는 대적을 인하여 상처를 받을까요? 왜 우리는 대적으로 인하여 힘들어 하는 것일까요? 그것은 우리의 마음이 높은 곳에 있으며 우리가 본능적인 상태에 있기 때문입니다. 사람은 누구나 본능적으로 자기를 사랑합니다. 사랑을 받고 접대를 받으며 높임을 받을 때 즐거워합니다. 그리고 자기를 건드리거나 무례하게 대하거나 비난할 때 불쾌하게 여기며 화를 냅니다. 거듭나지 않은 이들은 이러한 본능을 당연하게 여길 것입니다. 그러나 거듭난 사람은 다릅니다. 아니, 달라야 합니다. 하나님께 속한 사람은 더 이상 본능에 거하지 않고 자신 안에 거하지 않으며 하나님의 뜻과 하나님의 영광을 구하기 때문입니다.

본능에 거하는 사람은 자기의 영광을 구하며 자기의 기분을 구하며 자기의 기질적인 만족을 구합니다. 그러므로 이들은 하나님께 속한 사람이 될 수 없습니다. 대적이나 원수의 핍박은 우리가 자기에게 속한 사람인지, 하나님께 속한 사람인지를 보여줍니다.

주를 거스르는 사람을 보고 고통을 느끼며 자기를 거스르는 이들을 보고 고통을 느끼지 않는다면 그는 자기에게 속하지 않고 주님께 속한 사람입니다. 주를 무시하는 사람을 보고 고통을 느끼며 나를 무시하는 사람을 보고 고통을 느끼지 않는다면 그는 자기에게 속하지 않고 주님께 속한 사람입니다.

그러나 사람들이 주님을 어떻게 대하는지에 대해서는 둔감하며 오직 자기에 대한 그들의 태도와 반응에 대해서만 예민하게 느끼고 반응한다면 그는 주님의 사람은 아닙니다. 그는 자기에게 속한 사람입니다.

그러므로 대적과 원수를 통해서 우리는 자신의 진정한 모습을 볼 수 있습니다. 대적들은 우리의 참 모습이 어떤 모습인지를 분명하게 보여주는 것입니다.

대적은 우리의 자아를 드러낸다

많은 사람들이 대적과 원수들의 공격으로 인하여 분노하고 자기 연민에 빠지고 변호하고 하소연합니다. 그들은 자신이 얼마나 부당한 대우를 받고 있는지를 말하고 싶어서 안달합니다. 그것은 그들이 주님께 속하지 않았으며 낮은 마음을 가지고 있지도 않은 것을 보여줍니다. 왜냐하면 분노, 자기 연민, 상처, 변호.. 그 모든 것이 자아에서 나오는 것이며 높은 마음에서 오는 것이기 때문입니다. 도피와 같은 것도 역시 자기의 옛 생명을 유지하려고 하는 본능에서 나오는 것이며 높은 마음의 자세에서 나오는 것입니다.

낮은 곳에서 낮은 마음을 가지고 있는 사람이라면, 주님의 종의 자세와 종의 마음을 가지고 있는 사람이라면 그는 대적의 도발에 대하여 화를 내지 않으며 자기 연민에 빠지지도 않을 것입니다.

대적을 통한 메시지를 흡수하라

우리의 본능은 이러한 훈련을 즐거워하지 않습니다. 우리는 고통을 더 이상 당하고 싶지 않다고, 대적을 피해서 다른 곳으로 가겠다고 아우성을 칠 것입니다.

그러나 우리는 대적을 통한 메시지를 흡수해야 합니다. 그것이 우리에게 어떤 의미가 있는 것인지 발견해야 합니다. 주님이 대적을 통하여 우리에게 가르치시는 메시지를 찾아야 합니다. 대적이 우리를 괴롭힐 때마다 우리는 '주님, 저 사람을 통하여 말씀하시는 것이 무엇입니까?' 하고 기도해야 하는 것입니다. 정말 어리석은 것은 고생만 많이 하고 아무 것도 배우지 못하는 것입니다. 그것이야 말로 시간의 낭비이며 인생의 낭비입니다.

주님은 대적을 통해서 우리가 얼마나 자기중심적이며 자기를 사랑하며 높임을 받기 원하며 높은 곳에 있는지를 보여주십니다. 주님의 영광을 구하기보다 자신의 영광을 구하는 모습을 보여주십니다.

눈이 열릴 때 우리는 자신의 모습을 보게 됩니다. 주를 거스르는 이들에게는 고통을 느끼지 않으면서 자신을 거스르고 괴롭히는 이들을 보고 괴로워하는 자신을 보면서 자신의 마음속에 주님사랑이 아니고 오직 자기 연민과 자기 사랑이 있음을 보게 됩니다. 그러한 것들은 대적이나 원수가 없으면 보이지 않는 것들입니다. 그러므로 대적자들은 우리의 모습을 보여주는 거울입니다.

우리의 참 모습을 보게 될 때 우리는 절망하고 주님 발 앞에 엎드려 '주님.. 대적은 내 안에 있습니다. 원수는 내 안에 있습니다. 저 사람들은 바로 나의 모습입니다. 저들은 나의 참 모습을 보여주기 위하여 희생자의 역할을 하고 있을 뿐입니다.' 하고 고백하게 될 것입니다. 이렇게 깨닫고 낮아지게 되면 대적은 그의 임무를 완수했으므로 더 이상 우리의 근처에서 얼쩡거리지 않을 것입니다. 그들은 사라지거나 아니면 변화되어서 더 이상 우리를 괴롭히는 역할을 담당하지 않을 것입니다. 그러나 우리가 깨닫지 못한다면 대적은 계속 그 자리에 머물러 자기의 일을 할 것입니다.

주님은 우리에게 원수를 사랑하라고 말씀하십니다. 그리고 그것은 일반적인 자연인은 행할 수 없는 명령입니다. 그것은 자기를 버리고 하나님의 뜻에 굴복한 사람만이 이행할 수 있는 명령입니다.
누구나 자기가 좋아하는 사람을 좋아하고 괴롭히는 자를 싫어합니다. 그러나 훈련을 통과하여 낮아진 이들은 주님께 굴복합니다. 그리하여 자기를 괴롭히는 자들을 미워하거나 대적하지 않으며 낮은 마음으로 엎드려 오직 주의 뜻이 이루어지기를 구하게 됩니다. 그러므로 원수를 사랑하는 것은 자기를 버리고 낮아져서 주님의 뜻을 사랑하고 기뻐하는 이들만이 행할 수 있는 것입니다.
우리가 그렇게 굴복될 때까지 주님은 우리의 삶에 계속하여 원수와 대적자를 보내실 것입니다. 당신이 아직 대적자로 인하여 분노하고 있다면 당신은 더 많은 대적자들을 만나게 될 것입니다.

대적은 주님의 뜻을 이룬다

대적과 원수를 통하여 주님은 그의 뜻을 이루십니다. 그것은 우리를 낮추시는 하나님의 훈련입니다. 원수를 통하여 우리는 낮아집니다. 그러한 하나님의 인도와 섭리를 받아들일수록, 훈련을 통과할수록 우리는 마음의 평화를 얻게 됩니다. 우리는 편안함을 구하지 않고 오직 주님의 뜻이 이루어지도록 기도하게 됩니다.

부디 대적을 통하여 당신을 낮추시는 하나님의 훈련을 통과하십시오. 모든 것은 주님의 손안에서 이루어집니다. 우연이란 존재하지 않습니다. 당신의 주변에서 당신을 괴롭게 하는 모든 일에는 주님의 결재가 있습니다.

어떤 경우에 우리는 우리를 방해하고 괴롭히는 사람들의 배후에 악한 영이 있음을 분별하고 대적함으로써 그 영을 부수어버릴 수 있습니다. 그러나 많은 경우에 우리는 원수의 공격으로 인하여 낮아져야 합니다. 부디 당신을 낮추시는 하나님의 손안에서 굴복하십시오.

부디 이 훈련을 통과하십시오. 하나님은 천국의 무한한 풍성함을 주시기 위하여 당신을 다루고 계십니다. 분노와 자기 연민과 슬픔과 절망과 도피와 모든 것을 버리십시오. 그것을 감사와 순종과 신뢰의 고백과 주를 바라봄으로 바꾸십시오. 훈련을 통과하고 나아갈수록 당신은 천국의 은총과 그 향취를 누릴 수 있게 될 것입니다. 할렐루야.

그러므로 **하나님의 능하신 손 아래서 겸손하라** 때가 **되면 너희를 높이시리라** (벧전5:6)

2. 가시를 통한 훈련

하나님께서 우리를 낮추시기 위하여 보내시는 사람 중에 우리에게 가시의 역할을 하는 이들이 있습니다. 가시의 역할은 대적이나 원수가 하는 일과 비슷합니다. 대적이 우리를 괴롭히고 힘들게 하는 것처럼 가시도 날카롭게 우리를 찌르면서 고통을 줍니다.

대적과 원수를 우리와 동등하거나 높은 위치에 있는 사람으로 본다면 가시에 속한 사람은 가까이 있으면서 우리의 권위 아래에 있는 사람으로 편의상 나눌 수 있습니다.

가시는 우리의 몸 안에 있을 때 고통을 주는 것입니다. 가시가 바깥에 있으면 우리에게 피해를 주지 못할 것입니다. 가시가 우리 가까이에 있어서 살이 찔리기 때문에 아픔을 느끼게 되는 것입니다. 그렇게 가까이 우리의 아래에 있으면서 고통을 주는 사람이 있습니다. 우리의 권위나 보호 아래 있는 사람으로서 우리에게 아픔을 주는 사람들이 있습니다.

자녀들로 인한 고통

그 대표적인 존재들은 자녀들이라고 할 수 있을 것입니다. 그들은 많은 경우에 부모의 속을 썩이고 아프게 하는 존재들입니다.

자녀들은 부모들에게 삶의 기쁨과 보람을 주기도 하지만 또한 고통을 주는 존재이기도 합니다. 자녀들 가운데는 기쁨과 위로의 역할을 담당하는 이들도 있습니다. 이들은 부모에게 힘과 위로가 되며 자랑거리가 됩니다. 이들은 지치고 힘든 삶을 사는 부모들에게 큰 위로와 희망을 주기도 합니다. 그러나 부모의 십자가이며 가시의 역할을 하는 자녀들도 있습니다. 부모들에게 말할 수 없는 고통을 주는 자녀들도 있습니다. 부모의 삶 전체에 큰 짐이 되는 자녀들도 있습니다. 자녀를 생각하기만 해도 한숨이 나오고 얼굴에 수색이 가득한 부모들도 있습니다.
부모들은 이 경우에 내가 왜 저런 자식을 낳았을까 하고 탄식합니다. 자녀가 말을 듣지 않고 속을 썩여도 그렇다고 버릴 수도 없으니 난감하게 느끼는 것입니다.

창세기 26장 34~35절을 보면 아들 에서와 며느리로 인하여 근심하는 이삭과 리브가의 모습이 등장합니다.

에서가 사십 세에 헷 족속 브에리의 딸 유딧과 헷 족속 엘론의 딸 바스맛을 아내로 취하였더니 그들이 이삭과 리브가의 마음의 근심이 되었더라 (창 26:34-35)

리브가는 에서에게서는 그다지 애정을 느끼지 못한 것 같습니다. 리브가는 에서의 쌍둥이 동생인 야곱을 사랑하였습니다. 거칠고 다혈질인 에서와 달리 야곱은 조용한 성품으로 외출을 좋아하지 않고 주로 장막에 거하였는데 그러면서 어머니의 일을 돕거나 가까이 지낸 것으로 보입니다. 그는 요리에도 능하여 그것으로 나중에 에서를 속이기도 했는데 그 요리 솜씨는 아마 어머니로부터 배웠을 것입니다.
아들이 마음에 들지 않아서 그런지 며느리도 리브가의 마음에는 도무지 차지 않았습니다. 나중에 리브가는 남편 이삭에게 이렇게 말합니다.

내가 헷 사람의 딸들을 인하여 나의 생명을 싫어하거늘 야곱이 만일 이 땅의 딸들 곧 그들과 같은 헷 사람의 딸들 중에서 아내를 취하면 나의 생명이 내게 무슨 재미가 있으리이까 (창27:46)

나의 생명을 싫어하거늘.. 나의 생명이 내게 무슨 재미가 있으리이까.. 이 말은 리브가의 심각한 마음의 고통을 보여줍니다. 며느리 때문에 얼마나 고통스러운지 살기가 싫으며 사는 것이 재미가 하나도 없다는 것입니다.

리브가의 이 말에는 어느 정도의 과장은 있을 것입니다. 그녀의 말은 야곱을 잠시 집 밖으로 내보내어 에서의 손에서 구해내기 위한 것이었으니까요. 그러나 전혀 근거가 없는 말은 아니었을 것입니다. 그렇다면 이삭이 그녀의 말을 허락하지 않을 수도 있는 것입니다.

아무튼 에서도 며느리도 그녀에게는 가시와 같은 존재였습니다. 자기가 낳은 자식이고 자식의 아내이지만 그들이 가시와 같은 존재가 되어서 부모의 마음을 찌르는 일이 현실에서뿐 아니라 성경에도 등장하고 있는 것입니다.

사무엘의 아들들

사무엘도 자녀로 인하여 비슷한 고통을 겪었을 것으로 보입니다. 성경은 그 자녀의 모습을 다음과 같이 보여줍니다.

사무엘이 늙으매 그 아들들로 이스라엘 사사를 삼으니 장자의 이름은 요엘이요 차자의 이름은 아비야라 그들이 브엘세바에서 사사가 되니라 그 아들들이 그 아비의 행위를 따르지 아니하고 이를 따라서 뇌물을 취하고 판결을 굽게 하니라
이스라엘 모든 장로가 모여 라마에 있는 사무엘에게 나아가서 그에게 이르되 보소서 당신은 늙고 당신의 아들들은 당신의 행위를 따르지 아니하니 열방과 같이 우리에게 왕을 세워 우리를 다스리게 하소서 한지라 (삼상 8:1-5)

사무엘의 아들들은 아버지의 신앙과 영성을 따르지 않았습니다. 사무엘은 나이가 늙어서 아들들을 이스라엘의 사사로 세웠지만 그들은 백성들이 문제를 가지고 호소할 때 뇌물을 받고 자기의 유익을 따라 공정하지 않은 판결을 내리곤 했습니다.

이스라엘의 장로들은 사사가 된 사무엘의 아들들에게 더 이상 소망이 없다고 생각하고 사무엘에게 나아와 왕을 세워달라고 요구를 하였습니다. 이 요구로 인하여 사무엘은 몹시 슬퍼하였고 하나님도 기뻐하지 않으셨습니다.

우리에게 왕을 주어 우리를 다스리게 하라 한 그것을 사무엘이 기뻐하지 아니하여 여호와께 기도하매 여호와께서 사무엘에게 이르시되 백성이 네게 한 말을 다 들으라 그들이 너를 버림이 아니요 나를 버려 자기들의 왕이 되지 못하게 함이니라 내가 그들을 애굽에서 인도하여 낸 날부터 오늘날까지 그들이 모든 행사로 나를 버리고 다른 신들을 섬김같이 네게도 그리하는도다 (삼상8:6-8)

그것은 분명 잘못된 요구였습니다. 그러나 사무엘의 아들들인 사사에게 책임이 있었고 또한 아버지인 사무엘에게도 책임이 있었습니다. 사무엘의 아들들이 제대로 지도자의 역할을 담당하였다면 이스라엘 장로들은 그러한 요구를 하지 않았을 것입니다. 장로들이 하나님을 의뢰하지 않은 것은 잘못이었지만 그들의 입장에서는 강력하고 온전한 리더십을 가지고 있는 사무엘이 은퇴할 때가 다가오는데 마땅한 후계자가 없다는 것에 대하여 염려가 되었던 것입니다.

결국 문제는 사무엘에게도 있는 것입니다. 자기의 아들들을 훌륭한 신앙인으로, 하나님을 바라고 동행하는 영성인으로 키우지 못한 책임이 사무엘에게도 있는 것입니다.

사무엘은 그의 아들들에게 문제가 있다는 것을 몰랐을까요? 그럴 리는 없습니다. 사무엘은 그 아들들이 신앙과 인격에 있어서 문제가 있으며, 이스라엘의 사사가 될 만한 능력이 부족하다는 것을 몰랐을까요? 그렇지 않을 것입니다.

사무엘이 들었던 최초의 하나님의 음성은 어떤 내용이었을까요? 사무엘은 처음에 하나님이 그를 부르실 때 그를 부르는 음성이 누구의 것인지도 몰랐습니다. 그러나 제사장 엘리의 말을 듣고 비로소 하나님이 그를 부르신 것을 알게 되었습니다. 사무엘이 그렇게 처음으로 듣게 되었던 하나님의 음성은 아주 충격적인 것이었습니다. 제사장 엘리의 아들들의 악행으로 인하여 그 집을 영영히 심판하겠다는 말씀이었던 것입니다.

여호와께서 사무엘에게 이르시되 보라 내가 이스라엘 중에 한 일을 행하리니 그것을 듣는 자마다 두 귀가 울리리라 내가 엘리의 집에 대하여 말한 것을 처음부터 끝까지 그날에 그에게 다 이루리라
내가 그 집을 영영토록 심판하겠다고 그에게 이른 것은 그의 아는 죄악을 인함이니 이는 그가 자기 아들들이 저주를 자청하되 금하지 아니하였음이니라 그러므로 내가 엘리의 집에 대하여 맹세하기를 엘리 집의 죄악은 제물이나 예물로나 영영히 속함을 얻지 못하리라 하였노라 (삼상3:11-14)

어린 사무엘은 이 말씀을 듣고 몹시 놀랐습니다. 그리고 두려워서 감히 엘리에게 보고할 엄두가 나지 않았습니다.

그러나 엘리가 강권하므로 그대로 이야기를 할 수밖에 없었습니다. 이 사건은 사무엘에게 몹시 충격이 되었을 것입니다. 그에게 하나님이 임하셔서 직접 말씀하신 것도 충격이었겠지만 무엇보다도 그 내용이 충격이 되었을 것입니다. 아들의 악행으로 인하여 그 집안에 재앙이 임하며 그 죄악이 영영히 속함을 얻지 못한다는 말씀은 그에게 두려움이 되었을 것입니다.

사무엘은 자라면서 그 말씀이 실현되는 것을 보았습니다. 엘리와 그의 아들들이 전쟁에 나가서 한 날에 죽임을 당하는 것을 보았습니다. 그것을 보면서 사무엘은 하나님의 말씀과 심판이 엄중함을 확실하게 인식하였을 것입니다.

그러한 사무엘이 자식 교육에 대하여 방관하였을까요? 이스라엘의 국사에 힘을 쓰느라고 자식의 신앙에 대해서는 신경을 쓰지 않았을까요? 그 무서운 전례를 알고 있는 사람이 말입니다. 사무엘은 이스라엘을 위한 기도를 쉬는 것이 범죄라고 말했던 사람입니다.

나는 너희를 위하여 기도하기를 쉬는 죄를 여호와 앞에 결단코 범치 아니하고 선하고 의로운 도로 너희를 가르칠 것인즉 (삼상12:23)

그러한 사무엘이 그의 아들들을 위하여 기도하지 않았을까요? 이스라엘에게 선하고 의로운 도를 가르치는 그가 아들들을 가르치지 않았을까요? 그럴 리는 없습니다. 그는 아들들에게 하나님의 말씀을 가르쳤을 것입니다. 아들들을 위하여 기도하였을 것입니다. 그러나 아들들은 듣지 않았습니다. 변화되지 않았습니다. 사무엘은 자신의 아들들이 엘리 제사장의 아들들과 같이 되지 않기를 간절하게 바랐을 것입니다. 그러나 악행의 차이는 있지만 그의 아들들은 엘리의 아들들의 모습과 별반 차이가 없었습니다. 그 사실은 사무엘에게 몹시 고통이 되었을 것입니다.

이스라엘의 죄로 인하여 고통하던 사무엘은 또한 아들들로 인하여 고통하고 마음이 아팠을 것입니다. 그에게도 아들들은 가시이며 십자가였습니다. 사무엘이 자녀교육을 게을리 했을까요? 아들들을 신앙으로 잘 키우겠다는 결심이 없었을까요? 있었을 것입니다. 그러나 그는 결과적으로 뜻을 이루지 못했습니다. 그의 아들들은 변화되지 않았습니다.

모세도 그의 아들들이 그의 신앙과 영성을 본받았다면 굳이 여호수아에게 후계자의 자리를 물려주지 않았을 것입니다. 다윗 또한 여러 아들들이 가시의 역할을 하였습니다. 성경에 등장하는 인물들이나 오늘날의 현실을 사는 우리들에게나 자녀들은 많은 경우 아픔을 주는 존재들인 것입니다.

자녀들은 부모의 처리되지 않은 모습을 보여준다

우리에게도 그러한 자녀들이 있을 수 있습니다. 간곡히 이야기를 해도 말을 듣지 않으며 기도를 해도 소용이 없고 변화되지 않는 것 같은 자녀들이 있을 수 있습니다. 몸에 있는 가시가 찌르는 것처럼 그러한 고통을 겪는 부모들이 많이 있습니다.

다른 일에는 별 문제가 없습니다. 바깥에서는 칭찬을 받고 인정을 받으며 어려움이 없습니다. 그러나 집에서는 자녀들로 인하여 고통을 겪는 이들이 많이 있습니다. 나는 '자녀 문제만 아니면 아무 고통이 없는데..' 하고 한숨을 쉬는 이들을 많이 보았습니다.

이들은 자녀들을 꾸짖기도 하고 화를 내기도 하며 칭찬을 하고 달래기도 합니다. 때로는 분노를 폭발시키기도 하고, 그러다가 후회하고 낙담하기도 하며 여러 과정들을 거칩니다. 결국 포기에 이르기도 합니다. 다른 자녀들과 비교하며 부러워하기도 합니다. 기도를 하면서 소망을 가지기도 하고 다시 낙심하기도 합니다.

어떤 부모들은 자녀들의 사소한 문제로 인하여 분노하고 폭발하는 경향이 있습니다. 그 이유는 무엇일까요? 자녀들은 어떤 면에서 가시가 되는 것일까요?

많은 경우에 자녀들은 부모의 모습을 보여줍니다. 그런데 좋은 모습만을 보여주는 것이 아니라 부모들이 가지고 있는 아직 처리되지 않은 약점을 보여줍니다. 자녀들에게 분노를 폭발하는 이들은 많은 경우에 자녀들의 안에서 자기의 모습을 보기 때문입니다. 지금은 거듭났다고 하더라도 과거에 거듭나기 전의 옛 모습이 자녀들에게서 나타나는 것을 보기도 합니다. 그것은 부모들에게 고통을 주는 것입니다.

자녀들은 부모의 죄를 깨닫게 하는 역할을 한다

자녀들은 어느 정도 성장하여 사춘기도 지나고 하면 스스로의 판단 능력을 가지게 되어 부모들로부터 벗어난 독립적인 개성과 의식을 가지게 됩니다. 그러나 아직 어릴 적에는 부모의 모습을 비추어주는 역할을 합니다. 그들은 부모의 죄를 깨닫게 하기 위한 도구입니다.
많은 경우 어린 자녀들의 모습은 부모의 모습이며 자녀의 잘못된 행동이나 성향은 아직 부모가 버리지 못하고 가지고 있는 것입니다. 자녀들은 부모의 거울이고 그림자입니다. 자신의 참 모습을 보지 못하는 부모들에게 분명한 그림을 보여주는 도구인 것입니다.
그러므로 자녀들이 성장한 후에 자기의 선택으로 죄를 짓는 것은 부모와 직접적인 관련이 없지만 아직 어린 상태에서 자녀가 죄를 짓거나 악행을 한다면 부모들은 자신의 모습을 돌아보아야 합니다. 자녀들을 통해서 말씀하시고 깨닫게 하시는 주님의 음성을 들어야 합니다. 그들은 아직 부모의 그림자이며 부모와 연결되어 있기 때문입니다.

낮아짐을 위하여 자녀의 가시를 허용하심

하나님은 자녀의 가시를 왜, 무엇을 위하여 허용하시는 것일까요? 그것은 우리의 낮아짐을 위한 것입니다. 낙담하고 낮아짐으로 주님 앞에 엎드러지게 하시기 위한 것입니다. 주를 믿고 섬기려고 하지만 아직도 우리 안에 여전히 남아있는 죄성, 변화되지 않는 육적인 요소를 보여주기 위해서 주님은 자녀들을 사용하십니다. 그리하여 부모들은 자녀를 통해서 자기의 본 모습을 보고 엎드리게 됩니다. 가시에 찔리고 마음이 상해서 주님 앞에서 엎드리게 되는 것입니다. '주님.. 저는 악인입니다. 이것이 바로 제 모습입니다.. 저를 불쌍히 여겨주시옵소서..' 그렇게 우리는 낮아진 마음으로 주님 앞에 엎드리게 됩니다.

자녀들은 그림자와 같다

사무엘의 아들들의 경우, 그들의 악행과 죄는 사무엘과 직접 관련이 있다고 보기 어렵습니다. 그것은 그들의 선택이라고 봐야 할 것입니다. 그러나 다윗의 아들들의 경우 그것은 다윗의 죄와 관련이 있는 것이었습니다. 다윗이 간음죄를 짓고 살인죄를 짓고 거짓으로 그것을 감추었을 때 그 죄들은 자녀들에게서 그대로 나타났습니다. 간음, 살인, 거짓.. 그것은 확대 재생산되어 다윗에게 그대로 돌아왔으며 다윗에게 큰 고통을 주었습니다. 우리도 많은 경우에 우리가 심은 악들이 자녀들을 통하여 그대로 나타나고 있음을 보게 되는 것입니다.

우리는 자녀의 독립적인 악으로 인하여 신음하기도 하지만 또한 우리가 심은 악이 자녀들에게서 나타나는 것을 보고 낙담하기도 합니다. 우리가 낮은 마음으로 주님 앞에 나아가서 자녀의 죄로 인하여 기도하고 회개할 때 주님은 우리를 받아주시며 용서해주시며 깨닫게 해주십니다. 그리고 깨달음이 올 때 자녀들은 우리를 위한 희생자의 역할을 하고 있는 것을 보게 됩니다. 많은 경우에 문제는 자녀들에게 있지 않고 부모 자신에게 있습니다.
자녀들은 문제의 본질이 아니라 그림자인 것입니다. 진정 변화되어야 할 사람은 자녀들이 아니고 자신인 것을 가시에 찔리고 고통을 겪으면서 부모들은 보게 되고 알게 됩니다.

충분히 깨닫고 분명히 볼 수 있을 때까지 가시의 고통은 사라지지 않습니다. 고통에는 항상 시한이 있고 분량이 있습니다. 깨달음을 위해서, 낮아짐을 위해서 가시는 우리의 삶에 계속하여 역사하는 것입니다.

수하에 있는 가시

가시의 역할을 하는 이들은 자녀들 뿐 만이 아닙니다. 가까이 있으며 우리의 권위 아래에 있지만 순종하지 않고 우리를 찌르며 함부로 대하는 사람들이 있습니다.

예수님에게 가시의 역할을 한 사람으로 제자의 한 사람인 가룟 유다를 들 수 있습니다. 그가 주님을 따르기 시작한 순간부터 악한 마음을 품고 있었는지 아니면 예수님이 그의 기대를 충족시키지 않자 나중에 마음이 바뀌게 되었는지는 알 수 없습니다. 아무튼 성경에 등장하는 그의 모습을 보면 그가 주님을 팔기 전에도 다른 마음과 다른 동기로 행동하는 것이 나타납니다.

예수께서 베다니 문둥이 시몬의 집에 있을 때에 마리아는 지극히 비싼 향유를 예수님의 발에 붓고 머리털로 씻었습니다. 그 때 유다는 왜 이 비싼 것을 낭비하느냐고, 팔아서 가난한 자들에게 주는 것이 낫지 않느냐고 비난합니다. 그는 말로는 가난한 자를 생각하는 것처럼 하였지만 실제로는 돈이 탐났던 것입니다.

유다는 주님과 가까이 있어서 주님의 말씀을 들을 기회가 많이 있었지만 그의 마음 중심은 전혀 다른 곳에 있었습니다. 그는 겉으로는 제자의 모습을 가지고 있었고 스승의 말을 경청하는 듯 하였습니다. 표면적으로는 예의에 어긋나거나 적대적인 행동은 하지 않았습니다. 예수님을 팔아서 군병들에게 넘길 때에도 그는 주님께 입을 맞추는 동작을 신호로 삼기도 했습니다.

가룟 유다의 존재는 예수님께 불편함을 주었을 것입니다. 사람의 마음을 다 아시며 느끼시는 예수님은 말씀을 들을 때도 전혀 다른 마음과 동기를 가지고 있는 그의 상태로 인하여 고통을 느끼셨을 것입니다.
그러나 주님은 이 가시를 제거하지 않으셨습니다. 그에 대해서도 측은하게 여기셨으며 나지 않았으면 좋았을 것이라고 안타깝게 여기시기도 하셨습니다. (마26:24)

우리에게도 그러한 가시의 역할을 하는 사람이 있을 수 있습니다. 가까이 있으면서 우리를 불편하게 하는 존재들이 있을 수 있습니다. 표면에서 적대적인 태도를 보이는 이들이 있을 수도 있고 겉으로는 예의를 가장하면서 은근히 괴롭히는 존재가 있을 수도 있습니다.
어쨌거나 분명한 사실은 그들은 우리에게 고통을 주지만 그들을 우리 가까이 있도록 허락하신 분은 하나님이시라는 것입니다. 하나님은 고통을 통해 우리에게 무엇인가 가르치시기 위하여 그것을 허락하셨습니다. 참새 한 마리도 하나님의 허락이 없이는 땅에 떨어지지 않는 것입니다. (마10:29)

바울의 가시

바울도 가시에 대한 이야기를 한 적이 있습니다. 그는 하나님께서 자기의 육체에 가시 곧 사단의 사자를 주셨다고 하였습니다.

여러 계시를 받은 것이 지극히 크므로 너무 자고하지 않게 하시려고 내 육체에 가시 곧 사단의 사자를 주셨으니 이는 나를 쳐서 너무 자고하지 않게 하려 하심이니라 이것이 내게서 떠나기 위하여 내가 세 번 주께 간구하였더니 내게 이르시기를 내 은혜가 네게 족하도다 이는 내 능력이 약한 데서 온전하여짐이라 하신지라 (고후12:7-9)

바울은 자기 육체에 가시가 있다고 하면서 그것을 사단의 사자라고 불렀습니다. 재미있는 것은 그것을 사단의 사자라고 부르면서 동시에 그것을 주신 이는 하나님이라고 한 것입니다.

얼핏 들으면 그것은 모순입니다. 사단의 사자이면서 하나님이 주신 것이라고 하면 하나님이 사단을 보낸 것 같이 되기 때문입니다. 그러나 이것은 사단으로부터 오는 공격이라고 하더라도 그것을 허용하시는 분은 하나님이신 것을 보여줍니다. 마귀는 우리를 괴롭히지만 하나님은 그것을 통하여 오히려 우리가 정화되고 성장하도록 인도하시는 것입니다.

바울이 말하는 육체의 가시가 무엇인가 하는 데에는 여러 많은 견해들이 있습니다. 일반적으로는 질병의 하나로서 간질병이라고 하는 견해도 있고 안질일 것이라는 의견도 있습니다. 결혼을 하지 않은 사람으로서 갖는 육체의 정욕과 같은 것이라는 견해도 있습니다. 또한 사단의 사자라는 표현을 보면 가까운 데서 그를 괴롭히고 공격하여 고통을 주는 사람을 의미하는 것일 수도 있습니다.

가시가 무엇인지는 분명하지 않지만 분명한 것은 그것을 하나님께서 허락하셨다는 것입니다. 하나님은 가시로 인하여 심한 고통을 겪은 바울이 그것을 사라지게 해달라고 세 번이나 간절하게 기도하였음에도 불구하고 그의 기도를 듣지 않으셨습니다. 주님은 그 가시가 그에게 고통스럽지만 유익이 될 것이라고 말씀하셨습니다.

가시의 내용은 분명하지 않지만 가시의 목적은 아주 분명합니다. 그것은 자고하지 않게 하시려는 것이었습니다. 바울이 영적으로 아주 놀라운 경험을 했고 깊고도 중요한 계시를 받았기 때문에 이로 인하여 마음이 높아지지 않도록 주님은 그에게 가시의 고통을 허락하셨습니다.

가시와 고통은 높음을 소멸시킨다

우리는 여기서 이러한 교훈을 얻게 됩니다. 우리가 하나님의 깊은 은혜를 누리고 경험할 때 그것은 우리에게 고통을 동반할 수도 있다는 것입니다. 우리가 은혜에 사로잡혀서 자칫하면 자신을 높일 수도 있기 때문에, 사람들의 칭찬이나 존경을 즐길 수도 있기 때문에 주님께서는 그것을 방지하기 위하여 우리에게 고통을 허락하실 수도 있다는 것입니다. 가시와 고통은 높은 마음을 소멸시킵니다. 극심한 고통과 연약함 속에서 자고하는 마음은 사라지게 됩니다. 자신이 그렇게 아프고 약하고 넘어지고 부족한데, 그러한 자기의 한심한 모습을 보면서 자고하는 마음을 계속 가지고 있는 것은 어려운 일입니다.

높은 마음이 생기지 않도록 하나님은 가시와 고통을 허락하십니다. 우리에게도 그러한 가시와 고통들이 있습니다. 우리는 바울과 같이 깊은 경험을 하지 않았지만 그럼에도 불구하고 역시 교만하고 높은 마음을 가질 수 있습니다. 가시와 고통은 그러한 마음을 소멸시켜줍니다.
우리를 아프게 하고 낙심하게 만드는 가시가 있습니다. 도피하고 싶은 가시가 있습니다. 우리의 속을 썩이고 삶을 힘들게 하는 가시 같은 사람이 있습니다. 바울처럼 우리도 제발 이 가시가, 이 사람이 떠나가게 해달라고 기도할 것입니다. 그러나 하나님은 많은 경우에 우리의 기도를 응답하지 않으십니다.

가시와 고통은 우리에게 유익하다

그 가시와 고통은 우리의 유익을 위한 것입니다. 우리의 낮아짐을 위한 것입니다. 그러므로 주님께서는 그것을 피하지 말라고 말씀하십니다. 우리는 가시를 피해서는 안 됩니다. 가시로 인하여 우리의 비참함과 연약함을 발견하여야 하며 우리의 악함과 부족함을 발견해야 합니다. 가시로 인하여 낮아지고 사모하며 오직 주님의 뜻 앞에 무릎을 꿇어야 합니다.

주님은 우리의 낮아짐을 위하여 고통을 허용하시고 가시의 사람을 보내십니다. 우리가 가시를 피하여 도망하지 않고 그분의 뜻에 순종하고 가시로 인하여 낮아진다면, 우리는 주님의 뜻을 이루고 있는 것입니다. 가시의 사람은 주님이 허락하신 진정 아름다운 은총입니다. 우리가 가시로 인하여 낮아진다면 그것은 아름다운 승리입니다. 왜냐하면 자신의 부족함을 발견하고 낮아지는 것이야말로 참된 복이며 천국의 기쁨과 영광을 누릴 수 있는 아름다운 사람으로 발전해가는 첩경이기 때문입니다.

3. 멸시와 천대를 통한 낮아짐

하나님이 인도하시는 삶은 어떤 삶일까요? 그가 우리에게 은혜를 주시고 복을 주신다면 우리는 어떤 것을 기대할까요? 우리는 우리의 삶이 평탄하고 형통하며 풍성해지기를 기대할 것입니다. 하지만 하나님의 뜻과 인도하심은 우리의 생각이나 기대와 많이 다릅니다.

마태복음 4장을 보면 예수께서 성령에 이끌리어 마귀에게 시험을 받으러 광야에 가셨다는 말씀이 나옵니다. 성령께서 예수님을 사로잡고 이끌고 가셨는데 그 인도하신 곳은 광야이며 그 목적은 마귀에게 시험을 받도록 하기 위한 것입니다.
아마 우리의 현실에서 성령이 우리를 사로잡으셔서 모든 것과 단절되고 고립된 광야와 같은 곳으로 인도하시고 마귀의 시험을 받게 된다면 우리는 크게 좌절할지도 모릅니다. 내가 성령의 인도를 받은 것이 맞나? 하고 의심이 들지도 모르지요. 하지만 하나님의 인도하심과 우리의 기대는 서로 부딪칠 때가 많이 있습니다.

본능적으로 사람은 편안한 것을 원합니다. 고통이 없는 환경을 원합니다. 하지만 하나님은 우리의 환경보다 우리의 내적인 상태, 영적인 상태에 더 관심이 있으십니다. 그는 우리의 마음을 정화시키기 원하십니다. 우리가 천국에 속한, 천국에 합당한 사람이 될 수 있도록 우리를 훈련시켜 가십니다.
이를 위하여 하나님께서는 여러 가지 장치를 통하여 우리의 마음과 심령이 낮아지게 하시고 온전히 주를 바라며 순복하도록 훈련하십니다.

우리의 낮아짐을 위하여 하나님께서 사용하시는 중요한 장치는 멸시와 천대를 받는 것입니다. 우리는 이것을 통하여 낮은 사람, 하나님의 사람으로 나아가게 됩니다.

주님도 멸시를 받으셨다

예수님의 모습에 대해서 예언하고 있는 이사야 53장 3절에 이러한 묘사가 있습니다.

그는 멸시를 받아서 사람에게 싫어 버린 바 되었으며 간고를 많이 겪었으며 질고를 아는 자라 마치 사람들에게 얼굴을 가리우고 보지 않음을 받는 자 같아서 멸시를 당하였고 우리도 그를 귀히 여기지 아니하였도다

예수님의 삶은 멸시를 당한 삶이며 귀히 여김을 받지 못한 삶이었습니다. 만왕의 왕이시며 우리의 주인이신 주님이 멸시를 받는 삶을 사셨습니다. 그런데 그를 따르는 우리가 멸시를 싫어하고 귀히 여김을 받기 원한다면 그것은 옳지 않은 것입니다. 주님뿐이 아니라 하나님의 사람들 대부분은 멸시를 경험하였습니다. 그 멸시의 과정은 그들이 하나님을 알고 하나님의 사람으로 훈련되어가는 과정이었습니다.

다윗도 멸시받는 삶을 살았다

다윗도 어릴 적부터 멸시에 익숙했습니다. 그는 모든 형들이 집에 있을 때 혼자서 양을 치고 있었습니다. 선지자 사무엘이 이새의 모든 아들을 초청하였음에도 불구하고 그는 초청의 자리에 나아가지 못했습니다. 이유는 알 수 없지만 그의 아버지 이새는 모든 아들들을 데리고 오라고 명을 받았을 때 다윗을 데리고 가지 않았습니다. 다윗은 그처럼 아들

취급도 받지 못한 그의 처지를 이상하게 여기지 않았습니다. 그것은 그에게 자연스러운 삶이었습니다. 다윗은 그가 쓴 시편 27편 10절에 "내 부모는 나를 버렸으나 여호와는 나를 영접하시리이다" 하고 고백했습니다. 그의 부모뿐 아니라 형들도 그를 멸시하고 함부로 대했습니다. 멸시와 천대는 다윗에게 아주 익숙한 것이었습니다.

골리앗과 싸우러 나갔을 때 골리앗도 그를 업수이 여겼습니다. 그는 다윗을 자기의 싸울 만한 대적으로 여기지 않았습니다. 전쟁에서 공을 세운 후 그는 잠시 인기를 얻었지만 사울의 시기로 인하여 도피의 유랑길을 떠나게 되었습니다. 도피처에서 그는 나발에게 업신여김을 당했고 살아남기 위하여 적국에서 미친 짓을 하므로 업신여김을 받았습니다. 그의 삶은 피곤한 삶이었습니다. 그의 삶은 주목받고 귀하게 여김을 받는 삶이 아니었습니다. 그러나 그는 낮고 천한 삶의 훈련을 잘 통과하였습니다. 그리하여 하나님의 마음에 합한 사람이 되었습니다.

요셉은 어린 시절 멸시를 몰랐다

요셉의 삶은 어떠했을 까요? 그의 시작은 다윗과 조금 달랐습니다. 그는 아버지의 지극한 사랑과 관심 속에서 자랐습니다. 그는 귀히 여김을 받았으며 다른 아들들보다 사랑을 더 받았습니다. 아버지는 그를 위하여 채색옷을 지었습니다. 그것은 특별 대우였습니다.
요셉의 어린 시절을 보면 일방적으로 사랑만을 받고 자란 부잣집 도련님 같은 분위기가 풍깁니다. 그는 다른 형제들의 잘못을 부모에게 이르곤 했습니다. 그것은 형들의 입장에서 보았을 때는 기분이 좋지 않은 일이었을 것입니다. 아버지가 편애하는 자식이 자신들의 잘못을 고자질까지 하면 마음이 좋을 리가 없겠지요.
꿈 이야기만 해도 그렇습니다. 형들도 자기에게 절하고 해와 달과 별들이, 부모까지도 자기에게 굽힌다는데 그런 꿈 이야기를 듣고 기분 좋은 사람은 아마 없을 것입니다. 요셉은 얼마 후에 다시 꿈을 꾸고 그 꿈도 형들에게 고하는데 상대방들이 미워하고 싫어하는 이야기를 반복하는 것을 보면 어지간히 눈치가 없었던 것 같습니다. 아버지의 사랑을 독차지하고 고자질을 하는데다가 두 번씩이나 듣고 싶지 않은 이야기를 반복하는 그에게 형들은 더욱 반감을 품게 되었습니다.

아마 요셉이 지혜로우며 다른 이들을 배려하는 사람이었다면 그러한 꿈을 꾸었다고 해도 함부로 이야기를 하는 것은 조심하였을 것입니다. 그러나 일반적으로 극진한 대접과 사랑을 받으며 자란 사람들은 고통과 환란을 겪기 전까지는 그러한 것을 알기가 어렵습니다. 그들은 온 세상이 자기를 위하여 있다고 여기기가 쉽기 때문입니다. 그 즈음의 요셉은 17세의 소년이었는데 조금 철이 없었다고 할 수 있을 것입니다.

요셉은 이스라엘 민족이 어려움을 겪을 때 피난처를 제공하는 역할을 맡은 하나님의 그릇이었습니다. 하지만 그는 그러한 하나님의 도구가 되기에는 충분하지 않았습니다. 무엇인가 부족했습니다.
그는 아직 고뇌를 모르고 절망을 모르고 멸시와 천대와 버림받음이 무엇인지 모르는 사람이었습니다. 그는 아직 낮아짐이 무엇인지 모르는 사람이었습니다. 고뇌를 겪지 않고 낮아짐을 겪지 않은 사람이 다른 이에게 피난처가 되고 치유자의 역할을 한다면 그것은 무엇인가 부족한 것입니다.

요셉은 멸시를 받으러 애굽에 팔려갔다

하나님의 섭리로 인하여 그는 애굽으로 끌려가게 되었습니다. 그것은 그에게 멸시와 천대가 필요했기 때문입니다. 그는 아버지의 지극한 사랑을 입고 귀하게 자란 그 때를 벗어야 했습니다. 밑바닥의 삶을 배우고 낮은 삶을 배워야했습니다.

그는 애굽에서 총리가 되고 이스라엘을 구원하는 도구가 되어야 할 그릇이었습니다. 그러나 다윗이 왕이 되기 전에 먼저 멸시와 천대와 오해와 공격을 받았고 그 훈련을 통과했듯이 그도 총리가 되기 전에 먼저 멸시를 받고 훈련을 받아야 했습니다. 그는 자기가 인생의 주인이 아니며 아무 것도 아닌 하찮은 존재인 것을 먼저 배워야 했습니다.

부잣집 도련님은 그러한 것을 깨달을 수 없습니다. 그는 자기가 인생의 중심인줄 압니다. 그러므로 부잣집 도련님의 자리에서 내려와 종의 역할을 배워야 할 필요가 있었습니다. 당시에 종이란 존재는 주인의 명령 한 마디면 목숨이 사라질 수 있는 존재였습니다.

그는 그것을 배우러 애굽에 갔습니다. 자기가 아무 것도 아닌 존재라는 것을 배우러 애굽에 갔습니다. 요셉이 나중에 총리가 되었을 때 그의 밑바닥 체험은 그의 처신에 중요한 도움이 되었을 것입니다. 그는 종으로서 순복하는 것을 배움으로써 총리로서도 지혜롭게 처신할 수 있었습니다.

나중에 형들이 그에게 와서 용서를 구했을 때 그는 울어버리고 마는데, 그것은 그가 하나님의 훈련 아래서 철저하게 낮아진 것을 보여줍니다. (창50:17) 그는 밑바닥 삶의 오랜 기간을 형들에 대한 복수심으로 보낸 것이 아니라 하나님의 인도하심에 순종하고 낮아져서 주님만을 갈망하는 시간으로 보냈습니다. 그의 눈물은 그의 온유함과 겸손을 보여줍니다. 요셉에게 있어서 애굽의 경험은 재앙이 아니었습니다. 멸시와 천대를 통해서 낮아짐을 배우고 하나님의 뜻에 온전히 굴복하여 자신을 맡기는 은총의 시간이었던 것입니다.

천대받는 환경은 아름다운 것이다

오늘날 이 시대에는 멸시와 천대를 받는 환경과 여건이 아름다운 것이며 복이라는 인식이 부족합니다. 그래서 과거 어린 시절에 대한 상처를 치유하고, 과거에 사랑받지 못했던 것에 대하여 아쉬워하며 자신이 사랑받지 못하고 자라서, 상처를 많이 받고 자라서 이렇게 되었다는 식으로 자신의 죄성이나 문제를 합리화시키는 경향이 많이 있습니다.
물론 거기에는 어느 정도 일리가 있는 면이 있습니다. 어린 시절에 아직 자기 방어기제나 판단 능력이 충분하지 않은 상태에서 치명적인 공격이나 학대 등의 경험을 했을 때 그러한 경험이 영혼의 깊은 부분에 악영향을 미치고 악한 영들이 침입하는 통로가 될 수 있기 때문에 그러한 부분의 치유가 필요한 면이 있습니다.

그러나 결과적으로 힘들고 고통스러운 경험은 나쁜 것이라고 할 수 없습니다. 그것은 고통일지라도 은혜의 과정입니다. 그것은 하나님의 은총이 우리에게 임하는 하나의 과정인 것입니다. 성경에 등장하는 많은 인물들, 그리고 교회사에 있었던 많은 하나님의 사람들이 이 과정을 통과했습니다. 우리도 그러한 과정을 겪고 통과해야 합니다.

멸시를 받고 자란 어린 시절의 경험은 나쁜 것이 아닙니다. 오히려 좋은 유산입니다. 고통 없이 자라고 사랑을 받고 자라고 높임을 받고 징계가 없이 자라는 것, 그것이 오히려 진정한 의미에서 재앙이라고 할 수 있는 것입니다.
오늘날의 현실을 보면 과거에 비해서 자녀들의 수가 적기 때문에 비교적 많은 사랑과 관심 속에서 자라는 경향이 있습니다. 과거 어렵던 시절에는 가정마다 자녀들이 많았기 때문에 한 사람 한 사람에게 깊은 애정과 관심을 기울이기가 어려웠습니다. 당시의 자녀들은 귀히 여김을 받지 못했습니다. 그러나 그 시절에 귀히 여김을 받지 못하고 자란 이들 중에는 부모에게 효도를 하고 희생을 하는 이들이 많이 있었습니다. 맏아들이나 맏딸이 자기의 삶을 희생하고 열심히 일을 해서 동생들을 교육시키는 일이 많이 있었습니다. 본인은 결혼하는 것도 포기하고 동생을 뒷바라지하는 것으로 만족하는 이들이 많이 있었습니다. 지금 이 시대는 그러한 것을 보거나 기대하기가 어렵습니다. 모두가 다 귀하게 자랐기 때문에 희생할 줄을 모르며 자기중심적입니다.

이 시대에는 형제들끼리도 돈 문제나 어떤 이득으로 인하여 다툼이 있는 것이 특별한 일이 아닙니다. 멸시 천대가 없이 귀하게 여김을 받고 사랑을 흠뻑 받으며 자라는 것, 자기중심적으로 자라는 것은 자녀들에게 아주 위험한 일입니다. 그것은 비참한 상태입니다. 그것은 물질적으로는 좋아보일지 모르지만 영적으로는 비극적인 환경입니다.

멸시를 모르고 자란 이들은 비참하다

멸시를 모르는 이들이 있습니다. 멸시의 경험이 부족한 이들이 있습니다. 천대를 모르고 좋은 대접만을 받고 자라는 사람이 있습니다.
다윗의 아들들이 그런 사례를 보여줍니다. 다윗은 많은 고통과 훈련을 통과하고 왕이 되었습니다. 그러나 다윗의 아들들은 태어날 때부터 왕자들이었습니다. 그들은 아버지가 겪었던 것을 겪지 않았습니다.
다윗은 많은 환란을 통과했지만 자기의 자녀들에게는 자기가 겪었던 아픔들을 겪게 하고 싶지 않았던 것 같습니다. 다윗은 그의 자녀들에게 심할 정도로 관대하게 잘 대해주었습니다.

고난을 많이 겪은 부모들이 흔히 그러한 성향을 가집니다. 극심한 가난을 겪은 부모들은 자녀들에게는 가난을 물려주지 않으려고 애를 씁니다. 배우지 못한 부모들은 자녀들만은 어려움이 없이 공부를 할 수 있도록 뒷받침을 하고 싶어 합니다. 부모의 정을 받지 못하고 자란 부모들은 자녀들에게 따뜻한 정을 주려고 애를 씁니다.

다윗의 마음도 아마 그러했을 것입니다. 그래서 다윗은 자녀들이 잘못된 행위를 했어도 제대로 징계를 하지 않았습니다. 그러나 그러한 다윗의 애정은 오히려 좋은 결과를 얻지 못했습니다. 멸시를 받지 않은 이들은 낮아짐을 모릅니다. 겸손해야 하는 것을 알지 못합니다. 그들은 그러한 것을 배울 길이 없습니다. 그들은 순종이 어렵고 비판하지 않는 것이 아주 힘이 듭니다. 항상 자기가 중심이 되고 사랑을 받고 칭찬을 받고 살아왔기 때문에 높은 마음에서 나오는 수많은 악들이 그들의 안에 있습니다. 또한 징계를 통하여 그것을 교정 받지도 못하고 살아왔기 때문에 이들은 악에서 벗어나기가 아주 어려운 것입니다.

꾸지람이 없이 자란 아도니야

다윗의 아들 아도니야도 그랬을 것입니다. 성경은 그에 대하여 말하기를 체용이 심히 준수한 자이며 그 부친이 네가 어찌하여 그리 하였느냐 하는 말로 한 번도 저를 섭섭하게 한 적이 없었다고 합니다. (왕상1:6) 여성이나 남성이나 외모가 아름답고 멋지면 칭찬을 받으며 인기를 끄는 것이 보통입니다. 게다가 그의 신분은 왕자였습니다. 지체가 높은 사람이며 외모가 뛰어난 사람입니다. 게다가 이스라엘의 왕인 다윗이 그를 한 번도 꾸짖어본 적이 없다고 하였습니다. 왕이 그를 꾸짖은 적이 없다면 누가 감히 그를 건드릴 수 있겠습니까? 그는 정말 세상에 아무 무서운 것이 없이 자랐던 것입니다.

잘 생긴 왕자가 한 번도 야단을 맞지 못하고 자랐다면 그의 미래는 어떻게 전개되었을 것 같습니까? 성경은 그의 행적을 보여줍니다.

때에 학깃의 아들 아도니야가 스스로 높여서 이르기를 내가 왕이 되리라 하고 자기를 위하여 병거와 기병과 전배 오십 인을 예비하니 (왕상1:5)

꾸짖음을 받지 않고 사랑과 높임만을 받고 자란 사람은 자기가 세상에서 최고인 줄로 압니다. 높임을 받을수록 사람은 더 높은 자리를 구하게 됩니다. 아도니야에게 있어서 더 높은 자리는 오직 왕위뿐이었습니다. 그러므로 그는 그 자리도 탐하게 됩니다.

다윗은 애초에 솔로몬을 자기의 뒤를 이을 후계자로 생각하고 있었습니다. 그렇기 때문에 아도니야에게 그런 언질을 주었을 리가 없습니다. 그러므로 아도니야가 스스로 왕이 되려고 작정한 것은 아무 근거가 없는 것이었습니다. 그는 그의 형이었던 압살롬이 자기 마음대로 왕위를 빼앗으려다가 죽임을 당한 것을 잊어버린 모양입니다.

아도니야는 왕의 허락도 없이 왕위를 찬탈하려고 했지만 이를 위하여 치밀한 계교를 꾸밀 만큼 지혜롭지도 않았습니다.

기껏 자기를 위하여 기병 오십 인을 예비한 것이 전부였습니다. 그리고도 그는 마치 왕위 계승이 끝난 것처럼 잔치를 베풀고 유력한 인사들을 초청하였습니다.

착각 속에서 비참하게 죽은 아도니야

한 번도 야단을 맞지 않고 모든 것이 항상 원하는 대로 되던 이들은 이처럼 어리석은 낙관적 시각을 가지고 있습니다. 자기가 마음을 먹고 생각만 하면 모든 것이 끝나는 줄로 압니다. 측근에서 모든 이들이 예예, 하니까 그는 자신이 아주 대단하고 잘난 사람인 줄로 아는 것입니다.

아무튼 그의 어리석고도 어설픈 계획은 수포로 돌아갔습니다. 왕위는 선지자 나단의 개입으로 인하여 예정대로 솔로몬에게 돌아가게 되었습니다. 그는 간신히 목숨만을 건진 채 집으로 돌아가게 되었습니다. 이 사건은 그가 태어나서 처음으로 실패하고 좌절을 맛본 사건이었을 것입니다. 그가 실패를 자인하고 자신의 어리석음을 인정하고 그 때부터라도 낮은 마음으로 살아갔더라면 그는 목숨은 계속 부지할 수 있었을 것입니다. 그러나 도무지 실패를 경험한 적이 없고 좌절을 맛본 적이 없는 아도니야는 여전히 정신을 차리지 못했습니다. 그는 솔로몬의 어머니인 밧세바에게 찾아가서 아버지 다윗의 수종을 들던 수넴 동녀 아비삭을 자기에게 달라고 합니다.

이것은 그가 아직도 전혀 분위기 파악을 하지 못하고 있음을 보여줍니다. 동녀 아비삭은 비록 다윗 왕이 동침을 하지는 않았지만 어엿이 다윗의 아내와 같은 역할을 했던 사람입니다. 그 여인을 달라는 것은 자기를 아버지인 다윗 왕의 반열에 올려놓으려는 것이며 그가 아직 왕위를 포기하지 않은 것을 보여줍니다. 게다가 아도니야가 밧세바에게 하는 말도 가관입니다.

이 왕위는 내 것이었고 온 이스라엘은 다 얼굴을 내게로 향하여 왕을 삼으려 하였는데 그 왕위가 돌이켜 내 아우의 것이 되었음은.. (왕상2:15)

이것은 아도니야가 얼마나 심한 착각을 하면서 인생을 살아왔는지를 보여줍니다. 왕위도 내 것이고 모든 사람들도 다 나를 왕으로 삼기 원한다는 것이 그의 생각입니다. 그런 식으로 말이 안 되는 생각과 말을 하면서도 그는 자신의 잘못을 알지 못합니다. 혼이 나거나 맞아본 적이 없기 때문에 그는 당연히 자기의 생각이 항상 옳은 줄 알고 살아왔던 것입니다. 맞지 않고 징계 없이 자란 자녀들은 이처럼 어리석은 사람이 될 수 있습니다.

아버지 다윗이 수많은 환란과 전쟁과 고난을 통과하면서 하나님의 시험에 합격하여 얻은 왕위를 그는 당연히 자기의 것이라고 생각합니다. 자기가 잘났기 때문에 왕위는 자기에게 넘어오는 것이 당연하다고 믿는 것입니다. 편안한 삶은 이렇게 사람을 바보로 만듭니다.

그런데 그를 그렇게 키운 것은 다윗 왕입니다. 그리고 보면 다윗은 아버지로서는, 교육의 측면에서는 정말 낮은 점수를 줄 수밖에 없는 아버지입니다.

아버지가 그저 오냐 오냐 해주고 주위 사람들이 칭찬하고 높여주니까 아도니야는 정말 착각 속에서 인생을 살아왔던 것입니다. 왕위가 그의 것이라는 것도 그의 환상이고 모든 사람이 그를 원한다는 것도 착각이었습니다. 그는 지금 자기의 목숨이 아슬아슬한 상태에 있다는 것도 전혀 파악하지 못하고 있는 것입니다. 그런 말을 하고도 멀쩡하게 살아남을 것이라고 착각하고 있는 것입니다.

아무튼 그것이 그의 마지막 착각이었습니다. 그는 분노한 솔로몬에 의하여 곧 죽임을 당하고 말았습니다. 그는 마지막 죽기 직전에 비로소 깜짝 놀라고 정신이 돌아왔을지도 모릅니다.

칭찬만 듣고 오냐 오냐 해서 자란 자식은 정도의 차이는 있지만 착각 속에서 허무한 인생을 살아가게 됩니다. 인생이 모두 자기 손 안에 있는 것인 양 생각하며 살게 됩니다. 누군가 그의 착각을 일깨워주거나 아니면 심각한 좌절을 맛보지 않는 한 그러한 환상 속에서 정신을 차리는 것은 쉬운 일이 아닐 것입니다.

편하게 자라서 욕망으로 인하여 죽은 암논

다윗의 다른 아들인 암논의 삶도 비슷합니다. 그도 별로 다윗에게 꾸지람을 받지 않고 자란 것 같습니다. 심지어 이복 누이 동생을 강간하는 엄청난 일을 저질렀을 때도 다윗은 그를 징계하지 않았으니까요. 다윗은 그 소식을 듣고 분노하기만 했지 아들 암논에 대해서 어떠한 벌도 내리지 않았습니다. 그렇게 커다란 사고를 쳤는데도 내버려두는 아버지이니 평소에 저지르는 사소한 잘못에 대해서는 당연히 징계하거나 다스리지 않았을 것입니다. 그렇게 곱게 자란 암논의 삶도 역시 제대로 진행되지 않았습니다. 암논은 이복누이 다말에 대해서 연정을 품었습니다. 사실 그것은 연정이라기보다는 정욕이라고 보아야 할 것입니다.

아무튼 그것은 품어서는 안 되는 정욕이었습니다. 이복 동생이기는 하지만 한 아버지를 둔 동생의 오빠가 그렇게 할 수는 없었습니다. 그러나 그는 친구 요나답의 계교를 이용해서 결국 그의 욕망을 채우고야 말았습니다. 그리고 분노한 다말의 오빠인 압살롬에 의해서 죽임을 당하고 맙니다. (삼하13:1-29)

아도니야가 어처구니없는 욕망을 품었다가 비극적인 최후를 마친 것처럼 암논도 어리석은 육체의 정욕을 품었다가 비참하게 죽고 말았습니다. 아도니야가 어처구니없는 언행을 하면서도 자신에게 다가올 재앙을 전혀 염두에 두지 않은 것처럼 암논도 남에게 엄청난 피해를 주었으면서도 상대방 측이 증오심으로 이를 갈며 복수의 칼을 갈고 있으리라는 것을 전혀 예상하지 않았습니다.

아도니야도, 암논도 전혀 고민이 없었습니다. 그들은 욕망이 거절된 적이 없었습니다. 무엇이든 원하기만 하면 그것을 손에 넣을 수 있었습니다. 자녀를 그런 식으로 키운 부모들은 그렇게 쉽게 자란 자녀들이 나중에 쉽게 타락하고 망가지는 것을 보게 될 것입니다. 그들은 모든 것을 너무 쉽게 얻기 때문에 조금만 어려움이 있어도 인내하지 못하며 사소한 일에도 절망하고 낙담하게 될 것입니다.

극진한 사랑으로 자라 극악무도한 사람이 된 압살롬

압살롬도 아도니야나 암논과 다를 것이 없었습니다. 그도 아버지의 극진한 사랑을 받고 자란 사람이었습니다. 앞의 두 왕자와 마찬가지로 그의 인생에 좌절이란 없었고 꾸지람도 없었습니다. 다윗 왕은 압살롬이 잘못을 저질러도 그저 그를 사랑하기만 했습니다. 심지어 압살롬이 자기의 왕위를 빼앗고 죽이려 하였는데도 막상 전쟁에서 그가 죽임을 당하자 내 아들 압살롬아, 내 아들 압살롬아! 내가 너를 대신하여 죽었더면.. 압살롬아 내 아들아 내 아들아.. 하면서 슬피 울었습니다. (삼하18:33) 그 정도로 다윗은 압살롬을 사랑했습니다.

압살롬은 아버지의 사랑을 독차지할만한 요소를 많이 가지고 있었습니다. 온 이스라엘 중에 압살롬 같이 아름다움으로 크게 칭찬받는 자가 없었는데 그는 발바닥부터 정수리까지 흠이 없이 아름다웠다고 하였습니다. 게다가 그는 아주 지혜로웠습니다. 사람의 마음을 사로잡을 줄도 아는 매력적인 사람이었습니다.

하지만 그렇게 사랑을 받고 편안하게 자란 압살롬은 아버지를 배신하고 왕위를 빼앗으려고 시도하였습니다. 그 과정에서 백성들의 마음을 빼앗고 아버지의 처들과 동침하였습니다.
인류 역사상 이렇게 악한 아들도 드물 것입니다. 어린 시절부터 사랑을 많이 받고 항상 칭찬을 들으며 무엇이든지 원하는 것을 항상 이루던 사람들의 삶은 이처럼 비참하게 진행될 가능성이 많이 있습니다. 다윗은 자녀들에게 자기가 겪었던 고통과 재앙을 겪지 않게 해주고 싶었을 것입니다. 자기가 받지 못했던 아버지의 사랑을 흠뻑 주고 싶었을 것입니다. 하지만 그의 그러한 애정은 아름다운 열매를 맺지 못하였습니다.

부러워하는 환경이 부러운 것이 아니다

이처럼 낮은 삶을 모르고 자란 이들은 비참합니다. 욕망을 거절당한 적이 없는 이들은 비참합니다. 항상 칭찬을 듣고 멸시를 알지 못하고 자란 이들은 비참합니다. 그런 면에서 오늘날의 많은 자녀들은 아주 불행한 여건 속에서 자라는 것입니다. 그들의 영혼은 위험하며 안전하지 않습니다. 이들은 꾸지람에 익숙하지 않기에 사소한 꾸지람에도 절망하며 사소한 실패에도 깊은 좌절을 경험합니다. 온실 속의 화초처럼 자라게 되는 것입니다.

그리고 그렇게 약한 정신력을 가지고 있으면서도 온 세상이 자기의 것이라고 생각합니다. 그것은 아주 비참한 일입니다. 그리고 아주 무서운 가치관입니다. 자기가 아무 것도 아니며 어른들에게 순복해야 하며 낮은 자리에서 봉사하고 섬기는 삶을 살아야 한다고 배우지 못하고 자란 이들은 비참한 사람들입니다. 오늘날 많은 사람들이 부럽게 느끼는 좋은 환경은 결코 좋은 것이 아닙니다. 또한 많은 이들이 불쌍하게 생각하는 열악한 환경이 결코 나쁜 것이 아닙니다. 높은 곳에서 자란 이들은 불행한 사람이며 오히려 낮은 자리, 낮은 형편에서 자란 이들이 하나님의 나라에 가까운 것입니다.

시작이 중요하다

삶이 시작되는 환경은 아주 중요합니다. 이것은 사람의 마음과 의식에 중요한 영향을 줍니다. 처음에 어려운 여건에서 자라고 멸시와 천대에 익숙하게 자라난 이들은 인생의 후반기에 많은 것들을 성취했다고 하더라도 기본적인 낮은 의식을 유지하기가 쉽습니다. 그들은 마음 속 깊은 곳에 '나는 부족하고 하찮은 사람이다.' 하는 인식이 있습니다. 어린 시절에 이 기본적인 인식이 자리를 잡는 것이 중요합니다.
하지만 삶의 시작에 있어서 징계가 없는 사랑을 받으며 칭찬과 인정과 편안함 속에서 자라 거기에 익숙한 이들은 영적 성장이나 정신적인 성장에 어려움이 많습니다. 그들은 자기중심적인 가치관이 그 마음의 중심에 형성되어 지옥의 영들과 가까워지게 됩니다.

이들은 많은 재앙과 고통을 겪기 전까지 자기중심적인 가치관을 버리는 것이 어렵습니다. 그들은 자기를 높이 생각하며 대단한 존재로 여깁니다. 그들은 사소한 것에 상처를 받게 됩니다. 그들은 사소한 무례에 대하여 항의하며 '나는 그렇게 자라지 않았어요! 내 부모님도 나를 그렇게 대하시지 않았어요!' 하고 외칩니다. 하지만 그것은 자랑이 아니고 비참한 것입니다.

태어날 때부터 공짜로 많은 것을 받고 있다면. 그는 불행한 사람입니다. 그는 영적 성장에 있어서 매우 불리한 조건을 가지고 있습니다. 그들은 성장을 위하여 많은 은총이 필요하며 많은 고통이 필요합니다.
비천함을 경험하며 멸시를 경험하는 것.. 자신이 아무 것도 아님을 배우는 것.. 다른 이들에게 함부로 대해지는 것.. 그것은 좋은 훈련입니다. 어린 시절에 그러한 것들을 충분히 경험했다면 그것은 복을 받은 것입니다.
요셉은 아버지의 품에서 그것을 배울 수 없었기 때문에 그것을 배우기 위하여 애굽으로 유학을 갔습니다. 자신이 아무 것도 아니라는 것을 배우기 위하여 종으로 팔려서 유학을 갔습니다.
종이란 아무 것도 아닌 존재입니다. 주인은 그가 마음에 들지 않으면 죽일 수도 있습니다. 노예의 생명은 아무 가치가 없습니다. 종이 되었을 때 그의 생명은 없어진 것이나 마찬가지입니다. 그의 생명은 전적으로 주인에게 달려 있는 것입니다.

멸시 천대는 복이다

자기 생명에 대한 애착에서 자유로운 것.. 그것은 복입니다. 사람들은 자기 생명을 대단하게 여기기 때문에 두려워하며 묶입니다. 사람들은 몸이 조금만 아파도 온갖 난리법석을 피우곤 하는데 그것은 자기 생명에 대한 애착과 사랑이 지나치기 때문입니다. 그렇게 자기 존재에 대한 애착이 너무 많은 사람은 사람의 생사가 사람에게 있지 않고 오직 하나님께 달려 있음을 인식하기 어렵습니다. 그것은 자유가 아닙니다. 묶임입니다.

멸시를 받고 천대를 받으며 무시를 당하는 것, 낮은 곳에 서는 경험은 자기의 생명과 그 집착에서 자유롭게 되는 데 도움이 됩니다. 귀하게 여김을 받는 것은 사람을 나약하게 하고 자기중심적으로 만들지만 천덕꾸러기로 자란 사람은 주님이 사용하시는 아름답고 놀라운 도구가 될 수 있습니다. 그것이 세상의 가치관과 영적인 가치관의 차이입니다. 세상은 위대하고 뛰어난 존재를 찾지만 주님은 낮고 부족한 사람을 찾으십니다.

나는 화목함과는 거리가 먼 가정에서 자랐습니다. 내가 자라던 당시 대부분의 가정들이 다 그랬듯이 나의 어린 시절은 귀하게 여김을 받는 것과는 아무 상관이 없었습니다. 집이 가난한 편이어서 등록금이 몇 학기 밀리기도 했고 학교 다니는 것이 싫기도 해서 나는 고등학교를 1학년만 다니다가 그만두었습니다. 검정고시를 통하여 대학에 가게 된 것은 시간이 많이 흐른 후의 일이었습니다. 그래서 나는 고등학교를 중퇴한 후 바로 사회생활을 시작하게 되었는데 그것은 아주 유익한 경험이었습니다.

보호자 없이 10대 중반에 홀로 서기를 한다는 것은 다른 이들이 함부로 대할 수 있는 좋은 여건이 됩니다. 허드레 일을 하면서 낮은 위치에 서게 된다는 것, 아무도 잘 대해주지 않는다는 것.. 그것은 나의 영혼에 아주 좋은 학습이었습니다. 나는 대단한 존재가 아니라는 것, 가치 없는 존재라는 것.. 나는 그것을 일찍 배웠고 거기에 익숙합니다. 나는 그러한 기본을 일찍 습득한 것에 대하여 얼마나 감사하는지 모릅니다.
그러한 기초가 형성되었으므로 지금 많은 이들이 내게 감사하고 칭찬하며 존경을 표시하지만 나는 그러한 일들이 믿어지지 않으며 마음에 두지 않습니다. 나는 아무 것도 아니며 아무런 가치 없는 존재라는 인식이 내 깊은 곳에 항상 있기 때문에 나는 행복합니다. 내가 한심하고 어리석고 비천한 존재라는 사실이 항상 통렬하게 인식되기 때문에 나는 항상 하나님의 긍휼과 은총을 구하게 됩니다. '오, 주님.. 당신이 나를 떠나면 나는 죽습니다!' 하고 항상 기도하게 됩니다.

그러므로 나는 어려운 여건에서 살았던 것이 항상 감사합니다. 하지만 그렇다고 좋은 여건에서 자라는 사람들이 마냥 나쁜 것이라고 생각하지는 않습니다. 그러한 이들은 낮은 마음을 가지는 것이 좀 더 어렵기는 하겠지만 그래도 낮은 마음과 비천한 마음을 가지기 위하여 애쓰며 감사하고 순종한다면 주님은 그러한 여건에서도 주의 풍성하신 은총을 베푸실 것입니다.

환경이 사람을 만들지 않는다

하지만 시작의 기초가 좋다고 해서, 어려운 여건에서 자랐다고 해서 모든 이들이 다 낮은 마음을 얻고 좋은 열매를 맺는 것은 아닙니다. 가난하고 어려운 상황 속에서 자라는 것은 영적으로 좋은 여건이기는 하지만 그 상황에서 오히려 더 비뚤어질 수도 있습니다. 천대를 받으며 악심이나 울분을 품을 수도 있습니다. 가진 자들에 대한 분노를 키울 수도 있으며 물질에 대한 집착을 가질 수도 있습니다. 권위에 대하여 거스르고 반항적이며 자기중심적이 될 수도 있습니다. 또한 나이가 들어서 환경이 좋아지게 되면 자기가 겪었던 낮은 시절의 곤고함을 까맣게 잊어버릴 수도 있습니다. 과거의 교훈을 잊으며 높은 마음을 가지고 살 수도 있습니다. 지난 시절의 초췌함을 잊어버리고 약하고 가난한 이들을 무시하며 거드름을 피우고 사는 이들도 있습니다.

그것은 자신에게 달려 있는 것입니다. 보화를 가졌다고 해서 모든 사람들이 그 보화의 가치를 다 아는 것은 아닙니다. 하지만 가치를 모르는 사람들이 많다고 하더라도 보화는 보화입니다. 어렵고 힘든 시절을 겪는 것은 은총에 속한 것입니다.

만일 어떤 이가 어려운 여건에서 비뚤어지고 교만한 마음을 품는 사람이라면 그는 좋은 여건에서 자랄 때 더욱 더 사악한 사람이 될 것입니다. 그것은 좋은 여건이 낮은 마음과 소박한 마음을 가지기에는 훨씬 더 어려운 여건이기 때문입니다. 아무도 구박하지 않고 꾸짖지 않고 천대하지 않는데 스스로 겸손해지는 것은 아주 특별한 성인 외에는 쉬운 일이 아닙니다.

누구나 굴욕을 당할 때가 온다

사람은 누구나 인생에 있어서 굴욕과 멸시를 당할 때가 옵니다. 어린 시절에 편하게 자랐더라도 언젠가는 어려운 시기를 겪게 됩니다. 굴욕을 겪을 수 있습니다. 어린 시절에 굴욕을 겪지 않고 다 자란 후 나중에 겪는 이들은 좀 더 힘들게 느껴질 것입니다. 무엇이든 어린 시절에 빨리 배우고 익히지 않으면 나중에는 배우는 것이 어렵습니다. 무엇이든지 어려서 배우는 것이 유리합니다. 하지만 그렇더라도 굴욕과 멸시를 잘 극복해야 합니다. 낮아져야 하며 자기를 돌아보아야 하며 굴욕으로 인한 메시지를 잘 받아들여야 합니다. 그것은 우리의 영적 성장에 있어서 반드시 통과해야 할 부분입니다.

잠언은 이렇게 말합니다.

미련한 자는 당장 분노를 나타내거니와 슬기로운 자는 수욕을 참느니라
(잠12:16)

굴욕을 잘 견디는 것이 복을 쌓는다

수욕을 잘 견디는 자는 아름다운 사람이며 낮은 심령의 사람입니다. 그러한 이들은 천국을 누릴 수 있습니다. 그러나 이 시대의 많은 이들은 그러한 굴욕을 기뻐하지 않으며 자존심을 지키려고 애를 씁니다. 그래서 영적으로도 성장하지 못하며 지옥적인 삶을 살게 됩니다.

주님의 삶은 멸시와 천대와 십자가의 삶이었습니다. 그분은 어린 시절에만 낮은 곳에 있지 않고 평생을 그런 대접을 받으며 사셨습니다. 우리가 진정 그분을 따르는 사람이라면 우리에게 다가오는 수욕을 이상하게 여기거나 불쾌하게 여겨서는 안 됩니다. 그것은 우리와 주님을 연합시키는 아름다운 도구이기 때문입니다. 그러므로 우리는 수욕을 겪을 때 그것을 잘 통과해야 하며 시험에 합격해야 합니다. 이 훈련을 통해서 낮아져야 하며 감사해야 합니다. 굴욕을 겪을 때 그것을 피하려고 애쓰거나 자기 연민에 빠지지 마십시오. 굴욕은 아름다움이며 감추어진 복입니다.
예레미야 애가에 등장하는 다음의 아름다운 말씀을 묵상해보십시오. 이 말씀은 구원이 오직 하나님께로부터 나오므로 오직 주님을 신뢰하며 하나님의 구원과 은총을 기다려야 한다는 메시지입니다.

사람이 여호와의 구원을 바라고 잠잠히 기다림이 좋도다
사람이 젊었을 때에 멍에를 메는 것이 좋으니
혼자 앉아서 잠잠할 것은 주께서 그것을 메우셨음이라
입을 티끌에 댈찌어다 혹시 소망이 있을찌로다

때리는 자에게 뺨을 향하여 수욕으로 배불릴찌어다
이는 주께서 영원토록 버리지 않으실 것임이며
저가 비록 근심케 하시나 그 풍부한 자비대로 긍휼히 여기실 것임이라 (애 3:26-32)

이 말씀은 멸망을 당한 이스라엘이 어떠한 자세를 가져야 하는지, 어떻게 하나님을 바라고 소망을 가져야할 것인지에 대해서 가르치고 있습니다. 물론 당시의 이스라엘 뿐 아니라 오늘날 곤고함을 겪고 있는 모든 이들에게도 해당되는 말씀입니다.

수욕으로 배가 부르게 하라

사람은 오직 하나님의 구원을 잠잠히 기다려야 하며 젊은 시절에 고난을 겪는 것이 좋은데 일체의 변명이나 원망을 토하지 말고 잠잠해야 할 것은 그 모든 어려움들이 하나님으로부터 왔기 때문이라고 본문은 말합니다. 본문에서 입을 티끌에 대야 한다고 하는 것은 입을 땅에 대라는 것, 엎드리고 아무 말도 하지 말라는 것입니다. 그리고 이어서 아주 인상적인 표현이 나옵니다.

때리는 자에게 뺨을 향하여 수욕으로 배불릴지어다 (애3:30)

뺨을 때리는 자에게 반항하지 말 것이며 오히려 수욕으로 배가 부르게 하라.. 오히려 충분히 그 굴욕을 받아들이라는 것입니다. 그리하면 자비하신 하나님께서 우리를 긍휼히 여기실 것이라는 말씀입니다.
모욕을 당하고 뺨을 맞으며 그것을 좋아하고 즐길 사람은 없습니다. 누구나 그런 일을 겪으면 마음이 아프고 슬프고 화가 날 것입니다. 그러나 이유 없이 굴욕을 당하는 이들은 없습니다. 모두가 다 자기 안에 악성과 처리되어야 할 더러움이 있는 것입니다. 이스라엘이 당하고 있는 굴욕은 그들이 하나님을 버렸기 때문이었습니다. 그러므로 하나님은 그들을 원수들의 손에 붙였고 그들은 원수들의 압제에서 신음하게 된 것입니다. 압제를 당하고 수욕을 겪는 그들도 마음이 아프겠지만 그들을 원수들에게 붙인 하나님의 마음은 어떻겠습니까? 그러므로 그들은 이를 갈면서 분노하고 원망할 것이 아니라 수욕을 묵묵히 참고 받으며 얼굴을 땅에 대고 엎드려서 하나님의 긍휼을 얻어야 하는 것입니다. 그들이 울며 낮은 마음을 가질 때 하나님의 진노는 사라지게 되고 그 때부터 회복은 이루어지게 되는 것입니다. 구원은 사람에게 있지 않고 환경에 있지 않으며 오직 하나님의 마음과 자비에 있기 때문입니다.

어려움을 겪을 때 불평하지 말고 수욕으로 배불리는 것.. 수욕을 오히려 감사함으로 받는 것.. 그것은 주님의 긍휼을 일으키며 재앙이 속히 사라지게 하는 비결입니다. 어려움이 있을 때 깨닫지 못하고 원망 불평을 일삼은 이들은 더 많은 재앙과 곤고함 속에서 남은 삶을 살게 될 것입니다. 그러나 수욕 앞에서 회개하며 엎드리는 자들에게 재앙의 시간은 곧 끝나게 됩니다.

수욕을 묵묵히 받을 때 재앙이 소멸된다

수욕으로 배불리는 것.. 그것은 좋은 것입니다. 칭찬과 인정은 좋은 것이 아닙니다. 그것은 사람을 잠시 기분 좋게 하지만 자칫하면 그로 인하여 멸망할 수도 있습니다. 그러나 굴욕과 멸시받음은 좋은 것입니다. 그것은 우리를 낮아지게 하며 재앙이 사라지게 합니다. 다윗은 이 원리를 잘 알고 있었고 그의 삶에도 적용하였습니다.

다윗의 인생에 아주 고통스러운 순간이 있었습니다. 압살롬이 반역을 했고, 다윗은 목숨을 위하여 왕궁에서 도피하게 되었습니다. 그는 많은 환란들을 겪었지만 자신이 애지중지하던 아들에게 생명의 위협을 느끼고 쫓기게 된 것은 다른 것과 비교하기 어려운 고통이었을 것입니다. 그가 부하들과 함께 쫓겨 가고 있을 때 시므이라는 사람이 그에게 돌을 던지며 저주하고 욕을 퍼부었습니다. 시므이는 이제 다윗의 시대가 끝났다고 여겼을 것입니다. 그러므로 마음 놓고 평소에 품었던 분노를 표출한 것이겠지요. 가장 힘든 순간에 가장 참기 어려운 저주를 퍼붓는 시므이에게 다윗은 어떤 마음이 들었을까요.

다윗의 옆에서 그것을 보고 있던 스루야의 아들 아비새라는 장군이 다윗에게 말했습니다.
이 죽은 개가 어찌 내 주 왕을 저주하리이까 청컨대 나로 건너가서 저의 머리를 베게 하소서 (삼하16:9)
이에 대하여 다윗은 이렇게 대답하였습니다.

왕이 가로되 스루야의 아들들아 내가 너희와 무슨 상관이 있느냐 저가 저주하는 것은 여호와께서 저에게 다윗을 저주하라 하심이니 네가 어찌 그리 하였느냐 할 자가 누구겠느냐 하고
또 아비새와 모든 신복에게 이르되 내 몸에서 난 아들도 내 생명을 해하려 하거든 하물며 이 베냐민 사람이랴 여호와께서 저에게 명하신 것이니 저로 저주하게 버려두라
혹시 여호와께서 나의 원통함을 감찰하시리니 오늘날 그 저주 까닭에 선으로 내게 갚아주시리라 하고 (삼하16:10-12)

다윗은 압살롬의 반역을 보고 이것이 자기 죄로 인함인 것을 알았습니다. 다윗은 압살롬의 반역에 대해서 보고를 받자마자 "어서 도망하자. 그렇지 않으면 우리는 모두 다 죽을 것이다." 하고는 바로 짐을 쌌습니다. 연소한 목동으로서 대 장수 골리앗을 보고도 담대하게 싸우러나갔

던 다윗의 기개는 다 어디로 가버린 것일까요? 하지만 다윗은 알고 있었습니다. 자신의 힘과 능력은 하나님이 함께 하실 때만 나타나는 것이며 지금은 하나님이 그를 징계하시고 치시는 때인 것을 말입니다. 그는 지금 할 말이 없었습니다. 그는 이 사건이 그가 범한 우리아의 아내와 관련된 간음과 살인죄의 결과인 것을 알았습니다. 이것은 이미 나단 선지자에 의해서 예언된 것이었습니다.

지금의 상황에서는 오직 수욕으로 배불리는 것이 자기의 해야 할 일인 것을 다윗은 알았습니다. 그의 무기는 오직 하나님 앞에서 낮추어 불쌍히 여기심을 받는 것뿐임을 그는 알았습니다. 그것이 유일하게 살아남을 수 있는 길이며 하나님과의 관계를 회복하는 길임을 그는 알았습니다. 그러므로 그에게 저주를 퍼붓고 있는 시므이는 오히려 그의 회복을 도와주고 있는 것이라고 그는 생각하였습니다.

지금 그에게는 비난을 당하고 억울함을 당하고 굴욕을 당하고 저주를 받는 것이 좋은 일이었습니다. 그러므로 그는 말하기를 "저를 저주하게 내버려두라. 오늘날 그 저주 까닭에 선으로 내게 갚아주시리라" 하고 말한 것입니다.

그가 생각했던 대로 그의 재난은 얼마 가지 않아서 끝이 났습니다. 하나님은 다윗을 긍휼히 여기시고 그를 용서해주셨습니다. 그를 저주했던 시므이는 나중에 비참하게 죽었고 저주를 받았던 다윗은 용서를 받았습니다.

이 원리는 지금도 여전히 통용되는 원리입니다. 남을 저주할 때 그것이 하나님 보시기에 합당하지 않으면 저주는 상대방에게 가지 않고 자기에게로 돌아옵니다. 자신이 그 저주를 받게 됩니다. 그러나 다른 이가 퍼붓는 저주에 대응하지 않고 겸손히 자기를 돌아보며 반성하는 자는 오히려 주님의 긍휼히 여기심을 받고 복을 받는 것입니다.

만약 시므이의 저주에 다윗이 발끈해서 그를 없애버렸다면 어떻게 되었을까요? 어쩌면 다윗에게 임한 재앙의 시간이 길어졌을지도 모릅니다. 다윗은 하나님의 긍휼을 얻는 데에 좀 더 많은 시간이 필요했을지도 모릅니다. 그러나 다윗이 그 저주와 멸시 아래서 낮아졌기 때문에 그는 곧 회복이 될 수 있었습니다.

멸시와 천대를 통해 낮아지고 주님과 연합하라

우리는 이 진리를 기억해야 합니다. 우리의 삶에 멸시 천대가 있습니다. 굴욕을 당하는 순간이 있습니다.
우리는 그것을 거절해서는 안 됩니다. 그것은 하나님께서 우리에게 허락하신 훈련이기 때문입니다. 그것은 하나님께서 우리에게 허락하시는 보화이기 때문입니다.
어린 시절에 멸시와 어려움 속에서 자라온 사람이 있다면 그것은 은총입니다. 그러나 어려움을 겪었으되 교훈을 받지 못하고 분노하며 자기를 불쌍히 여기고 있다면 그는 귀한 은총의 기회를 버리고 있는 것입니다. 그것은 주어진 보화를 던져 버리는 것입니다.
우리는 멸시와 천대와 굴욕의 경험으로 인하여 교훈을 받아야 하며 낮아져야 합니다. 그것은 우리의 영혼이 주님과 연합할 수 있는 좋은 훈련입니다.

부디 이 사실을 기억하십시오. 하나님은 당신을 낮추기 위해서 많은 수치와 굴욕을 통과하게 하십니다. 당신이 잠잠함으로 감사함으로 굴욕을 통과할 때 당신이 겪어야 할 많은 재앙들은 사라지게 될 것입니다. 그 훈련과 시험에 꼭 합격하십시오. 그리하여 낮은 마음을 얻으십시오. 훈련을 통과할수록 당신은 주님의 풍성하신 긍휼과 천국의 은총을 충만하게 누리고 맛보게 될 것입니다. 할렐루야.

4. 억울함의 경험

우리는 삶을 살아갈 때 억울하다고 느껴지는 일들을 경험하게 됩니다. 그것도 하나님께서 우리의 마음이 낮아지도록 훈련하시기 위해 허용하시는 도구입니다. 억울한 일을 겪을 때 우리는 여러 가지 반응을 보이게 되는데 그것은 우리의 영적 수준이나 상태를 보여줍니다. 우리 마음이 높은 상태에 있는지 낮은 상태에 있는지를 보여줍니다.

항변할 때 흘러나오는 영

억울해 보이는 일을 겪을 때 흔히 사람들이 보이는 반응은 항변입니다. 사람들은 자기가 당한 상황이 얼마나 비논리적이며 말이 안 되는 것이며 합당하지 않은지, 상대방이 얼마나 잘못되었는지를 이야기하며 자신의 입장을 변호합니다. 당하는 입장에서 그러한 반응은 당연한 것으로 보입니다. 아무도 그러한 반응을 보이면서 자기의 마음이 높은 상태에 있다고 여기지 않을 것입니다.

하지만 이 때 중요한 포인트가 되는 것은 어떤 논리나 옳고 그름이 아니고 말하는 가운데 흘러나오는 영입니다. 어떤 사람이 항변을 하며 자기변호를 하고 있을 때 흘러나오는 영은 어떠한 영일까요? 그것은 주의 영입니까? 자신이 겪는 일이 혹 하나님의 영광을 가리지 않을까 염려하고 슬퍼하는 영일까요?

대부분의 경우 그렇지 않을 것입니다. 그것은 자기에 속한 영이며 자아에 속한 영입니다. 자기는 옳고 분하다는 영입니다. 그것은 아름다운 영이 아닙니다.

항변을 하고 변호를 하는 사람들은 그들의 억울함을 입증하는 과정에서 자기 합리화와 상대에 대한 정죄의 영이 들어가는 것이 보통입니다. 만약 억울함을 하소연하는 자신의 말에 듣는 이들이 동의하지 않는다면 그들은 상처를 받고 분노합니다. 당신이 내가 겪는 것을 직접 당해 보면 상대방이 얼마나 악하고 잘못된 사람인지 알게 될 것이라고 말합니다.

그러한 말은 바르지 않은 영으로부터 나오는 것입니다. 그것은 그 사람이 자기로 가득하며 변호로 가득하며 높은 마음을 가지고 있음을 보여주는 것입니다. 그러한 말에는 증오와 자기 의가 가득한 것입니다. 그러한 말에는 악한 에너지가 흐르게 됩니다.

많은 억울한 일을 겪었어도 여전히 잔잔하고 마음의 평화를 잃지 않으며 겸손히 자기를 반성하는 영을 가지고 있다면 그것은 아름다운 일입니다. 그러나 사소한 억울함에도 극도의 분노와 울분을 토로하면서 이를 갈고 있다면 그것은 아름다운 모습이 아닙니다. 그것은 악한 영에게 속한 것입니다. 그렇게 할 때 악한 기운이 흘러나옵니다. 그것은 주님으로부터 오는 것이 아닙니다.

그것은 하나님을 정죄하는 영입니다. 자기는 옳고 상대는 잘못이라는 생각은 또한 그렇게 악한 상대방을 지으신 하나님도 정죄하는 것이나 마찬가지입니다. 그것은 아담이 범죄한 후에 하나님이 주신 여자로 인하여 자신이 범죄하였다고 은근히 하나님께 비난의 화살을 돌린 것과 같은 것입니다. 그것은 자신이 겪은 모든 상황을 그대로 내버려두는 하나님을 정죄하는 것입니다.

우리가 겪는 모든 상황에 우연이 있을까요? 없습니다. 우리는 하나님께서 모든 것을 아시며 인도하시며 허용하신다는 것을 알고 있습니다. 우연같이 보이는 것에도 하나님의 인도하심이 있는 것입니다. 그러므로 자기가 겪는 억울한 일에 대하여 변호하고 분노하는 것은 결국 하나님에게 문제가 있다고 하나님을 정죄하는 것과 같은 것입니다.

억울한 일에 대한 반응은 그 사람을 보여준다

억울한 일을 겪고 그 일에 대해서 속상해하고 억울함을 표현하는 것은 별로 대단하지 않은 일로 보입니다. 일반적으로 그러한 일에 대해서는 죄라고 여기지 않을 것입니다. 그러나 그러한 마음과 생각의 근원을 분별해보면 그것은 결국은 하나님을 대적하는 것과 관련이 있는 것을 알 수 있습니다.

그것이 어떻게 가능할까요? 어떻게 하나님을 원망하고 대적하는 것이 가능할까요? 어떻게 그러한 마음이 일어날 수 있을까요? 그것은 근본적으로 높은 마음이 있기 때문에 가능한 것입니다.

그러므로 억울한 일을 겪을 때 어떻게 반응하는지를 보면 그가 낮은 마음으로 범사에 주님께 순복하는 사람인지 아니면 높은 마음을 가진 자아중심적인 사람인지를 알 수 있는 것입니다. 낮은 이들, 주님께 속한 이들은 주님과 관련된 일에 대해서 기뻐하고 슬퍼하고 분노하고 상처를 받지만 높은 마음과 자아에 속한 사람들은 자기와 관련된 일에 대해서 기뻐하고 슬퍼하며 상처를 받기 때문입니다.

완전하게 억울한 사람은 없다

그런데 한번 따져볼 필요가 있습니다. 이 세상에서 정말 억울한 사람이 있을까요? 과연 자신이 겪은 여러 불합리하게 보이는 일들에 대해서 정말 자신은 아무런 잘못이 없는 것일까요? 만약 그렇다면 그것은 좋은 것입니다.

베드로전서 2장 19절은 애매히 고난을 받아도 **하나님**을 생각함으로 슬픔을 참으면 이는 아름다우나.. 라고 말합니다. 그것은 아름다운 것이며 복을 쌓는 것입니다. 이유 없는 고난과 공격을 받더라도 조용히 주님을 바라보며 영적 메시지를 찾고 자신을 돌아보고 반성하며 감사한다면 그것은 아름다운 것입니다.

그러나 그러한 경우는 별로 많지 않을 것입니다. 사람이 자기가 겪는 고난에 대해서 100% 완전하게 아무런 책임이 없으며 오직 억울한 일이라고 말할 수 있는 경우는 아주 드뭅니다.
요셉이 당한 고난에 대해서 살펴보겠습니다. 요셉은 아버지의 심부름으로 형들에게 갔다가 난데없이 애굽으로 팔려가는 처지가 되어 버렸습니다. 나중에 보디발의 아내의 유혹으로 인하여 감옥까지 가게 된 것도 이 사건에서 시작된 것입니다.
그런데 요셉이 형들에게 당한 일은 과연 자기의 책임이 전혀 없다고 할 수 있을까요? 그에게도 분명히 형들을 화가 나게 한 책임이 있었습니다. 그러므로 책임이 전혀 없다고 할 수는 없는 것입니다.

나는 다른 사람들의 잘못에 대해서 분개하는 이들에게 그들의 문제점은 없느냐고 물어보곤 합니다. 그럴 때 그들은 '나도 그렇게 하기는 했지만, 내가 그런 것을 알았나..' 하는 것이 보통입니다. 이들은 남의 잘못에 대해서는 용서하지 않지만 자신의 문제에 대해서는 관대한 것입니다.
요셉도 아마 그럴 것입니다. 요셉도 어린 시절에 생각 없이, 악의 없이 그것이 형들에게 상처가 되는 줄도 모르고 함부로 말하고 행동하던 것이 있었을 것입니다. 분명히 요셉에게 전혀 책임이 없다고 할 수는 없는 것입니다. 물론 요셉의 그러한 행동에 대한 대가치고는 형들의 반응은 아주 심한 것이었습니다.
주님은 그가 잘못을 한 것도 고통을 겪은 것도 다 덕이 되도록 합력하여 선을 이루게 하셨습니다. 하지만 어려움을 겪었던 일에 대해서 자신의 책임이 전혀 없는 것은 아니라는 것입니다.

욥은 완전히 억울한가

욥의 경우를 보면 그도 억울한 일들을 많이 겪었습니다. 성경을 보면 사탄이 공연히 그를 시기하여 하나님의 허락을 받고 재앙을 일으켰다고 하였습니다.

욥의 입장에서 보면 그는 정말 억울할 것입니다. 그는 그가 당한 일의 원인에 대해서 세 친구와 토론을 벌였습니다. 세 친구는 처음에 욥을 위로하러 온 것으로 보였지만 점차 욥이 당한 고난은 그의 죄 때문이며 욥에게 문제가 있기 때문이라고 주장합니다. 이에 대해서 욥은 그렇지 않다고 열심히 항의합니다. 그는 자기가 재앙을 겪을 만큼 악한 일을 한 적이 없다고 맞섭니다.

결론적으로 세 친구들의 주장은 옳지 않았습니다. 그러나 욥도 온전하지는 않았습니다. 토론은 격해지고 자기의 억울함을 주장하는 욥의 말을 아무도 꺾지 못하고 있을 때 마지막으로 하나님이 그들 가운데 임하십니다. 그리고 말씀하십니다. '네가 그렇게 억울하냐? 할 말이 있느냐? 온전하냐? 그렇다면 대답해보아라.' 그러시면서 사람이 가히 대답하지 못할 수많은 질문을 하십니다. 그 질문들은 이러한 것들입니다.

내가 땅의 기초를 놓을 때에 네가 어디 있었느냐 네가 깨달아 알았거든 말할찌니라 (욥38:4)

네가 바다 근원에 들어갔었느냐 깊은 물밑으로 걸어 다녔었느냐 (욥38:16)

광명의 처소는 어느 길로 가며 흑암의 처소는 어디냐 네가 능히 그 지경으로 인도할 수 있느냐 그 집의 길을 아느냐 (욥38:19-20)

하나님은 마지막으로 물으십니다.

변박하는 자가 전능자와 다투겠느냐 하나님과 변론하는 자는 대답할찌니라 (욥40:2)

욥은 거기에서 굴복합니다. 그는 대답합니다.

나는 미천하오니 무엇이라 주께 대답하리이까 손으로 내 입을 가릴 뿐이로소이다. 내가 한두 번 말하였사온즉 다시는 더하지도 아니하겠고 대답지도 아니하겠나이다 (욥40:4-5)

세 친구 앞에서 당당했던 욥도 하나님 앞에서는 더 이상 항의할 수 없었습니다. 하나님 앞에서 누가 더 말할 수 있으며 자신을 온전하다고, 억울하다고 하소연할 수 있겠습니까. 아무리 의인이라고 불리던 욥이라고 하더라도 하나님 앞에서는 할 말이 없는 것입니다.

억울한 일에도 근원은 있다

우리가 어떤 일을 당할 때 단편적으로만 그 상황을 보면 억울하게 느껴질 수도 있습니다. 그러나 지나간 자기의 모든 모습을 돌아보면 그렇지 않을 수도 있습니다. 그러므로 자신의 행위를 잊어버려서는 안 됩니다. 어떤 다툼이 있을 때 한쪽의 이야기만 들어서는 안 됩니다. 다른 쪽의 입장을 들으면 상황이 전혀 다를 수도 있습니다.
눈앞의 문제만 보면 누구나 억울할 것입니다. 그러나 그 전의 상황은 어땠을까요? 시작은 어땠을까요? 싸우다가 선생님에게 불려간 아이들은 항상 말합니다. '제가 잘못했지만 시작한 것은 저 아이라구요'
당한 사람은 항상 억울하다고 말합니다. 항상 억울한 사람만 있고 미안한 사람은 없습니다. 그러나 씨가 없는 열매가 있을까요? 심지 않은 것이 돌아오는 경우가 있을까요?

눈앞의 상황만을 보며 사건의 근원을 보지 못하는 것은 어리석은 것입니다. 모든 것은 돌고 돌아서 자기에게로 옵니다.
억울한 일을 겪었을 때 우리는 자신을 돌아보아야 합니다. 거기에 자기는 책임이 없는가? 혹시 없다면 자기가 당한 일과 비슷하게 자기가 다른 이들에게 심은 것은 없는가? 그러한 것들을 돌아보아야 합니다.
어제 한 대 때렸다면 내일은 우리가 맞을 것입니다. 맞은 날은 억울할지 모르지만 그러나 어제는 상대가 억울했을 것입니다.
그런데 어제의 일은 잊어버리고 당한 일만 따진다면 그것은 공평한 일이 아닙니다. 대체로 억울해하는 사람들은 자기가 한 좋지 않은 행동은 쉽게 잊어버립니다. 그리고 당한 일만을 기억합니다. 그것은 어리석은 것입니다.

우리가 당하는 억울한 일은 우리가 주님께 행한 일이다

많은 경우 우리가 남들에게 당하는 일들은 우리가 주님께 행한 일들입니다. 주님은 우리가 그것을 깨닫도록 그러한 일들을 허락하십니다.
예를 들어 다른 이들에게 버림을 받고 외롭다면 우리는 그렇게 주님을 버리고 외롭게 하지는 않았는지 돌아볼 필요가 있습니다.
사람은 누구나 당하지 않고는 상대의 입장을 모르기 때문에 주님은 우리의 이해의 폭이 넓어지도록 여러 가지 고통들을 겪게 허락하시는 것입니다.

그러므로 많은 고통을 겪을수록 우리는 사람들의 고통을 이해하며 주님의 마음을 이해하고 다른 이들의 입장에 서는 것이 쉬워집니다. 그러나 고통들을 통해서 성장하지 않고 이해의 폭이 넓어지지 않고 오직 서운해하고 억울해하기만 하는 이들도 있습니다. 이들은 참으로 인생을 낭비하고 있는 것입니다.

억울함을 느끼는 정도

억울함을 느끼는 정도는 마음이 얼마나 높은 상태에 있는가에 달려있는 것입니다. 그것은 또한 낮음과 성숙의 정도를 보여줍니다.
마음이 낮은 이들은 억울한 일을 많이 당해도 별로 억울해하지 않습니다. '세상이 다 그런거지 뭐..' 하면서 가볍게 여깁니다. 그러나 마음이 높은 이들은 별로 대단하지 않은 일을 겪고도 자신을 온 세상에서 가장 비극적인 사람으로 여깁니다.
왜 분노하며 왜 그렇게 억울해하고 변호하는 것일까요? 그것은 자신이 높은 위치에 있기 때문에 부당한 대우를 받으면 화가 나는 것입니다. 종의 마음이라면 그렇지 않을 것입니다. 종에게는 아무런 권리가 없기 때문입니다. 고통이란 높은 마음에서 시작되는 것이며 억울한 상황으로 인하여 생기는 것이 아닙니다.

유치원에서 근무하던 어떤 자매가 이런 말을 하는 것을 들은 적이 있습니다. 유치원에 어떤 말썽장이 꼬마가 있어서 항상 다른 아이들을 괴롭히고 귀찮게 한다고 합니다. 그런데 재미있는 것은 다른 아이들을 피곤하게 하고 온갖 사고를 치는 것은 자신인데도 항상 자기는 억울하다고 생각한다는 것입니다.
이것은 어린 아이도 자기중심의 높은 마음을 가질 수 있음을 보여주는 것입니다. 물론 아이뿐 아니라 그런 의식을 가지고 있는 어른들도 많이 있습니다. 이들은 자기를 보지 못하는 것입니다. 마음이 높고 자기중심적인 사람은 자신을 바르게 보지 못합니다. 자기는 아무 문제가 없는데 괜히 사람들이 자기를 괴롭히고 놀아주지 않는다고 생각합니다. 그것은 오해이며 바른 생각이 아닙니다. 이들은 어두움 속에 있기 때문에 아무 것도 보지 못하고 있는 것입니다.

억울함은 지옥적인 인식이다

억울함에 대한 인식은 높은 마음으로부터 오는 것이며 지옥적인 것입니다. 나는 사역을 하는 가운데 사람들의 안에 숨어있던 귀신이 드러나고 쫓겨나가는 것을 많이 경험하였는데 귀신들이 나가면서 '억울하다!' 고 큰 소리로 외치는 것을 보았습니다.

그 영들의 존재가 왜 억울해 하는지는 모르겠습니다. 사람의 영혼을 억압하고 유혹하여 지옥으로 데려가지 못해서 억울한지는 모르겠지만 아무튼 귀신은 억울한 영입니다.

귀신들은 사람들에게 억울하다는 마음을 일으킵니다. 또한 그런 마음이 있는 사람에게 악한 영은 가까이 다가옵니다. 서로 마음의 파장이 맞기 때문입니다. 만약 어떤 사람이 억울하고 고통스러운 일을 겪었다고 할지라도 그 사람이 그러한 일을 통하여 자신을 돌이켜보고 반성하며 주를 바라보고 의지하는 마음을 가졌다면 귀신은 가까이 오지 못했을 것입니다. 그러나 억울한 마음을 품을 때 악한 영들은 그 사람을 사로잡게 됩니다.

오직 주님만이 억울하시다

우리는 객관적으로, 근원적으로 묵상해볼 필요가 있습니다. 과연 우리는 억울한 사람입니까? 우리가 당하는 일들은 정말 억울한 일들입니까?

이 우주 안에서, 진정 억울하신 분이 있다면 그분은 오직 주님뿐입니다. 주님만이 아무 죄가 없이 십자가를 지셨고 온갖 고통을 겪으셨으며 십자가에서 죽으셨습니다. 하지만 주님은 억울하다고 말씀하지 않으셨으며 기쁘게 십자가를 지셨습니다. 그분은 항변하지 않았습니다. 그분은 변호하지 않았습니다. 그분은 도살장에 끌려가는 양처럼 오직 침묵을 지키셨습니다.

그 주님 외에 진정 억울한 자가 있습니까? 인간은 태어날 때부터 모든 사람이 다 죄성을 가지고 태어났습니다. 그리고 물을 마시듯이 죄를 짓습니다. 어릴 적부터 거짓말, 간교함, 이기심, 잘난 척, 욕심, 온갖 더러움과 악한 죄를 짓고 살아왔습니다. 그런데 징계와 환란을 통해서 그것을 처리 받는 것이 과연 그렇게 억울합니까?

우리가 당하고 있는 고통들은 우리가 짓는 죄에 비하면 너무나 가벼운 것에 불과합니다. 주님이 지신 십자가에 비하면 너무나 가벼운 것에 불과합니다. 그런데 그것이 그렇게 억울하다고 할 수 있을까요? 우리가 주님보다 의로울까요? 우리가 주님보다 높은 존재일까요? 주님도 아무 말 없이 변호 없이 침묵을 지키고 계신데 주를 따르는 우리가 항변을 하는 것은 과연 합당한 일일까요?

세상에는 피해자만이 있는가

나는 상담을 하면서 너무나 억울하다고, 치유를 받고 싶다는 이들을 무수하게 보았습니다. 하지만 자기가 남에게 고통을 주고 억울하게 만들었다고 하는 이들은 거의 보지 못했습니다. 모든 가해자들은 다 어디로 간 것일까요? 이 세상에는 오직 피해자만이 존재하는 것일까요?

아닙니다. 그것은 사람들의 의식에 달려 있는 것입니다. 죄에 대하여 예민한 이들, 어느 정도 영적으로 성장한 이들은 항상 자기의 죄가 떠오릅니다. 지난날을 생각하면 과거 자기의 잘못이 자꾸 떠오릅니다. 다른 사람들에게 잘못했던 것, 미안한 일들이 자꾸 떠오릅니다. 그는 기회만 있다면 다시 그들에게로 가서 지난 일들을 사죄하고 싶은 마음이 일어납니다.

그러나 죄에 대하여 예민하지 않고 영적으로 미숙한 이들, 주님의 마음에 대하여 예민하지 않은 이들은 오직 자아에 대하여 예민할 뿐입니다. 이들은 과거에 행했던 자신의 잘못이나 악에 대해서는 둔감하며 오직 자기의 억울함과 상처만이 가슴에 가득합니다. 그러므로 이들은 오직 치유를 받고 싶어 합니다. 자신을 바로잡는 것보다는 위로받고 힘을 얻고 싶어 합니다. 이것은 오늘날 이 시대의 보편적인 증상입니다. 이 시대는 진정 사람들의 마음이 높은 상태입니다. 그래서 죄에 대하여 둔감합니다. 자신들이 얼마나 주님을 아프게 했는지, 다른 사람들을 아프게 했는지에 대해서는 아주 둔감합니다. 다만 자신의 상처와 억울함에 대해서 예민할 뿐입니다.

변호는 더 많은 억울한 일을 끌어당긴다

어려운 일을 겪을 때, 억울하게 여겨지는 일을 겪을 때에 자신을 돌아보고 반성하는 이들에게는 해방이 있습니다. 회복이 있고 치유가 있습니다. 이들은 마귀가 잠시 공격할 수는 있어도 지속적으로 그들을 붙잡고 사로잡을 수 없습니다.
그러나 억울하게 여기며 변호하는 이들에게는 해방이 없습니다. 치유가 없습니다. 자신을 반성하지 않고 오직 피해자로 보는 이들은 더 많은 억울한 일을 끌어당기게 됩니다.
변호는 더 많은 억울함을 끌어당깁니다. 그것은 더 많은 고통을 겪게 합니다. 이는 아직 당사자가 깨닫지 못하기 때문이며 자기를 보지 못하고 하나님을 정죄하고 있기 때문입니다. 그러므로 이들은 더 많은 억울함의 학습과 훈련을 겪게 됩니다.

억울한 일을 끝내는 고백

억울함의 사건은 주님이 달리신 십자가의 옆에 있었던 강도의 고백이 있을 때 비로소 끝나는 것입니다. 옆의 십자가에 달려서 형을 받고 있던 강도는 주님을 욕하던 다른 강도에게 이렇게 말했습니다.

네가 동일한 정죄를 받고서도 하나님을 두려워 아니하느냐 우리는 우리의 행한 일에 상당한 보응을 받는 것이니 이에 당연하거니와 이 사람의 행한 것은 옳지 않은 것이 없느니라 (눅23:40-41)

그는 이어서 주님께 부탁하였습니다.

가로되 예수여 당신의 나라에 임하실 때에 나를 생각하소서 하니 예수께서 이르시되 내가 진실로 네게 이르노니 오늘 네가 나와 함께 낙원에 있으리라 하시니라 (눅23:42-43)

주님께 대한 강도의 고백은 놀라운 것입니다. 십자가에서 죽어가는 예수님에게 당신의 나라에 임하실 때에 나를 생각해달라니, 이것은 주님의 제자들도 잘 깨닫지 못한 믿음이었기 때문입니다. 주님의 나라가 이 땅에 속한 것이 아닌 것을 제자들이 이 강도처럼 알고 있었다면 그들은 다 같이 도망을 하지는 않았을 것입니다.

그런데 그와 같은 놀라운 고백을 하기 전에 강도가 한 말이 있었습니다. 그것은 자신은 악한 죄를 지은 죄인이며 그러므로 십자가에 고통을 당하고 죽어도 싸다는 고백입니다. 그것은 쉬운 고백 같지만 많은 사람들이 하지 못하는 고백입니다. 많은 사람들이, 죄를 지은 사람들이 어려운 일을 겪을 때 나는 억울하다.. 하고 생각합니다.
하지만 강도는 말했습니다. 주님.. 저는 당해도 쌉니다. 저는 억울하지 않습니다. 저는 마땅히 당해야 할 것을 당하고 있는 것입니다. 그는 옆의 강도에게 말했습니다. '네가 혼이 나고도 아직도 깨닫지 못하고 정신을 차리지 못하느냐..' 그 강도는 오늘날의 수많은 핑계를 대고 있는 사람들에게 그렇게 말할지 모릅니다. 그렇게 맞고도 아직 정신을 차리지 못하느냐.. 하고 말입니다.

'주님.. 저는 이런 일을 겪는 것이 당연합니다. 저는 당해도 싼 사람입니다.' 그렇게 고백할 때 깨달음과 자유가 옵니다. 그러한 깨달음과 시각이 열려야 합니다. 그러한 관점이 열릴 때까지 주님은 억울함의 상황을 허락하시며 인도하십니다. 깨달음을 위해서, 낮아짐과 침묵을 가르치시기 위해서 주님은 역사하십니다. 깨달음을 얻고 낮음의 고백을 한 강도에게 주님은 말씀하셨습니다. '네가 오늘 나와 함께 낙원에 있으리라.'
그는 주님이 얻은 최후의 구원자였습니다. 주님은 많은 사람들을 만났지만 쉽게 구원을 선포하지 않으셨습니다. 그러나 자기를 반성하고 주를 찾는 이들을 주님은 기뻐하시고 받아주십니다.

우리가 담당해야할 억울함의 분량이 있다

주님은 아무 죄 없이 고난을 당하셨습니다. 그분만이 억울한 십자가를 기꺼이 지셨습니다. 하지만 주님의 고난은 그것으로 완전히 끝난 것이 아닙니다. 바울은 골로새서 1장 24절에서 이렇게 말합니다.

내가 이제 너희를 위하여 받는 괴로움을 기뻐하고 그리스도의 남은 고난을

그의 몸 된 교회를 위하여 내 육체에 채우노라

아직 그리스도의 남은 고난이 있습니다. 그것은 그리스도를 따르는 우리들이 겪어야 할 고난입니다. 그것은 그리스도의 복음을 적용하고 교회를 세우고 온전케 하기 위하여 우리가 담당해야 할 십자가이며 고난입니다. 주님은 그를 따르는 제자들에게 십자가를 지라고 하십니다. 고난을 당하라고 하십니다. 이것은 말하자면 억울한 일을 많이 당하라는 것입니다. 앞에서 언급한 것처럼 죄가 없이 애매하게 당하는 고난은 아름다운 것이며 그러한 아름다운 고난을 많이 겪으라는 것입니다. 자신의 잘못이 아닌 남을 위해서 십자가를 지고 고난을 당하며 억울한 일을 겪으라는 것입니다.

십자가와 고난은 사역의 중요한 원리입니다. 예수께서 십자가를 지시고 고난을 받으심으로 인하여 우리가 구원을 얻었습니다. 예수의 희생이 우리를 살린 것처럼 우리의 희생은 다른 영혼을 살리는 데에 기여를 하는 것입니다. 우리의 고생과 수고는 예수님과 비교할 수는 없지만 그러나 그것은 악한 영들로부터 영혼들을 놓여나게 하는 데에 중요한 역할을 하는 것입니다.

희생의 분량만큼 열매가 있다

불신자를 전도하거나 변화시키기를 원하는 이들은 많은 고통의 대가를 지불해야 합니다. 그것이 중보의 원리이며 희생의 원리입니다. 공짜로 아무의 희생도 고난도 없이 쉽게 한 영혼이 돌아오는 일은 없습니다. 거기에는 반드시 피와 눈물과 억울함과 재앙의 대가를 지불하는 사람이 있어야 합니다. 그것이 구원의 길이며 영혼이 변화되는 과정입니다. 그것이 싫으면 상대방의 구원과 변화를 기대하지 말아야 합니다. 사역을 하면서 희생을 싫어하는 이들이 있습니다. 그러한 이들은 사역을 하지 않는 것이 좋습니다. 그들은 아직 어린 것입니다. 잘 가르치고 지혜롭게 말하며 이치에 합당하게 전하면 상대방이 잘 듣고 변화되는 줄로 생각합니다.

그러나 그것은 오해입니다. 사역자가 피를 흘리는 만큼만 피사역자는 변화됩니다. 그러므로 사역자는 고난이나 억울함을 싫어해서는 안 됩니다. 그것은 구원의 길이며 사역의 길입니다. 불신자와 함께 사는 사람이 있다면 그들은 희생을 싫어해서는 안 됩니다. 고통과 억울함은 상대방이 변화되는 과정에서 치러야 하는 희생이기 때문입니다. 대신하여 고통을 겪고 희생을 하는 자가 없으면 아무도 변화될 수 없습니다.

사역적 억울함과 죄의 정화를 위한 고난

다른 이들을 위하여 억울한 일을 겪는 사역적인 억울함은 여기서는 더 언급할 수 없습니다. 그것은 사역의 원리이므로 다른 책에서 좀 더 깊이 다루어야 할 문제입니다. 또한 그것은 깊은 수준의 삶이며 그러한 것을 감당할 수준의 사람은 그리 많지 않습니다. 만약 그러한 사역적인 억울함과 고난을 겪는다면 그것은 아주 행복한 일일 것입니다. 그것은 주님께서 그 사람을 인정하셔서 그러한 고난과 억울함과 대가지불을 맡기신 것이기 때문입니다.

대부분의 사람들은 주님의 몸 된 교회를 위하여, 다른 영혼의 구원과 성숙을 위하여 고난과 억울함을 겪지 않고 자기가 심었던 죄로 인하여 고난을 겪습니다. 그것은 억울해 보이지만 죄의 대가입니다. 그러므로 억울해 보이는 일을 겪을 때 자신을 돌아보며 반성을 하는 것이 필요합니다. 그러나 영적으로 어린 사람들일수록 조금만 어려운 일을 겪거나 다소의 불합리하게 보이는 일을 당해도 심한 자기 연민에 빠지며 온갖 푸념을 하는 것이 보통입니다. 그것은 자아적인 것이며 성숙하지 않은 것입니다. 영적 성숙의 정도는 지식의 수준이나 나이, 위치에 있지 않고 이러한 사소한 삶을 통해서 자기를 부인하는 정도에 의해서 나타나게 됩니다. 억울함으로부터 벗어나기 위하여 우리는 낮은 마음의 상태가 되어야 합니다. 자신을 부인하고 낮은 종의 마음이 되어야 합니다. 우리는 고백해야 합니다.

'나는 억울하지 않다, 나는 당해야할 것을 당하는 것이다. 오직 주님이 억울하신 분이다. 그러나 그분이 감사하며 기꺼이 십자가를 지셨다. 그러므로 나도 기꺼이 침묵하고 감사하며 주님을 바라보겠다' 하고 우리는 반복하여 선언하고 고백해야 합니다.

억울하게 보이는 일을 겪었을 때 부디 자신을 돌아보십시오. 단편적으로 그 사건만을 생각하지 마십시오. 무례한 일을 겪었다면 당신은 다른 이들에게 무례하게 대했던 일이 없었는지 돌이켜보십시오. 주님을 무례하게 대한 적이 없는지 돌이켜보십시오.

미움을 받았다면 당신은 다른 이를 미워한 적이 없었는지 돌이켜보십시오. 누군가가 당신에게 분노를 터트렸다면 당신도 남에게 분노한 적이 없었는지를 살펴보십시오.

우리는 항상 모든 것을 심는 것입니다. 그리고 우리가 심은 것은 언젠가는 우리에게로 돌아옵니다. 그러므로 우리가 거두는 열매를 보고 우리가 뿌린 씨앗이 무엇인지를 분별하는 것은 지혜로운 일입니다. 그것은 우리를 정화시키며 발전시킵니다. 그러나 자신이 뿌린 씨앗을 탓하지 않고 열매만을 탓한다면 그 사람은 나아질 수 없습니다. 그들은 죽을 때까지 원망하고 하소연하다가 비극적인 삶을 마치게 될 것입니다. 부디 당신 자신을 보십시오. 아무리 자신을 살펴도 전혀 잘못을 찾을 수 없다면 그것은 당신이 다른 이들을 위하여 십자가를 지는 것이니 감사하십시오. 그러나 마음속에 걸리는 것이 있다면 억울함을 내려놓고 고백하십시오.
'주님.. 저는 이렇게 당하는 것이 마땅한 사람입니다. 저 사람의 무례함으로 인하여 감사합니다. 그로 인하여 내가 깨닫게 되었습니다. 저 사람이 아니었다면 저는 깨닫지 못했을 것이며 계속하여 악행을 심었을 것입니다. 그러므로 저는 감사합니다. 부디 저를 용서해주십시오.'

반성만이 회복과 치유를 가져온다

반성만이 영혼을 자유롭게 하며 진정한 회복과 치유를 가져옵니다. 자신이 겪은 고통에 집중하는 것은 오히려 상처를 더 크게 만듭니다.
집을 나간 탕자는 아버지의 품으로 돌아온 후에 자신이 너무 힘들었다고, 치유해달라고 요구하지 않았습니다. 내가 멋대로 하다가 혼이 났다고, 나는 고생해서 싸다고, 아들의 자격이 없다고 고백하였습니다. 그렇게 해서 잔치가 시작되었습니다. 따로 치유의 시간을 갖지 않았습니다. 고백이 바로 치유 자체였으며 해방과 자유함으로 가는 길이었습니다. 그러나 오늘날 자신이 잘못을 해놓고도 억울해하는 사람들이 많이 있습니다. 그리고 바로 그것이 상처와 고통을 증가시키는 원인입니다.

억울함은 하나님의 훈련이다

억울한 일을 겪었을 때 요셉은 변명하지 않았습니다. 원망하지 않았습니다. 그가 원망하고 불평했다면 그는 감옥에서 하나님과 동행할 수 없었을 것입니다. 하나님은 분노하고 억울해하며 복수심을 갖는 이들과는 동행하지 않으십니다.
그는 종으로, 죄수로 오랜 시간의 훈련을 마치고 다른 단계의 훈련으로 가게 되었습니다. 다른 차원의 인도하심으로 나아가게 되었습니다.
종의 삶도, 죄수의 삶도 하나님의 훈련이었습니다. 바로 앞에 서게 된 것도 총리의 역할을 맡게 된 것도 하나님의 인도하심이며 훈련이었습니다. 하나님께서는 각 사람의 수준과 상태에 따라 조금씩 인도하시고 훈련하시며 그 훈련에 합격하면 다른 차원으로 인도하십니다. 점점 더 하나님이 사용하시는 범위와 깊이가 넓어지게 됩니다. 그렇게 훈련을 통하여 하나님의 도구가 되는 것입니다.

그러나 하나님의 훈련을 통과하지 못하고 계속 억울해하는 이들은 그 수준에서 살다가 삶을 마치게 될 것입니다. 자기를 변호하고 타인을 원망하는 이들은 좀 더 오랜 기간 동안 감옥에 있게 될 것입니다.
우리는 억울한 일을 겪을 때 그것이 우리를 낮아지게 하시기 위한 주님의 훈련이라는 것을 분명히 인식해야 합니다. 거기에는 주님의 허용하심이 있으며 분량이 있습니다.
우리는 이 기간에 입을 닫고 침묵을 지키며 변호를 거절해야 합니다. 하나님의 손에 굴복되는 시기로 삼아야 합니다. 훈련의 기간이 언제 끝날 지는 오직 하나님만이 결정하십니다. 그렇게 하나님의 수업을 통과한 이들이 실제적인 하나님의 사람이 됩니다. 그것은 지식이나 학위나 세상의 지위와 비교할 수 없는 것입니다.

우리는 우리가 겪는 모든 부당함에 대해서 비굴한 자세를 보이거나 눌려야할 필요는 없습니다. 때에 따라서 정당한 항의가 필요할 수도 있습니다. 다만 그러한 상태에서도 우리는 마음의 평화를 잃어서는 안 되며 모든 것을 하나님께 맡기고 순복하는 자세로 나아가야 합니다.
억울함의 경험은 낮아짐의 훈련입니다. 그것은 아름다운 훈련입니다. 그 훈련을 통과한 이들은 좀 더 가까이 주님을 알고 누리게 될 것입니다. 그리고 좀 더 깊은 마음의 평화와 안식을 누리게 될 것입니다. 진정한 평화는 오직 주님께 굴복된 사람들에게만 주어지는 주님의 은총이며 선물이기 때문입니다.

5. 꿈과 소원과 욕망의 좌절

사람은 누구나 본능적으로 꿈을 꿉니다. 각자의 성향에 따라 소원이 있고 욕망이 있으며 그것이 이루어지기를 기대합니다. 많은 사람들은 자신의 꿈과 소원, 욕망이 이루어진 순간을 가장 행복한 순간으로 꼽을 것입니다.
어른들은 어린 아이들에게 꿈이 무엇이냐고, 장래 희망이 무엇이냐고 자주 묻곤 합니다. 아이들이 어떤 대답을 하면 머리를 쓰다듬어 주고 칭찬을 해주며 열심히 해서 꿈을 이루라고 말합니다.

우리나라에서 2002 월드컵을 치렀을 당시 '꿈은 이루어진다' 는 말이 유행을 했습니다. 응원을 하는 이들은 그 말을 기록한 거대한 플랜카드를 걸어놓고 열정적인 응원을 펼쳤습니다.
그 꿈이란 무엇이었을까요? 아마 그 당시에는 한국이 월드컵에서 우승하는 것이 가장 큰 꿈이었겠지요. 꿈이란 많은 사람들에게 희망을 주는 용어입니다. '젊은이여, 꿈을 가져라!' 하는 말을 한두 번쯤 들어보지 않은 이들은 없을 것입니다.

믿음과 신앙도 흔히 꿈과 연관되어서 언급됩니다. 많은 사람들이 하나님을 꿈을 이루어주는 분으로 여깁니다. 그래서 각자 소원을 가지고 작정기도를 하기도 하고 그것이 응답된 간증을 하기도 합니다. 수험생인 고3 학생이 시험을 앞두고 '하나님.. 제발 이 시험을 잘 치르게 해주세요. 그러면 꼭 교회를 다닐게요..' 하고 제안을 하고 그것이 계기가 되어 신앙생활을 시작하게 되는 경우도 더러 있습니다.

하지만 하나님께서 항상 사람들의 꿈과 소원을 이루어주시는 것은 아닙니다. 하나님은 많은 경우에 우리의 꿈을 좌절시키십니다. 우리의 소원을 이루어주시지 않습니다.

사람들은 어려운 여건에서 포기하지 않고 노력해서 꿈을 이룬 사례들을 많이 이야기합니다. 하지만 그렇지 않은 경우도 많이 있습니다. 오랫동안 꿈을 가졌지만 꿈이 이루어지지 않아서 좌절하는 사람들도 많이 있습니다.

젊은 시절의 위대한 꿈을 버리고 평범하게 사는 이들도 많이 있습니다. 신학대학에 다니던 시절 나의 한 동료는 자신의 꿈과 비전에 대한 이야기를 자주 하곤 했습니다. 유명한 목회자의 이야기를 하면서 자기도 그와 같은 세계적인 종이 되겠다고 하였습니다. 하지만 그는 나중에 그가 기대했던 것만큼의 사역을 하지 못했습니다.

그러한 일은 현실에서 많이 볼 수 있는 일입니다. 또한 성경에도 많이 있는 일입니다. 바라는 것, 소망이 좌절된 케이스는 어디서나 쉽게 접할 수 있습니다.

야곱의 애정과 좌절

야곱의 인생 여정을 보면 그의 꿈과 애정에 대한 좌절을 볼 수 있습니다. 그 좌절로 인하여 야곱이 겪는 고통을 볼 수 있습니다.

야곱의 삶에 있어서 아주 중요한 부분을 차지하고 있는 것은 라헬에 대한 애정이었습니다. 사실 대부분의 사람들에게 있어서 중심에 해당되는 것은 감정입니다. 그리고 그 중에서도 애정에 대한 것입니다. 무엇인가를 하나님께 드리려고 할 때 가장 힘든 것이 애정입니다. 하나님께서 누군가에게 '너의 가장 사랑하는 것을 나에게 바쳐라' 하고 아브라함에게 요구했던 것과 비슷한 요구를 하신다면 많은 사람들은 '하나님,

다 좋습니다. 하지만 그 사람만은 안 됩니다' 하고 대답할 것입니다. 야곱에게도 애정에 대한 욕망을 포기하는 것은 쉽지 않은 일이었습니다. 야곱은 집에서 쫓겨나다시피 나와서 외삼촌 라반의 집으로 가다가 라헬을 만났습니다. 가장 외롭고 힘들 때의 만남이어서인지 그는 라헬을 만나면서 바로 사랑에 빠졌습니다. 그는 라헬과 연애를 하며 7년을 수일같이 여겼습니다. (창29:20) 너무나 깊은 사랑에 빠져서 세월 가는 줄도 몰랐다는 것입니다. 고향과 부모님에 대한 기억도 그녀 앞에서는 다 사라져버렸습니다.

하지만 그가 그렇게 사랑했던 라헬은 여행 중에 아이를 낳다가 죽었습니다. 지나치게 탐욕적이었던 장인 라반의 집에서 독립도 했고 두려워하던 에서의 위험도 사라졌으며 이제 어느 정도 재물도 모았기에 라헬과 함께 행복한 여생을 보내려는 야곱의 소망은 무산되고 말았습니다. 그에게는 죽은 라헬 외의 다른 부인들과 다른 아들 열 명이 있었으나 그는 오직 라헬이 낳은 아들인 요셉과 베냐민에게만 애정을 쏟았습니다. 그러나 그 애지중지하던 요셉도 어린 나이에 잃어버리고 말았습니다. 그리고 그는 마지막 남은 라헬의 자취인 베냐민을 목숨처럼 사랑했습니다.

하지만 마지막 남은 베냐민의 신변에도 자꾸 위험이 다가왔습니다. 기근으로 인하여 야곱의 아들들이 애굽에 곡식을 사러 갔는데 애굽의 총리가 베냐민을 데려올 것을 요구했던 것입니다.
야곱에게 있어서 이것은 기가 막힌 일이었습니다. 그는 왜 자기에게 이런 일이 계속해서 일어나는지 이해할 수가 없었습니다. 라헬과 그의 두 아들은 그의 인생에서 가장 중요한 사람들이었습니다.
그런데 그는 사랑했던 라헬을 잃었고 요셉도 잃었습니다. 이제 남은 그의 애정은 베냐민밖에 없는데, 그도 사라지려고 하고 있었습니다. 게다가 그것을 요구하는 사람은 당시 세상에서 가장 막강한 힘을 가지고 있는 애굽의 실세인 총리였습니다. 야곱이 생각하기에는 온 세상이 자기의 유일한 사랑을 빼앗아가기 위하여 공격하고 있는 것 같았을 것입니다.

하나님의 침묵

놀라운 것은 하나님의 침묵이었습니다. 하나님은 야곱이 위기 상황에 있을 때마다 나타나셨습니다. 하나님은 그와 항상 동행하셨습니다. 하나님은 야곱이 형을 피하여 두려운 여행을 시작할 때 벧엘에서 그에게 나타나셨습니다. 그리고 그의 삶을 인도하실 것을 약속하셨습니다. (창28:10-15) 또한 야곱이 라반의 탐욕에서 벗어나도록 양을 취할 수 있는 방법을 사자를 통하여 알려주셨습니다. (창31:9-13)
그를 죽이려고 달려오던 에서 앞에서 그가 두려워할 때 하나님은 그의 기도를 응답하시고 에서의 마음을 돌려 주셨습니다.

이처럼 하나님은 항상 그와 동행하셨으며 위기의 상황에서 보호하여 주셨습니다. 하지만 라헬이 죽고 요셉이 사라지고 이제 베냐민의 신변에도 위험이 오고 있는데 하나님은 아무 말씀도 하지 않으셨습니다. 야곱은 하나님의 사람이었고 예언의 영을 받은 사람이었지만 그는 요셉이 살아있다는 사실을 까맣게 몰랐고 베냐민의 위기와 그 배후에 요셉이 있다는 사실도 까맣게 몰랐습니다. 하나님이 그에게 말씀하고 감동하시지 않으므로 그는 알 길이 없었습니다.

그 이유는 무엇일까요? 하나님의 침묵의 이유는 무엇이었을까요? 그것은 라헬과 그 아들들에 대한 야곱의 애정을 하나님께서 다루시고 있었기 때문입니다. 하나님은 라헬과 그의 아들들에 대한 야곱의 애정에 대해서 '네 삶의 첫째는 무엇이냐? 라헬이냐? 나냐? 너는 그 애정을 나에게 맡기겠느냐? 하고 질문하고 계셨습니다.

하나님은 아브라함에게 이삭을 요구하실 때 그것을 선명하게 말씀하셨습니다. 아브라함에게 있어서 하나님은 좀 더 선명한 실제였습니다. 아브라함은 하나님과 친구처럼 친밀하게 실제적인 대화를 나누었습니다. 그러나 야곱에게 하나님은 선명하게 말씀하지 않으셨습니다. 다만 환경과 상황을 통하여 야곱의 사랑, 그의 아들을 원한다는 것을 보여주셨습니다.

어렴풋이 야곱은 하나님의 계획에 대해서 깨닫게 된 것 같습니다. 이제 마지막 남은 베냐민을 요구하시는 하나님의 명령을 감지한 것 같습니다. 처음에 그는 요지부동이었습니다. 그는 말했습니다.

> 야곱이 가로되 내 아들은 너희와 함께 내려가지 못하리니 그의 형은 죽고 그만 남았음이라 만일 너희 행하는 길에서 재난이 그 몸에 미치면 너희가 나의 흰 머리로 슬피 음부로 내려가게 함이 되리라 (창42:38)

야곱은 베냐민을 포기할 수 없었습니다. 그에게 있어서 베냐민은 생명과 같은 존재였습니다. 베냐민이 없으면 그는 죽은 것이나 같았습니다. 야곱의 아들들도 야곱의 생명이 베냐민과 연결된 것을 알았습니다. 나중에 애굽에서 다시 베냐민의 생명에 위험이 닥치자 야곱의 아들인 유다는 베냐민을 놓아달라고 호소하면서 이렇게 말합니다.

> 아비의 생명과 아이의 생명이 서로 결탁되었거늘 이제 내가 주의 종 우리 아비에게 돌아갈 때에 아이가 우리와 함께하지 아니하면 아비가 아이의 없음을 보고 죽으리니 이같이 되면 종들이 주의 종 우리 아비의 흰 머리로 슬피 음부로 내려가게 함이니이다 (창44:30-31)

생명이 결탁된 애정이 있습니다. 너무나 사랑함으로 그 대상이 없어지면 생명 자체가 무의미해지는 그러한 애정입니다. 보통의 사랑은 목숨을 버리기까지 사랑하지는 않지만, 생명이 결탁된 애정은 목숨도 같이 바치는 사랑입니다. 야곱의 애정이 바로 그런 것이었습니다. 야곱의 생명은 이제 베냐민에게 달려 있었습니다.

하지만 시련이 계속되면서 야곱은 드디어 깨닫습니다. 기근의 문제는 시간이 흘러도 나아질 기미가 보이지 않고 베냐민을 향한 위협도 마찬가지였습니다. 그는 드디어 이 모든 상황에 하나님의 뜻이 개입되었다는 것을 느끼게 됩니다.

포기하는 야곱

고통스러웠지만 야곱은 드디어 자기의 애정을 포기하고 내려놓습니다. 그는 문제가 있을 때마다 하나님께 기도하고 떼를 씀으로써 해결해왔습니다.

그러나 이 문제는 간절히 기도해서 되는 것이 아니라 하나님께 맡기고 포기해야 하는 것임을 그는 알게 됩니다. 격렬한 갈등을 겪은 후에 그는 포기하고 말합니다.

네 아우도 데리고 떠나 다시 그 사람에게로 가라 전능하신 하나님께서 그 사람 앞에서 **너희**에게 은혜를 베푸사 그 사람으로 **너희** 다른 형제와 베냐민을 돌려보내게 하시기를 원하노라 내가 자식을 잃게 **되면** 잃으리로다 (창43:13-14)

잃게 되면 잃으리로다.. 이것은 야곱의 평생 동안 그의 사전에 없던 말입니다. 그는 더 이상 하나님과 씨름하지 않고 아이의 생사를 전능하신 하나님께 맡깁니다. 이로써 그는 하나님의 요구하심에 굴복하게 된 것입니다. 그것은 자기 애정의 포기이며 욕망의 포기입니다. 그것은 야곱에게 있어서 자기 생명의 포기와 같은 것이었습니다.

포기할 때 더 풍성해진다

야곱은 생명과도 같은 것을 완전히 포기했지만 이상하게도 포기한 후에 상황은 갑자기 반전되었습니다. 베냐민은 무사히 돌아올 뿐 아니라 오히려 죽은 줄 알았던 요셉도 다시 찾게 됩니다. 야곱의 경우처럼 우리가 하나님께 무엇을 맡겼을 때, 그 결과가 나쁘게 끝나는 경우는 없습니다. 오히려 더 풍성하게 됩니다.

누구든지 포기한 후의 결과에 대해서 미리 알 수 있다면 포기하지 않을 자가 없을 것입니다. 그러나 인간은 그 미래를 알지 못하며 욕망을 버리기가 어렵습니다. 우리에게 항상 좋은 것을 주시기 원하시는 아버지 되신 하나님을 신뢰하지 않으므로 맡기지 못하고 포기하지 못하고 계속하여 고민하고 씨름하는 것입니다.

하나님은 야곱의 간절한 소원을 좌절케 하셨습니다. 그의 간절한 바람과 눈물을 듣지 않으셨습니다. 그 이전에는 그의 간청을 들어주셨지만 이 경우에는 그렇게 하지 않으셨습니다. 야곱이 꿈을 버리고 소원을 버릴 때까지 기다리셨습니다. 드디어 야곱이 포기하고 자신의 애정을 주께 드리는 순간 그는 진정으로 자신을 잃어버리게 되었고 진정으로 하나님께 드려지게 되었습니다.

가장 중요한 것을 요구하신다

아브라함의 경우에도, 야곱의 경우에도 하나님은 그들의 소원을 거절하십니다. 그들이 좌절하게 하십니다. 우리의 애정을 가져가십니다. 애정에 대한 꿈을 가져가십니다. 많은 사람들이 야곱처럼 하소연합니다. '오, 주님.. 이것만은 안 됩니다. 다른 것은 다 드릴 수 있지만, 이것은 제발 건드리지 마십시오.' 그 때 하나님은 말씀하십니다. '다른 것은 필요 없다. 바로 그것이 필요하다.'
많은 사람들이 낭만적인 사랑을 기대합니다. 누구나 자기의 이상형이 있습니다. 이루어지지 않은 꿈을 그립니다. '내가 저 사람을 얻을 수 있다면.. 내가 그 사람과 만났더라면..' 그러한 꿈을 그리며 삽니다.
하지만 하나님은 말씀하십니다. '그 꿈을 나에게 가져오너라. 너의 애정을 나에게 가져오너라.'

신앙생활을 시작할 때에 하나님은 우리의 소원을 들어주십니다. 문제가 해결되도록 하십니다. 우리는 기뻐하면서 하나님을 따릅니다. 그러나 어느 순간이 되었을 때 하나님은 더 이상 응답하시지 않습니다. 응답하시기는커녕 우리의 가장 중요한 부분에 대해서 말씀하십니다. '그것을 가져오너라.' 그것이 사람이든 사랑이든 무엇이든 우리가 가장 중요하게 여기는 것을, 가장 중요하게 여기는 꿈을, 소원을, 욕망을 주님은 요구하십니다. '그것을 가져오너라.'
왜 하나님께서는 우리의 꿈, 우리의 애정, 우리의 욕망을 거절하시는 것일까요? 왜 그것을 우리에게 달라고 요구하시는 것일까요?
그것은 인생의 주인이 누구인지, 우리가 주인인지, 하나님이 주인이신지를 확인하시기 위한 것입니다.

꿈이 목적인가, 하나님이 목적인가?

만약에 꿈이 우리 삶의 목적이 되면 하나님은 수단이 되는 것입니다. 꿈이 주인이 되면 하나님은 하인이 되는 것입니다. 종이 되는 것입니다. 하나님은 그러한 위치를 원하시지 않습니다. 하나님은 우리의 종이 되고 해결사가 되어 급할 때만 찾는 대상이 되기를 원하지 않으십니다. 오늘날 사람들은 꿈과 비전을 가지는 것은 당연한 것이고 좋은 것이라고 여깁니다. 그리스도인들도 당연히 꿈과 비전을 가져야 한다고 생각합니다. 그러나 하나님을 알지 못하는 비신자들에게 그것은 문제가 되지 않겠지만 주님께 속한 사람들에게는 그것은 문제가 될 수 있습니다. 나는 꿈과 비전에 대한 이와 같은 메시지를 많이 듣고 읽었습니다. 그 순서는 이런 것이었습니다.

1. 꿈을 가져라.
2. 기도하라.
3. 믿으라.

이런 메시지의 주체는 누구입니까? 나의 꿈이며 소원이며 욕망입니다. 기도와 믿음은 무엇입니까? 욕망의 도구입니다. 하나님의 역할은 무엇입니까? 꿈을 이루어주는 종입니다.

하나님은 그러한 역할을 원하시지 않습니다. 어떤 사람이 하나님의 존재를 알지 못할 때 하나님은 이러한 순서를 용납하시기도 합니다. 그러나 그 사람이 하나님의 존재를 분명히 알게 되면 때가 이르렀을 때 하나님은 나타나십니다. 그의 환경에 개입하십니다. 그리고 물으십니다. '네 인생에 누가 주인이냐? 누가 높으냐? 너냐? 나냐? 내가 엎드려야 하느냐? 아니면 네가 엎드릴 것이냐?' 바로 그렇게 물으시는 과정이 꿈의 좌절이며 소원의 좌절이며 욕망의 좌절인 것입니다.

물론 우리가 하나님께 요구할 때도 엎드려서 요구하기는 합니다. 그러나 몸이 엎드린다고 심령이 엎드리는 것은 아닙니다. 진정한 엎드림은 몸의 자세에서 나오는 것이 아니라 심령의 자세에서 나오는 것입니다. 마음 중심에서 나오는 것입니다.

요구하는 자와 듣는 자는 다릅니다. 기도하는 것이 다릅니다. 우리가 종이라면 우리는 기도하면서 '주님.. 말씀하십시오. 주의 종이 듣겠습니다' 할 것입니다. 그러나 우리가 주인이라면 '주님.. 제발.. 이것이 되게 해주세요' 하고 기도할 것입니다. 그것이 얍복강 가에서 야곱의 기도였습니다.

야곱이 얍복강에서 '하나님.. 제발.. 저를 살려주세요..' 할 때 그는 자기 인생의 주인이었습니다. 그러나 베냐민을 포기하면서 '내가 잃게 되면 잃으리라' 고 전능하신 하나님을 의뢰할 때 그는 더 이상 주인이 아니고 종이었습니다. 그는 처음으로 진정 하나님 앞에 엎드렸던 것입니다. 진정한 엎드림은 무릎이 아니고 마음 중심의 심령에서 나옵니다. 그는 처음으로 하나님께 맡기고 엎드린 종이 되었습니다.

주님이 원하시는 것만 이루어진다

주님은 그를 따르는 사람들에게 여러 번 무엇을 원하냐고 물으셨습니다. 어떤 맹인은 보기를 원하나이다 하고 대답했습니다. (막10:51) 주님은 그의 소원을 이루어주셨습니다. 어떤 나병 환자는 주님께 나아와 주여, 원하시면 저를 깨끗케 하실 수 있나이다 고 말했습니다. 주님은 내가 원하노니 깨끗함을 받으라 고 대답하시고 그를 고쳐주셨습니다. (마8:2-3)

하지만 모든 이들을 고쳐주시고 모든 이들의 소원을 들어주신 것은 아니었습니다. 재산을 형과 함께 나누기를 원하는 사람의 소원은 거절하셨습니다. (눅12:15) 주의 나라에서 좌우편에 앉게 해달라는 요구도 거절하셨습니다. (막10:40)

주님은 나사렛에서 말씀을 가르치실 때 기적과 능력을 행하라는 요구에 대하여 이렇게 대답하셨습니다.

내가 참으로 너희에게 이르노니 엘리야 시대에 하늘이 세 해 여섯 달을 닫

히어 온 땅에 큰 흉년이 들었을 때에 이스라엘에 많은 과부가 있었으되 엘리야가 그중 한 사람에게도 보내심을 받지 않고 오직 시돈 땅에 있는 사렙다의 한 과부에게 뿐이었으며 또 선지자 엘리사 때에 이스라엘에 많은 문둥이가 있었으되 그 중에 한 사람도 깨끗함을 얻지 못하고 오직 수리아 사람 나아만 뿐이니라 (눅4:25-27)

주님은 그들의 요구대로 행하시지 않았습니다. 주님은 함부로 능력을 행하지 않으셨으며 그들의 요구를 듣지 않으셨습니다. 기적과 능력은 많은 사람들이 받는 것이 아니며 소수에게 해당되는 것이라고 말씀하셨습니다.
나아만도, 사렙다의 과부도 그들의 심령 속에 하나님의 은총이 임할만한 부분이 있었기 때문에 하나님은 그들에게 은총을 베푸셨습니다. 은총을 입은 숫자는 많지 않음을 주님은 말씀하셨습니다.

주님께 나아가는 자들은 다 기도가 응답되고 다 꿈이 이루어졌을까요? 아닙니다. 소수의 하나님의 뜻에 합당한 사람에게만 응답이 이루어졌습니다. 그것은 그들이 원했기 때문이 아니라 하나님이 원하셨기 때문입니다.
한 문둥병자가 주님께 나아와 주여.. 원하시면 저를 깨끗케 하실 수 있나이다 하고 말했을 때 주님은 내가 원하노니 깨끗함을 받으라 고 말씀하셨습니다. (마8:3)
바로 이것이 중요합니다. 사람이 원할 때가 아니라 주님이 원하실 때만 소원은 이루어집니다. 그러므로 중요한 것은 주님이 원하시는가, 아닌가 하는 것이지 내가 원하는가가 아닙니다.

사역을 꿈꾸는 젊은이들은 흔히 세계적인 사역자나 널리 알려진 사람의 모습을 보면서 '나도 저렇게 되어야지..' 하는 경향이 있습니다. 하지만 그것은 우스운 것입니다. 중요한 것은 내가 무엇을 원하는가가 아니라 하나님이 무엇을 원하시는가 입니다. 모든 사람에게는 각자를 향한 하나님의 계획과 인도하심이 있습니다. 그것을 발견하는 것이 중요한 것이며 위대한 비전과 꿈을 가지는 것이 중요한 것이 아닙니다.

요셉은 과연 꿈의 사람입니까? 요셉이 위대한 꿈을 꾸고 그 비전을 가지고 살았을까요? 아닙니다. 요셉은 자신이 꿈을 꾸지 않았습니다. 꿈을 만들지 않았습니다. 그는 비전을 품지 않았습니다. 그는 평범한 사람에 불과했으나 하나님께서 그를 선택하시고 꿈을 통하여 미래의 인도하심을 보여주셨습니다. 요셉은 그의 인생이 한참 지났을 때에야 비로소 자신이 어린 시절에 꾼 꿈의 의미를 알게 되었을 것입니다.

이 시대의 상식과는 배치되지만, 우리는 기억해야 합니다. 꿈을 함부로 꾸는 것은 좋지 않은 것입니다. 우리는 우리 마음대로 꿈을 꿀 권리가 없습니다. 우리가 태어나고 죽는 것도 우리 마음대로 되는 것이 아니듯이 우리의 인생도 사명도 우리 마음대로 하는 것이 아닙니다. 그것을 결정하시고 인도하시는 분이 있습니다. 그분이 우리의 주인입니다. 우리는 주인이 아니고 종이기 때문에 주인이 시키시는 것을 해야 합니다. 우리는 우리의 마음대로 꿈을 꾸고 그것이 이루어지도록 기도할 권리가 없습니다.

바른 순서가 중요하다

꿈을 꾸는 것은 나쁜 일이 아닙니다. 하지만 우리가 그리스도인이라면 우리는 꿈을 꾸기 전에 먼저 기도해야 합니다. 순서는 첫째로 꿈, 둘째로 기도, 셋째로 믿음.. 이런 것이 아닙니다.
첫째로 먼저 하나님을 믿어야 합니다. 그리고 둘째로 기도해야 합니다. 그 기도의 내용은 '오.. 주님.. 주님의 뜻이 무엇입니까?' 해야 합니다.

그렇게 기도하면 주님께서 우리가 가져야할 꿈과 사명을 주십니다. 그러면 셋째로 그 꿈과 사명을 위하여 기도하며 하나님의 인도하심을 구해야 합니다.

소원에도, 욕망에도, 애정에도.. 역시 마찬가지의 순서가 적용되어야 합니다. 먼저 믿고 기도를 드리며 어떤 소원을 가져야 할지, 어떤 애정을 가져야할지 주님께 받아야 합니다. 그것이 바른 그리스도인이며 헌신된 그리스도인입니다.

바른 순서를 배우기 위하여 좌절을 겪는다

하지만 현실을 보면 이 순서가 제대로 되지 않은 그리스도인들을 많이 볼 수 있습니다. 그래서 주님은 우리가 좌절을 경험하도록 인도하십니다. 우리의 꿈이 무너지게 하십니다. 우리의 소원과 욕망과 애정이 무너지게 하십니다. 실연을 겪게 하십니다. 그리하여 고통과 슬픔과 절망을 겪게 하십니다. 그러한 실패의 경험을 통하여 우리를 낮아지게 하시며 자신의 위치를 돌아보고 비로소 하나님의 앞에 엎드려 그분의 소유가 되게 하십니다.

하나님은 영적으로 아직 어린아이의 상태에 있는 이들에게는 충분한 다루심을 주시지 않습니다. 그러므로 영적인 어린아이들 중에서는 아직 충분히 실패와 낙심을 통과하지 않은 이들이 많습니다.

그러므로 그들은 마음대로 꿈을 가지고 비전을 가지며 각종 소원과 욕망을 가지고 있습니다. 그들은 아직 희망이 있으며 낙관을 가지고 있으며 무엇이든지 마음을 먹기만 하면 다 되는 줄로 압니다. 기도하고 몸부림을 치면 다 통할 것이라고 생각합니다.

그들은 아직 베냐민을 포기하지 않은 야곱과 같은 사람들입니다. 그러나 언젠가 때가 되면 그들도 역시 하나님의 다루심 앞에서 울고 절망하며 '하나님, 당신만이 나의 주인이십니다. 내가 그것을 잃게 되면 잃겠습니다' 하고 고백할 때가 올 것입니다. 그것이 꿈이든 애정이든 소원이든 취향이든 취미든 욕망이든.. 때가 되면 하나님의 다루심 앞에서 그들은 그것을 내려놓아야 합니다.

허황된 꿈을 꾸는 영적 어린이들

나는 그리스도 안에서 아직 어린아이인 그리스도인들을 많이 보았습니다. 그들은 아직 하나님의 다루심이 무엇인지 잘 알지 못합니다. 그러므로 그들은 자신만만하며 많은 허황된 꿈들을 꾸고 있습니다.
그들은 아직 자신을 대단한 존재로 생각합니다. 그들은 자신이 위대한 하나님의 종이 될 것이며 크게 하나님께 영광을 돌릴 것이라고 생각합니다.
그러한 이들에게는 많은 실패와 고통이 준비되어 있습니다. 그러한 많은 역경을 통과한 후에 하나님의 시간이 되면 그들은 주님의 손아래서 굴복하게 될 것입니다.
그 후에 그들은 함부로 말하지 않을 것입니다. 자신 있게 말하지 못할 것입니다. 우리가 스스로 할 수 있는 것은 아무 것도 없기 때문입니다. 우리는 무능하고 무익한 종이며 주님이 인도하시는 것만을 할 수 있다고 조심스럽게 고백하게 될 것입니다.

기억해야 합니다. 우리는 대단한 존재가 아닙니다. 오직 주님만이 위대하시고 무한하신 분입니다. 그 사실이 분명해질 때까지 우리는 굴복되어야 합니다.
개인적인 비전이나 소원과 목표가 좌절된 후에 마음이 상하고 비뚤어지고 공격적이 된 사람들이 있습니다. 그들은 누구 때문에 자기가 실패했다고 말합니다. 환경과 여건이 자기를 망하게 했다고 하기도 합니다.

또는 자기가 좋은 기회를 놓쳤다고, 실수했다고 후회하기도 합니다. 이들은 깨닫지 못하고 있습니다. 인생에는 우연이 없다는 것을 말입니다. 이들은 그들을 낮추시고 하나님의 사람으로 만들기 원하시는 하나님의 손길과 의도를 이해하지 못하고 있는 것입니다.

이들은 자신들이 겪는 좌절이 진정한 실패가 아니라 하나님의 인도하시는 한 과정인 것을 알지 못합니다. 그리하여 이들은 패배의식을 가지며 하나님에 대한 원망과 자기와 달리 성공한 것으로 보이는 다른 사람들에 대한 시기와 분노에 사로잡힙니다. 이런 이들은 흔히 말하기를 '내가 저 사람보다 무엇이 못해서 이렇게 되었나?' 하면서 낙담합니다. 나는 그렇게 말하는 이들을 많이 보았습니다. 그러나 바르게 깨닫기만 한다면 실패와 좌절은 은혜입니다. 그것은 꿈과 소원이 이루어지는 것보다 더 놀랍고 풍성한 하나님의 역사를 이룹니다.

좌절을 통해서 아름답게 된다

개인적인 좌절을 통해서 더 아름답고 놀라운 하나님의 뜻을 성취하는 이들이 많이 있습니다. 어떤 어머니는 어린 아들이 병으로 심한 고통 중에 있었습니다. 어머니는 많은 고통을 겪으며 많은 눈물로 간절하게 기도하였으나 결국 병에서 회복되지 못하고 어린 나이로 하늘나라에 갔습니다.
그리고 그 후에 그녀는 여러 과정을 거쳐 많은 고아들의 어머니가 되었습니다. 그녀는 부모가 없는 어린아이들의 슬픔과 고통을 치유하는 도구가 되었습니다.
그녀는 자기와 전혀 상관이 없는 아이들에게 전에는 상상할 수 없었던 수준의 애정을 갖게 되고 그러한 깊은 애정의 통로가 되었습니다.

이것을 단순히 좌절이라고 할 수 있을까요? 그녀는 하나님의 뜻을 위하여 개인적인 슬픔의 순간을 겪었습니다. 그녀는 그녀의 개인적인 자아를 넘어서는 도구가 되었습니다.

충분한 좌절과 역경이 아니었다면 그녀는 결코 그러한 사람이 될 수 없었을 것입니다. 그것은 그녀 개인으로는 고통이었고 실패였을지 모르지만 하나님의 나라에, 그리고 많은 사람들에게 성공과 충만한 삶을 주는 것이었습니다.

좌절은 더 깊은 수준으로 이끈다

꿈의 좌절을 겪지 않는 사람은 자기의 수준에서 더 나아갈 수가 없습니다. 사람이 개인적인 성향과 개인적인 특성을 넘어서는 수준의 것을 어떻게 구할 수 있겠습니까? 사람이 알지 못하는 것을 어떻게 구하겠습니까?

오직 하나님께서 우리 각자에게 가장 적당하고 가치 있고 필요한 것이 무엇인지 아십니다. 그러므로 우리의 소원이나 비전보다 더 아름답고 놀라운 것은 주님이 인도하시는 삶인 것입니다. 꿈의 좌절은 그러한 면에서 볼 때 아름답고 행복한 일입니다.

하나님은 그가 특별하게 사랑하시는 이들을 위하여 그들의 꿈이 좌절되게 하십니다. 그것은 하나님께서 그들과 좀 더 깊은 관계를 가지는 것을 원하시기 때문입니다. 그를 낮아지게 하시고 굴복시켜서 하늘의 은총을 부으시며 하늘 문으로 인도하시기를 원하시기 때문입니다.

꿈을 성취하고 욕망을 달성하는 것은 겉보기에 성공인 것 같고 행복한 것 같지만 그러나 오히려 그러한 이들은 하나님께서 버리신 경우가 많습니다.

버림받은 자들이 헛된 욕망을 이룬다

암논은 여동생 다말을 향하여 욕망을 품었습니다. 그리고 원하는 대로 그는 뜻을 이루었습니다. 그는 소원을 이루었습니다. 하지만 그 결과 비참한 죽음을 당했습니다. 욕망의 성취, 꿈의 성취.. 그러나 비참한 결과가 예정되어 있는 것.. 이것은 오늘날 흔히 볼 수 있는 것입니다.
다윗도 우리아의 아내를 보고 욕망을 품었으며 그것을 이루었습니다. 그 결과 얼마나 많은 피를 흘렸고 재앙을 겪었는지 우리는 잘 알고 있습니다.

악한 욕망을 이루었을 때, 그것은 재앙의 전주곡입니다. 하나님은 그 사랑하시는 자의 꿈과 욕망을 억제하십니다. 그러나 버림받은 이들은 욕망을 이룹니다. 소원을 이룹니다.
아브라함이 그랄에 우거하여 아내 사라를 누이라고 했으므로 그랄 왕 아비멜렉이 그녀를 취하였습니다. 그 밤에 하나님이 그에게 꿈으로 나타나서서 네가 취한 여인으로 인하여 네가 죽으리니 그녀는 남의 아내라고 말씀하셨습니다. 그러나 아비멜렉은 억울하다고 대답합니다.

> 아비멜렉이 그 여인을 가까이 아니한 고로 그가 대답하되 주여 주께서 의로운 백성도 멸하시나이까 그가 나더러 이는 내 누이라고 하지 아니하였나이까 그 여인도 그는 내 오라비라 하였사오니 나는 온전한 마음과 깨끗한 손으로 이렇게 하였나이다 (창20:4-5)

아비멜렉은 하소연합니다. 아브라함이 사라를 누이라고 말했기 때문에 자기는 그대로 믿었으니 죄가 없다는 것입니다. 하나님은 그에게 대답하십니다.

> 하나님이 꿈에 또 그에게 이르시되 네가 온전한 마음으로 이렇게 한 줄을 나도 알았으므로 너를 막아 내게 범죄하지 않게 하였나니 여인에게 가까이 못하게 함이 이 까닭이니라 (창20:6)

하나님은 아비멜렉이 범죄하지 못하도록 그를 막으셨다고 하셨습니다. 아비멜렉은 이 여인을 취해도 괜찮다고 생각했지만 이상하게도 왠지 이 여인을 가까이 할 수가 없었습니다. 그래서 그는 그녀를 건드리지 못했습니다. 그것은 하나님께서 그를 막았기 때문입니다. 하나님은 그가 온전한 마음인 것을 아시고 그가 범죄하지 않도록 막으셨습니다. 하나님은 이와 같이 각 사람의 상태에 따라 죄를 짓는 것을 허용하기도 하시고 막기도 하시는 것입니다. 다윗은 많은 경우에 하나님께서 그가 죄를 짓는 것을 막으셨을 것입니다. 나발이 다윗을 모욕했을 때도 하나님은 아비가일을 통해서 다윗을 막게 하셨습니다.

그러나 밧세바의 경우에 하나님은 다윗을 막지 않으셨습니다. 그것은 다윗이 의도적으로 알면서도 짐짓 죄를 범했기 때문입니다. 삼손의 경우에도 하나님은 그가 욕망을 추구하는 것을 막지 않으셨습니다. 믿는 자라고 하더라도, 하나님을 사랑하는 자라고 하더라도 스스로 죄의 쾌락을 즐긴다면 하나님은 그를 막지 않으십니다. 그리고 그 결과 다윗도 삼손도 혹독한 재앙을 겪었습니다. 악한 욕망의 성취가 있는 곳에는 재앙도 예약되어 있는 것입니다.

사람들은 위대한 성취를 좋아합니다. 그것이 하나님의 보시기에 합당한 것인지에 대해서 고민하지 않으며 두려워하지 않습니다. 겉보기에 멋지면 그것으로 충분하다고 생각합니다.
바벨탑은 아름답고 위대한 건축물이었습니다. 그것은 위대한 성취였습니다. 하지만 그 결과 문제가 생기고 벽이 생겨서 사람들은 흩어지게 되었습니다. 위대한 성취에 하나님의 기뻐하심이 없다면 그것은 재앙이 될 수 있습니다.

하나님은 사랑하는 자의 욕망을 막으십니다. 알고 구하는 자는 막지 않고 내버려두시지만 모르고 구하는 자들은 막으십니다. 그러나 하나님께 버림을 받은 이들은 이 세상에서 많은 것들을 성취하고 누리게 될 것입니다. 그것은 하나님이 막지 않으시기 때문입니다.

나사로는 어떤 부자의 문 앞에 살았습니다. 그 부자도 많은 것들을 성취한 사람이었습니다. 지위가 있고 돈이 있으며 신앙이 있는 사람이었습니다. 하지만 그가 호화로운 삶에 탐닉하며 허무한 것들을 구할 때 하나님은 그를 막지 않으셨습니다. 그를 버리셨기 때문입니다. 그는 살아있을 때 많은 것을 누렸지만 사후에는 아무런 희망도 없게 되었고 어떤 긍휼도 얻지 못하게 되었습니다. 하나님은 버린 자들을 막지 않으시며 세상에 속한 것들을 많이 성취하도록 내버려두십니다. 그러나 하나님께 속한 자들에 대해서는 개인적인 꿈과 소원이 좌절되게 하시며 낮아지게 하시고 더욱 더 그에게 연합된 사람이 되게 하십니다.

누구나 나사로의 삶은 저주받은 삶이라고 여길 것입니다. 그는 거지에다가 병까지 앓고 있었으니까요. 부자의 삶은 풍성한 삶이며 행복한 삶이라고 여길 것입니다. 날마다 호화스러운 음식과 사교와 파티를 즐기는 삶이니까요. 이 부자처럼, 암논처럼, 압살롬처럼 원하는 것을 무엇이든지 가질 수 있는 삶을 행복이라고, 성공이라고 여길 것입니다. 그러나 그들의 삶은 행복도 아니었고 성공도 아니었습니다. 그들은 하나님께 버림받은 것입니다. 하나님께서는 그들의 욕망을 막지 않고 내버려두셨습니다. 그러한 사람들의 삶은 생전에도 진정한 내적인 평화를 알지 못하며 영원한 곳에서는 더 비참한 비극이 기다리고 있을 것입니다.

주님은 헛된 욕망을 버릴 것을 말씀하셨다

주님은 사람들에게 허무한 욕망을 버릴 것을 말씀하셨습니다. 형과 재산을 나누어 갖기를 원하던 사람에게 탐심을 버리라고 하셨습니다. 주를 따르기 원하는 젊은 관원에게 물질에 대한 욕망을 버릴 것을 요구하셨습니다. 그 후에 주를 따르라고 하셨습니다. 그러나 그는 물질을 버리지 않았습니다. 그는 물질을 너무나 사랑했기에 도저히 버릴 수가 없었습니다. 할 수 없이 슬퍼하면서 그는 사라져갔습니다.

탕자도 세상의 욕망을 버리지 않았습니다. 아무리 생각해도 세상의 아름다움과 화려한 삶에 대한 욕망이 점점 더 커졌습니다. 그는 결국 욕망을 좇아 아버지를 떠났습니다.
그러나 그는 다시 돌아왔는데 그것은 그가 욕망의 좌절을 경험했기 때문입니다. 실패로 인하여 그는 아버지의 품으로 돌아왔고 회복되었습니다. 만약 그가 성공했다면? 그는 버림을 받았을 것입니다. 그에게는 좌절이 복이었고 은총이었습니다. 하나님이 부르시고 사랑하시는 자들은 언젠가는 욕망의 좌절을 맛보고 하나님께로 돌아올 때가 있습니다.

아브라함도 그가 노년에 얻는 목숨처럼 중요하게 여기던 독자 이삭을 포기하라는 명령을 받았습니다. 성경에는 이 명령에 대한 아브라함의 비통함이 기록되어 있지 않지만 분명히 그도 이 애정을 단절하고 주님께 드리는 것에 대해서 심한 고통을 겪었을 것입니다. 그러나 아무튼 그는 하나님의 명령에 순종했습니다. 그는 그의 목숨과도 같은 애정과 소원을 버렸습니다.
그리고 그는 더 큰 것을 얻었습니다. 인간적인 애정에서 벗어나 하나님께 속한 사람이 되었습니다. 그는 하나님의 벗이라 칭함을 받았으며 하나님의 통로가 되었습니다. 예수 그리스도가 이 땅에 오시는 길이 되었으며 믿음의 조상이 되었습니다. 무릇 주님께 자기 욕망을 드린 이들은 더 놀랍고 풍성한 것을 얻게 됩니다. 자아를 초월하여 하늘에 속한 사람이 되는 것입니다.

모세도 마지막에 그의 소원이 좌절되었습니다. 그가 바라던 가나안의 입성은 이루어지지 않았습니다. 그의 평생의 꿈은 이루어지지 않았습니다. 그는 40년 동안 광야에서 훈련을 받았고 40년 동안 이스라엘 백성을 이끌었으나 고지를 눈앞에 두고 가나안 입성을 허락받지 못했습니다. 그는 눈을 감으면서 마지막으로 그 땅을 보는 것으로 만족해야 했습니다. 그러나 모세의 입장에서 아무리 아쉬워도 그것이 하나님의 뜻이라면 순복해야 합니다. 모세의 역할이 거기까지였다면 그것이 그의 꿈이 되어야 하며 기쁨이 되어야 합니다. 또한 그것이 우리의 꿈이어야 합니다. 우리의 꿈은 우리의 개인적인 취향이나 애정이나 욕망이 이루어지는 것이 아니라 주님의 뜻이 이루어지는 것이어야 합니다.

함부로 꿈을 꾸지 말라

오늘날 많은 사람들이 함부로 꿈을 꿉니다. 주를 믿는 사람들도 함부로 꿈을 꿉니다. 자신이 성공하는 꿈, 위대해지는 꿈을 꿉니다. 그것은 바르지 않은 것입니다. 그것은 진리를 모르는 것입니다. 우리는 우리 인생의 주권자가 아니기 때문입니다. 우리는 꿈을 받아야 하는 존재이며 우리 마음대로 꿈을 꿀 수 있는 존재가 아닙니다.

우리는 꿈을 꾸지 말고 하나님의 뜻을 구해야 합니다. 우리를 향하신 하나님의 원하심이 무엇인지 구해야 합니다. 그것을 알기 위해서 기도해야 합니다. 젊은이들은 자신의 인생을 설계하면서 '나는 이것을 전공해야지' 해서는 안 됩니다. 그는 '주님.. 무엇을 원하십니까?' 하고 기도해야 합니다.

이러한 기초가 부족한 이들을 위해서 하나님은 좌절을 허용하십니다. 꿈과 소원과 욕망이 무너지게 하십니다. 그래서 낮음과 절망을 배우게 하십니다.

하나님의 원하심이 우리의 소원이 되어야 한다

우리는 모두 하나님의 종입니다. 그러므로 우리에게는 꿈이 없습니다. 종에게 무슨 꿈이 있겠습니까? 종은 오직 주인의 부르심을 위하여 존재하는 것입니다.
 '네 소원이 무엇이냐?' 주님이 물으실 때 우리는 이렇게 대답해야 합니다. '오, 주님.. 당신의 뜻, 당신의 원하시는 것이 우리의 뜻이고 소원입니다. 저를 사용하여 주십시오.'
그렇게 대답할 때까지 주님은 우리의 꿈과 소원을 다루십니다. 그분이 원하시는 대로 우리를 사용하실 수 있을 때까지 주님은 우리를 훈련하시고 다루십니다.

그것은 노예의 삶일까요? 그것은 로봇과 같은 기계적인 삶일까요? 아닙니다. 그것은 무한한 은총의 삶이며 진정한 자유의 삶입니다. 기쁨과 감격이 충만한 가슴이 벅찬 삶입니다. 자신의 욕망을 따라 살 때 그것은 악과 이기심과 온갖 묶임이 가득한 삶이지만 자신을 버리고 우리의 원래 위치인 낮은 곳에 무릎 꿇을 때 그것은 천국의 영광이 가득한 삶의 시작입니다.

낮아짐을 위하여, 주님의 종이 되도록 하시기 위하여 주님은 우리에게 좌절을 허락하십니다. 그러므로 꿈을 이루는 것이 은총이 아니라 꿈의 좌절이 은총입니다.
하지만 더 좋은 것은 허무한 욕망을 품고 그것이 좌절되기까지 많은 고통을 겪으며 많은 시간을 낭비하지 말고 처음부터 낮은 마음으로 꿈을 버리고 주의 뜻을 구하는 것입니다. 우리 모두가 다 탕자가 되어 나중에 돌아오기까지 많은 세월을 보낼 필요는 없습니다. 바로 지금 이 순간부터 주님의 도구가 되고 주님 앞에 엎드려야 합니다. 우리는 나중에 먼 미래에 천국을 경험하려고 할 필요가 없습니다.

옛 욕망이 사라질 때 새 소망이 일어난다

좌절은 하나님의 도구입니다. 그것은 은총입니다. 하나님은 그 사랑하시는 자의 욕망을 좌절하게 하십니다. 하나님은 그 욕망이 이루어지는 것을 막으십니다. 옛 욕망이 사라지면 새 소망이 일어납니다. 하나의 좌절이 있으면 새로운 희망이 일어나게 됩니다. 그것은 옛사람이 죽고 새 사람이 일어나는 하나의 과정입니다.

눈이 열릴 때 우리는 좌절을 기뻐하게 될 것입니다. 그로 인하여 깨어나는 영혼의 충일함을 기뻐하게 될 것입니다. 그리고 그 배후에 있었던 하나님의 인도하시는 손길을 기뻐하게 될 것입니다.

우리는 우리가 전에 가졌던 꿈과 소원과 모든 것을 기꺼이 드리게 될 것입니다. 애정도 욕심도 즐거이 드리게 될 것입니다. 그리고 우리의 꿈이 이루어지는 것 보다 주님의 원하심이 이루어지기만을 간절하게 구하고 소원하게 될 것입니다.

우리는 우리의 꿈을 이루는 것보다 우리가 주님의 손에 굴복되고 낮아져서 주님의 사람, 주님에 속한 사람이 되는 것을 더욱 더 기뻐하며 즐거워하게 될 것입니다. 할렐루야.

6. 한계상황으로 인도하심

아무도 한계 상황을 원하지 않습니다. 아무도 아슬아슬한 위기의 상황을 겪고 싶어 하지 않습니다. 모두가 다 넉넉하고 여유 있는 삶을 원합니다.
하지만 삶이란 우리가 원하는 대로 풀려가는 것은 아닙니다. 삶이란 우리의 계획대로가 아니라 하나님의 인도하심 속에 흘러가는 것인데 하나님은 우리의 삶 속에서 한계 상황을 허락하십니다. 우리가 벽에 부딪치고 스스로의 힘으로는 어찌할 수가 없는 그러한 한계 상황에 접하도록 인도하십니다.

왜 한계 상황으로 인도하시는가

왜 하나님은 그렇게 하시는 것일까요? 왜 하나님은 우리를 위기의 상황으로 인도하시는 것일까요?
그것은 우리의 속성에는 맞지 않는 것이지만, 고통스러운 것이지만 하나님은 이를 통하여 우리에게 낮아짐을 가르치시고 진정 하나님께 속한 사람이 되도록 훈련하시는 것입니다.
고통이란 힘든 것입니다. 자기 한계에 부딪치는 것은 즐거운 일이 아닙니다. 하지만 우리는 그러한 경험으로 인도하시는 하나님의 손길과 그 의도를 이해해야 합니다. 하나님의 관점에서 모든 상황을 보아야 합니다. 그리하여 그러한 상황을 통하여 가르치시는 하나님의 메시지를 깨닫고 그 상황을 통과해야 하는 것입니다.

항상 마지막 순간에 응답이 온다

몹시 가난했던 나는 신학대학과 신학대학원을 다닐 때 등록금 문제가 항상 가장 중요한 기도 제목이었습니다. 아르바이트를 하기도 했지만 돈은 항상 모자랐고 해결 방법은 오직 기도 밖에 없었습니다.

나는 오랜 시간을 무릎을 꿇고 응답이 올 때 까지 기도를 했었는데 이상하게도 기도의 응답은 항상 가장 마지막 순간에 오는 것이었습니다. 예를 들면 등록 기간의 마지막 날, 은행 마감 시간이 임박했을 때 기적적으로 문제가 해결되는 것입니다. 불과 몇 분만 지나면 합격이 취소되는 상황에서 말입니다. 결혼을 해서 살림을 할 때도 마찬가지였습니다. 응답은 항상 마지막 순간에 왔습니다. 돈이 천 원짜리 한 장이라도 지폐가 있을 때에는 응답이 없었습니다. 이제 동전밖에 남지 않고 이제 굶을 수밖에 없구나 생각할 때에 비로소 돈이 생겼습니다.

신혼 초에 우리는 돈이 전혀 없는 상황에서 마지막 희망으로 혹시 누가 우리에게 돈을 보내지 않았을까 싶어서 은행에 간 적이 있었습니다. 수원의 변두리에 살고 있었기 때문에 은행은 집에서 버스로 30분 이상 가야했었습니다. 버스를 타면서 마지막 동전을 사용했기 때문에 만일 누가 돈을 보낸 것이 없다면 우리는 차비가 없어서 임신 막달이라 배가 잔뜩 부른 아내와 함께 1시간 30분 정도를 걸어서 집으로 와야 했습니다. 그 때 누군가가 3만원을 보내서 우리는 한 동안의 위기를 잘 넘긴 적이 있었습니다. 당시 냉면 값이 2천원 정도였기 때문에 그것은 우리에게 엄청난 거금이었습니다.

참 감사했지만 항상 떠오르는 이러한 의문이 있었습니다. 왜 하나님은 미리 좀 주시지 않는 걸까? 왜 이렇게 마지막 순간까지 속이 타게 하시고 나서 응답을 주시는 걸까? 하는 의문이 있었습니다.

믿음의 선배들의 비슷한 경험들

널리 알려져 있는 믿음의 선배들도 이와 비슷한 경험들을 많이 겪은 것으로 알려지고 있습니다. 믿음으로 하나님만을 의지하고 고아원을 운영해나간 죠지 뮬러에게도 그런 위기의 순간이 많았다고 합니다.

한번은 식사시간이 되었는데 빵과 우유를 살 돈이 전혀 없었습니다. 많은 고아들이 식탁에 앉아서 아무 음식도 없는 상태에서 믿음으로 식사 기도를 드렸는데 그 순간 그 근처에 있는 빵집에서 갓구운 빵을 선물로 가져다 주었습니다. 또 지나가던 우유배달차가 고장이 나는 바람에 우유가 상하게 되어 뮬러가 운영하던 고아원에 무상으로 제공해 주겠다 가져왔습니다. 덕분에 극적으로 식사를 하게 되었다는 유명한 이야기도 있습니다. 그러한 경험은 통과하고 나면 극적이고 감사한 일이지만 그 당시의 마음 상태는 정말 죽을 맛이라고 할 수밖에 없습니다. 그것은 정말 유쾌한 경험이 아닙니다. 미리 여유 있게 주셨다면, 응답하셨다면 그렇게 속을 썩이지 않을 텐데 말입니다.

아슬아슬하게 홍해를 건넜던 이스라엘

그런데 그러한 이야기는 성경에도 많이 등장합니다. 이스라엘 백성이 홍해를 건널 때도 그들은 여유 있게 건너지 않았습니다. 앞에는 홍해가 가로막고 있었고 뒤에서는 애굽의 군대가 쳐들어오고 있었습니다. 앞뒤가 막힌 모세와 이스라엘 백성은 하나님께 부르짖었고 그 때 홍해가 열리기 시작했습니다. 그들은 그렇게 해서 아슬아슬하게 홍해를 건넜습니다. 여유 있게 건넌 것이 아니었습니다. 그것은 마치 액션 영화를 찍는 것 같았습니다. 사방에서 총탄이 쏟아지는데 주인공들이 하늘에서 내려오는 헬리콥터의 사다리 줄에 매달려서 아슬아슬하게 탈출에 성공하는 액션 영화 말입니다.

여호사밧 왕의 위기와 기도

여호사밧 왕도 그러한 상황을 겪었습니다. 모압과 암몬의 연합군들이 그를 치기 위하여 오고 있었던 것입니다. 그는 대군이 이미 가까운 곳에 도착하여 다가오고 있다는 소식을 들었습니다. (대하20:1-2)
여호사밧 왕은 두려웠습니다. 그는 감히 그들을 맞서 싸울 자신도 능력도 없었습니다. 그가 할 수 있는 것은 오직 기도뿐이었습니다. 그는 온 유다 백성에게 금식하라고 공포를 하였습니다. 유다 사람들은 유다 모든 성읍에서 모여왔는데 그것은 전쟁을 위한 것이 아니라 하나님의 도우심을 구하기 위한 것이었습니다. (대하20:4)
여호사밧 왕은 모인 회중들 앞에서 간절하게 기도하고 호소를 하였는데 그의 기도는 몹시 인상적인 것이었습니다.

우리 하나님이여 저희를 징벌하지 아니하시나이까 우리를 치러 오는 이 큰 무리를 우리가 대적할 능력이 없고 어떻게 할 줄도 알지 못하옵고 오직 주만 바라보나이다 하고 (대하20:12)

왕은 자신에게 아무런 힘도 없고 어찌할 방법도 알지 못하며 오직 주님의 도우심만을 바라본다고 고백합니다. 모든 백성들 앞에서 왕이 자기의 무능을 고백하고 오직 하나님의 도우심을 구한다는 것은 참으로 부끄러운 일일 것입니다. 그러나 지금 여호사밧 왕은 체면을 생각할 처지가 아니었습니다.
그것은 무능한 기도였습니다. 절망적인 기도였습니다. 하지만 전적인 의뢰와 신뢰가 담긴 기도였습니다. 이 기도에 하나님은 응답하셔서 기적적인 구원이 이루어지게 하셨습니다. (대하20:14-26)
여호사밧 왕이 처한 이 상황, 아무 힘이 없고 어떻게 할 줄도 알지 못하고 오직 주만 바라보아야 하는 상황.. 그러한 상황으로 하나님은 우리를 인도하십니다. 그리고 그러한 상황에서 기적적으로 개입하셔서 우리를 도우시며 하나님의 살아계심과 능력을 증거 해주십니다.

다윗의 절박한 기도

다윗도 그러한 위기를 많이 겪었습니다. 그는 사울에게 쫓기며 수 없이 죽음의 위협에 시달렸습니다. 그가 느낀 위험의 정도는 친구 요나단에게 한 말에서 잘 나타납니다.

> 진실로 여호와의 사심과 네 생명으로 맹세하노니 나와 사망의 사이는 한 걸음 뿐이니라 (삼상20:3)

그는 자신의 생명이 보존될지 확신할 수 없었습니다. 한 나라의 왕이 자기를 죽이기 위해서 모든 군사들을 모아서 찾아다니는데 살 수 있다고 생각하기는 어려울 것입니다. 그는 수도 없이 이제는 끝났다고 여길 상황에 도달했습니다. 거의 잡힐 뻔한 상황이 많이 있었습니다.

> 사울이 산 이편으로 가매 다윗과 그의 사람들은 산 저편으로 가며 다윗이 사울을 두려워하여 급히 피하려 하였으니 이는 사울과 그의 사람들이 다윗과 그의 사람들을 에워싸고 잡으려 함이었더라 (삼상23:26)

그것은 아주 절박한 숨바꼭질이었습니다. 죽음은 아주 코앞에 있는 것처럼 보였습니다. 다윗은 사울을 피하여 깊은 굴속으로 숨었습니다. 그런데 사울이 그를 발견했는지 그 굴 안으로 들어오고 있었습니다.
굴 안에 있던 다윗의 마음은 어땠을까요. 이제 그를 쫓는 군사들의 발자국 소리가 가까이 다가오고 있었습니다. 그것은 죽음의 그림자였습니다. 다윗의 고백처럼 그와 사망의 거리는 한 걸음뿐인 것으로 보였습니다. 절박한 상황에서 다윗은 하나님께 간절하게 기도를 드렸습니다. 그가 굴속에서 간절하게 하나님의 구원과 긍휼을 구하며 드린 기도시가 바로 시편 57편입니다. 누구나 그런 상황이 되면 진정으로 간절하고도 절실한 기도를 드리지 않을 수 없을 것입니다.

하나님이여 나를 긍휼히 여기시고 나를 긍휼히 여기소서
내 영혼이 주께로 피하되 주의 날개 그늘 아래서 이 재앙이 지나기까지 피하리이다 (시57:1)

하나님은 그 상황에서도 개입하셨습니다. 사울은 다윗을 발견하지 못했습니다. 그들이 찾는 원수 다윗이 지척에 있었지만 사울은 그를 발견하지 못했습니다.

나는 어느 목사님이 6.25 전쟁 시절에 공산군을 피하여 집의 지붕으로 올라가서 숨었던 이야기를 간증하는 것을 들었습니다. 공산군들은 바로 코앞에 있었고 지붕은 너무나 낮았습니다. 목사님은 그들의 모습을 얼굴 표정까지 선명하게 보았습니다. 그러나 그들은 목사님을 발견하지 못했습니다. 그리하여 목사님은 살아났습니다. 보이는 것도, 보이지 않는 것도 하나님께 달린 것입니다.

이와 유사한 간증들을 우리는 많이 접할 수 있습니다. 그것은 생명이 하나님께 달린 것임을 분명하게 보여주는 것입니다.

바울의 극한 경험

바울도 복음을 전하는 과정에서 겪었던 여러 극한의 상황들을 묘사합니다. 그는 말합니다.

형제들아 우리가 아시아에서 당한 환난을 너희가 알지 못하기를 원치 아니

하노니 힘에 지나도록 심한 고생을 받아 살 소망까지 끊어지고 우리 마음에 사형 선고를 받은 줄 알았으니
이는 우리로 자기를 의뢰하지 말고 오직 죽은 자를 다시 살리시는 하나님만 의뢰하게 하심이라 (고후1:8-9)

바울은 아시아에서 겪은 환란들에 대해서 고린도 교회 사람들과 함께 나누기를 원했습니다. 그는 그가 당한 일들이 자기의 한계를 초월하는 일이었다고 고백합니다. 이미 버틸 힘이 없어서 사형선고를 받았다고 여길 정도였다고 말합니다. 그는 그러한 역경의 의미를 고백합니다. 그것은 자기를 의뢰하지 말고 오직 하나님만을 의뢰하게 하기 위한 훈련이었다는 것입니다. 바울은 그가 당하는 환란이 우연히 온 것으로 여기지 않았습니다. 또한 그것이 하나님의 허락이 없이 온 것으로 여기지 않았습니다. 거기에는 의미가 있었고 목적이 있었습니다. 그것은 자기의 힘으로 감당하기 어려운 환란을 통하여 자기를 의뢰하지 않고 하나님을 의뢰하는 것을 배우는 것이었습니다.

우리에게 오는 고통과 환란이 우연일 리가 있을까요? 하나님이 모르실 리가 있을까요? 참새 한 마리가 땅에 떨어지는 것도 하나님의 허락이 있어야 합니다. 하나님은 우리의 머리털까지도 세시는 분입니다. (마 10:29-30) 그러므로 하나님의 목적과 허락하심이 없이 우리가 역경을 경험한다는 것은 있을 수 없는 일입니다.

우리는 혼자가 아니다

우리는 종종 어려움을 겪을 때 우리가 혼자라는 느낌을 받곤 합니다. 하나님은 보이지 않고 눈앞의 문제들만 보일 때가 있습니다. 하지만 성경은 말하고 있습니다.

야곱아 네가 어찌하여 말하며 이스라엘아 네가 어찌하여 이르기를 내 사정은 여호와께 숨겨졌으며 원통한 것은 내 하나님에게서 수리하심을 받지 못한다 하느냐
너는 알지 못하였느냐 듣지 못하였느냐 영원하신 하나님 여호와, 땅 끝까지 창조하신 자는 피곤치 아니하시며 곤비치 아니하시며 명철이 한이 없으시며 (사40:27-28)

우리가 혼자라고 느낄 때, 하나님이 나와 함께 하신다면 왜 내게 이런 일이 생기는 것일까.. 하는 의문이 생기는 순간에 하나님은 말씀하십니다. 하나님께 숨겨진 것은 아무 것도 없으며 그분은 모든 것을 아시고 함께 하시는 분이라는 것을 말입니다.
그렇다면 하나님이 모든 것을 아시고 우리의 사정을 아시면서도 그러한 어려움을 허락하시는 이유는 무엇일까요? 우리 마음에 사형선고를 받은 것 같은 정도로 한계상황에 이르게 하신 이유는 무엇일까요?
바울은 말하기를 오직 죽은 자를 살리시는 하나님만을 의뢰하게 하시기 위한 것이라고 고백합니다.

극한 상황의 메시지

사람은 누구나 본능적으로 자기의 힘과 지혜로 삽니다. 자기 생각에 옳다고 여기는 것을 행하고 의지하며 자신의 능력으로 살게 됩니다. 하지만 자기의 힘으로 감당할 수 없는 극한 상황에 부딪칠 때가 있습니다. 평소에 자기의 지성을 자랑하는 사람이라도 그 지성이 통하지 않을 때가 있습니다.
평소에 용기가 많은 사람이라도 그 용기가 통하지 않을 때가 있습니다. 평소에 건강하고 힘이 센 사람이라도 그것이 전혀 통하지 않을 때가 있습니다. 평소에 많은 사람들과 좋은 관계를 가지고 있었던 사람이라도

아무도 도울 수 없는 상황에 처할 때가 있습니다. 자기가 가지고 있는 힘과 지혜와 능력과 모든 것을 다 동원해도 전혀 헤쳐 나갈 수 없는 극한 상황에 부딪칠 때가 있는 것입니다.

그렇다면 그렇게 자기에 속한 모든 것이 무너질 때 할 수 있는 일은 무엇일까요? 그것은 다른 근원을 의뢰하는 것입니다. 생명의 근원이시며 모든 것의 주관자이시며 온 우주의 창조주이시며 주인 되시는 그분을 의뢰하게 되는 것입니다. 이것이 극한 상황의 교훈이며 메시지입니다.

새로운 차원의 세계가 열림

이것은 새로운 차원의 세계가 열리는 것과 같은 것입니다. 유한한 자신의 능력을 의지하며 살던 사람에게 영원하고 무한한 근원을 가지신 분을 실제적으로 구하고 갈망하는 세계가 열리는 것입니다.
사람들은 쉽게 주님을 영접하고 믿는다고 고백하지만 구체적인 자기 절망에 이르기 전까지는 자신을 의뢰하는 것을 멈추기가 어렵습니다. 자기의 지성과 경험과 힘으로 사는 것을 멈추기가 어렵습니다.
누구나 자기의 방식으로 생각하고 자기의 방식으로 살아가는 데에 익숙합니다. 하지만 절대적인 절망의 순간에서는 누구나 어쩔 수 없이 절대자를 갈망하며 의뢰하게 됩니다. 고난과 극한 상황을 통하여 잠자던 심령이 일어나고 깨어나게 되는 것입니다. 자연적으로 살아가던 사람에게 초자연적인 세계가 열리게 되는 것입니다.

극한 상황, 절망이 갈망을 일으킨다

이것은 실제적인 믿음입니다. 이것은 실제적으로 하나님을 알고 경험하는 것입니다. 위기를 통해서 실제적인 믿음이 일어나게 됩니다. 그러므로 자기 한계의 상황을 경험하는 것은 실제적으로 주를 알고 하늘의 권능을 누리는 은총의 순간이 되는 것입니다.

자신에 대한 온전한 절망, 자기의 힘과 지성과 능력에 대한 온전한 절망이 하나님에 대한 갈망을 일으킵니다.

젊은이들에게, 아직 충분히 절망하지 않은 이들에게, 한계 상황에 부딪쳐보지 못한 이들에게 하나님을 의뢰하고 갈망하라고 해보십시오. 그것은 어려운 일입니다. 기도하라고 해보십시오. 그들은 기도하지 않으며 하더라도 중심을 쏟아내어서 기도할 줄 모릅니다. 자기 절망을 모르는 이들은 중심으로 하나님을 의뢰하고 구하기 어렵습니다. 그들은 어려움이 있을 때 자기가 할 수 있는 모든 것을 다 할 것입니다. 그리고 하다하다 안 되면 그때 비로소 하나님을 찾을 것입니다. 그것이 인간입니다.

그러므로 한계상황에 이르러 자기 무능에 대한 처절한 인식이 열리는 것처럼 아름답고 놀라운 것이 없습니다. 그것은 하나님의 실제가 가까워지는 놀라운 은총의 시작입니다. 거기에 도달하기 위해서는 많은 눈물과 고통과 절망이 필요합니다. 그러기 전에는 누구도 진정한 자기의 모습을, 자기의 한계를 알 수 없습니다.

자기 무력감의 처절한 인식에 하나님이 개입하신다

극한 상황의 교훈은 무엇입니까? 메시지는 무엇입니까? 그것은 자기 무력감의 선명하고도 처절한 인식입니다. 여호사밧의 기도는 그것을 잘 보여줍니다.

우리 하나님이여 저희를 징벌하지 아니하시나이까.. - 여호사밧은 대적을 이길 힘이 없습니다. 그러므로 그는 오직 하나님께서 그들을 징벌하시기만을 구합니다.

우리가 대적할 능력이 없고.. - 그는 자신의 무력함을 고백합니다.
어떻게 할 줄도 알지 못하옵고.. - 그는 힘이 없을 뿐 아니라 방향도 방법도 알지 못함을 고백합니다.
오직 주만 바라보나이다.. - 자신에게 아무 소망이 없음으로 그는 오직 주님께만 소망을 두는 것을 고백합니다. (대하20:12)

바로 그때가 하나님이 그 상황에 개입하시는 순간이었습니다. 철저한 무능을 고백하고 하나님의 개입을 구하며 기다리는 그 시점이 바로 하나님이 개입하신 순간이었습니다. 하나님께서는 바로 그 순간을 기다리셨던 것입니다.

유다 모든 사람은 그 아내와 자녀와 어린 자로 더불어 여호와 앞에 섰더라 (대하20:13)

하나님의 임하심을 기다림

여호사밧이 그렇게 기도할 때 유다의 모든 사람들은 남녀노소 할 것 없이 모두가 다 하나님 앞에 섰습니다. 이것이 의미하는 바는 무엇입니까? 그들이 기도하는 것으로 끝나지 않았다는 것입니다. 자신의 무능과 절망을 고백하며 하나님의 개입을 구하는 그들은 지금 하나님 앞에 서서 하나님이 역사하실 것을 믿고 기다리고 있는 것입니다.
구걸하는 자가 상대방의 반응이 없자 가버리는 것은 무엇을 의미합니까? 그가 포기한 것을 보여주는 것입니다. 그러나 구걸하는 자가 가지 않고 계속 서 있는 것은 무엇을 의미하는 것입니까? 그것은 답을 기다리고 있는 것입니다.
오늘날 많은 그리스도인들은 하나님께 고백하고 기도하지만 잘 기다리지 않습니다. 그들은 서둘러 기도를 마치고 집으로 돌아갑니다. 그러나 여호사밧과 유다의 모든 거민들은 그렇게 하지 않았습니다. 그들은 모두 서서 하나님을 기다렸습니다. 그리고 바로 그 시점에서 응답이 왔습니다.

여호와의 신이 회중 가운데서 레위 사람 야하시엘에게 임하셨으니 저는 아삽 자손 맛다냐의 현손이요 여이엘의 증손이요 브나야의 손자요 스가랴의 아들이더라
야하시엘이 가로되 온 유다와 예루살렘 거민과 여호사밧 왕이여 들을찌어다 여호와께서 너희에게 말씀하시기를 이 큰 무리로 인하여 두려워하거나 놀라지 말라 이 전쟁이 너희에게 속한 것이 아니요 하나님께 속한 것이니라
내일 너희는 마주 내려가라 저희가 시스 고개로 말미암아 올라오리니 너희가 골짜기 어귀 여루엘 들 앞에서 만나려니와
이 전쟁에는 너희가 싸울 것이 없나니 항오를 이루고 서서 너희와 함께한 여호와가 구원하는 것을 보라 유다와 예루살렘아 너희는 두려워하며 놀라지 말고 내일 저희를 마주 나가라 여호와가 너희와 함께 하리라 하셨느니라 하매
여호사밧이 몸을 굽혀 얼굴을 땅에 대니 온 유다와 예루살렘 거민들도 여호와 앞에 엎드려 경배하고
그핫 자손과 고라 자손에게 속한 레위 사람들은 서서 심히 큰 소리로 이스라엘 하나님 여호와를 찬송하니라 (대하20:14-19)

전적인 자기 무능을 고백하고 하나님을 기다리는 여호사밧과 유다 백성들에게 하나님은 응답하셨습니다. 그들이 기다리고 있는 그 때에 하나님은 한 레위 사람에게 임하여 메시지를 주셨습니다.
그 말씀은 아름답고 놀라운 말씀이었습니다. 너희는 두려워하지 말 것이며 전쟁은 너희에게 속한 것이 아니고 하나님께 속한 것이며 너희는

싸울 필요도 없이 하나님의 구원을 보게 될 것이라는 메시지였습니다. 응답을 받은 여호사밧 왕은 얼굴을 땅에 대고 경배하고 레위 사람들은 심히 큰 소리로 하나님을 찬송하였습니다. 그리고 그 말씀대로 그 다음 날의 전쟁에서 그들은 큰 승리를 거두었습니다. 전쟁이 진정 사람에게 속한 것이 아니고 하나님께 속한 것임을 그들은 경험하게 되었던 것입니다. 전쟁은 다음날 있었지만 승리는 이미 그 전날에 약속된 것이었습니다.

온전한 절망 속에서 하나님의 역사를 경험함

이스라엘의 군사력이 어느 정도 되었다면, 여호사밧 왕이 유능한 전략가였다면, 이스라엘 군사들의 사기가 충천해있었다면, 이스라엘에 위대한 장수가 있었다면 이 날의 승리는 자신들이 잘 해서 얻은 것이라고 생각할 수도 있었을 것입니다.
그러나 이스라엘에게는 아무 것도 없었습니다. 그리고 그 절망의 상황에서 유일한 희망은 하나님의 역사였습니다. 그러므로 이들은 절망 속에서 역사하시는 하나님의 은총을 보았고 믿었으며 영광을 돌렸습니다. 바로 이러한 경험들이 하나님의 실제를 누리며 알아가는 놀라운 은총의 경험이 되는 것입니다.

이러한 경험, 절망 속에서 역사하시는 하나님을 경험한 적이 없는 이들은 하나님의 실제와 멀리 있습니다. 이들은 하나님을 의뢰한다는 것이 무엇인지 모릅니다. 지식적으로 교리적으로 알지만 실제적으로는 모릅니다.
그러므로 이들은 자기의 힘으로 살며 자기 지식과 경험을 의지해서 삽니다. 이들은 자기 한계 속에서 영혼이 열리고 하늘이 열리는 경험이 없기 때문에 하나님을 실제로 의뢰하지 못합니다. 의뢰가 부족하므로 이들은 사소한 일에도 걱정이 많습니다. 실제로 역사하시는 하나님을 모르기 때문에 사소한 모든 것에서도 하나님을 의지해서 사는 믿음이 부족한 것입니다.

한계상황의 주님 경험은 평생의 자산이다

한계 상황을 겪고 그 고난 속에서 건지시는 주님을 경험한 사람은 그러한 경험이 평생의 자산이 됩니다. 그 고난의 수준이 치열할수록 평생 동안 그 기억은 좀처럼 사라지지 않습니다. 그러한 이들은 모든 시련들이 사라지고 편안한 삶을 누릴 때에도 과거의 시련 속에 함께 하셨던 주님을 기억하게 됩니다.

다윗은 왕위의 후계자를 결정하는 중요한 장면에서 이렇게 고백했습니다.

내 생명을 모든 환난에서 구원하신 여호와의 사심을 가리켜 맹세하노라 (왕상1:29)

야곱은 라반을 피하여 여행을 떠나면서 이렇게 말합니다.

우리가 일어나 벧엘로 올라가자 나의 환난 날에 내게 응답하시며 나의 가는 길에서 나와 함께 하신 하나님께 내가 거기서 단을 쌓으려 하노라 하매 (창35:3)

절망적인 상황에서 하나님의 함께하심과 구원을 경험한 이들은 평생 그것을 기억하며 그 때의 기쁨과 감격을 추억합니다. 굶주린 상태에서 먹는 음식이 가장 맛있는 것처럼 그들은 가장 고통스럽고 절망적인 상황에서 함께 하셨던 하나님의 은총을 기억하며 그것을 가장 의미있는 유산으로 여기는 것입니다. 그러한 사람들은 현재의 편안함보다 과거의 어려웠던 시절을 기억하면서 '그 때가 좋았어..' 하고 말하곤 하는 것입니다.

고통은 통과하고 나면 아름다운 추억이 되며 유산이 됩니다. 누구나 지금 먹을 수 있는 기름진 음식보다 과거 힘들었던 시절에 맛있게 먹었던 허접한 음식을 아름다운 추억으로 간직합니다. 어려운 시절에 건지신 하나님에 대한 추억은 그러므로 고통을 통과한 이들의 아름다운 유산인 것입니다.

하나님도 우리가 어려웠던 상황을 기억하기 원하십니다

또한 하나님도 그 때를 기억하십니다. 그리고 우리가 기억하기를 원하십니다. 하나님은 수시로 이 말씀을 반복하십니다.

나는 너를 애굽 땅에서 종 되었던 집에서 인도하여 낸 너희 하나님 여호와로라 (신5:6)

나는 너를 애굽 땅, 종 되었던 집에서 인도하여 낸 너의 하나님 여호와로라 (출20:2)

나는 너희의 하나님이 되려 하여 너희를 애굽 땅에서 인도하여 낸 여호와 너희 하나님이니라 나는 여호와 너희 하나님이니라 (민15:41)

하나님은 우리가 과거에 겪었던 어려운 때를 기억하며 그 때 구원하신 하나님의 은총을 계속하여 기억하기를 원하십니다. 그 은총에 대한 기억을 잃어버린 것을 꾸짖으십니다.

너의 난 것을 말하건대 네가 날 때에 네 배꼽줄을 자르지 아니하였고 너를 물로 씻어 정결케 하지 아니하였고 네게 소금을 뿌리지 아니하였고 너를 강보로 싸지도 아니하였나니 너를 돌아보아 이 중에 한 가지라도 네게 행하여 너를 긍휼히 여긴 자가 없었으므로 네가 나던 날에 네 몸이 꺼린바 되어 네가 들에 버리웠었느니라
내가 네 곁으로 지나갈 때에 네가 피투성이가 되어 발짓하는 것을 보고 네게 이르기를 너는 피투성이라도 살라 다시 이르기를 너는 피투성이라도 살라 하고 내가 너로 들의 풀 같이 많게 하였더니 네가 크게 자라고 심히 아름다우며.. (겔16:4-7)

하나님은 이스라엘의 비참한 상태를 보시고 이들을 불쌍히 여기셨습니다. 그리하여 구원하시고 은총을 베풀어 주셨습니다.

내가 물로 너를 씻겨서 네 피를 없이 하며 네게 기름을 바르고 수놓은 옷을 입히고 물돼지 가죽신을 신기고 가는 베로 띠우고 명주로 덧입히고 패물을 채우고 팔고리를 손목에 끼우고 사슬을 목에 드리우고 코고리를 코에 달고 귀고리를 귀에 달고 화려한 면류관을 머리에 씌웠나니 이와 같이 네가 금, 은으로 장식하고 가는 베와 명주와 수놓은 것을 입으며 또 고운 밀가루와 꿀과 기름을 먹음으로 극히 곱고 형통하여 왕후의 지위에 나아갔느니라 네 화려함을 인하여 네 명성이 이방인 중에 퍼졌음은 내가 네게 입힌 영화로 네 화려함이 온전함이니라 나 주 여호와의 말이니라 (겔16: 9-14)

또한 그들을 치유하시고 아름답고 풍성하게 만들어 주셨습니다. 피투성이가 극히 아름다운 왕후와 같은 존재가 되었던 것입니다. 그러나 이들은 그 어려운 시절을 불쌍히 여기고 치유하신 주님의 은총을 기억하지 않았습니다.

그러나 네가 네 화려함을 믿고 네 명성을 인하여 행음하되 무릇 지나가는 자면 더불어 음란을 많이 행하므로 네 몸이 그들의 것이 되도다 네가 네 의복을 취하여 색스러운 산당을 너를 위하여 만들고 거기서 행음하였나니 이런 일은 전무후무하니라 (겔16:15-16)

하나님은 과거 어려운 시절에 받은 하나님의 은총을 잊어버리고 배반하는 것에 대하여 꾸짖으셨습니다.
애굽에서 건지신 하나님, 피투성이였을 때 불쌍히 여기시고 구원과 치유를 베풀어주신 하나님을 평생 기억하기를 주님은 원하십니다. 극한 상황을 겪었던 그 때를 잊지 않기를 원하십니다. 그 시절을 기억하지 않는다면 그들은 다시 재앙을 경험할 수도 있는 것입니다. 사사기에 나타난 비극적인 재앙의 반복은 그들이 과거의 구원을 기억하지 못하는 데에 있었습니다.

내 영혼아 여호와를 송축하며 그 모든 은택을 잊지 말찌어다 (시103:2)

하나님의 사람들은 그 절체절명의 위기에서 건지신 하나님을 잊지 않는 사람들입니다. 다윗은 잠시 배가 불렀을 때 그 위기 속의 주님을 잊었습니다. 그리하여 범죄를 하게 되었습니다.
그러나 나단의 지적을 받고 그는 다시 고난 중에 함께 하셨던 주님을 기억하고 울고 회개하여 그 영혼이 회복되었습니다. 고난 속의 주님 경험은 당시 뿐 아니라 평생 동안 하나님의 은총을 기억하는 아름다운 축복인 것입니다.

한계의 경험은 낮아짐을 가르친다

한계의 경험은 우리를 낮아지게 하시는 하나님의 훈련입니다. 우리는 이를 통해서 겸손을 배우게 됩니다. 이 시대에 가득한 뉴 에이지의 메시지는 '우리는 할 수 있다!', '우리는 신이다!', '우리는 무한한 존재다!' 하는 것입니다.

그러나 하나님의 다루심을 받고 낮아지는 것을 배우며 우리는 확실히 알게 됩니다. 우리는 신이 아닙니다. 우리는 하나님이 원하시고 함께 하시지 않는다면 아무 것도 할 수 없습니다. 우리는 하나님을 경배하며 하나님 앞에 엎드려 있을 때 진정한 자유와 평화를 경험하는 존재라는 것을 배우게 되는 것입니다.

절체절명의 상황을 경험하고 그 순간의 구원을 경험하는 이들은 진정한 자유를 알게 됩니다. 이들은 생사화복 모든 것이 오직 하나님의 손에 달려 있음을 알게 됩니다. 교리적으로 이해하는 것이 아니라 그 영혼이 아는 것입니다. 그러므로 이들은 생사에 대해서도 모든 것에 대해서도 자유함을 얻게 됩니다. 이들은 더 이상 죽음을 두려워하지 않게 됩니다. 그 모든 것이 오직 하나님의 뜻과 하나님의 손에 달려있음을 알기 때문입니다.

한계 상황은 우리를 변화시킨다

극한 상황을 겪지 않은 이들은 많은 것들을 두려워합니다. 가난을 두려워하고 사람들의 비난을 두려워하며 많은 소소한 것들을 두려워합니다. 사역을 하면서 사람들을 두려워하고 옳지 않다고 느끼는 것에도 타협을 하는 사역자, 현실의 삶에서 두려워하고 타협을 하는 성도들, 이들은 근본적으로 죽음을 두려워하고 하나님을 신뢰하지 않는 것입니다.

이들이 죽음을 두려워하는 것은 극한 상황을 통과하지 않았기 때문입니다. 죽음이 눈앞에 온 상황을 통과하지 않았기 때문입니다. 그 상황에서 모든 것을 하나님께 맡기고 자유롭게 되었을 때 사람은 진정 자유인이 됩니다. 생사도 그 어떤 것도 스스로 할 수 있는 것은 없다는 사실을 경험적으로 배우게 되는 것입니다.

이것은 삶도 죽음도, 온 세상의 모든 것을 오직 하나님이 주관하심을 머리가 아니라 온 몸으로 영혼으로 감지하는 경험입니다. 그러므로 극한의 경험은 은총의 경험이 되는 것입니다.

어떤 사람이 자기 머리에 총구가 겨누어지는 경험을 하고 살아났습니다. 그의 삶은 이전과 같을까요? 아닙니다. 그의 삶과 시각은 전과는 다릅니다. 세상은 훨씬 더 아름다우며 사람들은 사랑스럽게 보입니다. 그는 살아있을 때 좀 더 하나님을 사랑하고 순종하며 좀 더 충성된 종으로서 살기를 원하게 됩니다. 그는 다시 얻은 기회를 이제는 좀 더 잘 사용하고 싶어지게 됩니다. 극한의 경험은 우리를 낮아지게 하며 영혼의 한 부분을 깨우며 새로운 감각이 일어나게 합니다. 그러므로 그것은 은총의 경험이며 하나님의 사람이 되어가는 한 과정인 것입니다.

한계상황에서 메시지를 받으라

우리의 생사가 왔다 갔다 하는, 그러한 극단적인 상황을 우리는 그리 많이 겪지는 않을 것입니다. 그러나 그러한 극적인 상황이 아니더라도 돌이켜보면 우리의 능력에 한계를 느끼게 되는 상황은 우리의 사소한 일상에도 많이 존재할 것입니다. 우리 힘으로 어쩔 수 없는 일들, 감당하기 어려운 일들이 수시로 우리에게 다가올 수 있습니다.

그러한 상황이 온다면 당신은 주님 앞에 엎드려 하나님의 주권과 역사를 기다려야 합니다. 당신이 감당할 수 없는 상황이 있다면 당신은 겸손한 자세로 엎드려서 하나님께 메시지와 교훈이 무엇이냐고 물어야 합니다. 당신이 진정 순종하고 굴복하고 낮은 자세를 가지고 있다면 당신은 극한 상황을 아주 많이 겪지는 않을 것입니다. 그러한 상황은 낮아짐을 위하여, 굴복을 위하여 다가오는 것이기 때문입니다.

어려움 속에서 엎드리고 순복하라

만일 당신이 지금 어려움을 겪고 있다면, 주님이 당신에게 한계를 가르치시는 것 같다고 느낀다면 더 한계를 겪기 전에 어서 엎드리십시오.
하나님께 반항하지 말며 원망하지 말며 항의하지 마십시오.
그렇게 하면 더 깊은 구덩이에 빠지게 됩니다.

오직 감사하며 하나님을 의뢰하고 신뢰하십시오.
인간적인 방법을 찾지 마십시오.
주님.. 당신만이 구원자입니다. 하고 선언하십시오.
여호사밧 왕이 그렇게 한 것처럼 하나님 앞에서 기다리십시오.
당신의 굴복이 철저한 것이라면 곧 하나님의 개입이 이루어질 것입니다. 당신은 그 때 진정 하나님만이 구원자이며 주권자이며 모든 왕 중의 왕이심을 알게 될 것입니다.

하나님은 우리의 낮아짐을 위하여 우리를 한계로 이끄십니다. 거기에서 절망하게 하시고 낙담하게 하시며 오직 주를 바라보아야 하는 상황으로 인도하십니다. 그리고 거기서 우리는 주를 보게 됩니다.
극한의 경험은 우리를 낮아지게 하며 천국의 영광으로 인도합니다. 그러므로 그것은 은총의 경험입니다. 그 고난을 통과하고 은총을 경험한 이들은 평생 그 은총의 기억 속에서 감사하며 살게 될 것입니다. 할렐루야.

7. 사역을 위한 낮아짐의 훈련

하나님은 사역자를 부르실 때 강자나 탁월한 자를 부르시지 않습니다. 그것은 하나님의 영광을 드러내지 않기 때문입니다. 사람의 뛰어남은 오직 사람의 영광을 나타낼 뿐입니다.

형제들아 너희를 부르심을 보라 육체를 따라 지혜 있는 자가 많지 아니하며 능한 자가 많지 아니하며 문벌 좋은 자가 많지 아니하도다
그러나 하나님께서 세상의 미련한 것들을 택하사 지혜 있는 자들을 부끄럽게 하려 하시고 세상의 약한 것들을 택하사 강한 것들을 부끄럽게 하려 하시며 하나님께서 세상의 천한 것들과 멸시 받는 것들과 없는 것들을 택하사 있는 것들을 폐하려 하시나니 이는 아무 육체라도 하나님 앞에서 자랑하지 못하게 하려 하심이라 (고전1:26-29)

부족한 사람들이 부름을 받는다

교회에 부름 받은 사람들은 잘난 사람들이 아닙니다. 세상에서 약하고 부족한 이들을 주님은 부르셨습니다. 다윗의 주위에 세상에서 버림받고 원통한 자들이 모인 것처럼 교회에는 연약하고 부족한 이들이 모입니다. 배가 부르고 여유가 있는 이들은 하나님에 대하여, 복음에 대하여 그다지 열려 있지 않으며 갈급하지 않습니다. 그러나 낮고 미천하며 연약한 이들은 주님에 대하여 갈망합니다.
교회사를 보면 항상 부흥이 시작되는 것은 연약하고 부족한 사람들을 통해서였습니다. 사도행전에서도 노예들, 가난한 이들, 여성들, 사회적

으로 천한 위치에 있는 사람들을 통해서 부흥과 생명의 흐름이 시작되곤 하였습니다. 그러다가 그들을 통하여 차츰 복음이 확산되어 권세자들, 부유한 자들, 사회적 강자들이 교회 안에 들어오게 되면 차츰 생명의 흐름이 약해지고 타락이 시작되곤 하였습니다. 이것은 오늘날도 마찬가지입니다. 교회에 약하고 병들고 가난한 이들이 많으면 거기에는 갈망이 일어나기 쉬워서 주님의 임재가 증가됩니다. 그러나 삶에 여유가 있고 권세 있는 자들이 많아지면 차츰 교회의 영적 생명과 갈망은 줄어들어 교회에서 주님의 임재가 소멸되곤 하는 것입니다.

인간적인 탁월함은 하나님의 영광을 드러내지 않는다

주님께서 부족하고 약한 자를 부르시는 것은 사역자의 경우에도 마찬가지입니다. 주님은 강한 자를 부르시지 않고 연약한 자를 불러서 그를 강건하게 만들어 사용하시는 것입니다.
사람들은 사역자나 지도자의 조건을 볼 때 인간적인 탁월함을 먼저 생각할 것입니다. 그의 지성과 리더십, 외모나 학벌이나 영리함들을 생각할 것입니다. 뛰어난 언변이나 열정, 논리적인 탁월함, 뛰어난 리더십을 가지고 있는 이들을 볼 때 저 사람은 훌륭한 사역자가 될 수 있을 것이라고 생각할 것입니다.

그러나 그러한 사람들이 사역을 할 때 사람들은 하나님을 바라보지 않고 인간의 탁월함을 높이게 될 것입니다. 저 사람은 얼마나 지혜로운가, 어떻게 저러한 진리를 깨달았을까.. 저 사람은 얼마나 강력한가, 아름다운가.. 그렇게 여길 것입니다. 그리고 그것은 사람이 영광을 받는 것입니다. 그러나 하나님은 영광을 빼앗기는 것을 원치 않으십니다. 그 분만이 오직 유일하게 영광을 받아야할 분이시기 때문입니다. 그러므로 하나님은 부족한 자를 부르시고 사용하십니다.

무기력한 사람 기드온

기드온이라는 하나님의 사람, 사역자가 있습니다. 그는 이스라엘을 미디안으로부터 구원하시는 하나님의 도구, 사역자가 된 사람입니다. 그는 어떠한 사람일까요? 강하고 담대한 용사일까요? 아닙니다. 그는 그런 것과 거리가 먼 사람입니다.
하나님의 사자가 먼저 기드온에게 나타나서 말했습니다.

여호와의 사자가 기드온에게 나타나 이르되 큰 용사여 여호와께서 너와 함께 계시도다 (삿6:12)

이에 대한 그의 반응은 전혀 용사답지 않은 것이었습니다.

기드온이 그에게 대답하되 나의 주여 여호와께서 우리와 함께 계시면 어찌하여 이 모든 일이 우리에게 미쳤나이까 또 우리 열조가 일찍 우리에게 이르기를 여호와께서 우리를 애굽에서 나오게 하신 것이 아니냐 한 그 모든 이적이 어디 있나이까 이제 여호와께서 우리를 버리사 미디안의 손에 붙이셨나이다
여호와께서 그를 돌아보아 가라사대 너는 이 네 힘을 의지하고 가서 이스라엘을 미디안의 손에서 구원하라 내가 너를 보낸 것이 아니냐
기드온이 그에게 대답하되 주여 내가 무엇으로 이스라엘을 구원하리이까 보소서 나의 집은 므낫세 중에 극히 약하고 나는 내 아비 집에서 제일 작은 자니이다 (삿6:13-15)

그의 반응을 보면 믿음이 강하고 리더십이 있는 모습과는 거리가 먼 것입니다. 그는 거의 징징거리는 수준으로 하나님의 사자에게 푸념을 하고 있는 것입니다.

하나님께서 함께 하신다는 말에는 대답하기를 하나님께서 함께 하시는데 우리가 지금 당하고 있는 이 꼴이 뭐냐고 항변하고 자신을 큰 용사로 부르는 것에 대하여 내가 용사는 무슨 용사냐고, 자기 집은 가문도 형편없는데다가 자기는 자기 집에서조차 가장 무력하고 부족한 존재라고 고백하고 있는 것입니다. 그의 말 어디에도 그의 민족을 살리고 하나님의 도구가 될 만한 기백은 찾아보기 어렵습니다.

도망가버린 기드온

하나님은 확신이 없이 두려워하는 기드온에게 표적을 보여주셨습니다. 그리고서 한 가지 명령을 하셨습니다. 바알의 단을 헐고 아세라 상을 찍은 후에 번제를 드리라고 하신 것입니다. 기드온은 고민이 되었습니다. 그는 동네 사람들이 무서웠습니다. 우상을 부수는 것은 좋은 일이지만 동네 사람들에게 혼이 날까 걱정이 되었습니다. 그러나 하나님께서 함께하신다는 표적을 보여주신 터라 도망갈 수도 없었습니다.
고민 끝에 그는 바알의 단을 헐고 순종을 하기는 했는데 아무도 없는 밤에 몰래 했습니다. 그리고는 도망가 버렸습니다. 나중에 그것을 알게 된 동네 사람들이 화가 나서 기드온을 찾으려고 난리를 피웠습니다. 그러나 기드온은 코빼기도 보이지 않았습니다. 기드온의 아버지가 동네 사람들을 달래서 간신히 기드온은 위기를 모면했습니다.

이것이 기드온의 모습이었습니다. 하나님이 시키시는 일도 마지못해 간신히 숨어서 한 후에 아버지에게 모든 것을 맡기고 도망가 버린 것이 기드온의 모습입니다. 이것은 마마보이는 아니고 파파보이라고 해야 할까요. 아무튼 지도자가 될 사람치고는 몹시 무기력하고 부끄러운 모습이었습니다. 도대체 동네 사람들을 무서워하는 사람이 어떻게 막강한 군사력을 가진 대적들을 물리치고 나라를 구원한다는 말입니까?

초라한 사울

이스라엘의 초대 왕으로 세움을 입은 사울의 모습도 기드온보다 그리 낫다고 할 수 없었습니다. 그는 애당초 왕이 되고 싶은 마음이 없었습니다. 지도자가 되고 싶은 마음도 없었으며 자기에게 지도자의 자질이 있다고 생각하지도 않았습니다. 그는 청운의 꿈을 품고 집을 떠난 것이 아니고 아버지의 심부름으로, 집나간 암나귀를 찾으러 떠난 것이었습니다. 그런데 그러다가 하나님의 부르심을 받고 선지자 사무엘을 통해서 기름부음을 받게 되었습니다.

사무엘이 그에게 말했을 때 그가 대답한 내용도 천사가 말했을 때 기드온이 대답한 내용과 아주 비슷합니다.

사무엘이 사울에게 대답하여 가로되 내가 선견자니라 너는 내 앞서 산당으로 올라가라 너희가 오늘날 나와 함께 먹을 것이요 아침에는 내가 너를 보내되 네 마음에 있는 것을 다 네게 말하리라
사흘 전에 잃은 네 암나귀들을 염려하지 말라 찾았느니라 온 이스라엘의 사모하는 자가 누구냐 너와 네 아비의 온 집이 아니냐
사울이 대답하여 가로되 나는 이스라엘 지파의 가장 작은 지파 베냐민 사람이 아니오며
나의 가족은 베냐민 지파 모든 가족 중에 가장 미약하지 아니하니이까 당신이 어찌하여 내게 이같이 말씀하시나이까 (삼상9:19-21)

기드온도, 사울도 자존감이 없었고 비전도 없었습니다. 그들은 왜 자신이 하나님의 선택을 받았는지 이해가 되지 않았습니다.
기도온처럼 사울에게도 하나님의 표적이 임했는데 그래도 사울은 여전히 확신이 없었고 두려움만 가득했습니다. 그래서 왕을 세우는 날에 사울은 할 수 없이 오기는 했지만 자신이 없어서 행구 사이로 숨었습니

다. 아마 왕으로 세움을 입는 날에 숨어버린 사람은 역사상 사울밖에 없을 것입니다. 그러한 그가 왕으로 세워질 때에 어떤 이들은 노골적으로 불만을 표시했습니다.

어떤 비류는 가로되 이 사람이 어떻게 우리를 구원하겠느냐 하고 멸시하며 예물을 드리지 아니하니라 그러나 그는 잠잠하였더라 (삼상10:27)

사울은 왜 잠잠하였을까요? 그가 겸손한 사람이기 때문일까요? 그는 속으로 이를 갈면서 자기를 무시한 사람을 벼르고 있었을까요? 아닙니다. 아마 그는 속으로 이렇게 생각했을 것입니다.
 '내가 어떻게 이스라엘을 구원할 것이냐고? 나도 그게 궁금하다. 도대체 내가 어떻게 이스라엘을 구원하고 저 막강한 블레셋을 물리칠 수 있단 말인가.'
왕이 되기 싫어서 행구 사이로 숨은 사람이 무슨 불만이나 분노가 있겠습니까? 그는 그저 어쩔 수 없이 왕이 되었고 이제 무엇을 어떻게 해야 할지 아무 것도 알 수 없는 그러한 상태에 있었을 뿐이었습니다.

연약한 사람을 강건하게 하신다

자, 그렇게 한심스러운 수준의 사람을 하나님께서는 부르셨습니다. 처음부터 대단하고 놀라운 사람을 부르셨다면 사람들은 당연히 하나님의 은총과 구원의 능력에 주목하지 않고 그러한 사람들의 위대함에 대해서 주목하게 될 것이기 때문입니다.
그러나 이렇게 별로 대단하지 않은 사람을 부르셔서 강한 사람으로 만드신다면, 그리고 그러한 사람들을 사용하신다면 사람들은 누구나 그 사람에게 주목하지 않고 연약한 사람을 강건하게 하시는 하나님을 주목하게 될 것이며 구원이 사람에게 있지 않고 오직 하나님께 있음을 알게 될 것입니다. 하나님은 연약한 사람들을 부르셨습니다. 그러나 그들을 처음의 연약한 상태로 내버려 두시지 않았습니다. 하나님의 방법은 그들에게 기름을 부으셔서 강한 용사로 만드시는 것입니다. 그리하여 그들이 자신의 힘과 능력으로 사역하지 않고 오직 하나님의 능력으로 사역하도록 하시는 것입니다.

갑자기 달라진 기드온

기드온이 무기력한 상태에서 하나님의 부르심을 받은 지 얼마 되지 않아서 이스라엘에 위기가 닥쳐왔습니다. 아말렉과 많은 족속들이 이스라엘을 공격하려고 모인 것입니다. 바로 그 때 하나님의 능력이 기드온에게 임했습니다.

> 때에 미디안 사람과 아말렉 사람과 동방 사람들이 다 모여 요단을 건너와서 이스르엘 골짜기에 진을 친지라
> 여호와의 신이 기드온에게 강림하시니 기드온이 나팔을 불매 아비에셀 족속이 다 모여서 그를 좇고
> 기드온이 또 사자를 온 므낫세에 두루 보내매 그들도 모여서 그를 좇고 또 사자를 아셀과 스불론과 납달리에 보내매 그 무리도 올라와서 그를 영접하더라 (삿6:33-35)

갑자기 아무도 예상할 수 없었던 일이 일어났습니다. 동네 사람들만으로도 무서워하고 감당하지 못했던 기드온에게 갑자기 하나님의 권능이 임했습니다. 그 결과 기드온은 이스라엘을 치러 오는 엄청나게 많은 무리를 전혀 두려워하지 않고 나팔을 불어 이스라엘의 모든 사람들을 불러 모았던 것입니다. 어떻게 불과 얼마 전만 해도 두려워서 숨던 사람이 이렇게 강한 용사가 될 수 있습니까? 이것은 정말 놀라운 일이었습

니다. 더 놀라운 것은 기드온이 속한 아비에셀 사람들의 반응입니다. 그들은 불과 얼마 전에 기드온이 바알 신당을 허물었다고 그를 죽이겠다고 난리를 치던 사람들이었습니다. 기드온이 얼마나 우습게 보였으면 동네 사람들이 다 모여서 그를 죽이겠다고 하겠습니까? 그런데 그런 사람들이 갑자기 기드온에게 달려와서 충성을 서약하고 따르게 되었던 것입니다. 도대체 기드온에게 무슨 일이 일어난 것일까요?

기드온은 하나님의 신이 임하자 완전히 다른 사람이 되었습니다. 그는 조금 전의 나약하고 두려워하던 사람이 아니었습니다. 나팔을 불고 사람들을 불러 모으는 기드온을 보고 동네 사람들은 속삭였을 것입니다.
"아니, 저 사람이 누구야? 요아스의 아들 기드온 아냐? 저 겁쟁이가 어떻게 된 거지?"
"기드온이 맞아. 하지만 지금 그는 하나님의 사람이야. 하나님의 권능이 임했어. 저 사람은 우리가 알던 전의 기드온이 아니야.."

그들이 본 것은 기드온에게 임한 하나님의 권능이었습니다. 그것은 누가 보아도 아주 선명한 것이었습니다. 그것은 말을 못하고 더듬던 사람이 웅변 학원에 다니고 많은 연습을 하고 노력을 해서 말을 잘 하게 된 그런 종류의 능력이 아니었습니다. 그러한 노력은 사람을 갑자기 바꾸지 못합니다. 기드온에게 임한 것은 그 근원이 다른 것이었습니다.
이제 기드온을 보고 모든 사람은 그에게 하나님의 권능이 임한 것을 확실히 알고 그를 따르게 되었습니다. 그들은 이제 기드온을 하나님의 사람으로 여기게 되었습니다.

결국 기드온을 통해서 이스라엘은 전쟁에서 승리했으며 구원을 얻게 되었습니다. 그러나 기드온의 동네에 살던 그 누구도 그것을 기드온의 힘과 능력이라고 생각하지 않았을 것입니다. 그들은 연약한 자에게 능력을 부으시고 구원의 도구로 사용하신 하나님께 영광을 돌렸을 것입니다. 왜냐하면 원래의 기드온은 절대로 저렇게 말하고 리드할 수 있는 사람이 아니었기 때문입니다.

갑자기 겁쟁이가 담대해지다

사울의 변화도 이와 비슷한 것이었습니다. 사울도 하나님의 권능이 임하기 전까지는 아주 소심하고 나약한 사람이었습니다. 그러나 그도 하나님의 신이 임하자 갑자기 사람이 바뀌게 되었습니다.

암몬 사람 나하스가 올라와서 길르앗 야베스를 대하여 진치매 야베스 모든 사람이 나하스에게 이르되 우리와 언약하자 그리하면 우리가 너를 섬기리라 암몬 사람 나하스가 그들에게 이르되 내가 너희 오른 눈을 다 빼어야 너희와 언약하리라 내가 온 이스라엘을 이같이 모욕하리라
야베스 장로들이 이르되 우리에게 이레 유예를 주어 우리로 이스라엘 온 지경에 사자를 보내게 하라 우리를 구원할 자가 없으면 네게 나아가리라 하니라 이에 사자가 사울의 기브아에 이르러 이 말을 백성에게 고하매 모든 백성이 소리를 높여 울더니 (삼상11:1-4)

이스라엘에 다시 위기가 왔습니다. 이스라엘에 속한 길르앗 야베스 지역에 이번에는 암몬 사람이 쳐들어왔습니다. 길르앗 사람들은 그들과 싸울 엄두를 내지 못했습니다. 그래서 항복하겠다고 선언했습니다. 그러나 굴욕적인 항복 선언도 적들은 받아주지 않았습니다. 살고 싶고 항복하고 싶으면 오른 눈을 다 빼라는 것입니다. 기가 막힌 야베스의 장로들은 일주일의 시간을 달라고 했습니다. 그리고 사울이 살고 있는 기브아에 이 소식을 전하였는데 그 소식을 듣고 길르앗 야베스를 구원하러 가겠다고, 싸우러가겠다고 하는 사람은 한 명도 없었습니다. 그저

모든 사람들이 소리를 높여 울기만 할 뿐이었습니다. 야베스나 기브아나 이스라엘의 모든 사람들의 사기는 땅 끝까지 떨어져서 아무와도 싸울 수 없었습니다. 그런데 바로 그 소식을 사울이 듣게 되었습니다.

마침 사울이 밭에서 소를 몰고 오다가 가로되 백성이 무슨 일로 우느냐 그들이 야베스 사람의 말로 고하니라 사울이 이 말을 들을 때에 하나님의 신에게 크게 감동되매 그 노가 크게 일어나서 한 겨리 소를 취하여 각을 뜨고 사자의 손으로 그것을 이스라엘 모든 지경에 두루 보내어 가로되 누구든지 나와서 사울과 사무엘을 좇지 아니하면 그 소들도 이와 같이 하리라 하였더니 여호와의 두려움이 백성에게 임하매 그들이 한 사람같이 나온지라 사울이 베섹에서 그들을 계수하니 이스라엘 자손이 삼십만이요 유다 사람이 삼만이더라 (삼상11:5-8)

사울이 그 소식을 듣는 순간 그에게 하나님의 영이 임하였습니다. 그러자 그에게 아주 강력한 분노가 일어나게 되었습니다. 모든 사람들이 울고 있을 때 사울에게는 강력한 분노가 일어났습니다.
그것은 단순한 분노가 아니었습니다. 전쟁 앞에서 우는 것은 전의를 상실한 것이며 두려워하는 것입니다. 그러나 분노가 일어나는 것은 두려움이 없는 것이며 싸우겠다는 것입니다. 그 분노는 영적인 능력과 관련된 것이었습니다.

하나님의 백성 이스라엘을 괴롭히는 악한 세력에 대한 의분이었습니다. 기드온이 나팔을 분 것처럼 사울은 몰고 가던 소를 쪼개서 이스라엘의 모든 지경으로 보냈습니다. 나를 좇지 않으면 이 소처럼 그 소들도 쪼개겠다고 강력한 위협을 하였습니다. 그러자 갑자기 모든 이스라엘 백성들은 사울을 두려워하게 되었고 무려 삼십삼만의 백성들이 일사분란하게 사울에게로 모였습니다.

갑자기 사람이 달라진 것입니다. 왕이 되는 것이 무서워서 숨던 사람이, 그를 대놓고 조롱하는 것도 제대로 반박하지 못하던 사람이, 그저 평범하게 밭에서 소나 몰고 있던 사람이 갑자기 하나님의 영이 임하자 엄청난 카리스마의 사람이 되었던 것입니다. 그러한 변화는 너무나 갑작스러운 것이어서 아무도 그것을 사울 자신이라고 생각할 수 없었습니다. 그들은 갑자기 사울을 두려워하게 되었습니다. 하나님께서 사울에게는 강력한 권능과 울분을 주셨고 백성들에게는 사울에 대한 두려움과 경외감을 느끼도록 하셨습니다. 기드온의 동네 사람들이 속삭였듯이 사울의 동네 사람들도 속삭였을 것입니다.

"아니, 저게 누구야? 밭을 갈던 사울이 아니야? 저 사람이 왜 갑자기 무서워졌지?"
"사울이 맞기는 맞아. 하지만 저 사람은 우리가 알던 예전의 사울이 아니야. 그는 달라졌어. 하나님의 권능이 그에게 임했어. 예전에 기드온과 삼손과 입다에게 임하신 하나님이 그에게도 임했어. 이제 그는 우리의 진정한 지도자야."

하나님이 일하시는 방식

보잘 것도 없고 리더십도 없는 기드온과 사울과 같은 사람을 부르시고 기름 부으셔서 사용하시는 것, 그것이 하나님의 일하시는 방식입니다. 하나님의 사용하시는 사람은 인간적인 탁월함을 가지고 있는 사람이 아닙니다. 오직 약한 사람이라도, 부족한 사람이라도 하나님의 임재, 하나님의 능력이 머물러 있는 사람, 하나님의 영광을 아는 사람입니다. 하나님은 약자를 부르셔서 강력한 기름을 부으시고 그러한 사람을 사용하십니다.

오늘날 사람들은 흔히 생각하기를 많이 공부를 하고 유학을 다녀오고 사람의 지식을 많이 얻고 학위를 받으면 유능한 사람이며 유능한 사역자라고 여기는 경향이 있습니다. 유명한 사람의 말을 많이 인용하면 유능한 사역자라고 여깁니다. 그러나 그것은 하나님의 사역 방식은 아닙니다. 하나님의 사람은 지식이 많고 말을 잘 하는 사람이 아니고 하나님의 실제를 가지고 있는 사람입니다.

하나님은 약자를 부르셔서 그에게 기름을 부으시고 권능을 주십니다. 그렇게 해서 사용하십니다. 그리고 그것은 하나님께 영광이 됩니다. 약한 자를 들어 쓰셔서 강한 자를 부끄럽게 하시고 구원이 사람에게서 나는 것이 아니요 하나님으로부터 나오는 것임을 알게 하십니다.

강자는 갈망이 부족하다

그런데 이와 다른 종류의 사람이 있습니다. 약한 자가 아닌 강한 자가 있습니다. 자신이 강한 자라고 여기는 사람이 있습니다. 하나님은 이런 사람을 어떻게 다루실까요? 이러한 사람을 하나님께서 사용하시려면 어떻게 하실까요?

강자는 갈망이 부족합니다. 강자는 자기가 가지고 있는 힘과 지혜로 충분히 사역할 수 있으며 충분히 승리할 수 있다고 생각합니다. 그들은 자신이 뛰어나다고 생각하기 때문에 하나님의 능력을 간절하게 의뢰하지 않는 것입니다.

시험을 치르게 될 때 어떤 사람이 간절하게 기도할까요? 공부를 평소에 잘하는 사람일까요? 아니면 못하는 사람일까요? '하나님.. 이 시험에 붙게 해주신다면 저는 하나님을 믿겠습니다.' 하고 제안을 하는 사람은 공부에 자신이 있는 사람일까요? 없는 사람일까요?

커다란 집회에 설교나 연설을 맡게 되었다고 합니다. 어떤 사람이 간절하게 하나님의 도우심을 구할까요? 언변이 뛰어난 사람이 그럴까요? 아니면 자신감이 전혀 없는 사람이 그렇게 할까요? 유능한 사람은 하나님을 의지하지 않습니다. 그들은 남이 하는 것을 보고 답답해하며 한심하다고 판단합니다.

그들은 자신이 하면 남들보다 낫게 할 것이라고 생각합니다. 그들은 스스로 충분하다고 생각합니다. 그러므로 그들을 하나님은 사용하시지 않으십니다. 그들은 부분적인 성취를 할지도 모르지만 설사 그렇다고 하더라도 하나님께 영광을 돌리지 않기 때문입니다. 그들은 자신이 잘났다고 생각합니다. 자기는 어릴 때부터 남과 달랐다고 말하기를 좋아합니다. 그것은 하나님을 욕되게 하는 것입니다.

그러므로 하나님은 무능한 자를 찾으십니다. 나는 할 수 없다고 하는 자를 부르시고 그에게 사역을 맡기십니다. 그리고 그러한 자를 훈련시키시고 기름을 부으십니다.

강자를 약하게 만드시는 하나님

그러나 하나님은 강자를 부르시고 사용하기도 하십니다. 그러나 바로 사용하시지 않고 그를 약하게 만드신 후에 사용하십니다. 약한 자들에게는 능력과 기름을 부으시지만 강자는 먼저 그를 약하게 만드시는 것입니다.

구약에서 하나님이 사용하신 대표적인 사역자로 모세가 있습니다. 모세는 탁월한 사람이었습니다. 그는 유능한 사람이었습니다. 그는 하나님이 찾으시는 낮고 부족한 그릇이 아니었습니다. 성경은 말합니다.

모세가 애굽 사람의 학술을 다 배워 그 말과 행사가 능하더라 (행7:22)

역사가 요세푸스의 기록에 의하면 모세는 이디오피아를 정복하고 형제국으로 삼았다고 합니다. 세계 최강의 국가 이집트의 왕자로서 지식이나 용맹이나 모든 면에서 모세는 모자랄 것이 없는 사람이었습니다.
부족하고 무능한 사람이 하나님의 일을 해야 한다면 그의 무기는 기도밖에 없을 것입니다. 그는 자신이 아무런 능력도 없고 아무런 재능도 없기 때문에 오직 하나님을 의뢰하려고 할 것입니다. 그러나 모세와 같이 탁월한 사람은 사역할 때 자신의 능력으로 사역하려고 할 것입니다. 실제로 모세는 자기 민족을 구하려는 뜻을 행동으로 옮기는데 별로 고민하고 기도한 흔적이 없습니다. 하나님은 모세를 사용하시기 위하여 무엇을 준비하셨을까요? 그것은 광야의 훈련이었습니다. 그것은 낮아짐을 위한 훈련입니다. 사역을 위한 낮아짐의 훈련입니다. 그것은 모세의 넘치는 자신감을 없애기 위한 훈련이었습니다.

사역자의 광야 훈련

사역자의 광야 훈련은 자신감을 없애는 훈련입니다. 사람이 생각하기에 지도자 훈련이란 자신감을 갖게 하는 것입니다. 그러나 하나님의 훈련은 그 반대입니다. 자신감을 상실하고 철저하게 자기의 무능함에 대하여 인식하고 그리하여 오직 하나님을 의뢰하게 하는 것, 그것이 바로 하나님의 사역자 훈련이며 광야 훈련의 의미인 것입니다.

모세는 기드온처럼 '제가 어떻게..? 저는 아주 미약한 사람입니다' 하고 고백하지 않았습니다. 비록 나중에 타락하기는 했지만 사울도 '제가 어찌 감히? 저는 가장 미약한 사람입니다..' 하고 고백했습니다. 하지만 모세는 처음에는 '저는 못합니다.' 하지 않았습니다. 그러므로 모세가 '저는 못합니다. 저는 입이 둔한 사람입니다' 하고 말할 때까지, 모든 자신감을 상실할 때까지 하나님은 기다리셨습니다.
애굽 사람의 모든 학술을 배워 말과 행사가 능한 사람이 '저는 말을 할 줄 모릅니다. 저는 입이 뻣뻣합니다' 하고 고백할 때까지 기다리셨습니다. 영적 전쟁에서 승리하기 위해서 애굽의 학술, 사람의 지혜는 아무 의미가 없는 것입니다. 그러므로 하나님은 모세의 모든 자신감이 사라지기를 기다리신 것입니다. 자신에게는 진정 아무런 능력이 없음을 인식하고 자신에 대하여 부정적인 고백을 할 때까지 낮추셨던 것입니다. 하나님의 부르심이 있습니다. 그리고 기름 부으심이 있습니다. 그러나 그 기름부음 이전에 먼저 훈련이 있습니다. 그것은 낮아짐의 훈련입니다. 왜냐하면 그전에 기름부음이 임하면 그 능력이 자기의 능력인줄로 여기기 때문입니다. 자기가 잘 나서 하나님이 사용하시고 하나님이 역사하시는 줄 알기 때문입니다. 그러므로 하나님은 우리 자신을 먼저 끝내십니다. 그 다음에야 하나님께서 친히 시작하시는 것입니다.

하나님은 못난 사람을 사용하십니다. 그리고 잘난 사람은 낮추어서 사용하십니다. 그래서 모세는 애굽에서 좌절을 경험하고 광야로 갔습니다. 광야의 훈련이 모세의 신학교였습니다. 하나님은 그에게 임하시지 않고 응답하지 않고 내버려두셨습니다. 철저하게 혼자 두셨습니다. 충분히 좌절을 겪게 하셨습니다. 그의 그리움과 절망을 내버려 두셨습니다. 모세는 아들을 낳고 이름을 게르솜이라고 지었습니다. 타국에서 객이 되었다는 뜻입니다. (출2:22) 그것은 그의 외로움과 그리움을 나타내줍니다. 그러나 그의 외로움과 그리움과 낙담을 하나님은 위로하시지 않았습니다. 가장 높은 곳에 있던 사람을 가장 낮고 비참한 처지에 있게 하셨습니다. 모세는 인생이 강건해봤자 팔십 살이면 끝이라고 생각했습니다. 그는 자신이 지은 시편에 그렇게 기록했습니다. (시90:10)

그런데 그가 끝났다고 생각하는 그 시점에서 하나님이 찾아오셨습니다. 팔십 살에 하나님이 나타나셨습니다. 그리고 안 하겠다고, 못 한다고, 자신이 없다고 계속 꽁무니를 빼는 모세를 부르시고 능력을 부으셔서 이스라엘을 구출하시는 역사를 맡기셨습니다. 사십년간의 광야 경험이 없었다면 모세는 그것이 자기의 힘이라고 생각했을 것입니다. 광야의 훈련, 낮아짐의 훈련.. 그것은 하나님께서 사역자를 다루시고 훈련하시는 방식입니다.

바울을 낮추심

구약의 대표적인 사역자가 모세라면 신약의 대표적인 사역자는 바울이라고 할 수 있을 것입니다. 바울도 못난 사람의 부류에 속한다고 할 수는 없습니다. 그도 잘 나가는 사람의 부류에 속할 것입니다.
그는 정통에 속한 바리새파였으며 존경받는 율법사 가말리엘의 문하에서 율법에 대한 엄한 교훈을 받았습니다. (행22:3) 그는 모든 사람들이 선망하는 로마 시민권을 태어날 때부터 가지고 있었습니다. (행22:28) 빌립보에서 권세를 가지고 있던 관원들도 로마 시민인 그를 합법적인 절차도 없이 결박한 것으로 인하여 두려워할 정도로 로마 시민권은 높은 신분의 상징과도 같은 것이었습니다. (행22:24-29)

바울은 지적인 면에서나 신분에서나 사회적 종교적 위치에서나 특별한 엘리트였습니다. 그는 베드로나 안드레와 같은 어부와 달리 보기 드문 지적 엘리트였습니다. 하나님은 낮고 천한 위치에 있는 소박한 사람들에게 가까이 오시며 기름을 부어주십니다. 그리고 사용하십니다. 그러나 잘난 사람은 먼저 낮추십니다. 하나님은 바울을 어떻게 낮추셨을까요?
바울도 모세가 저지른 잘못과 비슷한 유형의 잘못을 범했습니다. 모세가 자기의 능력으로 동족을 도울 수 있을 것이라고 믿었던 것처럼 바울도 자기의 지식과 능력으로 하나님의 뜻에 합당한 일을 할 수 있다고 믿었습니다. 그가 생각하기에 하나님의 뜻은 예수의 도에 관련된 모든 것들을 파괴하는 것이었습니다. 그 목적을 위하여 그는 예수와 관련된 사람들을 결박하고 죽이고 핍박하였습니다. (행22:4)

그의 동기는 나쁘지 않았습니다. 그러나 그의 행위는 하나님을 대적하는 것이었습니다. 그는 예수님이 바로 하나님 자신인 것을 알지 못했습니다. 주님은 다메섹에서 그에게 직접 임하셨습니다. 빛으로 임하셔서 자신을 드러내시고 말씀하셨습니다. 그 음성을 듣고 바울은 완전히 무너져버렸습니다. 그는 삼일 동안 아무 것도 볼 수 없었습니다. 그는 그 동안 식음을 전폐했습니다. 아무 것도 볼 수 없다는 사실보다 그를 더 절망스럽게 했던 것은 자신의 잘못에 대한 깨달음이었습니다. 지금까지의 행동이 하나님을 대적하는 것이었음을 깨닫고 그는 지독한 자괴감에 빠졌을 것입니다. 눈물, 고통, 절망, 참회.. 그것이 그가 느끼는 것이었습니다.

바울은 충격에서 벗어난 후 아라비아로 갔습니다. 모세가 광야에 간 것처럼 그도 아라비아 광야로 갔습니다. 모세는 광야에서 많은 세월을 보낸 후 하나님의 음성을 들었으나 바울은 먼저 하나님의 음성을 듣고 광야로 갔습니다. 모세도, 바울도 광야는 그들을 낮추시는 하나님의 훈련 장소였습니다. 상대적으로 바울의 죄는 모세보다 크다고 할 수 있을 것입니다. 모세는 자기의 힘으로 사역하려고 했을 뿐 하나님을 대적하지는 않았습니다.

그러나 바울은 하나님을 사랑하는 무리들을 대적했으며 결박했으며 죽였습니다. 스데반이 죽임을 당할 때 바울이 그 옷을 지켰다는 것은 바울이 그 사건에 있어서 핵심적인 역할을 했다는 것을 보여줍니다. (행 7:58) 모세도 그러했겠지만 바울에게 있어서도 그 광야의 기간은 몹시 고통스러운 것이었을 것입니다. 그는 깊은 회한에 빠져서 자기의 행적을 뉘우치며 기도의 시간들을 가졌을 것입니다.

실패도 하나님이 사용하신다

모세도 실패했고 바울도 실패했습니다. 그러나 그 실패는 하나님의 허용하심 가운데 있었습니다. 그 실패를 통해서 하나님은 그들을 낮추시고 하나님의 뜻대로 사용하실 수 있는 도구로 만드셨습니다. 바울이 다메섹에서 하나님의 빛으로 인하여 쓰러져있었을 때 주님은 아나니아라는 제자에게 환상 중에 나타나셔서 바울에게 가라고 하셨습니다. 아나니아는 대답했습니다.

아나니아가 대답하되 주여 이 사람에 대하여 내가 여러 사람에게 듣사온즉 그가 예루살렘에서 주의 성도에게 적지 않은 해를 끼쳤다 하더니 여기서도 주의 이름을 부르는 모든 자를 결박할 권세를 대제사장들에게 받았나이다 하거늘
주께서 가라사대 가라 이 사람은 내 이름을 이방인과 임금들과 이스라엘 자손들 앞에 전하기 위하여 택한 나의 그릇이라 그가 내 이름을 위하여 해를 얼마나 받아야 할 것을 내가 그에게 보이리라 하시니 (행9:13-16)

주님은 바울이 성도들을 핍박하는 것을 모르셨을까요? 보지 않고 계셨을까요? 아닙니다. 주님은 당연히 알고 계셨습니다. 그러나 그가 핍박을 하고 대적 하는 것을 주님은 내버려두셨습니다. 그리고 두려워하는 아나니아에게 그는 내가 선택한 그릇이라고 말씀하셨습니다. 바울이 하나님을 대적하는 순간에도 하나님의 계획과 인도하심은 착착 진행되어가고 있었던 것입니다.

왜 하나님은 바울의 악행을 내버려두셨을까요? 왜 그를 오래 참으셨을까요? 그것은 우리가 하나님 앞에서 항상 죄를 짓는 악한 사람이지만 하나님이 그래도 우리를 기다리시며 참으시는 이유와 같을 것입니다. 하나님은 그를 기다리셨고 그 때가 찼을 때 그에게 임하셨습니다. 하나

님은 이후에 바울이 엄청난 박해와 고통을 겪을 것을 아셨습니다. 그러나 바울은 그것에 대해서 할 말이 없을 것입니다. 자신이 한 행위가 있기 때문에 바울은 할 말이 없을 것입니다.

바울은 눈을 뜨고 깨달았을 때 자신이 말로 형용하기 힘든 죄를 지었음을 알았습니다. 그가 어떻게 그 죄를 갚을 수 있을까요? 그것은 그가 목숨을 걸고 최선을 다해서 그 생명의 복음을 전하는 것 밖에는 없었습니다. 그는 말했습니다.

보라 이제 나는 심령에 매임을 받아 예루살렘으로 가는데 저기서 무슨 일을 만날는지 알지 못하노라 오직 성령이 각 성에서 내게 증거하여 결박과 환난이 나를 기다린다 하시나 나의 달려갈 길과 주 예수께 받은 사명 곧 하나님의 은혜의 복음 증거하는 일을 마치려 함에는 나의 생명을 조금도 귀한 것으로 여기지 아니하노라 (행20:22-24)

그는 하나님께 속한 사람들의 생명을 빼앗은 과거가 있는 사람입니다. 자신을 돌아보면 죽어 마땅하다는 생각 밖에는 들지 않았을 것입니다. 그러므로 오래 참아주신 하나님의 은혜를 갚는 길은 오직 그의 목숨을 바쳐 충성하는 것 밖에는 없는 것이었습니다.

모세도 실패했고 바울도 실패했습니다. 특히 바울은 심한 죄를 지었습니다. 그 실패와 죄들은 그들을 낮추는 하나의 도구였습니다. 바울은 자기의 죄들이 생각날 때마다 자신에 대하여 절망하고 오직 하나님의 은혜를 갈망할 수밖에 없었습니다. 바울의 죄까지도 그를 낮추고 하나님 앞에 온전히 엎드러지는 은혜의 도구가 되었던 것입니다. 그는 주님 앞에서 자신이 얼마나 죄인인지를 처절하게 깨달으며 그를 용서해주신 주님의 긍휼을 생각할 때마다 그 은혜 앞에 엎드리게 되었습니다.

미쁘다 모든 사람이 받을만한 이 말이여 그리스도 예수께서 죄인을 구원하

시려고 세상에 임하셨다 하였도다 죄인 중에 내가 괴수니라
그러나 내가 긍휼을 입은 까닭은 예수 그리스도께서 내게 먼저 일절 오래 참으심을 보이사 후에 주를 믿어 영생 얻는 자들에게 본이 되게 하려 하심이니라 (딤전1:15-16)

실패와 넘어짐은 사역자를 낮춘다

실패는 사역자를 낮아지게 합니다. 넘어짐도 사역자를 낮아지게 합니다. 그들은 자신을 볼 때마다 절망하며 자신의 행적을 볼 때마다 낙담하고 오직 주를 바라보게 됩니다. 하나님은 사역자를 부르셔서 능력을 주시기 전에 항상 먼저 그를 낮추시고 자신에 대하여 절망하게 하시며 온전히 주님만을 앙망하는 그릇으로 만드시는 것입니다. 그리하여 자신의 지성이나 능력이 아닌 오직 하나님의 능력으로 사역하도록 하시는 것입니다. 바울은 지혜롭고 영리하며 학문이 뛰어난 사람이었으나 하나님의 다루심을 받고 낮아진 후에 더 이상 자신의 능력에 의지해서 사역하지 않았습니다. 그는 말했습니다.

형제들아 내가 너희에게 나아가 하나님의 증거를 전할 때에 말과 지혜의 아름다운 것으로 아니하였나니 내가 너희 중에서 예수 그리스도와 그의 십자가에 못박히신 것 외에는 아무것도 알지 아니하기로 작정하였음이라
내가 너희 가운데 거할 때에 약하며 두려워하며 심히 떨었노라 내 말과 내 전도함이 지혜의 권하는 말로 하지 아니하고 다만 성령의 나타남과 능력으로 하여 너희 믿음이 사람의 지혜에 있지 아니하고 다만 하나님의 능력에 있게 하려 하였노라 (고전2:1-5)

낮아진 사역자는 오직 하나님의 능력으로 사역한다

자신을 의뢰하는 이들은 두려워하지 않습니다. 자신만만합니다. 그러나 하나님을 의뢰하는 이들은 두려워합니다. 그들은 오직 하나님을 경외하며 하나님의 능력으로 일하기를 원합니다. 그것이 하나님의 다루심을 받고 낮아진 사역자들의 특징입니다. 그들은 능력이 자기에게 있지 않고 오직 하나님으로부터 나오는 것임을 잘 알고 있는 것입니다. 낮아지는 것, 그리고 낮아진 사람에게 임하는 하나님의 능력과 기름 부으심.. 이것이 하나님의 사역하시는 방법이며 하나님의 신학교입니다. 하나님의 다루심으로 인하여 낮아진 사람은 자신의 힘과 지성이 아닌 하나님의 능력으로 사역합니다.

모세는 문제가 있을 때 마다 하나님의 능력으로 일하였습니다. 바울도 많은 지식보다 오직 십자가만을 알기 원했고 성령의 능력으로 사역하기를 원했습니다.
진정한 능력은 사람의 지혜나 열정이나 힘이 아니고 하나님께로부터 오는 것입니다. 하나님의 임재를 알고 하나님의 권능을 알고 경험하는 것에서 진정한 능력이 나타납니다. 하지만 하나님의 임재와 능력의 부어주심 이전에 먼저 낮아지는 훈련을 통과해야 합니다. 그 통과가 없이는 하나님의 능력과 임재가 오지 않습니다.

자신을 방어하지 않음

그러한 다루심과 낮아짐을 통과하지 않은 이들은 하나님의 능력에 대해서도 알지 못할 뿐 아니라 자신을 높이는 것을 좋아합니다. 그러나 낮아짐의 훈련을 통과하고 하나님의 다루심을 받은 이들은 자신을 드러내는 것을 두려워합니다. 모세는 개인적인 공격을 받을 때 자신을 변호하지 않았으며 온유한 자세를 견지했습니다. 그는 구스 여자로 인하여 아론과 미리암으로부터 비방을 받았으나 잠잠했습니다.

모세가 구스 여자를 취하였더니 그 구스 여자를 취하였으므로 미리암과 아론이 모세를 비방하니라 그들이 이르되 여호와께서 모세와만 말씀하셨느냐 우리와도 말씀하지 아니하셨느냐 하매 여호와께서 이 말을 들으셨더라 이 사람 모세는 온유함이 지면의 모든 사람보다 승하더라 (민12:1-3)

모세는 강력한 카리스마의 이미지가 있는 사람입니다. 그러나 개인적인 문제에 있어서 그는 아주 겸손하고 온유한 태도를 가지고 있었습니다. 그렇게 모세가 자신을 변호하지 않자 하나님께서 직접 개입하셨습니다. 하나님은 미리암과 아론에게 진노하셨고 미리암은 그로 인하여 문둥병이 들렸습니다. (민12:4-10)

모세는 자신에 대한 공격은 개의치 않았습니다. 그러나 하나님의 일에 대해서는 잠잠하지 않았으며 무섭고 강한 카리스마를 보여주었습니다. 금송아지의 사건으로 인하여는 그의 형 아론에게도 불같이 진노하였습니다. 그는 자신에 대해서는 부드럽고 온유한 사람이었지만 하나님을 위하여는 불같이 강력한 사람이었습니다. 그것이 자신에 대해서 낮아지고 하나님의 손에 붙들린 사람의 모습이었습니다.

자신을 높이 보는 자는 쓰임 받지 못한다

하나님은 사역자를 부르시고 훈련하십니다. 그러나 하나님의 부르심은 사람과 다릅니다. 하나님의 판단은 사람과 다릅니다. 사람은 외모를 보고 조건을 보지만 하나님은 그 중심을 보십니다. 그 중심이 낮은 사람인지, 하나님을 갈망하는지를 보십니다. 그는 낮은 자에게 능력을 부으시며 높은 자를 낮추어서 사용하십니다.

그러므로 하나님의 손에 의하여 쓰임받기를 원하는 이들은 오직 낮아져야 합니다. 하나님의 손에 순복해야 합니다.

어떤 이들은 자신을 대단한 존재로 생각합니다. 그는 자신이 하나님의 큰 종이 될 것이라고 생각합니다. 그러나 그러한 사람은 하나님이 사용하시지 않을 것입니다.

'왜 나 같은 유능한 사람을 하나님은 사용하시지 않는 거야? 왜 나에게 사역의 길이 열리지 않는 거야?' 하고 생각하는 이가 있다면 그는 아직 마음이 높은 것입니다. 그러한 사람은 아직 하나님의 능력으로 사역하는 것이 무엇인지 모르는 것입니다. 하나님은 사람의 탁월함을 사용하시지 않으며 오직 그의 손에 붙들려서 훈련을 받고 낮아짐의 시험에 합격한 자를 찾으십니다. 그러므로 사역자가 되기 원하는 모든 이들은 하나님의 훈련을 통과해야 합니다. 낮아짐의 시험에 합격해야 합니다. 그리하여 마음 깊은 곳의 중심에서 이렇게 고백할 수 있어야 합니다.

'주님, 저는 아무 것도 할 수 없습니다. 능력이 없습니다. 지혜가 없습니다. 오직 주님이 능력입니다. 오직 주님이 지혜입니다.
저는 기도 없이 숨도 쉴 수 없습니다. 저는 오직 주님을 기다립니다. 저 혼자서는 한 걸음도 앞으로 나아갈 수 없습니다.'

그러한 낮아짐이 있을 때까지, 그러한 고백과 깨달음이 있을 때까지 하나님은 그를 기다리십니다.
당신이 아직 절망하지 않고 있다면 당신에게는 아직 하나님의 때가 오지 않은 것입니다. 당신이 아직 자신감을 가지고 있다면 아직 하나님의 때가 되지 않은 것입니다. 당신이 아직 다른 사람의 사역이 답답해 보인다면 당신에게는 아직 하나님의 때가 오지 않은 것입니다. 당신이 다른 사람보다 나아 보인다면 당신은 아직 하나님의 영이 임재할 때가 아닙니다. 그분은 잘난 사람에게는 임하시지 않기 때문입니다.
당신이 유명해지기를 원한다면 아직 사역할 때가 아닙니다. 높은 자리를 원한다면 아직 사역할 때가 아닙니다. 편안한 자리를 원한다면 아직 하나님께서는 당신을 사용하시지 않을 것입니다.

하나님의 손 안에서 낮아지라

당신이 사역자로서 하나님의 다루심을 받고 있다면 부디 그 손에 굴복하고 순종하십시오. 그리스도의 미천함을 배우고 낮은 마음을 배우고 무기력을 배우고 절망을 배우십시오. 자신에 대해서 절망하고 하나님의 능력을 중심으로 갈망하는 것을 배우십시오. 기도 없이는 잠시도 살 수 없고 움직일 수 없는 것을 배우십시오. 그렇게 하나님의 시간이 될 때까지 훈련에 합격해야 합니다. 하나님이 사용하신 그릇들은 다 그러한 훈련을 통과하였습니다.

진정한 사역은 하나님의 통로로 쓰이는 것입니다. 이 땅에서 유명해지는 것이 아닙니다. 진정한 사역이 있을 때 거기에는 생명의 열매가 있습니다. 그리스도를 갈망하며 죄에서 해방되는 생명의 변화들이 일어나게 됩니다. 교회에 사람들의 숫자가 증가하는 것만으로는 진정한 사역의 열매라고 할 수 없는 것입니다.

낮아짐의 훈련을 통과하고 진정한 사역을 하는 이들은 자신의 재능과 지혜로 일하지 않습니다. 그들은 오직 하나님의 인도하심을 따라 사역합니다. 주님의 사역은 낮은 사역이었습니다. 주님은 낮은 자에게 진리를 전하시고 사역하셨습니다. 마음이 높은 자들에게 사역하시지 않았습니다. 주님은 사역의 모본을 보여 주셨습니다. 주님은 스스로 사역하시지 않았습니다. 주님은 스스로 말하고 행하시지 않았습니다. 그분은 항상 듣는 것을 말씀하셨고 보는 것을 행하셨습니다.

그러므로 예수께서 저희에게 이르시되 내가 진실로 진실로 너희에게 이르노니 아들이 아버지의 하시는 일을 보지 않고는 아무 것도 스스로 할 수 없나니 아버지께서 행하시는 그것을 아들도 그와 같이 행하느니라 (요5:19)

그것이 바로 사역입니다. 낮아짐의 훈련을 통과하지 않은 사람은 하나님의 손에 잡히지 않은 사람입니다. 그러한 사역자는 자신의 힘과 능력과 지식으로 일합니다. 그러나 낮아짐의 훈련을 통과하고 하나님의 손에 붙들린 자는 오직 하나님의 힘으로 사역하기를 원합니다. 오늘날 인간적인 탁월함으로 사역하는 많은 이들이 있습니다. 그들은 자기의 지식과 힘과 재능을 자랑합니다. 하지만 그것은 사람을 자유케 하지 못합니다. 그것은 신성한 힘의 근원에서 나온 것이 아닙니다. 그것은 사람들 중에서 조금 나은 것뿐입니다. 그러한 힘은 마귀를 이기지 못하며 죄를 이기지 못합니다. 오직 승리는 신성한 근원에서, 영원한 근원에서 나오는 것입니다.

진정한 사역자는 자신의 무능을 처절하게 인식합니다. 바로 그것이 낮아짐의 훈련이며 광야의 훈련입니다. 그 훈련을 통과한 자는 오직 하나님의 능력으로 사역하며, 사역하기를 원합니다. 자신이 아무 것도 할 수 없음을 알므로 그는 오직 기도로 사역하며 오직 성령의 능력으로 사역하기를 원합니다. 그것이 하늘의 사역자이며 진정한 사역입니다.

당신이 사역을 하기 원한다면, 하나님의 부르심을 받았다고 느낀다면 부디 그 분의 손 안에서 낮아지십시오. 굴복하고 순종하십시오. 자신을 높이지 마십시오. 자신을 대단한 존재로 여기지 마십시오.
주님의 시간을 기다리며 기름부음을 받으십시오. 합격한다면, 통과한다면 하나님은 당신을 사용하실 것입니다. 그리고 당신은 연약하고 무능한 자를 부르시고 사용하시는 하나님의 은총에 감격하고 기뻐하게 될 것입니다. 할렐루야.

8. 낮아짐의 훈련을 통과한 이들의 변화된 속성들

하나님께서 인도하시는 낮아짐의 훈련을 어느 정도 통과한 이들에게는 그 삶이나 사고에 있어서 여러 가지 변화된 속성이 나타나게 됩니다. 성향이나 의식이 달라지는 것입니다. 이러한 변화들은 자연스럽게 삶과 인격의 변화로 이어지게 됩니다. 그러므로 점점 더 주님의 임재를 가까이 누리게 되며 천국의 기쁨을 맛보게 되는 것입니다.

1. 주목받는 것을 싫어하게 됨

높임을 받거나 칭찬받거나 주목받는 것을 싫어하는 경향이 생기게 됩니다. 이것은 열등감이나 두려움으로 인한 것과는 다른 것입니다. 낮아짐을 경험할수록 가까이 임재하시는 하나님에 대한 감각이 예민해지기 때문에 자신이 주목받는 것으로 인하여 하나님에 대한 죄송함과 두려움이 일어나는 것입니다.

낮아짐의 훈련을 통과하지 않은 이들은 본성적으로는 자신을 드러내는 일이 옳지 않은 것이라고 지적으로 동의는 하지만 실제적으로는 사람들의 칭송을 즐거워합니다. 그러나 훈련을 통하여 낮아짐을 누리는 이들은 그러한 상황에 대하여 실제적인 고통과 불쾌감을 느끼게 됩니다. 만일 어떤 사람이 어느 정도 이 훈련을 통과했는지 알고 싶다면 그가 칭찬을 받을 때 어떤 반응을 보이는지를 보면 쉽게 알 수 있을 것입니다. 그가 고통을 느끼는지, 아니면 즐거워하는지를 보면 그가 경험하고 통과한 훈련의 성취 정도를 알 수 있는 것입니다.

2. 자랑이나 칭찬이 고통스럽게 됨

자랑을 하거나 잘난 척을 하는 것은 타락한 인간의 본성입니다. 그러나 낮아짐의 세계에 들어간 이들은 그러한 것이 어렵습니다. 이들은 남들에게서 칭찬을 받는 것도 고통스러워하며 자신이 직접 자랑을 하는 것에는 더욱 심한 고통을 느끼게 됩니다. 이들은 자기의 잘하는 것이나 재능이나 성취나 가족에 대한 것들도 자랑하지 못합니다. 그들은 그러한 이야기를 하게 되면 그의 안에 거하시는 주님의 임재가 소멸되는 것을 느끼게 됩니다.

어느 정도의 훈련을 통과한 이들도 순간적으로 실수하여 자기를 드러내거나 자랑을 할 수 있습니다. 그러나 그런 상태에서 그들은 고통이 심하여 기도하는 데에 어려움을 겪게 될 것입니다. 그들은 영적감각이 살아있고 예민하기 때문에 바로 하나님과의 실제적인 교제가 끊어지고 그의 영혼이 하나님의 전에 나아갈 수 없음을 느낍니다. 그러므로 그들은 바로 자신의 잘못을 사죄하거나 취소해야 다시 하나님과의 영적 교제가 회복될 수 있음을 압니다.

3. 사람들의 비난에 둔감해짐

사람들의 비난에 대해서 대수롭게 여기지 않으며 별로 예민하지 않게 됩니다. 하나님의 임재에 대해서 예민해지면 자연적으로 사람들의 인식이나 평가에 대해서는 둔감해지게 되는 것입니다.
일반적으로 세상에서는 지식이 많은 학자나 사회 경험이 많은 이들도 비난에 대해서 예민합니다. 영리한 사람들은 다른 이들의 비난이나 평가에 대해서 겉으로 초연한 듯이 보이려고 애쓰지만 속으로는 여전히 불편해합니다. 하나님을 알지 못하는 이들은 아무리 학식이 많고 지위가 높아도 비난에 대해서는 심한 분노를 느끼며 자기를 방어하는 것이 보통입니다. 그것은 자아의 생명에 대한 문제이기 때문입니다. 그러나 훈련을 통하여 낮아짐을 경험할수록 그러한 것에는 그다지 신경을 쓰지 않게 됩니다. 이들은 범사에 하나님 앞에서 잔잔합니다. 그들이 하나님께 굴복하기를 원하며 모든 것이 주님의 손 안에 있음을 인식하고 있기 때문입니다.

4. 일상의 사소한 일에도 하나님의 뜻을 찾음

일상의 사소한 일에 있어서도 항상 하나님의 뜻을 구하고 찾습니다. 자기의 유익이나 좋아하는 것보다 하나님이 좋아하시는 것, 기뻐하시는 것을 찾습니다. 이들은 낮은 자리에 있으며 자신이 종인 것을 인식하고 있으므로 자신의 즐거움을 구하는 것보다 주인의 즐거움을 구하는 것이 마땅하다고 여깁니다.

그러므로 이들은 자신이 좋아하는 것과 하나님이 좋아하시는 것을 분별합니다. 이것이 자기의 성향과 기질에 맞는 즐거움인지 주님께서 기뻐하시는 것인지에 대해서 자주 분별하며 기도합니다. 그리하여 주님께 속하지 않고 자기 개인적인 성향이나 기쁨에 속하는 것이면 이들은 그것들을 내려놓기를 원합니다.

5. 하나님의 인도하심을 신뢰함

하나님의 인도하심에 대한 신뢰가 있습니다. 이들은 하나님의 뜻과 그 온전하심을 신뢰하며 조급해하지 않습니다. 자연적인 인간은 조금만 자기의 생각이나 기대대로 되지 않으면 속상해합니다. 그리고 마치 따지고 요구할 권리가 있는 것처럼 하나님께 항의합니다.

어떤 이들은 아주 무례하게 하나님께 해명을 요구하기도 합니다. 그러나 시험을 통과하고 낮은 위치에 서게 된 이들은 그러한 속성이 사라지게 됩니다. 이들은 항의하지 않으며 해명을 구하지 않으며 이해되기를 원하지 않습니다. 오직 주님의 뜻이 이루어지기를 기도하며 잠잠히 기다립니다. 많은 경우에 급한 성격은 단순한 기질이나 성격의 문제가 아니고 주님의 손에 낮아지지 않은 것입니다.

6. 길이 막힐 때 고집하지 않고 하나님을 기다림

어려움이나 고통이 있을 때 슬퍼하거나 분노하거나 하지 않고 하나님의 인도하심을 구합니다. 이들은 어떤 막히는 일이 있을 때 주님을 기다리며 주님의 음성을 듣고 메시지를 분별하는 데에 익숙합니다.
이들은 수시로 '주님.. 왜 그러십니까? 제가 이 상황을 통해서 무엇을 배워야 합니까?' 하고 묻는 기도를 드리는 데 익숙합니다. 이들은 주님의 인도하심과 음성에 대해서 열려 있고 준비되어 있으므로 메시지를 잘 깨닫습니다. 이들은 어떤 길을 가다가도 그 길을 고집하지 않으며 하나님의 인도하심이 아니라고 여길 때는 쉽게 길을 바꿉니다. 이들은 자주 길을 멈추며 인도하심을 구합니다.

7. 기도 없이는 아무 것도 하지 못함

이들은 자신의 무능에 대해서 선명하게 인식하고 있으므로 항상 기도로 살기 원하며 기도 없이는 아무 것도 하지 못합니다. 기도 없이는 살 수가 없습니다. 이들은 시간 여유가 생기기만 하면 기도로 하나님께 나아가기를 원합니다. 그것이 삶에서 누리는 가장 큰 기쁨입니다. 낮은 마음의 사람은 일을 해도 항상 주님을 의지하고 기도로 일합니다. 기도 없이 움직이는 것을 싫어합니다. 기도가 없이 자기의 열정과 지혜로 하는 모든 일에 아무런 열매가 없음을 이들은 잘 인식하고 있습니다.

8. 하나님의 허락 없이 혼자서 결정하지 않음

이들은 어떤 결정을 내려야 할 상황이 있을 때 혼자서 결정을 내리거나 대답하지 못합니다. 이들은 함부로 결정하지 못합니다. 이들은 자신이 종이며 주인의 허락 없이는 아무 것도 할 수 없음을 알기 때문입니다. 이들은 주인의 허락 없이 무엇을 하거나 움직이는 것을 싫어합니다. 이들은 자신이 주안에서 자유롭지만 또한 주님의 종으로서 자유롭지 않다는 것을 항상 인식합니다. 그러므로 이들은 종에게 의견이 없는 것처럼 의견이 없습니다. 이들은 스스로 말하지 못하며 하나님의 답을 구하고 기다립니다.

9. 함부로 비판하지 않음

함부로 다른 이들을 비판하지 않으며 비난하지도 않습니다. 주님이 시키시지 않는 일에 함부로 끼어들지도 않습니다. 이들은 남을 비판하는 것이 그를 지으신 하나님을 무시하는 행위라는 것을 선명하게 인식합니다. 그러므로 하나님의 허락 없이 어떤 문제에 대해서 말하고 개입하지 않습니다. 이들은 주님이 허락하시고 그들에게 맡기신 일에만 나설 뿐입니다. 그러한 일 외에는 자기에게 권리가 없음을 이들은 잘 알고 있습니다.
그러나 이들은 그들에게 맡겨진 일, 허락하신 일에 대해서는 강력하고 분명합니다. 맡겨진 부분에 대해서는 강하고 담대합니다. 그것은 모세가 개인적으로 온유하지만 바로와의 영적 전쟁을 할 때는 아주 강력한 것과 같습니다. 그러나 이들은 약한 자들에 대해서는 약합니다. 약한 자들의 넘어짐에 대해서 불쌍히 여기며 함부로 비판하지 못합니다. 이들은 다른 이들의 죄로 인하여 자기를 돌아보며 비판하는 것을 두려워합니다.

10. 죄와 어두움의 감각에 대해서 예민하고 고통을 느낌

낮은 심령의 사람들은 천국에 대하여 열려 있고 가까이 교통하고 있기 때문에 어두움의 감각에 대해서 심한 고통과 불쾌감을 느낍니다. 그러므로 악한 문화나 악한 영적 기운이 있는 곳에서 고통을 느낍니다. 다른 이들의 악한 말에 의해서도 고통을 느낍니다. 사람들이 수시로 불평을 하거나 원망을 하거나 자기 연민에 속한 말을 하거나 남을 비난할 때 심한 고통을 느낍니다.

그러므로 이들은 자주 정화의 필요성을 느낍니다. 그래서 이들은 자주 주님 앞에 나아가 기도함으로써 그 영혼이 정화되지 않으면 견디지를 못합니다. 영이 맑아질수록 영적 어두움의 기운에 대해서 예민해지며 맑은 영의 유지를 위한 기도를 많이 하게 되는 것입니다.

11. 주님이 원하시는 것을 기도함

이들은 기도의 중요성을 알고 자주 기도의 충동을 느끼지만 그러나 함부로 기도하지는 않습니다. 이들은 사소한 기도에 있어서도 주님의 인도하심과 허락을 구합니다. 이들은 기도의 주인이 주님이심을 압니다. 기도는 자신이나 다른 사람들의 소원을 이루기 위한 것이 아니라 주님의 뜻을 이루시는 도구라는 사실에 대하여 분명합니다.

이들은 기도의 부탁을 받아도 함부로 기도해주겠다고 약속하지 못합니다. 이들은 스스로 할 수 있는 것이 많지 않음을 압니다. 이들은 사소한 문제나 기도해야할 여러 가지 일들을 가지고 주님 앞에 나아가지만 그 중에서 주님께서 분부하시는 것만을 구하고 이행하기를 원합니다. 이들은 자기 마음대로 기도를 하는 것에는 진정한 기쁨도 없고 열매도 풍성하지 않음을 분명하게 인식합니다. 모든 풍성함은 낮아진 만큼, 순복하는 만큼 주님의 원하심을 따르는 만큼만 이루어지는 것입니다.

12. 주님이 다른 사람을 사용하실 때 기뻐함

이들은 주님께서 다른 사람이나 사역자들을 사용하셔서 풍성한 열매를 맺을 때 기뻐하고 감사하며 즐거워합니다. 이들은 그러한 사람들과 자신을 비교하는 데에도 익숙하지 않습니다. 그들의 즐거움은 자신의 높아짐이 아니라 오직 하나님의 나라와 그 뜻의 이루어짐에 있기 때문입니다. 그러나 훈련을 통과하지 않은 이들은 주님이 사용하시는 다른 사람이나 사역자들을 시기함으로 하나님을 대적합니다. 자기와 비교하여 열등감을 가지거나 우월감을 가지거나 합니다. 그것은 그 의식의 중심에 하나님이 있지 않고 자기가 있기 때문입니다. 낮은 곳으로 갈수록 자기는 사라지며 지옥의 고통에서 벗어나 진정한 해방으로 가까이 가게 됩니다.

13. 작은 일에도 감사하고 기뻐함

훈련을 통하여 낮아짐에 가까워진 이들은 사소한 작은 일에도 항상 감사하게 됩니다. 이들은 낮음을 경험하고 자신이 종이라는 의식이 있으므로 사소한 것을 받거나 누릴 때 자신에게 그것을 받고 누릴 자격이 있는지에 대해서 걱정하며 감사하는 것입니다.

성 프란시스에 대한 이러한 일화가 있습니다. 프란시스가 맛세오 형제와 함께 여행하는 중에 배가 고프므로 음식을 구걸하여 빵을 조금 얻게 되었습니다. 그들은 마을의 주위를 걷다가 맑은 샘이 흐르고 바위가 있는 곳에 이르자 바위 위에 구걸한 빵을 올려놓고 식사를 하게 되었습니다.
프란시스는 구걸한 빵을 보고 몹시 기뻐하며 말했습니다.
"오, 주님.. 우리가 이렇게 좋은 것을 누릴 자격이 있습니까? 저는 이런 보물을 얻을 자격이 없습니다."
프란시스가 그 말을 계속 반복하자 맛세오 형제는 의아해서 물었습니다.
"선생님. 이것은 구걸한 빵과 보잘 것 없는 음식에 지나지 않고 여기에는 식탁도 없고 집도 없으며 접시도, 칼도, 시중군도 아무 것도 없는데 이게 무슨 보물이라는 말입니까?"

프란시스는 대답했습니다.
"그렇기 때문에 내가 보물이라고 하는 것입니다. 여기에는 사람이 만든 것은 아무 것도 없습니다. 모든 것은 다 하나님께서 직접 만드신 것입니다. 하나님이 만드신 바위로 된 식탁과 맑은 샘, 아름다운 자연, 우리에게 허락하신 빵과 우리와 함께 하시는 하나님.. 우리는 지금 값으로 따질 수 없는 보물을 누리고 있는 것입니다."(성 프란시스의 작은 꽃들, 크리스챤 다이제스트, p.89-90)

이것은 프란시스가 낮은 마음을 가지고 사소한 모든 일에 감사하는 삶을 살았던 것을 보여줍니다. 이처럼 낮은 마음을 가진 이들은 사소한 것에도 풍성한 감사의 기쁨을 누립니다. 마음이 높은 이들은 많은 것들을 가지고 누리면서도 만족하지 못하며 평화와 기쁨을 누리지 못합니다. 그러나 낮은 마음으로 자신의 보잘 것 없음을 인식하게 된 이들은 사소한 일에도 무한한 감사로 만족된 삶을 살 수 있게 되는 것입니다. 부자에게는 두려움이 있고 높은 자에게는 불만이 있으나 낮은 자들에게는 항상 자유함과 감사가 있습니다.

14. 사람들에게 편안함을 줌

이들은 대인관계에 있어서 사람들을 편안하게 대해주며 함부로 하지 않습니다. 자기가 높은 사람이라는 인식이 없으므로 어린아이들이라도 인격적으로 대하며 존중해줍니다. 그러므로 이들의 옆에 있을 때는 부담을 느끼지 않게 되며 편안한 느낌을 받게 됩니다. 이들은 다른 이들에게 부담 주는 것을 싫어합니다. 주님이 강권하시지 않는 한 다른 이들에게 무엇인가를 강요하는 것을 싫어합니다. 그러므로 이들의 주변에는 사람들이 잘 모이며 편안하고 즐거운 분위기가 형성되고 쉽게 아름다운 교제와 관계가 이루어지는 것입니다.

15. 체면에 둔하며 잘 상처를 받지 않음

이들은 다양한 종류의 사람들을 상대하면서도 상처를 받는 일이 별로 없습니다. 높은 마음의 사람은 쉽게 다른 이들로 인하여 불쾌감을 느끼고 마음이 상하지만 이들은 자신의 종됨을 잘 인식하고 있으므로 자존심이나 체면으로 인한 문제나 상처를 잘 겪지 않습니다. 이들은 무례한 대우를 받거나 불편한 상황을 접하게 되면 그 상황을 하나님께 가지고 가서 하나님으로부터 메시지를 받는 것에 익숙합니다. 그러므로 그러한 일을 통해서도 상처를 받기 보다는 새로운 메시지나 깨달음을 얻고 곧 반성하며 새로운 것을 배우고 발전하며 나아가는 은혜를 입게 됩니다.

16. 하나님께 영광을 돌리는 것을 기뻐함

자주 하나님을 찬양하며 영광을 돌리는 것을 좋아합니다. 모든 힘과 지혜와 능력이 하나님으로부터 오는 것을 선명하게 인식하므로 하나님을 높이는 것을 기뻐하고 즐거워합니다. 그리고 그것으로 인하여 힘을 얻습니다. 그러므로 영적으로 약해졌을 때 더욱 더 자주 주님을 높이고 찬송하게 됩니다.

시편 기자는 주의 의로운 규례로 인하여 하루에 일곱 번씩 주를 찬양한 다고 하였습니다. (시119:164) 찬양은 신성한 능력의 근원과 연결되어 충만한 은혜와 영적 자양분을 얻을 수 있는 중요한 비결입니다. 낮은 마음의 사람들은 더욱 더 자주 주님을 높이고 영광을 돌림으로써 힘을 얻게 됩니다. 주님을 바라보지 않는 스스로의 상태에서는 자주 무기력에 빠지게 되기 때문입니다. 낮고 무력한 이들에게 주를 바라고 높이는 것은 중요한 에너지의 원천이 되는 것입니다.

17. 나쁜 환경에서도 마음의 평화를 잃지 않음

세상에 많은 전쟁과 요동함이 있으나 이들은 악한 소식이 흉흉한 가운데서도 평안을 누리며 마음의 평화를 잃지 않습니다. 이들은 주님께 모든 것을 의탁합니다. 모든 것이 오직 주님의 뜻 안에 있음을 알기 때문입니다. 이들은 스스로 살 수도 없고 죽을 수도 없음을 알기 때문에 낮은 마음으로 조용히 주님의 인도하심과 분부만을 기다립니다. 높은 마음의 사람들은 사소한 나쁜 소식에도 두려워합니다. 높은 곳에는 항상 불안감이 있기 때문입니다. 낮은 곳에 처한 자들은 안식과 평안을 누리며 그 종의 안위는 오직 주인이 걱정하며 보살펴주시는 것입니다.

18. 주님과의 교제를 가장 갈망함

이들은 그들에게 맡겨진 사명과 사역을 감당하지만 이들이 가장 중심으로 원하는 것은 주를 아는 것이며 주와 교제하는 것입니다. 이들은 무엇을 간절하게 구하는 것 보다 오직 주님 자신을 구하며 주님 앞에서 살아가는 것을 좋아합니다. 이들이 일을 하는 것도 사역 자체에 대한 성취보다 주인을 기쁘시게 하기 위한 것입니다.
이들은 자주 '주인님.. 무엇을 원하십니까?' 하고 물으며 기도합니다.

이들은 눈에 띄는 사역이나 눈에 띄는 성취보다 날마다 매일의 주님께 순종하고 주님을 기쁘시게 하는 것을 좋아합니다. 낮은 마음을 가질수록 주님은 그들에게 가까이 오시기 때문에 이들은 교제의 아름다움과 행복감을 더 깊이 누리게 되어 주님 자신에 대한 갈망이 더욱 더 깊어지는 것입니다.

19. 주님을 갈망하는 낮은 자와의 교제를 기뻐함

이들은 어떠한 성취보다 주님을 누리는 것을 좋아합니다. 또한 그렇게 자신이 발견한 주님을 다른 이들과 같이 나누는 것을 좋아합니다. 같이 낮은 마음을 가지고 주님만을 갈망하고 추구하는 그러한 사람들과 교제하는 것을 좋아하고 기뻐합니다.

이들은 잘난 사람이나 뛰어난 사람, 의지가 강하고 고집이 세며 마음이 높은 사람들 옆에서는 불편함을 느끼게 됩니다. 그러한 이들은 서로 으뜸이 되려고 하며 서로 가르치려고 하며 분파와 투쟁이 있기 때문입니다. 그러므로 낮은 마음의 사람들은 그러한 이들과의 교제와 관계가 차츰 줄어들게 되며 작은 어린아이와 같은 낮은 마음을 가진 사람들의 무리와 함께 교제를 나누는 것을 기뻐하고 사모하게 됩니다. 이러한 이들은 자연적으로 천국과 같은 공동체를 형성하게 되며 이 땅에 살면서 작은 천국의 기쁨과 은총을 누리게 됩니다.

20. 주님의 임재를 누리며 잘 잃지 않음

이들은 주님의 임재와 천국의 은총에 점점 더 가까워지며 예민해집니다. 그러므로 이들은 주의 임재를 잘 잃지 않게 됩니다. 주를 향한 갈망과 그리움이 잘 사라지지 않으며 오히려 날이 갈수록 더 강렬해지고 깊어지게 됩니다. 많은 이들이 주님 자신이 아닌 주님이 주시는 선물을 구하고 세상에 속한 많은 목표들을 가지고 있습니다. 그러나 이들은 주님을 알고 가까이 가기 원하는 삶의 목표를 가지고 있으며 그것으로 기뻐하고 만족합니다. 많은 신앙인들이 예배를 드리며 기도를 드릴 때에는 그 마음이 뜨겁지만 예배와 기도가 끝나면 그 열기가 식습니다. 그러나 낮은 마음의 사람들은 그 낮음으로 인하여 주님께 대한 갈망을 유지하게 됩니다. 그것은 높은 곳에서는 물을 구하기가 어렵지만 낮은 곳에는 모든 물이 흘러들어오므로 쉽게 물을 얻을 수 있는 것과 같습니다.

그러므로 이들은 주님의 임재를 잘 잃지 않습니다. 자면서도 일하면서도 그 임재 속에서 사는 것에 어느 정도 익숙합니다. 이들은 주님과 교제하는 아름다움과 행복감을 잘 알고 누리는 삶을 삽니다.

낮은 사람들은 천국 속에서 산다

대략 이러한 것들이 하나님의 손에 의해서 훈련되고 통과하여 낮은 마음을 얻게 된 이들의 특징입니다. 이들은 이 땅에 살면서도 주의 풍성한 은총을 누리며 천국에 가까운 삶을 살고 있습니다.

물론 이 땅에서 온전함이란 없으므로 이들도 많은 미숙함을 가지고 있으며 아직 통과하지 못한 많은 부분들을 가지고 있을 것입니다.

그러므로 낮아짐을 위한 하나님의 훈련에는 끝이 없습니다. 하나님은 우리가 천국에 속한 더 많은 은총과 보화를 누리도록 사람과 사건과 여러 문제들을 통하여 계속 계속 우리를 훈련하십니다.

어느 정도 낮은 마음을 얻게 된 이들은 훈련을 통과하고 시험에 합격할수록 한없는 풍성함의 세계에 들어간다는 것을 잘 압니다. 그러므로 이들은 끊임없이 메시지를 받으며 더 성장하고 나아갑니다. 하나님의 뜻에 자신을 드려 순종하는 것을 일생의 목표로 삼는 것입니다. 낮은 마음의 사람들은 비록 온전하지는 않더라도 천국에서 사는 사람들이며 천국의 은총을 누리고 사는 사람들입니다. 그 천국의 빛과 영광이 점점 더 아름답고 풍성해지는 것을 경험하며 살아가는 사람들입니다.

누구든지 그 은총의 세계를 갈망하기만 한다면, 낮아짐을 위한 하나님의 훈련과 시험을 잘 통과하기만 한다면, 이 세상에 살면서도 그 놀라운 은총과 영광을 누리고 맛볼 수 있게 될 것입니다. 할렐루야.

결언과 적용

이제는 지금까지 해 왔던 긴 이야기를 마무리할 때가 되었습니다. 이야기가 길어지기는 했지만 그 메시지들의 핵심과 요점은 단순한 것입니다. 외형적으로만 보면 오늘날 복음은 널리 퍼져 있는 것 같이 보입니다. 도처에 교회도 많고 신자도 많으며 예배를 드리는 모습도 많이 볼 수 있습니다.

하지만 어디서나 예수를 믿는 이들을 볼 수 있지만 주님의 은총을 누리며 자유함을 경험하는 이들은 많지 않습니다. 믿기는 믿으면서도 영적 상태가 황폐한 사막과도 같은 영혼들이 즐비합니다.
은혜를 사모하며 열심히 애를 쓰는 이들은 많이 있습니다. 주의 일을 위하여 애쓰는 이들도 많이 있습니다. 어떤 이들은 엘리야처럼 자신이 하나님을 향하여 열심이 특심하다고 고백하기도 합니다. 하지만 그렇게 애를 씀에도 불구하고 마음의 기쁨과 평화를 얻지 못하며 영적인 메마름으로 인하여 고통 하는 이들이 많이 있습니다.

그것은 참다운 진리를 충분히 깨닫지 못한 것이며 믿음의 방향에 문제가 있는 것입니다. 방향에 문제가 있으면 아무리 애를 써도 좋은 열매를 맺기 어렵습니다.
진정한 기쁨과 행복이 환경의 변화나 외적인 성취에서 온다고 생각하는 이들은 참된 만족을 얻을 수가 없습니다. 그것은 바른 방향이 아니기 때문입니다. 천국의 은혜는 내면에 임하는 것이며 바깥의 풍성함에서 오는 것이 아닙니다.

그리스도인의 행복은 오직 주님과의 가까움, 주님과의 친밀한 사귐을 통해서만 오는 것입니다. 주님을 가까이 알수록 그는 천국에 가까우며 환경과 상관없이 만족과 행복감을 누립니다. 그러나 그 영혼이 주님과 멀리 있으면 아무리 물질이 풍성해도, 사회적 지위나 교회에서의 지위가 높아도, 세상 지식이나 성경 지식이 풍부해도 그는 행복하지 않습니다. 그는 항상 무엇인가 부족하다는 느낌을 가지게 됩니다.

인생의 목적은 오직 주님을 아는 것

참된 기쁨은 오직 주님을 아는 것입니다. 그것을 인생과 신앙의 목표로 삼고 있는 이들은 바른 방향을 가지고 있는 것입니다. 그가 추구하는 인생의 의미와 목표가 편안한 삶이나 남들이 알아주는 삶이나 부자가 되는 것이 아니라 주님을 사랑하며 그에게 더 가까이 나아가는 것이라면 그 사람은 복을 받은 사람입니다.

그러나 주님을 가까이 알고 주님께 가까이 나아가는 목표를 가지고 있다고 하더라도 그 목적을 이룰 수 있는 길이 무엇인지에 대한 분명한 이해가 또한 필요합니다. 그 길을 알지 못하면 사모함이 있어도 목적지에 도달하는 것이 어려울 것입니다.

주님을 가까이 누리고 알아갈 수 있는 그 길은 곧 낮아짐의 길입니다. 이 낮아짐을 통해서 우리는 주님을 가까이 누리며 천국의 실상에 가까워지게 됩니다. 그러나 오늘날 이 진리는 널리 알려져 있지 않습니다. 오늘날 이 진리가 분명하지 않으며 적용이 부족하기 때문에 많은 영혼들이 제대로 성장하지 않으며 어중간한 상태에 있습니다. 어느 정도 성장을 향하여 가다가 다시 반대 방향으로 가기도 합니다. 그러한 혼란 상태는 신앙의 방향과 세상의 방향, 신앙적 가치관과 세상적 가치관이 뒤섞여 있기 때문에 생겨나는 것입니다. 오늘날 많은 신자들이 신앙적 가치관과 세상적 가치관을 구분하지 못합니다. 정반대인 두 방향이 혼합된 상태로 있어서 이쪽으로 갔다 저쪽으로 갔다 하면서 지속적인 변화와 성장에 어려움을 겪고 있는 것입니다.

낮아짐이 주님을 알아가는 길이다

주님은 낮아짐을 가르치셨습니다. 주님은 사람들에게 높임을 받는 것에 대해서 경고하셨으며 제자들에게 서로 섬길 것을 가르치셨습니다. 그러나 세상은 높아질 것을 가르칩니다. 서로 으뜸이 되기 위하여 경쟁하고 노력하고 싸우라고 가르칩니다.

이것은 천국의 가치관과 지옥의 가치관이 서로 대립하는 것을 보여줍니다. 우리는 그 중에서 어느 한쪽을 선택해야 합니다. 낮아짐을 추구할 것인지 높아짐을 추구할 것인지를 선택해야 합니다.

오늘날 많은 그리스도인들이 이것에 대해서 분명하지 않습니다. 주님을 사모하고 은혜를 갈망하면서도 또한 높은 길을 추구하는 이들이 많이 있습니다. 이들은 목표에 혼선을 빚고 있는 것입니다.

이들은 진리에 대해서 분명하지 않기 때문에 세상 사람들이 살아가는 방식과 비슷하게 살아갑니다. 주를 따르고 예수를 주라 부르면서도 주님이 가르치시는 삶의 방식, 천국적인 삶의 원리를 따라 살지 않고 지옥적인 원리를 따라 높음을 추구하는 삶을 살아가는 것입니다.

그러므로 이들은 자기를 알아주지 않으면 화를 내며 남들에게 사랑과 인정을 받고 이해받기를 원합니다. 그렇게 자기중심적으로 살아가는 것이 문제가 되는지도 모릅니다.

이들은 마음속에 항상 억울함과 분노와 슬픔과 두려움과 각종 좌절과 후회가 가득해도 어디에서부터 문제가 시작되었는지 모릅니다. 그 시작은 주님의 가치관을 따르지 않고 높아짐을 추구하는 세상의 가르침을 따르는 데 있습니다. 아무리 입으로 주를 시인해도 지옥적인 삶의 방식을 가지고 있다면 천국의 기쁨과 평화를 얻는 것은 불가능 합니다. 오늘날 세상을 따라 세상의 가치관을 따라 사는 그리스도인들을 어디서나 볼 수 있습니다. 그들은 슬픔과 두려움과 무기력과 분노에 빠져있으며 자신의 고통과 상처를 치유받기 원합니다. 하지만 문제가 무엇인지 모르면 아무리 치유를 받고 상담을 받아도 진정한 회복은 없습니다. 인간은 하나님의 영광을 위하여 창조되었으며 청지기와 종으로 부름을 받았기 때문에 높음을 추구하고 자기중심적인 삶을 추구하면 망가지고 비참한 삶을 살 수 밖에 없습니다.

그리스도인들은 자기부인이 무엇인지를 배워야 합니다. 자기를 부인하고 낮은 자세를 가지고 주를 따르는 삶이 무엇인지 배워야 합니다. 그것이 그리스도인의 길입니다.

은혜의 법칙은 단순하다

어떤 사람을 평하며 '저 사람은 자존심이 센 사람이야' 라고 쉽게 말을 하는 그리스도인들이 있습니다. 그리고 그러한 것이 문제라고 여기지 않습니다. 자아가 강하며 고집이 세고 자기 뜻을 항상 관철시켜야 하는 것이 문제가 되는 줄을 모릅니다.

하지만 '저 사람은 암인데, 금방 죽을 거야' 하고 가볍게 말하는 이들은 없을 것입니다. 자아와 자존심, 고집, 자기 연민.. 이러한 것들은 암보다 무서운 것이며 지옥적인 것이며 저주와 재앙을 가져오는 것임에도 불구하고 사람들은 이러한 것들을 대수롭게 여기지 않습니다. 그것은 이미 높아짐을 추구하는 지옥적인 가치관, 지옥적인 삶의 방식에 익숙해 있기 때문입니다. 그 방향을 바꾸지 않으면 은총이 가득한 삶은 애당초 불가능한 것입니다.

은혜의 법칙은 아주 단순한 것입니다. 그것은 세상의 법칙과 반대되는 것입니다. 천국의 은혜가 낮은 자들에게 허락되었으며 낮음을 사모하는 것이 천국의 길이라는 것, 이것이 천국의 비밀입니다. 주님은 낮고 가난한 마음을 가르치셨으며 낮고 약한 자들을 제자로 부르셨고 마음이 낮은 자들을 기뻐하시고 사랑하셨습니다. 주님은 마음이 높은 자들을 멀리 하셨습니다.

그러므로 낮은 자가 되고 낮은 심령이 되는 것이 천국의 길이며 좁은 길이며 주님이 가르치시고 인도하시는 길입니다. 주님은 우리의 마음이 낮아지고 천국에 합당한 사람이 되도록 우리를 훈련하시고 이끄십니다. 우리가 훈련을 통하여 하나님의 뜻을 깨닫고 우리 자신을 굴복시킬수록 우리는 그 은혜의 세계에 점점 더 가까이 나아가게 될 것입니다. 낮은 마음을 얻을수록 심령에 갈망과 사모함이 불일 듯 일어나게 되며 하늘의 은총과 풍성함을 경험하게 됩니다. 높은 하늘에서 낮은 땅에 비가 내리듯이 주님은 마음이 상하고 낮은 심령의 사람에게 은총을 베푸십니다. 불쌍히 여기며 가까이 오십니다. 그러므로 낮은 마음은 천국의 비밀이며 은총의 중심 원리가 되는 것입니다.

그러면 낮은 마음을 얻기 위해서는 어떻게 해야 할까요? 지금까지 배운 원리들을 구체적으로 적용하려면 어떻게 해야 할까요? 그것들을 간단하게 요약하여 정리해보겠습니다.

1. 진리에 대한 깨달음이 분명해야 한다

먼저 낮아짐의 길이 은총의 길이며 천국을 향한 길임을 선명하게 인식해야 합니다. 이 진리에 대한 인식과 깨달음이 분명해야 합니다.
높은 마음은 모든 재앙의 시작이며 죄의 근원임을 분명히 인식해야 합니다. '나는 교만한 면을 가지고 있어. 그것이 문제야.' 이런 정도의 가벼운 인식을 가지고 있다면 거기에는 해방이 없습니다. 높은 마음은 암보다 무서운 것이며 지옥을 불러오는 것이며 하나님의 임재를 소멸시키는 것이며 저주와 재앙의 근원임을 분명하게 인식해야 합니다. 그러한 깨달음과 인식이 선명해야만 그 길에서 멀어지기 위해서 조심하고 깨어있게 될 것입니다.

2. 마귀에게 낮은 마음을 빼앗기지 않도록 조심하라

누구나 은혜의 순간이 있으며 겸손의 순간이 있습니다. 많은 이들이 인생의 재난과 어려움 속에서 하나님의 긍휼을 입으며 은총의 손길을 경험합니다. 하지만 그 은총과 낮은 마음을 계속 유지하는 이들은 많지 않습니다. 그 이유는 무엇일까요? 그것은 낮은 마음을 빼앗아가는 존재가 있기 때문입니다.

사람이란 대개 정도의 차이는 있지만 환란이 있고 자기 한계를 경험할 때 마음이 낮아지고 하나님을 구하게 됩니다. 그러나 마귀는 어떻게 해서든지 그 마음을 빼앗으려고 합니다. 그들은 낮음을 빼앗을 때 그 영혼을 사로잡을 수 있음을 알기 때문입니다.

때리는 자가 없는데 쓰러지는 자가 있을 수는 없습니다. 부수는 자가 없는데 건물이 혼자서 무너지지는 않습니다. 마귀는 오직 사람을 쳐서 쓰러뜨리며 낮음과 눈물과 갈망을 빼앗아갑니다.

질병에 걸리거나 재산을 잃거나 사고를 당하거나.. 그러한 일들이 재난이며 저주이며 무서운 것이라고 여기지 마십시오. 그러한 일들은 오히려 우리의 마음을 낮아지게 하며 하나님을 향하게 만듭니다. 정말 무서운 것은 낙관적인 마음을 갖는 것이며 마음이 부유해지고 높아지는 것입니다. 고통을 주는 마귀를 두려워하지 마십시오. 즐거움을 주고 기분을 좋게 해주는 마귀를 두려워하십시오. 마귀가 주는 즐거움과 쾌락에는 공짜가 없으며 반드시 엄청난 대가를 지불할 때가 오기 때문입니다. 마귀는 낮은 마음으로 무릎을 꿇는 이들을 두려워하지만 기도하지 않고 거드름을 피우며 자신을 대단한 존재로 여기고 잘난 척하는 사람을 결코 두려워하지 않습니다. 낮은 마음을 빼앗겼다면 그는 이미 마귀의 포로가 된 것입니다.

물질의 부유함에 대해서 지나치게 두려워하며 경계할 필요는 없습니다. 명예를 얻거나 좋은 평가를 얻고 있는 것에 대하여 지나치게 두려워할 필요는 없습니다. 다만 낮은 마음과 눈물과 갈망을 잃어버렸다면 그것을 두려워해야 합니다. 그는 생명의 대부분을 잃어버린 것이기 때문입니다.

마귀가 다른 것을 노리고 있다고 여기지 마십시오. 물질을 빼앗는 것은 그들에게 그다지 대단한 유익을 주지 않습니다. 우리의 지위나 권세를 빼앗는 것도 그들에게는 큰 승리가 아닙니다. 그들은 오직 우리의 영혼을 빼앗기 원합니다. 낮은 마음과 갈망을 빼앗을 때 그들은 진정 승리한 것이며 목적을 달성한 것입니다. 그렇게 되면 그들은 우리의 생명을 멸할 수 있기 때문입니다.

진정 보화가 무엇인지 아는 이들은 이 전쟁에서 보화를 지키며 자신의 생명을 유지합니다. 그러나 낮은 마음의 가치를 모르는 이들은 쉽게 마귀의 유혹에 넘어가며 낮은 마음을 유지하지 못합니다. 그들은 실제적인 영적인 실력이 부족한 것입니다.

낮은 마음을 빼앗기고 마귀의 포로가 된 이들은 마귀가 마음대로 사용할 수 있습니다. 미워하고 시기하고 분노하고 욕망에 사로잡히며 어두운 곳에서 아무 것도 보지 못하고 분별하지 못하고 많은 세월들을 낭비하게 됩니다. 부디 깨어서 이 전쟁을 분별하시고 당신의 보화를 지키도록 하십시오.

3. 세상의 풍조를 따르지 말라

이 세상의 풍조를 따르지 마십시오. 세상에 속한 모든 것은 우리를 주님께로 가까이 가게 하지 않습니다. 세상은 겉으로 아름답고 화려하게 보이지만 그 안에는 공허함과 어두움이 가득합니다.
세상의 임금은 마귀이며 그들은 사람들의 마음을 높여서 그 영혼을 사로잡으려고 노력합니다.
세상에서 나오는 모든 사상들 - 심리학, 철학, 정신들은 사람을 높이는 것입니다. 세상에 깊이 물들고 문명사회에서 오래 세뇌를 받을수록 사람의 마음은 권리를 찾게 되며 높아지게 됩니다.

주님은 우리를 청지기와 종으로 부르셨음을 인식하십시오. 우리는 주인이 아니고 종입니다. 세상의 말은 달콤하지만 거기에는 독이 있습니다. 그것은 지옥적인 것입니다. 세상에 가득한 경쟁과 다툼과 시기와 미움과 거짓과 더러움과 두려움과 절망 그 모든 것들이 다 지옥에서 오는 것이며 높은 마음으로 인하여 생기는 것입니다.

우리는 세상에서 살지만 그것은 사명을 감당하기 위한 것이지 세상을 변화시키기 위한 것이 아닙니다. 우리는 세상에 있는 영혼들을 구해야 하지만 세상을 바꿀 수는 없습니다. 마귀는 회개하지 않습니다.
우리는 세상에 있지만 세상에 속하지 않으며 세상에서 구별되어야 합니다. 부디 깨어 있으십시오. 세상의 사상에 물들지 마십시오. 세상의 유행에 뒤떨어지지 않으려고 몸부림치는 어리석은 사람들의 물결에 휩쓸리지 마십시오. 세상 사상의 세뇌에서 벗어날수록 우리의 영혼은 편안함과 낮음을 잘 간직할 수 있을 것입니다.

4. 자신의 상태를 진단하라

자신의 영적 상태를 진단하는 것이 필요합니다. 자신의 수준과 상태를 바르게 이해할 때 처방이나 해답도 나오는 것입니다. 그러므로 자신의 상태를 진단하여 보십시오. 당신과 주님과의 관계는 어떠합니까? 당신은 하나님의 임재를 가까이 느끼고 경험하십니까? 그 교제는 달콤하고 아름다우며 실제적인 것입니까?

만일 그렇지 않다면, 당신에게 하나님의 임재가 가깝고 친근하지 않으며 멀게 느껴진다면 당신은 낮은 마음과 갈망이 부족한 상태일 가능성이 많습니다. 주님은 낮은 마음과 갈망이 있는 곳에 실제적으로 자신을 나타내시기 때문입니다. 심령이 낮은 곳에는 주님의 임재와 아름다운 교제가 있으며 달콤함이 있습니다. 많은 이들이 하나님을 가까이 누리지 못하는 것을 자신의 기질로 생각하지만 그러나 대부분의 경우에 있어서 하나님을 가까이 누리지 못하는 것은 기질이 아니라 높은 마음에서 비롯되는 것입니다.

5. 자신의 열매를 분별해보라

자신의 영적 상태와 열매를 분별해보십시오. 자신에 대해서 자문해보십시오. 당신은 다른 이들을 쉽게 판단하는 편입니까? 당신은 자신이 남에게 판단을 받으면 불쾌감을 느낍니까?

당신은 자신이 옳다고 여기는 편입니까? 가르치는 것을 좋아하는 편입니까? 무시되거나 의견이 묵살되면 화가 나는 편입니까? 사랑받지 못하고 귀히 여김을 받지 못하면 서운하고 속이 상합니까? 계획대로 일이 되지 않으면 화가 납니까? 그러한 자문을 통해서 자신의 상태를 진단해보십시오.

당신은 종입니까? 주인입니까? 당신이 삶에 있어서 주인의 위치에 있다면 어서 그 자리에 내려와서 주님께 불쌍히 여겨달라고 죄송하다고 고백해야 합니다. 그것이 회복의 시작입니다. 만일 당신이 문제가 생기거나 뜻대로 일이 풀리지 않을 때에 화가 나는 사람이라면 당신은 아직 종의 위치에 있는 것이 아닙니다. 당신은 종이 아니고 주인으로서 살고 있는 것입니다. 종이라면 문제가 생길 때 '이것을 주인에게 어떻게 보고해야 하나'를 걱정할 것입니다. 회사의 사원이라면 문제가 생기고 손실이 생겼을 때 이것을 어떻게 사장님께 보고해야 하는지를 걱정할 것입니다. 일을 잘못했다고 잘리게 되지 않을지를 걱정할 것입니다.

우리가 주님의 종이라면 우리는 사소한 어려움이 있고 문제에 부딪쳐도 주님의 입장과 시각에서 생각할 것입니다. 그러나 우리 마음대로 속상해하고 화를 낸다면 우리는 주님을 대수롭지 않게 여기는 것이며 우리가 주인이 되어 멋대로 살고 있는 것입니다. 우리는 어서 자신의 잘못된 입장을 발견하고 종의 위치로 돌아가야 합니다.

자신이 맺는 열매에 대해서 바른 평가가 필요합니다. 자신이 낮아짐의 측면에서 몇 점을 줄 수 있는지를 스스로 평가해보십시오. 그것은 당신이 천국을 어느 정도 누리고 있는지를 보여줄 것입니다.

자신이 억지로 자신의 열매를 변호하며 후한 점수를 주는 것은 의미가 없는 것입니다. 심판관은 주님이시며 우리가 아니기 때문입니다. 그러므로 부디 자신에 대해서 객관적이고 냉정해지십시오. 자신의 점수와 수준을 이해하십시오. 그리고 점수가 부족하더라도 낙심하지 말고 거기에서부터 발전하여 나아가십시오.

6. 낮아짐으로 인도하시는 하나님의 훈련에 순복하라

낮아짐이 천국의 비밀이며 은총의 비결임을 알게 될 때 우리는 어찌하든지 그 보화를 얻으려고 노력할 것입니다. 우리는 어떻게 하면 그것을 얻을 수 있을 것인지에 대해서 연구하며 그것을 얻으려고 할 것입니다. 어쩌면 아무리 낮아지려고 하여도 그 보화를 얻으려고 하여도 그것은 손에 잡히지 않으며 너무나 어려운 길이라고 생각할지 모릅니다. 그러나 분명히 이해해야 할 것이 있습니다. 그것은 그 보화는 우리가 노력해서 얻는 것이 아니라 하나님께서 그것을 얻도록 우리를 인도하신다는 것입니다. 구원과 은혜가 그러하듯이 모든 좋은 것은 내가 하는 것이 아니라 하나님께서 허락하시고 주시는 것입니다.

하나님은 보화를 우리에게 주시기 원하시며 천국에 속한 모든 것을 우리에게 상속해주시기를 원하십니다. 그것은 부모가 자녀에게 가장 좋은 것을 주려는 것과 같은 것입니다. 그러므로 우리가 이 낮아짐의 보화를 얻기 위하여 해야 할 일은 스스로 노력하고 애를 쓰는 것이 아닙니다. 하나님의 인도하시는 길, 허락하시는 훈련을 받아들이고 그 훈련에 순종하겠다고 약속하고 선언하는 것입니다. 마귀는 우리를 높이기 위하여 노력하지만 하나님은 우리를 낮추시기 위하여 인도하십니다. 하나님은 우리를 낮추시기 위한 프로그램을 이미 준비하고 계십니다. 그러므로 우리는 보화를 얻기 위해 하나님께 협력해야 합니다. 우리가 할 일은 하나님을 방해하지 않는 것입니다.

우리는 우리를 낮추서서 천국의 모든 재화를 계승하시려는 하나님의 계획과 의도에 순종하고 굴복해야 합니다. 동의해야 합니다. 지금 그렇게 고백하십시오.
'주님.. 저에게 천국의 모든 풍성한 보화를 주시기 위하여 저를 낮추시고 훈련하시는 것을 감사합니다. 저는 그러한 하나님의 인도하심과 원하심에 전적으로 동의합니다. 저는 그러한 하나님의 인도하심을 거스르지 않겠습니다. 제가 혹시 몰라서 순종하지 않는 것은 어쩔 수 없지만 저는 할 수 있는 한 하나님의 모든 허락하심과 인도하심을 따르며 순종하기를 원합니다. 저를 당신이 원하시는 대로 훈련하시고 인도하시옵소서.'

구체적으로 그렇게 동의를 표현하는 것은 필요하고 중요한 일입니다. 그러한 고백은 당신의 삶과 그 방향을 분명하게 해 줄 것입니다.

7. 하나님의 시각으로 자신의 삶을 보라

당신의 삶을 돌이켜 보십시오. 우리의 삶에는 우연이 없습니다. 우리에게 오는 모든 일들은 하나님께서 인도하시고 허용하신 것입니다.
그분이 어떻게 당신의 삶을 인도하셨는지 하나님의 시각으로 살펴보십시오. 하나님은 당신을 낮추시기 위하여 무엇을 하셨습니까?
당신의 꿈이 좌절되게 하셨습니까? 당신이 싫어하는 사람을 가까이 오게 하셨습니까? 당신이 좋아하는 사람을 멀리 떠나게 하셨습니까? 억울한 일을 당하게 하셨습니까? 당신이 외롭도록 홀로 두셨습니까? 당신에게 허락하신 하나님의 인도하심을 주의하여 보십시오.

하나님의 입장과 시각에서 보면 새로운 것들이 많이 보이게 될 것입니다. 사람들이, 상황들이 왜 당신에게 왔는지.. 왜 공격받게 하셨는지, 억울한 일을 겪게 하셨는지.. 왜 외롭게 하셨는지.. 기도하는 가운데 그 상황들을 통하여 메시지를 받으십시오. 도피하지 마십시오. 하나님이 아닌 다른 데서 위로를 구하지 마십시오. 변호하지 마십시오. 억울해하지 마십시오. 미워하지 마십시오.

과거에 당신이 하나님의 계획과 훈련에 대하여 푸념하고 투덜거렸다면, 지금 죄송하다고 고백하십시오. 몰라서 그랬다고 고백하십시오. 억울하다고 하소연했다면 죄송하다고 고백하고 다시는 그러지 않겠다고 말하십시오. 하나님을 향하여 거스르고 대항하면 고통만 증가됩니다. 훈련의 분량만 늘어납니다. 어리석게 인생을 낭비하지 마십시오.
주님의 의도를 알지 못했던 것에 대해서, 주님의 마음을 이해하지 않은 것에 대하여 사죄하고 이제 온전한 순복의 길을 가겠다고 결심하고 선언하십시오. 높은 마음에서 나오는 원망과 푸념을 회개하고 낮은 자세를 가지십시오.

그럴 때 당신은 전보다 비교적 적은 분량의 훈련과 고통을 겪게 될 것입니다. 주님은 적극적으로 순종하는 이들에게 많은 매를 들지 않으십니다. 수준에 넘치는 지나친 훈련을 하지 않으십니다. 주님은 당신이 감당할 수 없는 것들을 한꺼번에 다 가르치시지 않습니다. 주님은 너무나 따뜻하고 아름다우며 자상하신 분이기 때문입니다. 그러므로 당신이 들을 준비가 되어있을 때 주님은 한 가지 한 가지를 당신이 알아듣도록 가르치시며 당신을 그분의 품으로 가까이 인도하실 것입니다.

8. 감정도 자존심도 모든 것을 주님께 드리라

주님께 헌신을 고백하십시오. 당신 자신을 온전히 드린다고 고백하십시오. 당신의 안에 있는 모든 것이 다 주님의 소유라고 고백하십시오. 당신의 세포 하나하나까지도 주님께 속하기를 원한다고 고백하십시오. 마음이 높은 사람은 자기를 드리지 못합니다. 그것은 스스로 주인이 되어 제멋대로 살기를 원하기 때문입니다. 그러나 마음이 낮은 자는 주님 앞에 자기를 드려서 종이 됩니다. 그것이 마땅한 길이며 우리가 가야할 길입니다.

부디 주님이 당신의 주인이심을 고백하십시오. 당신은 그분의 종임을 고백하십시오. 주의 종이라고 말할 때 그것이 목회자를 의미하는 것이 아님을 기억하십시오. 우리는 모두 주의 종이며 주의 종이 되어야 합니다.

종에게는 소유가 없습니다. 종에게는 자존심이 없습니다. 종에게는 입장이 없으며 감정이 없습니다. 그 모든 것을 다 드리는 것이 마땅한 것입니다. 그것은 로봇이 되는 것이 아닙니다. 그리스도인들은 주 안에서 자유하지만 진정한 자유는 자신을 온전히 주님께 드릴 때 실제적으로 임하는 것입니다. 그리스도인의 자유는 멋대로 사는 것을 의미하는 것이 아니며 주님께 순복될 때 죄에서 해방되는 것을 의미하는 것입니다. 그러므로 헌신을 고백하고 종됨을 고백하는 것은 진정한 자유를 경험하는 중요한 요소입니다.

9. 개인적인 꿈과 욕망을 내려 놓으라

당신에게 개인적인 꿈이 있다면, 욕망이 있다면 당신은 먼저 그것을 내려놓아야 합니다. 그것을 내려놓으며 주님께 드린다고 고백하십시오. 당신에게 이상이 있다면 그것을 주님께 내려놓으십시오. 욕망을 가지고 꿈을 가지고 이상을 가지고 있는 것은 좋은 것 같지만 많은 힘과 시간과 인생을 낭비합니다.

그러므로 자기의 꿈과 욕망을 버리고 주님께서 허락하시는 것을 받아야 합니다. 주인의 꿈이 내 꿈이며 주님의 이상이 내 이상이며 주인의 원하심이 항상 우리의 마음과 의식의 중심에 있어야 합니다. 우리가 가지고 있는 이상과 꿈이 없으면 우리는 언제나 아무런 부담이 없이 주님이 원하시는 분부를 행할 수 있습니다. 단순히 주님 앞에 가서 '오, 주인님.. 종이 여기 있습니다. 오늘 저에게 무엇을 원하십니까?' 하고 기도할 수 있는 것입니다.

모세도 자기 모든 꿈이 사라진 후에 주님께 쓰임을 받았고 다윗도 많은 희망을 상실한 후에 주의 뜻을 이루었으며 야곱도 개인적인 꿈과 욕망이 무너진 후에 주님의 뜻을 깨달았습니다. 우리도 오직 주님이 원하시는 것을 우리의 인생에 이루어달라고 구하고 고백해야 합니다. 부디 함부로 꿈을 품지 마십시오. 그것은 인생을 복잡하게 하며 주님의 일하심을 어렵게 합니다.

10. 높아지고 싶은 마음을 버린다고 고백하라

높아지고 싶은 마음이 있다면 인정받고 싶은 마음이 있다면 그것을 버리십시오. 버린다고 고백하십시오. 남보다 낫게 보이고 싶은 마음이 있다면, 당신 안에서 아직 발견된다면 그것을 버리십시오. 버리겠다고 고백하십시오. 다른 사람들에게 칭찬을 받고 탁월한 존재로 보이며 눈에 띄는 것을 거절하십시오. 그렇게 하지 않으면 마귀로부터 벗어날 수 없습니다.

마귀는 오직 당신을 높이려고 할 것입니다. 당신을 위로하려고 할 것입니다. 당신을 기분 좋게 해주려고 애쓸 것입니다. 부디 그것을 거절하십시오. 물고기가 낚시 밥을 좋아하면 생명을 부지할 수 없습니다.

마귀에게 선언하십시오. '마귀야, 나는 너를 거절한다. 나는 높아지지 않겠다. 나는 높임을 받지 않겠다. 나는 높아지는 것이 싫다. 사람의 칭찬이나 인정을 나는 받지 않겠다. 나는 나를 높이는 사람을 받아들이지 않을 것이다. 나는 낮은 길을 갈 것이며 주님이 가신 길을 갈 것이다. 나는 쉽고 편한 길을 가지 않겠다. 유행을 따르지 않을 것이며 많은 사람들이 가는 길을, 쉽고 편한 길을 가지 않으며 오직 주님이 이끄시는 길을 갈 것이다. 나에게서 떠나라!'

11. 사랑받고 싶은 속성을 버리겠다고 고백하라

당신이 아직 사랑받고 싶은 속성이 남아있다면 버린다고 고백하십시오. 이해받고 싶은 속성이 있다면 그것을 버리십시오. 버린다고 고백하십시오.

그것은 우리가 누려야 할 당연한 권리인 것 같지만 그것을 버리지 않으면 자유를 누릴 수 없습니다. 그러한 받고 싶은 욕망에서 억울함과 서운함과 분노와 자기 연민과 미움과 시기와 온갖 지옥의 악들이 다가오는 것입니다. 우리에게는 권리가 없습니다. 우리는 종입니다. 우리는 욕망을 버리고 입장을 버리고 자기중심을 버려야만 합니다. 그래야만 다툼과 번잡함에서 벗어나 마음의 평화를 누리며 천국의 기쁨을 누리게 됩니다. 받으려고 하는 이들은 평화가 없으며 항상 분쟁과 재앙이 있지만 버리고 주님께 드린 이들은 주님이 가까이 오셔서 위로하시며 그분의 은총을 베풀어주십니다.

12. 자주 주님께 질문하라

자주 주님께 질문하십시오.
'제게 무엇을 원하십니까?' 하고 여쭤보십시오. '제가 지금 주님께 나아가는 데에 방해되는 것이 무엇입니까? 제 삶에서 주님이 기뻐하시지 않는 것이 무엇입니까?' 하고 물으십시오. '지금 제가 순종해야 하는 것이 무엇입니까?' 하고 질문하십시오.
전혀 묻지 않고 구하지 않는 자에게 주님은 말씀하시지 않으십니다. 그러나 주님께 계속하여 질문하고 답을 기다리는 자에게 주님은 말씀하십니다.

'주님, 제가 지금 버려야 할 것이 무엇입니까?' 하고 물을 때 주님은 '욕망이다' 혹은 '네가 은밀히 행하고 있는 죄이다' 혹은 '분노이다' 하고 대답하실지 모릅니다. 구체적으로 말씀하실 수도 있습니다. 그 때 당신은 순종해야 합니다. 특히 죄를 회개하기 원할 때 주님께 물으면 주님은 하나의 죄를 지적해주십니다. 그리고 그것을 고백하고 사죄하고 버리면 다시 다른 죄를 지적해주십니다. 주님의 음성과 감동은 그런 식으로 계속 진행됩니다.

당신은 그렇게 지속적으로 주님께 물으며 인도하심과 감동을 구해야 합니다. 순종하면서 계속 나아가야 합니다. 만일 당신이 필요할 때만 답을 구한다든지, 답을 들어도 순종하지 않고 지나간다면 주님의 감동은 줄어들 것이며 당신에게는 유익이 없을 것입니다.

자주 주님께 질문하십시오. 주님이 주인이시고 당신은 종이기 때문에 당신은 항상 주인의 분부를 기다려야 하는 것입니다.

13. 길이 막힐 때 메시지를 얻으라

어려운 문제가 있을 때, 진행되던 일이 막히게 될 때, 이해가 되지 않는 일을 겪을 때.. 당신은 주님께 질문해야 합니다. 겪고 있는 이 일들의 의미가 무엇이냐고, 주님은 무엇을 가르치시기를 원하시는지를 물어야 합니다. 나아가던 방향이라고 무조건 고집해서 가려고 해서는 안 됩니다. 아무리 열심히 추진하던 일도 하나님이 혹시 막으신다고 여긴다면 다시 한번 기도해야 합니다. 무엇인가 막힘이 있고 방해가 있는데 하나님의 분명한 메시지도 없이 무작정 나아가서는 안 됩니다.

어려운 상황이 있을 때 그에 대한 메시지를 받지 않고 무조건 그 상황에서 벗어나려고 인간적인 노력을 하는 것은 좋지 않습니다. 인간적인 방법을 찾고 사람의 도움을 요청하며 부지런히 움직이는 것은 좋지 않습니다. 그러다가 모든 길이 다 막힌 후에야 주님께로 나아온다면 그것은 시간을 낭비하는 것입니다.

모든 사건에는 메시지가 있습니다. 특히 고통이나 어려운 상황에는 반드시 메시지가 있습니다. 물론 주님께 메시지를 구한다고 해서 항상 쉽게 정답을 얻을 것이라고 단언할 수 없습니다. 어쩌면 깨달음을 얻기까지는 많은 시간이 걸릴 수도 있습니다. 하나님께서 한동안 우리에게 답을 주시지 않을 수도 있습니다.

그러나 그렇다고 하더라도 답을 얻기 위하여 계속 기다려야 합니다. 하나님으로부터 메시지를 얻으려는 그러한 몸부림이 평소의 삶이 되어야 합니다. 쉽고 단순하게 답이 딱 떨어지지 않으면 쉽게 포기한다면 그것은 주님을 너무나 가볍게 여기는 것입니다. 주님은 가치 있는 분이시며 그분이 주시는 메시지와 깨달음도 보화의 가치가 있는 것입니다. 그것을 아주 쉽게 얻을 생각을 해서는 안 됩니다.

부디 항상 모든 상황에서 답을 구하십시오. 그렇게 범사에 하나님을 의지하며 인도하심을 구하십시오. 처음에는 어려워도 곧 주님의 감동을 받게 되며 인도하심을 얻게 됩니다. 그렇게 우리는 낮아짐을 얻으며 주님과의 가까운 교제를 얻어가게 됩니다.

14. 변명을 거절하라

오해를 받거나 공격을 받을 때 변명을 거절하십시오. 그것은 자기를 낮추고 자기를 포기할 수 있는 좋은 기회입니다. 그것은 자기를 버리고 주님과 연합할 수 있는 놀라운 은총의 순간입니다.

칭찬은 우리의 영혼을 혼탁하게 하지만 많은 경우 비난과 공격은 우리의 영혼을 주님께 연합시킵니다.

비난이 우리의 잘못과 관련된 것이라면 물론 사과하고 반성해야 합니다. 그러나 그렇지 않은 애매한 비방이라면 그것은 은총의 기회입니다. 많은 경우 사람들은 오해를 참지 못하고 작은 공격이나 비난에도 심히 억울함을 느끼고 변호하기를 원하는데 그것은 마음이 높은 것이며 높음을 사랑하는 것입니다.

높임받기를 원하는 이들은 오해를 싫어하며 수치와 굴욕을 싫어합니다. 하지만 그것은 좋은 자세가 아닙니다. 우리는 수욕으로 뺨을 배불려야 할 때가 있으며 그것은 아름다운 순간입니다. 부디 그 하나님의 훈련에 합격으로 통과하십시오. 애매한 고난은 우리가 겪어야 할 많은 재앙들을 막아주는 은총의 도구인 것입니다.

15. 대적자를 불쌍히 여기고 하나님께 맡기라

누구나 자신에게 큰 고통이 되는 사람이 있을 것입니다. 이유 없이 괴롭히고 모함을 하거나 뒤에서 비방하기도 하는 사람이 있을 것입니다. 그 사람의 존재로 인하여 사는 것 자체가 힘들어지게 하는 사람도 있습니다. 이 경우에 그는 성경이 말하는 원수의 범주에 든다고도 할 수 있을 것입니다.

이러한 사람으로 인하여 불쾌감을 느끼거나 분노를 느끼거나 같이 대응하는 것은 일반적인 사람으로서는 당연한 것으로 여길 것입니다. 그러나 낮아짐을 사모하며 하나님의 훈련을 감사함으로 받으려고 하는 사람은 그러한 반응을 보여서는 안 됩니다. 불쾌감을 가져서는 안 되며 보복하려는 마음을 가져서도 안 됩니다. 그 사람은 하나님께서 주시고 허락하신 것입니다. 이 십자가가 도대체 언제 끝나나 생각해서도 안 됩니다.

상대방이 우리에게 한 것과 같이 그를 비난하거나 해서는 안 됩니다. 그것은 간신히 합격하고 통과한 많은 훈련들의 유익을 사라지게 합니다. 많은 고생이 쓸데없이 되는 것입니다.

우리 영혼을 발전시키는 것은 많은 경우 동조자들보다 대적들입니다. 우리 영혼의 성장을 지체시키는 것은 많은 경우 대적이 아니고 친구입니다. 우리는 우리를 좋아하는 동조자들이 대적들보다 더 위험할 수 있다는 것을 알아야 합니다.

우리는 공격을 받을 때 기도하고 분별하여 그 배후에 영적인 어두움의 장난이 있음을 감지하게 되면 그들을 대적하고 분쇄해야 합니다. 그러나 많은 경우에 우리의 현실에 있는 원수들은 우리에게 자기 부인을 가르치기 위하여 하나님이 보내신 사람들입니다.

오늘날 많은 그리스도인들은 자기에게 적대적이면 다 마귀인 것으로 여기는 데 그것은 미성숙의 증거입니다. 주님을 대적하는 것이 마귀이지 우리를 대적하는 것은 마귀가 아닙니다. 우리는 온전한 사람이 아니라 많은 경우에 맞아야 하고 혼이 나야하는 어리석고 부족한 사람에 불과합니다.

우리는 대적자들을 하나님의 손에 맡겨야 합니다. 주님의 판단에 맡겨야 합니다. 다윗이 사울을 하나님의 손에 맡긴 것처럼 우리도 그렇게 해야 합니다.

우리는 우리를 괴롭히는 원수를 사랑하는 것만큼 주님을 사랑하는 것입니다. 원수를 미워하고 자기를 사랑하는 이들은 주님을 사랑할 수 없습니다. 자기에게 좋은 일을 하고 자기의 성향과 뜻에 맞을 때만 사랑하는 것은 주님을 사랑하는 것이 아니고 자기를 사랑하는 것입니다.

주님을 사랑하는 사람은 자기를 부인하며 원수를 사랑합니다. 주님을 사랑하지 않는 사람은 자기를 사랑하며 원수를 미워합니다.

원수는 우리의 영적 수준, 신앙의 수준이 어떤 수준인지를 보여줍니다. 많은 지식을 가지고 많은 영적 경험이 있고 주님을 사랑한다고 여기는 사람이 원수를 대할 때 아주 공격적인 모습을 보일 때도 있는데 그러한 이들은 아직 주님과 아주 멀리 있는 것입니다.

원수는 우리를 변화시키기 위하여 다가온다

원수는 우리의 중심을 보여줍니다. 우리의 중심이 어디에 속하여 있는지를 보여줍니다. 우리가 천국에 속했는지 지옥에 속했는지를 보여줍니다. 그러므로 우리는 원수에 대한 우리의 반응을 정직하게 인식하고 자신의 모습을 보아야 합니다. 그리고 정직하게 반성해야 하며 이 시험에 합격해야 합니다.

우리에게 주어진 원수들은 자기의 일정한 임무를 마치고 우리가 합격하면 떠나게 됩니다. 물론 그 후에는 다른 원수들이 옵니다. 하나님은 우리가 충분히 성장할 때까지 그들을 계속 파송하십니다. 원수를 만날 때, 어떤 이로 인하여 심한 고통을 겪을 때 부디 주님 앞에 엎드려 메시지를 받고 그 훈련을 통과하십시오. 자기를 부인함으로 낮아지십시오. 억지로 그 과정을 끝내려 하거나 도피하거나 자기 연민에 빠지거나 다른 데서 위안을 찾지 마십시오. 그것은 짧은 광야의 거리를 빙빙 돌다가 평생 가나안에 입성하지 못하고 광야에서 죽어간 이스라엘 백성들과 같은 것입니다. 부디 훈련을 통과하십시오. 대적을 사랑하고 받아들이는 만큼 당신의 영은 발전하며 확장됩니다.

16. 함부로 결정하지 말라 우리에게는 결정권이 없다

어떤 결정을 내려야 할 때 함부로 결정하지 마십시오. 함부로 선택하지 마십시오. 우리에게는 결정권이 없습니다. 우리의 주인은 주님이시며 우리는 그 주인의 선택을 물어야 하고 기다려야 합니다. 우리의 기분에 따라 성향에 따라 함부로 선택을 해서는 안 됩니다.

우리가 로봇은 아닙니다. 주님은 우리가 기계적인 복종을 하는 것을 원하시는 것은 아닙니다. 그러나 우리는 즐거이 우리의 의지를 주님께 드리며 주님께서 우리에게 가장 좋고 합당한 것을 아시며 맡기신다는 것을 믿어야 합니다. 함부로 자기 마음대로 모든 것을 결정하고 움직이는 것은 주님 앞에서 예의가 없는 태도입니다.

많은 경우 우리가 실패한 후에 주님께로 가면 주님은 '내가 언제 그것을 너에게 시켰니?' 혹은 '왜 네 마음대로 함부로 해서 고생을 하니?' 하고 말씀하십니다.

기도 없이 함부로 결정하지 마십시오. 기도 없이 함부로 움직이지 마십시오. 그것은 그리스도인의 태도가 아니며 낮아짐을 갈망하는 사람의 자세가 아닙니다.

17. 상처를 입힌 자를 용서하라

당신에게 악한 행위를 한 사람을 용서해야 합니다. 당신을 아프게 하고 상처를 입힌 사람들을 용서해야 합니다. 어떤 이들은 용서하는 것이 아주 어려운데 그것은 자신을 지나치게 사랑하기 때문이며 또한 자신을 대단한 존재로 여기기 때문입니다. 그것은 높은 마음에서 오는 것입니다.
우리는 대단한 존재가 아닙니다. 우리는 높은 존재가 아닙니다. 우리는 지극한 대접을 받을 자격이 없으며 그럴 필요가 없으며 설사 불쾌한 대접을 받았다고 해서 상처를 받을 이유가 없습니다. 우리는 낮은 마음과 낮은 삶에 익숙한 사람이 되어야 합니다.

무엇보다도 용서를 하는 행위는 우리의 영혼을 한 차원 더 상승시킵니다. 우리를 아프게 한 사람을 용서할 때 그것은 우리를 자아의 감옥에서, 이기심의 감옥에서 놓여나게 하는 것입니다. 또한 우리가 다른 이들을 용서함으로써 우리의 죄도 용서받을 수 있습니다.
아무런 죄와 흠이 없는 사람이라면 용서받아야 할 죄가 없을 것이므로 용서를 하지 않아도 될지 모릅니다. 그러나 자신의 삶을 돌이켜 볼 때 허물과 실수가 많았던 사람이라면 반드시 다른 이들의 잘못을 너그러이 용서해야 합니다.

용서를 하는 것은 우리의 영적인 은행에 예금을 하는 것과 같은 것입니다. 우리의 통장에는 하나님의 용서와 긍휼이 저장됩니다. 상대방이 우리에게 잘못을 했을 때 자신에게도 어느 정도 책임이 있다면 그것에 대한 용서는 비교적 적은 금액의 저금이 될 것입니다. 그러나 상대방이 일방적인 잘못을 했는데도 용서한다면 그것은 좀 더 많은 저금이 될 것입니다. 우리는 그런 식으로 관용의 통장을 만들어서 주님 앞으로 가까이 나아가야 합니다. 주님은 우리의 한없는 사악함과 더러움을 기꺼이 용서해주셨으므로 우리도 기꺼이 감사함으로 용서를 베풀며 주님을 향하여 나아가야 하는 것입니다.

18. 잘못을 시인하고 용서를 구하라

다른 이들의 잘못을 용서하는 것 못지않게 중요한 것은 우리가 용서를 구해야 한다는 것입니다. 영적으로 어린 사람들의 중요한 특성은 회개를 잘 하지 않으며 잘못을 잘 시인하지 않는다는 것입니다.
이들은 잘못을 시인하는 것을 싫어하며 사과하는 것을 싫어합니다. 어쩔 수 없이 사과를 해야 하는 경우에는 아주 짧게 사과를 한 후에 길게 온갖 변명과 핑계를 대며 그것이 얼마나 어쩔 수 없었는지를 장황하게 설명합니다. 그러한 것은 진정한 사과와 반성이라고 보기 어렵습니다.

그것은 그들이 영적으로 어리며 마음이 높은 것을 보여줍니다. 영적으로 어린 사람일수록 자기의 체면을 중요하게 여기기 때문입니다.

영적인 어린아이들이 회개를 잘 하지 않는 이유는 자신의 죄들이 잘 보이지 않기 때문입니다.
항상 어둠 속에서 살면 아무 것도 보이지 않습니다. 빛이 들어오지 않는 지하에서는 아무 것도 분별할 수 없습니다. 그처럼 온갖 악 속에서 살며 거기에 익숙한 이들은 자신의 잘못을 잘 깨닫지 못합니다. 그러나 빛 가운데 거하면 하나님의 그 영광스러운 빛 가운데 자신의 악과 더러움이 점점 더 선명하게 드러나므로 회개해야 할 죄들이 너무나 많이 떠오릅니다. 자기의 돌이켜볼수록 죄가 아닌 것이 없을 정도로 고개를 들고 살 수가 없게 됩니다.

영적 어린이들은 상대방의 잘못만을 기억한다

그러므로 영적 어린이들은 자기가 받은 상처와 상대방들의 잘못만을 기억하고 자신의 잘못을 잘 기억하지 않지만 영적으로 조금 자라고 마음이 낮아지면 상대방의 잘못은 잘 기억하지 못해도 자신의 실수와 잘못과 악들이, 자신이 과거에 남들에게 상처를 입힌 언행들이 너무나 선명하게 자주 떠오릅니다.

그러므로 이들은 심판 날에 주님 앞에 서게 되는 그 두려움으로 인하여서도 자주 자신의 잘못을 고백하고 시인하며 용서를 구하게 됩니다.

그러므로 낮음을 사모하는 이들은 수시로 사람들에게 자신의 잘못을 시인하고 사과해야 합니다. 용서를 구해야 합니다. 남편은 아내에게, 아내는 남편에게, 부모는 자녀들에게, 자녀들은 부모에게 수시로 용서를 구해야 합니다.

자존심이 강해서 용서를 구하는 것을 싫어하는 이들은 자신이 머물러 있는 지옥적인 삶에서 벗어날 수 없습니다.

우리는 주님께서 우리의 눈을 열어주셔서 우리가 얼마나 많은 악들과 잘못들을 다른 이들에게 범하게 하고 있는지를 보여 달라고 기도해야 합니다. 눈이 열릴수록 우리는 놀라게 될 것이며 죄를 두려워하게 될 것입니다.

상대방이 나이가 어리다고, 지위가 낮다고 함부로 대해서는 안 됩니다. 그것은 하늘에 죄를 쌓는 것입니다. 잘못에 대해서는 어린 사람에게도 분명히 사죄하고 용서를 구해야 합니다. 그것이 바른 권위를 유지할 수 있는 길입니다.

이기심에서 벗어날수록 우리는 용서하기보다 먼저 용서를 받아야 하며 정말 심판을 받아야 할 사람은 다른 이들이 아니고 바로 자기 자신인 것을 알게 될 것입니다.

용서를 구할수록 우리는 높은 마음에서 해방됩니다. 자존심을 버리고 양심의 평화를 원할 때 우리는 낮은 사람이 될 것입니다. 낮은 마음으로 잘못을 시인하고 용서를 구하는 것은 우리가 받아야할 재앙을 감하여 주는 것입니다. 상대방이 우리에게 용서한다고 선언할 때 우리의 영혼은 자유를 얻게 됩니다. 사죄의 가치를 아는 사람은 수시로 사죄하며 자기의 영혼을 항상 맑게 유지하려고 할 것입니다.

19. 마음이 높은 자를 멀리하라

마음이 높은 자를 멀리하십시오. 이들은 지옥적인 삶을 사는 사람들입니다. 이들은 서로 미워하고 잘난 척을 하며 판단하며 자기의 억울함을 고백하며 남을 험담합니다.
그들은 자신들이 가지고 있는 지옥을 확장시키며 재앙을 나누어줍니다. 그러나 그들의 영혼은 어둡고 막혀 있기 때문에 아무 것도 분별할 수 없습니다.
마음이 높고 강퍅한 사람들과 같이 있으면 영혼의 순결함을 유지하는 것이 어렵습니다.

세상 사람들은 유력한 자들과 사귀는 것을 좋아합니다. 마음이 높고 강퍅한 사람이라도 유력한 사람이라면 좋아합니다. 힘이 있고 부유하며 권세를 가지고 있는 사람, 유명한 사람들과 같이 사진을 찍고 친분을 과시하는 것을 좋아합니다. 유력한 사람들과 친분을 쌓으면 나중에 어려움이 있을 때 도움이 될 것이라고 생각합니다.
그러나 그것은 오해입니다. 유력한 사람들은 인생의 어려움이 있을 때 아무런 도움이 되지 않습니다. 마음이 낮고 주님께 속한 사람들이 인생의 험한 강을 건너는 데 조언을 주며 도움을 줄 수 있습니다.

마음이 높은 이들과 같이 있으면 그들의 외식과 거드름과 잘난 척과 남들에 대한 비판이나 험담을 감당하고 있어야 합니다. 그것은 영혼을 질식시킵니다. 그것은 지옥의 모임이며 어둡고 혼란한 영들이 함께 있어서 영혼을 혼탁하게 합니다.

마음이 높은 이들과 동행하는 것은 재앙입니다. 혈연이든 학연이든 그러한 이들과의 관계는 가급적이면 멀리해야 합니다. 하지만 어쩔 수 없이 유지해야 하는 관계라면, 훈련을 위해서 필요한 측면이 있다면 그들을 판단하거나 정죄하거나 미워해서는 안 되며 기도하고 조심함으로 자기 영혼을 지켜야 합니다. 그리고 어두운 영의 영향권에 들어가지 않도록 조심해야 합니다.

20. 권위에 순복하라

당신은 위 권위에 순복해야 합니다. 영적인 질서도, 외적인 질서도 거스르면 안 됩니다. 권위에 대해서 거스르고 판단하며 대적하는 것을 주님은 기뻐하시지 않습니다. 그것은 높은 마음에서 나오는 것입니다. 우리는 항상 겸손과 순복과 섬기는 자세로 살아야 합니다.

모든 권위에 대해서 판단하지 마십시오. 부모나 스승이나 위정자나 모든 지도자들을 위해서 기도하십시오.

만약 당신이 상대방을 지도자로서 권위로서 인정할 수 없다면, 같이 있음으로 해서 하나님의 심판을 피할 수 없다고 느낀다면 기도하고 주님의 허락을 받은 후에 멀리 떠나십시오.

떠나지도 않고 기도하지도 않으며 거스르고 대적하기만 한다면 그것은 바르지 않은 것입니다. 오직 모든 권위의 근원이 되시는 주님께 물어보십시오. 행해야 할 것을 구하십시오.

권위에 순복하는 것은 주님께 순복하는 것이며 그 권위가 주님을 거스르기 때문에 주님께서 떠나라고 명령하신다면 떠나는 것도 주님께 순복하는 것입니다. 주님이 중보하라고 하신다면 중보해야 합니다. 주님이 특별하게 말씀하시지 않는 한 모든 권위에 순복하는 것이 바른 것입니다.

21. 주님의 강권 없이는 비판하지 말라

주님이 강권하셔서 시키시는 것이 아니라면 비판하지 마십시오. 주님만이 사람을 심판할 수 있으며 주님에게서 보내심을 받은 사람만이 그렇게 할 수 있습니다.

남들을 비판하지 말고 비난하지 말며 다른 이들의 넘어짐을 비웃지 마십시오. 어떤 이들은 다른 이들의 영적인 실족을 은근히 즐기는 경향이 있습니다. 다른 지도자나 다른 사람들의 잘못이나 부족함을 들먹이는 사람도 있습니다. 그것은 은근히 자기를 높이는 것이며 주님의 나라와 교회를 걱정하는 것이 아닙니다. 하나님은 그 사람을 죄 없다고 하시지 않을 것입니다.

다른 이들의 넘어짐에 대해서 두려워하며 교회를 위하여 슬퍼하고 중보하며 자기도 동일한 죄를 짓지 않도록 조심하고 경계하여야 합니다. 비난은 높은 마음에서 오는 것이며 주님의 마음을 가지고 아파하는 것과 전혀 다른 것입니다.

22. 어떠한 경우에도 원망을 하지 말라

어떠한 경우에도 원망을 해서는 안 됩니다. 불평을 해서는 안 됩니다. 그것은 높은 마음에서 오는 것이며 하나님을 판단하는 것이며 대적하는 것입니다. 우리가 당하는 어려운 일들에 우리의 책임이 전혀 없는 일은 거의 없습니다. 그런데 자기를 돌아보지 않고 원망하고 불평하는 것은 하나님을 거스르는 것이며 욕되게 하는 것입니다. 그것은 강퍅하고 완악한 마음에서 오는 것입니다. 결코 원망해서는 안 되며 원망과 불평이 나오려고 할 때 이를 악물고 대적해야 합니다. 수시로 원망하며 불평하는 이들과는 가까이 지내지 말아야 합니다. 원망하는 이들을 이해해주고 달래주는 것은 그 영혼을 더욱 더 지옥의 사람으로 만드는 것입니다. 당신이 혹시 하나님을 원망하고 불평을 하였다면 깨닫는 즉시 회개하고 하나님께 용서를 구하십시오. 죄송하다고, 용서해달라고 기도해야 합니다.

모든 원망은 하나님을 욕하는 것이다

모든 원망은 하나님에 대한 원망이라는 사실을 알아야 합니다. 사람으로 인하여 불평했든 환경으로 인하여 불평을 했든 그 불평과 원망은 결국은 하나님을 향하는 것입니다.
일이 힘들다고 불평하고 결혼 생활이 힘들다고 불평하고 직장 생활이 힘들다고 불평하는 것, 그 모든 일들은 하나님을 대적하는 것입니다. 이스라엘 백성들도 먹는 것이나 마시는 것으로 인하여 원망을 일삼다가 광야에서 다 죽었습니다.

그들은 직접 하나님을 원망한 것이 아니었고 먹는 것으로 불평했지만 하나님은 그들에게 진노하셨습니다. 그것은 직접 하나님을 욕하는 것과 같은 것이기 때문입니다. 오늘날 그리스도인들이 주님의 임재를 가까이 누리지 못하고 영적으로 황폐한 삶을 사는 데에는 원망과 불평이 아주 중요한 역할을 하고 있는 것입니다. 원망은 사악한 행위이며 하나님을 대적하고 무시하는 것이기 때문에 그것은 하나님의 임재를 멀어지게 하고 소멸시킵니다. 그러므로 그러한 이들의 영혼에는 기쁨이 없으며 항상 파리하고 어두움 속에 거하게 됩니다.
하나님은 만왕의 왕이시므로 그분을 원망하는 자에게 낮은 자세로 오서서 달래주고 비위를 맞추어 주시지 않습니다. 그러한 이들에게는 오직 징계와 채찍이 있을 뿐입니다. 그러므로 원망하는 자들에게는 모든 상황들이 항상 더 악화됩니다.

부디 죄에 대해서 예민해지십시오. 죄란 우리가 행하고 기억하지 않아도 때가 되면 죄의 대가를 치르게 되는 것입니다. 무엇보다 특히 원망하는 죄에 대해서 민감해지십시오. 입술에 대하여 조심하며 그것이 당신의 영혼을 파괴하는 것이 되지 않도록 조심하십시오.

23. 당신의 무능을 고백하라

당신의 무능을 고백하십시오. 당신은 아무 것도 아니며 아무 것도 할 수 없다고 고백하십시오. 하나님은 당신이 그렇게 고백할 때까지 기다리십니다. 많은 사람들이 자신감을 가지고 할 수 있다, 할 수 있다, 하면 된다.. 라고 고백하기 때문에 많은 실패를 경험하며 인생을 낭비합니다. 탕자가 자신감이 없었다면 그는 집을 나가지 않았을 것입니다. 그리고 고생할 이유가 없었을 것입니다. 하나님은 모세가 자신감을 완전히 상실할 때 까지 40년을 기다리셨습니다. 하나님은 우리가 완전히 끝났을 때 오셔서 우리에게 임하십니다. 당신은 아무 것도 할 수 없다고 고백하십시오. 자신이 없다고 고백하십시오. 나는 무능하오니 제발, 제발 나를 떠나지 말라고 고백하십시오. 당신이 아니면 나는 죽는다고 고백하십시오. 그 고백을 주님은 들으시고 가까이 오십니다.

24. 주님 안에서 할 수 있다고 고백하라

주님이 능력의 근원이신 것을 고백하십시오. 주님은 힘과 권세와 지혜와 승리의 원천이심을 고백하십시오. 외치십시오.

자기 무능의 고백으로 끝나서는 안 됩니다. 나는 할 수 없다고 끝나서는 안 됩니다. 거기에 머물러 있으면 정말 무기력에 빠지게 됩니다. 중요한 것은 나는 할 수 없고 우리는 할 수 없지만 하나님은 하실 수 있다는 것입니다. 십자가의 목적은 부활입니다. 십자가 그 자체가 완성이 아닙니다. 죽음은 부활로 인하여 완성되는 것입니다.

그러므로 자기 무능의 고백은 주님 안에서 가능하다는 고백으로 이어져야 합니다. 자기에게 절망한 사람은 그것으로 끝나는 것이 아니라 간절함으로 갈망으로 주님을 붙잡아야 합니다. 그리고 그 분의 힘과 은총을 의지해서 살아야 합니다.

그러므로 이것을 계속 고백하십시오. '하나님 안에서 나는 가능하다, 내게 능력주시는 자 안에서 나는 할 수 있다, 하나님은 나의 능력이다, 하나님은 나의 힘이다, 지혜다, 승리다, 나의 근원이시다.' 그렇게 계속 고백하십시오. 우리가 주 안에 있을 때, 우리가 주의 뜻 안에 있을 때 우리가 주님께 순복할 때 우리는 모든 것이 가능합니다.

25. 수시로 주님을 높이고 영광을 돌리라

수시로 주를 높이고 감사하십시오. 수시로 주님께 영광을 돌리십시오. 노래를 좋아해서 찬양을 자주하는 사람은 많지만 하나님을 높이는 고백을 하는 이들은 많지 않습니다. 자기 자랑을 하는 사람은 많지만 주님을 높이고 자랑하는 이들은 많지 않습니다.

그러나 주님을 높이고 감사하고 영광을 돌리는 것은 천국의 능력과 권세가 이 땅으로 내려오는 중요한 비결입니다. 삶에서 수시로 감사하며 찬송하십시오. 또한 기도하면서 수시로 이렇게 고백하십시오.

'예수님. 감사합니다. 감사합니다. 당신을 찬양합니다. 당신은 정말 놀라우신 분입니다. 너무나.. 너무나 감사합니다. 고맙습니다. 주님..'

그 고백은 우리의 영혼을 빛으로 감격으로 가득하게 합니다. 그 고백은 곧 천국의 에너지로 우리를 가득하게 할 것입니다.

26. 약하고 낮은 자를 섬기라

낮은 자를 찾고 긍휼을 베푸십시오. 마음이 상한 자를 찾으십시오. 기뻐하고 웃는 자들과 같이 있는 것을 좋아하지 마십시오. 울고 아픈 자들과 같이 하십시오. 우리가 약하고 아픈 자들, 낮은 이들, 어려움에 처한 이들과 함께 하며 그들에게 도움과 긍휼을 베풀 때 우리는 주님의 마음에 가까이 나아가게 됩니다.
왜냐하면 우리는 주님을 대신하여 주님이 하시고 싶은 일을 한 것이기 때문입니다. 약하고 낮은 이들을 섬길 때 우리는 주님의 마음을 시원하게 하는 것입니다. 그러므로 우리는 주님께 긍휼히 여김을 받으며 주님은 우리를 낮은 자에게 속한 자로 여기실 것입니다.
잘 나가는 사람, 당신에게 이익이 될 사람을 찾지 마십시오. 마음이 상하고 낮은 자를 찾고 도우십시오. 그것은 당신의 영혼을 천국과 주님께 가까워지게 할 것입니다.

27. 주님을 같이 나눌 수 있는 낮고 갈망하는 사람을 찾으라

주님을 함께 나눌 사람을 찾으십시오. 마음이 낮은 자를 찾으십시오. 낮음을 사모하며 천국에 이르는 낮아짐의 길을 사모하는 이들을 찾으십시오. 그리고 같이 교제하십시오.
이 땅에는 높아지려고 하는 사상과 철학이 가득합니다. 그러한 사람으로 가득합니다. 마음이 낮고 따뜻한 사람보다 공격적이고 날카로우며 잘난 척을 하며 자기 입장을 말하며 남을 험담하고 비난하는 사람들이 훨씬 더 많습니다. 낮아짐을 추구하며 천국적인 삶을 추구하는 이들은 많지 않습니다.
그러므로 우리의 영혼은 쉽게 지치고 상처받고 힘을 잃어버리게 됩니다. 그러므로 같은 길을 가는 사람을 만나고 같이 주님을 나누고 죄를 고백하며 서로를 위해서 격려하는 교제가 필요합니다. 그러한 교제를 구하십시오. 낮은 이들의 만남을 사모하십시오. 오직 주를 높이고 주를 갈망하고 주를 얻기 위하여 눈물 흘리는 만남을 얻기를 사모하십시오. 낮은 이들의 만남이 있을 때 그것은 곧 천국의 만남입니다. 거기에는 하늘의 영광이 임하며 주님의 달콤하고 아름다운 임재가 있으며 세상에서 볼 수 없는 천국의 기쁨과 행복과 평화가 있습니다. 그러한 만남, 그러한 공동체, 그러한 사귐을 사모하십시오. 당신의 가정이, 당신의 교회가, 당신의 교제가 그러한 것이 되게 하십시오. 당신은 천국이 멀지 않다고 알게 될 것이며 낮아짐과 갈망이 더욱 더 증가될 것입니다.

28. 주의 긍휼을 구하는 세리의 기도를 드리라

세리의 기도를 드리십시오. 세리는 기도했습니다. '주님, 저는 죄인입니다. 저를 불쌍히 여겨주시옵소서.'
당신도 그렇게 기도하십시오.
'주님.. 저는 죄인입니다. 저는 많은 악한 짓을 했습니다. 제 안에는 죄와 더러움과 쓰레기로 가득합니다. 주님.. 저는 도저히 혼자서 살 수가 없습니다. 그러니 제발 저에게 오셔서 자비와 긍휼을 베풀어주십시오.'
그렇게 기도하십시오. 당신이 죄인인 것을 고백하고 주의 긍휼을 계속하여 구하십시오. 아침에도 밤에도 잠을 자든지 깨든지.. 오직 '주님.. 저를 불쌍히 여겨주시옵소서.' 그렇게 기도하십시오.
주님이 사역하실 때 많은 사람들이 그렇게 구하여 긍휼을 입었습니다. 죄 용서를 받았고 치유를 받았습니다. 주님은 마음이 낮으시므로 불쌍하고 연약한 자의 하소연을 물리치지 않으십니다. 주님은 마음이 높은 자를 멀리 하시지만 눈물로 구하며 사모하고 갈망하는 자를 불쌍히 여겨서 은총을 베풀어주십니다.

항상 세리의 기도를 드리십시오. 무릎을 꿇고 긍휼을 구하십시오. 엎드려서 긍휼을 구하십시오. 눈물로 구하십시오. 간절하게 구하십시오. 반복해서 구하십시오. 잠을 자면서도 꿈에서도 구하십시오. '주님.. 저를 불쌍히 여겨주시옵소서..'
그렇게 계속 낮은 마음으로 주의 자비를 구할 때 주님은 당신을 불쌍히 여겨주실 것입니다.

세상에는 언제나 풍랑이 있습니다. 풍랑이 없는 때는 없습니다.
갈릴리 바다에도 풍랑이 있었습니다. 그러나 그 배에는 주님이 주무시고 계셨습니다. 해결책은 무엇입니까? 오직 주님을 깨우는 것입니다. 오직 주를 부르며 구하는 것입니다. 주님이 오시면 모든 문제는 끝이 납니다. 문제는 더 이상 문제가 아닙니다. 주님이 임하시면 문제는 곧바로 은총의 도구가 됩니다.
그러므로 오직 주를 깨우십시오. 주를 부르십시오. 갈망하며 눈물로 주의 긍휼을 구하십시오. 주님은 당신에게 임하실 것이며 그 주의 은총과 영광을 경험할 때 세상의 모든 슬픔은 아침 햇살의 안개처럼 사라질 것입니다. 주님이 오실 때 이 슬픔 많은 세상도 천국으로 화하게 되는 것입니다.
이것으로 간단하게 적용할 것들을 정리하였습니다. 중요한 것은 낮아짐을 향한 갈망이 우리의 삶에서 습관이 되고 실제가 되어야 합니다.

마지막으로 기억하자. 모든 재앙은 교만에서 나온다

마지막으로 부디 이 사실을 기억하십시오. 인간의 모든 문제는 교만에서 나오는 것입니다. 인간의 모든 재앙과 지옥은 높은 마음에서 오는 것입니다.
교만으로 인하여 사람들은 주님과 멀어지게 되며 천국에서 멀어지게 되는 것입니다. 그리고 온갖 고통을 겪게 되는 것입니다. 그러므로 문제가 있을 때마다 어려움이 있을 때마다 오직 낮은 자세로 엎드리면 재앙이 물러가게 됩니다.

낮은 자들에게 천국이 가까이 임한다

부디 높은 마음을 버리려고 애쓰십시오. 부디 낮은 마음을 얻기 위하여 나아가십시오.

오늘날 많은 사람들이 주님의 가까우신 임재를 사모합니다. 그러나 간절히 원해도 그것을 얻지 못하는 이유는 우리가 낮은 마음이 되어야 주님은 우리에게 가까이 오실 수 있기 때문입니다. 그래야 주님은 우리를 사로잡으실 수 있으며 우리를 사용하실 수 있습니다. 많은 사람들이 마음이 높아져서 스스로 하나님과 같이 되어 자기 마음대로 살기 때문에 주님은 우리에게 가까이 오실 수 없는 것입니다.

주님이 우리에게 가까이 오실 때 그것은 곧 천국이 우리에게 임하는 것과 같은 것입니다. 그러므로 낮은 마음은 은총의 비결이며 천국의 비결인 것입니다.

하나님은 당신에게 가까이 오시기를 원하시며 천국의 모든 풍성함을 공급하시기를 원하십니다. 그러므로 당신의 마음이 낮아지도록 훈련하시는 것입니다. 그 하나님의 인도하심과 프로그램을 발견하십시오. 그리고 순종하십시오. 날마다 날마다 좀 더 낮은 사람이 되기 위해서 나아가십시오. 그것이 곧 천국을 향하는 천로역정의 길입니다.

낮은 마음과 낮은 사람은 몸은 이 땅에 있으나 그 영혼은 항상 천국에서 사는 것입니다. 그러므로 낮은 마음으로 항상 하나님 앞에 엎드리는 삶을 사십시오. 그럴 때 모든 고통과 문제는 사라지고 은혜의 강물이 흐르게 되는 것입니다. 다윗도, 여호수아도.. 모든 하나님의 사람은 문제가 있을 때마다 또 수시로 낮은 마음을 가지고 엎드렸습니다. 그리고 주님은 그들과 함께 하시고 은총을 베푸셨습니다.

변화는 한 순간에 이루어지지 않는다

당신은 한 순간에 변화되지는 않을 것입니다.
낮아짐의 길은 한순간에 이루어지는 것은 아닙니다.
그것은 꾸준히 걸어가야 할 좁은 길입니다.
그것은 천국을 향하는 아름다운 여행입니다.

부디 포기하지 말고 하나님의 훈련을 통과하십시오.
당신은 조금 씩 조금 씩 더 아름다운 곳에 이르게 되며
많은 내적인 보물을 얻게 될 것입니다.
더 많은 평화와 더 많은 기쁨과 더 많은 은총과
말할 수 없이 아름답고 거룩하신 주님의 임재에
가까이 나아가게 될 것입니다.
주님께서 우리의 걸음을,
당신의 발걸음을 선하게 인도해주시기를..
주님을 찬양하십시다. 할렐루야!

네 하나님 여호와께서 이 사십 년 동안에 너로 광야의 길을 걷게 하신 것을 기억하라 이는 너를 낮추시며 너를 시험하사 네 마음이 어떠한지 그 명령을 지키는지 아니 지키는지 알려하심이라
너를 낮추시며 너로 주리게 하시며 또 너도 알지 못하며 네 열조도 알지 못하던 만나를 네게 먹이신 것은 사람이 떡으로만 사는 것이 아니요 여호와의 입에서 나오는 모든 말씀으로 사는 줄을 너로 알게 하려 하심이니라 (신 8:2-3)

부록 : 주님은 무엇을 아파하시는가

* 이 글은 2006년 8월에 인터넷 카페인 [영성의 숲]에 올린 글입니다. 책의 주제와 관련이 있는 글이라 부록으로 첨가하였습니다.

풍랑 하나가 지나갔다. 아직 잔재가 조금 남아있기는 하지만 바람은 많이 잔잔해진 느낌이다. 이제 그 뒤안길의 이야기를 조금 더 나누어볼까 한다.
최근 몇 주일 전부터 카페에 들어오면 불안한 느낌이 있었다. 마음이 편치 않았다. 조마조마 하는 마음으로 카페의 문을 열곤 했다. 그것은 나도 아내도 마찬가지였다. 그러한 느낌은 경험으로 인한 것이다. 나는 그러한 느낌이 무엇인지 알고 있었다. 그것은 사람들이 가지고 있는 마음과 생각을 감지하는 것에서 오는 것이다. 영의 감각이 조금 발전하면 사람들의 마음이나 생각을 알고 느끼는 것은 어려운 일이 아니다. 집회에 가보면 사람들의 의식 수준이나 영적인 상태가 어떤 정도인지를 알고 느끼는 것은 어렵지 않다.

카페에 들어올 때 느끼는 불안한 느낌은 카페가 공개적으로 열려 있고 많은 이들이 자유롭게 드나들다 보니 정화되지 않고 혼란스러운 영을 가지고 왕래하는 이들도 적지 않아서 이들이 가지고 있는 마음과 생각을 감지하게 되어서 느끼는 것이었다.
애당초 나는 나의 책이나 글이 많이 퍼지리라고 생각하지도 않았고 기대하지도 않았다. 그것은 내가 바라던 일이 아니었다. 그런데 예상외로 많은 이들에게 나의 글이 읽히게 되었고 운영하고 있는 카페도 많이 알려져서 카페에도 날마다 많은 이들이 방문하게 되었다. 그리고 관리를 하다 보니 많은 불편함을 느끼게 되었다. 대부분의 사람들은 좋은 마음과 동기로 글을 쓰고 덧글을 달지만 어떤 글에는 어두움의 기운이 흘러나오는 것도 많다. 은근히 자신을 자랑하는 글도 있고 원망하는 마음이 나타나는 것도 있으며 악이나 고통에 대한 지나치게 실제적이고 선명한 묘사를 하는 글도 있다. 그러한 경우에 그런 글에서는 악한 기운이 흘러나오게 된다. 또한 표현하지 않아도 마음속에 분노나 불편한 마음을 가지고 있으면 거기에도 어두움의 기운이 움직이게 된다.
문제가 있어서 통보를 하고 글을 삭제하면 반성을 하고 자신을 돌아보는 이들도 있지만 또한 분노로 가득해지는 이들도 있다. 아무튼 카페가 커지다보니까 이러한 어려움들이 증가되었다.

영혼의 예민함은 불편한 면도 있다. 다른 이들이 분노하고 불쾌하게 느끼기만 해도 그것을 나의 영혼이 감지하기 때문이다. 어떤 이들이 공격적인 글을 쓰려고 하면 실제로 쓰지 않아도 그것은 나의 레이더에 감지되고 그것은 나에게 고통을 준다. 그리고 그러한 기운이 어느 정도 많이 모이게 되면 나는 많이 아프게 된다. 고통을 느끼며 전쟁을 해야 한다. 기도하고 물리치지만 다시 또 쌓이면 다시 물리쳐야 한다. 솔직히 그러한 싸움은 피곤한 일이다.

영적인 예민함은 좋은 면도 있다. 사람의 마음과 중심을 쉽게 느낄 수 있기 때문에 사람들을 돕는 것이 쉽다. 영적 상태의 증상이나 문제를 쉽게 느끼므로 진단이나 처방에도 도움이 된다. 하지만 대신에 적지 않은 고통을 담당해야 한다.
주님께서도 그러한 일을 많이 겪으셨다. 사람들이 생각만 해도 고통을 느끼시는 것 말이다. 주님은 병을 고치시면서 마음속으로 그를 판단하는 이들에게 말씀하셨다.

너희들이 어찌하여 마음속에 악한 생각을 하느냐 (마9:4)

그들은 마음속으로 생각했을 것이다.' 우씨, 속으로 생각하는 것도 내 마음대로 못하나?

하지만 영적 세계에서는 생각이나 상상이 실제의 행동과 별로 차이가 없다. 그것은 똑같이 영의 움직임을 가져온다. 물론 말하고 표현할 때 그 움직임은 더 강렬하다. 하지만 겉으로 드러나지 않고 속으로 생각만 해도 그것은 행함과 같은 것이며 에너지가 흐르게 된다. 그러므로 마음과 생각이 순결하지 않으면 그것은 진정한 순결이 아니다. 마음에 악한 생각을 품기만 해도 그것은 실제로 악한 행동을 한 것과 비슷한 것이다.

우리 집에서는 아이들이 생각과 영이 좋지 않으면 나는 그것을 지적하고 정화시킨다. 그들의 마음이 지나치게 흥분되어 있으면 나는 그것을 지적하고 같이 조용하게 대화를 나누는 가운데 차츰 흥분과 긴장이 사라지고 편안해지도록 한다. 긴장되고 흥분한 상태에는 영은 잠잠해지고 육이 운행하게 되므로 좋지 않은 열매를 맺게 된다. 그러므로 영이 자유롭게 활동할 수 있도록 육을 제어하는 훈련을 평소에 하는 것이 좋다.

아내는 때로는 웃으면서 말한다. '짜증을 낸다거나 화를 내거나 반항을 한다거나 하는 행동을 하는 것이 아니고 마음속에 생각만 해도 그것이 제재를 받는 데는 우리 집 밖에 없을 거야.' 라고 말한다.

하지만 그것은 좋은 환경이다. 마음을 다스리고 자기 영의 상태를 수시로 점검받을 수 있는 것은 좋은 환경이다. 아이들은 이제 훈련이 되어서 마음속에 조금이라도 불쾌하거나 두려운 마음이 들거나 영이 좋지 않으면 아주 답답해한다. 그래서 그것을 처리하려는 기도를 하게 된다. 그리고 처리한 후에 기뻐하고 즐거워한다.

아이들은 잘못을 했을 때는 꾸지람을 듣기도 하는데 그럴 때는 마음 중심으로 회개하고 반성하지 않으면 불편해서 잠을 잘 수 없다. 그렇지 않으면 가슴이 답답해서 살 수가 없다고 한다. 아이들은 이제 영적 전쟁이 곧 마음의 전쟁이며 마음의 관리라는 것을 알고 있다. 그리고 그렇게 마음을 지킬 때 항상 천국의 기쁨 속에서 살 수 있다는 것을 안다.

예원이가 3년 전인 중학교 1학년 때에 이런 일이 있었다. 예원이가 예쁘다는 소문이 많이 나서 3학년 남학생들이 사귀자고 자주 교실로 찾아왔다.

아이가 성적인 면에서 건강하게 자라기 위해서는 이성 부모의 역할이 특히 중요하다. 그래서 딸에게는 아빠와의 친밀한 관계가 필요하며 아들은 엄마와의 친밀한 관계가 필요하다. 그것이 성적인 면에서 균형 잡힌 상태를 만들어주며 충족시킨다.

그래서 이성 부모와 친밀한 관계를 가진 아이는 이성 에너지에 대해서 굶주리지 않으므로 여유가 있다. 그러나 그것이 모자란 사람들은 이성에 집착하고 빠지게 된다. 남자 아이는 포르노와 같은 것에 빠지게 되며 여자 아이는 남자친구에게 빠지고 매달리게 된다. 그것은 사람이 이성에너지가 모자라서 생기는 증상이다.

그러한 성향은 치유되지 않는 한 평생을 가는 것이다. 그러므로 어렸을 때 아빠의 애정을 충분히 경험하지 못하고 자란 딸은 평생을 그러한 부족감 속에서 살게 된다. 그래서 이성에게 지나치게 끌리게 된다. 성의 중독과 같은 증상도 이러한 원리로 인하여 일어나는 것이다. 물론 이것은 주 안에서 해결책이 있는데 아무튼 이 글의 주제는 아니니까 넘어가기로 하자. 이것은 나중에 자녀 교육의 영성에 대한 책을 낼 때 다루어야 하는 문제다.

예원이는 아빠와 친밀한 관계였기 때문에 남자아이들에게 빠질 염려는 별로 없는 아이였다. 배가 부르면 군것질을 하지 않게 된다. 그러나 1학년 때 멋도 모르고 선배들이 무서운 때니까 하도 권하는 바람에 자기 친구들하고 그 남자 아이들하고 여러 명이 어울려서 노래방에 간 적이 있었다. 아는 노래가 없으니까 다른 이들의 노래하는 것을 보다가 왔다. 두 번을 그랬다.

보통 때보다 귀가 시간이 늦은 것은 아니지만 아빠에게 혼이 날까봐 예원이는 집에 들어오기 전에 자기 몸에 묻은 안 좋은 기운을 떨쳐내려고 애를 썼다. 예원이는 아빠에게 혼이 나는 것보다도 아빠에게 나쁜 영향을 주는 것을 싫어한다.

하지만 그러한 노력에도 불구하고 예원이는 두 번 다 아빠에게 혼이 났다. 나는 아이가 어디에 가서 무엇을 한지는 몰랐지만 그녀가 가지고 있는 영적인 기운이 너무 좋지 않아서 속이 상했다. 그래서 왜 그렇게 영의 상태가 나쁘냐고 혼을 냈다. 예원이는 아빠에게 야단을 맞고 많이 울었다.

그리고 나서 나는 며칠을 아팠다. 움직이지도 못하고 며칠을 끙끙 앓았다. 바깥에는 온갖 악령들이 돌아다니는 곳이므로 방어를 하고 있기 때문에 여간해서는 영의 침투를 겪지 않지만 집안에서는 긴장을 풀고 편안하게 있기 때문에 악한 기운이 들어오면 방어하지 못하다가 앓을 수도 있다.

그 때 예원이는 많이 놀랐다. 그래서 자기가 조금이라도 세상적인 물이 들면 아빠가 많이 아프겠구나 생각하고 놀랐다. 예원이는 많이 울고 다시는 그러한 곳에 가지 않았다.

영적 기운을 느끼는 것은 이상한 일이 아니다. 사람의 마음이나 생각을 느끼는 것은 이상한 일이 아니다. 마음과 생각은 물질세계에는 보이지 않지만 영의 세계에는 그대로 기록되는 것이다. 주님은 우리의 행위를 보시는 것이 아니라 마음의 중심 동기를 보신다. 그러므로 이 땅에서 인정받는 것과 영계에서 인정받는 것은 다른 것이다. 이 땅에서 사람들은 드러난 것을 보지만 영원한 곳에서 주님은 드러나지 않은 것을 보시고 드러내신다.

영이 자라면 마음이 아름다워진다. 모든 이들이 사랑스럽게 보이기 시작하며 감사하게 되고 희생과 헌신을 기뻐하게 된다. 자기의 유익보다 다른 이들의 유익과 즐거움을 구하게 된다. 그러나 아직 영이 눈을 뜨지 않으면 보이는 것과 물질과 자기 자신의 유익만을 구하게 된다. 그러므로 마음의 평화를 잘 누리지 못하여 불안하고 초조하며 화를 내고 미워하며 경쟁하게 된다.

물질 자체가 악한 것은 아니지만 그것은 생명의 근원이 아니고 영원한 것도 아닌 썩어질 제한적인 것이다. 그러므로 물질 자체를 지나치게 집착하고 구할 때 점점 영혼이 빛을 떠나 어두움 속으로 가까워지게 된다. 물질은 사람을 섬기는 도구가 될 뿐 그 자체가 가치 있는 것은 아니다. 썩어질 것을 구하다보면 그 마음도 같이 썩게 되는 것이다.

영적으로 발달하여 영적 감각이 생기고 영의 상태를 느끼게 되면 사람들의 외적 조건을 보지 않고 그 영혼이 얼마나 발달했는가를 중점적으로 보게 된다.

영혼이 성장하고 발달할수록 그에게서는 천국의 향취와 보화가 나타나게 되며 발달하지 않을수록 미움과 고집과 악성과 지옥의 악취가 나타나게 된다. 그러므로 영혼의 분별력과 감각이 발달할수록 사람의 악한 마음에서 나오는 그 사망의 냄새가 고통스럽게 느껴지는 것이다. 외모가 아름답고 지적인 능력이 탁월한 사람이라고 해도, 지위가 높은 사람이라고 해도 그 영혼에서 악한 냄새가 풍긴다면 그 악취로 인하여 고통을 느끼게 된다. 그러나 외모가 아름답지 않고 가진 것이 없어도 그 내면에 아름다움에서 보화의 향취가 흘러나오는 이들을 보면 그러한 이들은 세상에서는 알아주는 사람이 없지만 영의 느낌이 있는 이들은 그러한 사람들을 더욱 더 사랑하게 된다.

인생의 고통과 좌절, 하나님의 훈련을 충분히 경험하지 않은 젊은이들은 아직 영혼의 기능이 구체적으로 열리고 깨어나는 것이 어렵다. 그러므로 지적으로 이러한 개념을 이해할 수는 있지만 실제를 누리는 것은 쉽지 않다. 그들은 아직 충분히 육성이 후패해지지 않았기 때문이다. 그들은 절망의 분량과 고통의 분량이 좀 더 채워져야 한다.

아직도 자신감을 가지고 있고 자신이 괜찮은 사람인 줄로 아는 이들이 많다. 그들에게는 좀 더 많은 심장의 찢김과 눈물이 필요하다. 중한 병을 앓고 있는 사람이라든지, 극도의 고통스러운 여건에서 자랐다든지 하는 특별한 상황이 아닌 한 대체로 젊은 사람들은 영적으로 애굽 상태에 있다.

영혼의 깨어남과 발전은 은사를 몇 개 경험하고 신령한 체험을 몇 번 하고 무슨 훈련을 받고.. 그런 식으로 간단하게 이루어지는 것이 아니다. 방향을 바르게 알고 그 길을 가며 순종하며 꾸준히 가야 한다. 성질이란 한 순간에 죽지 않으며 겸손이란 한 순간에 배우는 것이 아니다.

아무튼 죽는 순간에도 여전히 영혼의 수준이 미숙하고 어린 상태에 있다면 그만큼 비참한 것도 없을 것이다. 아직 어리더라도 시간이 많이 있다면 희망을 가질 수가 있지만 삶이 많이 남아있지 않은 이들이 여전히 사소한 것에 삐치고 고집을 부리고 남을 지배하는 것을 좋아하고 주님을 의뢰하는 법을 모르며 사소한 일에 근심한다면, 그런 수준의 삶을 살고 있다면 그의 영혼은 거의 자라지 않은 것이며 그는 정말 많은 세월들을 허비한 것이다. 이 땅에서 우리는 성장을 위하여 존재하는 것이지 편하게 살기 위해서 존재하는 것이 아니다.

최근에 카페에 나쁜 흐름이 점점 더 많아져서 아프고 힘들어졌다. 표면에 영의 흐름이 좋지 않은 글들도 있었지만 나타나지 않은 흐름의 압박도 점점 더 많아져서 아프고 힘들었다.
그러던 어느 날, 카페의 여러 혼란스러운 글과 공격적인 쪽지들로 인하여 몹시 힘들었던 날.. 모임에 가서 집회를 인도했다. 아프고 힘들 때 찬양을 드리며 집회를 인도하면 좋아지기 때문이다.
진정한 감사와 찬양은 편안할 때에 드리는 것이 아니라 가장 고통스럽고 힘들 때에 드리는 것이다. 그것이 하늘 보좌에 상달된다.

얼마 전에 간수치가 140이 나온 적이 있었다. 의사가 말하기를 정상이 40이기 때문에 문제가 심각하다고 정밀 검사를 하고 치료를 시작해야 한다고 말했다.
40도에 가까운 고열이 몇 주간 계속되어 먹을 수도 잠을 잘 수도 없었다. 머리에도 심하게 열이 올라서 정신이 혼미해졌다. 전신에 땀이 비오듯 흘러내려 옷이 물이 되어 버리는 바람에 수시로 옷을 갈아입어야 했다.

하지만 그 때 이를 악물고 모임에 가서 예배를 인도하며 찬양을 드리고 부르짖어 기도했을 때 열이 다 사라져 버렸다. 눈물 속에서 온갖 악을 쓰면서 두 번의 예배를 드리고 나니 거의 다 치유가 되어 버렸다. 강단에 올라갈 때는 비틀거리면서 걸어갔고 어지러워서 앉아있기도 힘든 상황이었지만 집회를 인도하며 뜨겁고 강렬하게 찬양을 하다 보니 힘이 생겨서 나중에는 일어나서 마구 뛰었다.
예배란, 찬양이란 그런 것이다. 편안할 때 하는 것이 아니다. 고통이 극심할 때 감사와 경배를 드리는 것이다. 이를 악물고 울면서 감사를 드리면 언젠가는 웃으면서 감사할 때가 온다.

그러므로 아무리 고통스럽고 힘든 상황이 있어도 이를 악물고 원망의 말을 하지 말아야 한다. 주님은 가까운 곳에서 그러한 말들을 다 보고 듣고 계신다. 그러므로 혀를 깨물고 악한 고백을 하지 말아야 한다. 그리고 감사와 찬양과 사랑의 고백을 드려야 한다. 그것이 하늘 보좌에 올라가며 주님의 마음을 움직인다. 그러므로 왕궁에서의 찬양보다 감옥에서의 찬양이 좋은 것이며 능력이 있는 것이다.

이 날도 예배를 인도하고 아주 좋아졌다. 마음이 기쁘고 회복되어서 집으로 왔다. 하지만 완전히 좋아진 상태는 아닌 것 같았다.
그 날 밤에 다시 카페로 들어와 어떤 글을 읽었다. 순간에 가슴이 찢어지는 것을 느꼈다. 미칠 것 같았다. 말로 표현하기 어려운 통증이었다. 화장실에 들어가서 기침을 했더니 가래에 섞여서 피가 계속 나오고 있었다. 가슴에서 미칠 것 같은 통증이 일어나는데 정말 견디기가 힘들었다. 미친 듯이 마구 소리를 지르고 싶었다. 데굴데굴 구르고 싶었다. 좌우간 안정을 유지할 수가 없었다.

내용 자체는 나쁘지 않은 글이었다. 그러나 그 글에서 흐르는 기운이 악해서 견딜 수가 없었다. 내가 고통을 느끼거나 즐거움을 느낄 때 나는 글을 읽기 전부터 내용을 알기 전에 그것을 느낀다. 내가 어느 책이 좋다고 느낄 때 나는 책의 내용을 읽기 전에 그렇게 느낀다. 그 책의 영적 기운을 먼저 느끼기 때문이다. 글의 내용은 영적이고 논리적으로 흠이 없어 보이는데 이상하게 내적인 흐름이 불편하고 좋지 않은 느낌이 드는 것이 있다. 그러할 경우 나는 그 책에서 고통을 느낀다.
고통이 너무 끔찍해서 잠자고 있는 아내를 깨웠다. 2시가 넘은 시간이다. 정말 아내를 깨우지 않을 수가 없었다.
내가 잠자고 있는 아내를 깨운 것이 결혼 20년 동안 지금까지 1-2번 정도 있었을 것이다. 나는 아무리 아프거나 힘든 일이 있어도 웬만하면 잠자는 아내를 깨우지 않는다. 그것은 예의가 아니라고 생각하기 때문이다. 자기의 고통 때문에 피곤한 아내를 깨운다면 그것은 좋은 남편의 자세가 아니라고 생각한다. 사랑은 무례히 행치 않는 것이다. 그러므로 가까운 사람일수록 예의를 지키는 것이 필요하다. 아내가 아픈 어깨를 주물러줄 때마다 나는 미안하고 또 미안하다. 그것이 그녀의 기쁨이라고 하는데도 아직도 어색하고 미안하다.

나는 아내에게 깨워서 미안하다고 말하고 너무 가슴이 아프다고 기도해달라고 했다. 아내는 놀라서 기도해주고 마실 것을 가져다주고 여러 가지 말로 위로를 했다. 나는 이제 도저히 더 이상 카페를 운영할 수 없다고 하면서 여러 가지 이야기를 나누었다. 아내는 밤새 나를 위해서 기도해주었다. 고통이 며칠 정도 더 가기는 했지만 그래도 아내의 도움으로 인하여 나는 많이 회복되었다.

그러한 고통은 내가 몸이 충분히 회복되지 않은 상태에서 카페에 들어가 여러 글들을 접한 때문인 것 같았다. 몸이 약한 상태에서는 영적 어두움에 대한 방어 능력이 부족하게 된다. 또한 그것은 최근의 상황 뿐 아니라 5년 동안 비슷하게 쌓여왔던 고통이 이제 한계점에 이른 것 같았다.

한동안 아내는 내 곁에 오지 못했다. 근처에 오기만 해도 심장이 너무 아프다고 조금 물러섰다. 아내도 영이 많이 예민한 편이다.

사람들은 주님이 십자가에서만 고통을 짊어지셨다고 생각할 것이다. 하지만 주님이 이 죄 많은 땅에 오시는 그 순간부터 이 죄악의 땅은 그분에게 고통이셨다. 그 공기를 마시는 것부터 그분에게는 고통이셨다. 단지 그분의 사랑이 고통의 무게보다 컸을 뿐이다. 그분은 온 몸이 부서졌어도 여전히 우리를 사랑하셨을 것이다. 하지만 사람들에게서 풍기는 죄악의 냄새들은 그분에게 엄청난 고통이 되는 것이었다. 어두움도 빛이 싫지만 빛도 어두움을 힘들어한다.

나는 며칠 동안 아픈 가슴을 부여잡고 이제 카페의 문을 닫겠다는 글을 썼다. 하지만 회원들의 반응은 예상을 넘었다. 너무나 많은 사람들이 충격을 받고 덧글을 올렸다. 이제 어디로 가야하느냐는 글, 한참을 울고 싶은 데 사무실이라서 울 수도 없다는 글, 주방에서 음식을 하고 있는데 울면서 하고 있다고, 일이 손에 잡히지 않는 다는 분.. 부모님 장례식 이후 이렇게 울어본 적은 처음이라는 분.. 순식간에 100개가 넘는 덧글들이 올라와 그들의 충격과 아픈 마음을 쏟아내는 글을 올렸다. 그 글들을 읽으니 그들의 애절한 마음이 느껴져서 도저히 카페를 닫을 수 없다고 생각했다.

아침에 하루가 시작되면 컴퓨터를 열고 이 카페에 접속하고 그리고 창을 열어놓은 채로 일을 하면서 수시로 카페에 드나들면서 지치고 피곤할 때 힘을 얻는 이들이 많이 있었다. 그들에게 이 카페는 놀이터였고 안식처였다. 그것이 하루아침에 사라졌을 때 그들이 받은 충격은 어쩌면 당연한 것이었을 것이다.

아내는 카페의 문을 닫더라도 조용히 사라져야 한다고 말했었다. 나는 그것은 비겁하지 않느냐고, 당당하게 인사를 하고 가겠다고 했다. 그러나 이제 아내의 말이 맞는 것을 알게 되었다.

결국 다시 카페를 계속 하기로 약속을 했기 때문에 계속 운영해가야 한다. 이제 끝내려고 하던 전쟁을 다시 시작해야 하는 것이다. 그러자 또 다시 통증이 재발하기 시작했다. 그래서 이 시점에서 이야기 한 가지를 해야겠다는 마음이 들었다. 카페에서 가장 조심해야 할 것이 무엇인가, 가장 좋지 않은 것이 무엇인가, 어떤 것이 주님을 아프시게 하는 것인가, 어떤 것이 주님을 기쁘게 하는 것인가.. 하는 것을 나누어보고 싶다. 주님을 아프게 하는 것은 이 카페도 아프게 하며 나에게도 같은 통증을 주기 때문이다. 그러한 가장 기본적인 원리를 이야기하고 싶은 마음이 들었다.

어떤 이들은 무서워서 글을 쓰겠느냐고 생각할 것이다. 그렇기 때문에 조심해야 할 것이 무엇인지, 나쁜 기운이 나온다면 어디에서 나오는가, 왜 나오는가, 그 근본 원인은 무엇인가 궁금할 것이다. 나는 간략하게 그 이야기를 하고 싶다.

물론 부정적인 고백을 하는 것이나 근심 걱정을 늘어놓기, 남을 비판하거나 험담하는 것.. 그러한 말이나 글은 나쁜 에너지가 퍼지게 하며 그 공간을 망가뜨린다. 그러나 좀 더 근본적인 어두움들이 있다. 나는 그것을 이야기하고 싶다.

지금은 하늘나라에 있는 나의 누나에 대한 이야기를 하자. 그녀는 나보다 한 살 위였다. 그녀는 영적으로 몹시 예민하며 주님과의 친밀한 교제 가운데 있었다.

그녀가 버스를 타면 주님은 그녀에게 그 버스에 타고 있는 한 사람, 한 사람의 영적 상태와 문제에 대해서 알려주셨다. '저 사람은 이런 사람이고 저 사람은 저런 사람이다. 그리고 저 사람은 지금 저런 문제를 가지고 있는데 내가 그를 많이 사랑한다. 그러므로 그를 위해서 기도해라.' 하는 등의 감동을 주셨다.

그러면 누나는 그를 위해서 기도했다. 간혹 버스 안에서 처음 만난 이들과 대화를 나누기도 했는데 그들은 처음 만난 사람이 자기의 사정을 소상하게 알고 있는 것을 보고 놀라곤 했다. 주님은 그녀에게 중보의 사명을 주셔서 여러 교회들을 위하여 기도하게 하셨다.

그녀는 동정심이 많았다. 힘든 사람을 보면 그냥 지나치지 못했다. 소유욕이 별로 없었다. 어릴 때부터 누가 그녀를 보고 '언니.. 그 물건 참 예쁘다.' 하면 '너 가져.' 이런 식이었다.

그녀가 어느 날 거리에서 구걸하는 이들을 보고 몹시 마음이 아파서 주님께 말했다.

그녀는 주님께 '주님, 저 사람은 너무나 불쌍하네요.' 하고 말했다. 그러자 주님은 그녀에게 이렇게 대답하셨다.

"그 사람은 그리 불쌍한 사람이 아니다. 그는 얼마의 기간 동안만 시련을 겪으면 고난이 끝나게 될 것이다. 정말 불쌍한 사람들은 교회 안에 있다. 나를 모르면서도 자기가 잘 믿고 있는 줄 아는 사람들이다. 그들에게는 미래가 없다. 나는 그들이 너무 불쌍하다."

그 말씀은 그녀에게 충격이 되었다.

그녀는 나중에 젊은 나이로 하늘나라에 갔다. 그녀는 사람들을 돕는 것을 좋아했고 그녀의 체험에 대한 책도 냈기 때문에 그녀에게는 도움을 요청하는 사람들이 끊이지 않았다.

영적으로 어느 정도 은혜의 상태에 있으면 많은 사람들이 도움을 요청하는 것이 보통이다. 만나서 한번 기도를 받기만 하면 자기의 모든 문제가 해결되리라고 생각하고 만남을 강권하는 이들이 많다.

어느 날 어떤 환자가 그녀에게 도움을 청했고 주님은 그녀에게 가지 말라고 말씀하셨다. 그녀의 사명은 신유가 아니었다. 그녀는 처음에 거절했으나 계속적인 강권으로 인하여 결국은 가서 기도해주었고 건강하던 그녀는 그 후 시름시름 앓다가 몇 달이 되지 않아서 하늘나라로 갔다.

영적으로 예민해진다면 그는 세상보다 하늘에 가깝다. 그러므로 언제든지 목숨을 내놓을 준비가 되어 있어야 한다. 마귀들의 공격도 많고 사람들의 오해도 많으며 여러 가지 많은 전쟁들이 있다.

그러므로 주님께 철저하게 순종하지 않는 다면 그는 아주 위험하다. 사람들의 요구를 따라 자기의 사명을 넘어서면 안 된다. 그 마음과 생각이 순결하지 않다면, 영계는 만만한 곳이 아니다.

정말 불쌍한 상태는 무엇인가. 그것은 현실적인 어려움이나 가난이나 질병이 아니다. 그것은 주님을 떠나게 하는 악한 마음의 상태이다. 현실적으로 어려움이 없어도 주님이 가까이 올 수 없는 마음의 상태를 가지고 있다면 그는 진정 불쌍한 사람이며 실패한 영혼이다.
그렇다면 무엇이 주님을 아프게 하고 떠나게 하는 것인가. 한 마디로 말하자면 그것은 높은 마음이다. 그것은 자신이 잘났다고 생각하는 것이다. 자신의 신앙이 좋다고 여기는 것이다. 그러한 이들은 주님의 임재를 유지할 수 없다.

영이 예민한 사람들은 세상이 워낙 악하고 험한 곳이기 때문에 세상에서 적응하는 것에 어려움을 겪을까? 다른 곳에 가면 쉽게 눌리고 불안하고 아프고 고통을 겪을까? 영이 예민한 사람들은 마음이 여리고 약해서 고통을 잘 받는 것일까? 사람들은 아마 그러한 인상을 받을지도 모른다. 그러나 사실은 아주 다르다.
누나가 영적 세계를 경험하고 사람의 마음과 영에 민감해지면서 확실해진 인식이 있었다. 그것은 거칠고 사납고 무식하지만 소박한 사람들, 예를 들면 시장에서 장사를 하는 사람들이라든지 노가다를 하는 사람들과 같은 이들에게서는 따뜻함을 많이 느끼게 된 것이다.
그러나 지적이고 교양이 있으며 외모도 세련된 이들의 앞에서는 심한 통증을 느끼게 되는 것이었다. 그래서 그녀는 교회 밖의 세상보다 교회 안에서 더 심한 고통을 느끼게 되었다.

그녀는 로마에서 철학박사 과정을 하다가 마지막 순간에 영적 체험을 하고 나서 박사 학위의 의미가 없어져서 중단했으니까 지성적인 인물에 속할 것이다. 그녀는 책 읽기를 워낙 좋아하고 기억력이 우수해서 한 두 페이지 정도는 한번 들으면 외웠다. 어학실력도 뛰어나서 짧은 시간에 원어민처럼 언어를 구사하는 편이었다. 문학적인 재능도 뛰어나서 어릴 적부터 글쓰기에도 능한 편이었다.
그러니 성향으로는 거친 사람들보다 문화적이고 세련된 사람들과 맞을 것이다. 그러나 영적 세계를 경험하면서 그녀는 무식하고 단순한 사람들을 좋아하게 되었고 교양 있고 세련된 이들과 같이 있는 것을 몹시 힘들어했다. 주님은 무식하고 단순한 사람들을 좋아하신다고 그녀는 나에게 여러 번 말하곤 했다.

그것은 나의 경험과도 비슷한 것이었다. 세상에는 온갖 악한 영들의 역사가 많다. 나도 악한 문화와 적지 않게 접촉했다고 할 수 있다. 창녀들에게 복음을 전해본 기억도 많고 조폭같이 폭력적이고 거친 이들도 많이 접했다.

하지만 그것은 내게 별로 고통스럽게 느껴지지 않았다. 밤 새워 포장마차에서 술을 마시는 이들과 함께 대화를 나누는 경험도 내게는 즐거웠다. 나는 술을 마실 줄 모르니 사이다를 대신 마시지만 그들은 혀가 꼬부라진 소리로 기독교에 대해서 물어보고 나는 즐거이 대답을 하면서 교제를 나누곤 했었다. 그것은 내게 재미있는 일이었다.

세상에는 악한 문화가 많다. 포르노와 같은 더러운 문화, 잔학한 살인 장면들, 괴기 영화의 장면들.. 인터넷을 접하다 보면 그러한 악한 장면들과 자기도 모르게 접할 때가 있다. 하지만 그러한 것들은 조심하고 깨어있는 한 그것은 그리 힘든 일이 아니다.

오래 전에 시간 여유가 많이 있을 때 한 동안 기원에 출입하면서 복음을 전하기도 했는데 그 때 조금 폭력적인 사람과 교제를 나눈 적이 있었다. 덩치도 몹시 크고 주먹도 아주 강해서 화가 나면 사람을 심하게 때리곤 했다. 게다가 웬 여자관계가 그리 복잡한지 만날 때마다 자랑하면서 온갖 드라마 같은 이야기를 하곤 했다. 그에게 부드럽게 당신은 가정 파괴범이라고 말했는데 그는 놀라서 온갖 변명을 하는 것이었다. 그가 나를 때리지 않는 것이 다행이었다.

그에게 잠깐 기도를 해주었는데 이상하게도 무서운 고통이 그에게 임했다. 우습게도 덩치도 크고 폭력적인 사람이 겁은 무지하게 많아서 너무 아프다고 온갖 엄살을 부리더니 그 다음부터는 자기도 신앙을 가지겠다고 한 동안 나의 보디가드 식으로 따라다녀서 골치를 썩이기도 했다.
골치가 아팠던 것은 그가 따라다니는 것이 전도에 전혀 도움이 되지 않았기 때문이다. 전도를 하는데 옆에서 인상도 험악하게 생긴 덩치가 큰 사람이 '좋게 말할 때 믿어!' 이런 분위기를 가지고 노려보고 있으니 도움이 될 리가 만무했다. 아무튼 그는 내가 해주는 주님과 영성에 대한 이야기를 아주 좋아했고 계속 해달라고 졸랐다. 인상과 덩치에 어울리지 않게 그는 순박한 면이 있었다.

교회를 얼마나 미워하고 싫어하는지 교회가 시끄럽다고 트랙터를 몰고 교회 건물을 받아버려서 무너뜨린 적이 있는 사람이 아래층에 살던 적이 있었다. 그는 교회와 목사를 아주 미워하고 싫어했는데 이상하게도 나와는 친하게 지냈다. 그도 덩치가 아주 큰 사람이고 입도 험악한 사람이었는데 나의 이야기를 듣는 것을 좋아하고 힘든 일이 있을 때는 도와주곤 했다.
나는 그에게 직접적으로 복음을 전하지는 않고 그냥 그의 집으로 놀러가서 바둑도 두면서 세상 돌아가는 이야기를 하곤 했는데 그는 그러한 것을 아주 좋아했다. 그는 목사와 친한 사이가 되는 것이 의외로 재미있다고 생각하는 것 같았다.

아무튼 나는 이러한 사람들이 좋았다. 거친 사람들이 편하게 느껴졌다. 그리고 세상의 험악한 분위기가 그리 힘들게 느껴지지 않았다. 하지만 내가 정말 고통을 느끼는 곳은 교회였다.
거칠고 사납고 막가는 사람들에게서는 따뜻함을 느꼈지만 이상하게도 자기 신앙이 좋다고 느끼는 이들, 멋진 언어를 구사하며 기도를 길게 하면서 온갖 세련된 냄새를 풍기는 이들에게서는 그 영혼의 냄새로 인하여 고통을 견디기가 힘들었다. 이들은 겉의 모습은 온유하고 부드러웠지만 이상하게 깊은 속에서는 차가운 느낌이었고 영혼의 온기를 찾을 수 없었다.

그 이유는 무엇이었을까.. 표현이 이상하기는 하지만 세상의 막가는 사람들은 비록 표면은 악하고 거친 분위기가 있었지만 속으로는 자신은 그리 좋은 사람이 아니라는 인식이 있었다. 말하자면 내적인 겸손이 있었다. 그러나 신앙인들 중에는 그렇지 않은 이들이 많았다. 신앙생활을 오래 해왔던 이들은 기본적으로 자신들을 선민으로 생각하는 경향이 있었다. 자신은 옳은 사람이며 하나님의 특별한 은총을 받은 사람이며 세상의 사악한 사람들보다 나은 사람이라는 인식이 있었다. 그것은 바른 마음이었을까. 아니다. 그것은 높은 마음이다. 그리고 자기 의에 속한 것이다. 그리고 그러한 마음이 있는 곳에 주님은 오시지 않는다.

그들은 영적인 실제를 가지고 있었을까. 내가 느끼기에는 가지고 있지 않았다. 나는 세상 사람들을 '더러운 것들' 하고 정죄하는 이들을 많이 보았다. 그들은 주님의 임재와 천국의 실상을 가지고 있었을까.. 내가 느끼기에 그들의 영혼은 막혀 있었다. 나는 그들에게서 느껴지는 그러한 어두움의 기운이 답답하고 고통스러워서 견디기가 어려웠다. 이상하게도 신앙의 모범생으로 여겨지는 이들에게서 나는 그러한 고통을 많이 느꼈었다.

그들의 영혼은 과연 안전한 것일까. 그들은 주님과 천국과 가까운 것일까.. 그것은 오직 주님만이 아실 것이다. 그러나 누나나 내가 영적인 세계를 경험할수록 동일하게 느낀 것이 있었다. 주님은 외적으로 아름답고 세련되고 멋있어 보이는 사람들보다 소박하고 단순하고 어린 아이

같은 사람들을 좋아하신다는 것이다. 주님은 외식하는 것을 싫어하시며 다른 이들을 의식하며 남들에게 잘 보이려고 애쓰는 이들을 별로 좋아하지 않으시며 어린아이처럼 단순한 영혼들을 사랑하신다는 것이었다. 또 그렇게 단순한 영혼들이 신앙을 가져도 곧 쉽게 자라는 것을 느낄 수 있었다.

신앙의 기본은 무엇인가. 그것은 낮아지는 것이다. 절망하는 것이다. 낙심하고 절망할 때 주님은 임하신다. 물이 높은 곳에서 낮은 곳으로 임하는 것처럼 낮고 상한 마음, 지친 사람에게 주님은 임하신다.

우리는 우리의 힘으로 사랑할 수 있는가. 없다. 우리는 스스로 깨달을 수 있는가. 없다. 진리를 알 수 있는가. 없다.

그러나 주님이 임하실 때 우리는 깨닫게 된다. 그리고 사랑하게 된다. 그것은 주님의 임하신 결과이지 우리가 애를 써서 되는 것이 아니다.

주님을 향하여 미치도록 갈망하는 자들이 있다. 그렇게 주를 갈망하는 것은 영적인 것이며 대단한 것인가? 하지만 그것은 그리 대단한 것이 아니다. 갈망이란 절망한 자들이 하는 것이다. 그것은 대단한 기술이 아니고 아무 대책이 없는 사람이 갈망하는 것이다. 무능하고 부족하며 갈 데도 없고 희망도 없고 대책도 없으니 오직 주를 구하여 주님 앞에 엎드러지는 것이다.

왜 어떤 이들은 갈망이 없는 것일까. 그것은 그들이 아직 충분히 절망하지 않았기 때문이다. 자신에 대해서 아직도 자신감이 있는 것이다. 아직도 자신은 괜찮은 사람인줄 안다. 아직 자기 힘으로 살 수 있는 것이다. 그러한 이들에게 주님은 오시지 않는다.

자기 잘난 맛에 살고 자기 힘으로 사는 것이 가능하다고 여기는 이들에게 주님은 임하시지 않는다. 자기 신앙이 대단하고 자기 지식이 대단하다고 생각하는 이들에게 주님은 오시지 않는다.

어디서나 툭하면 가르치려고 하는 사람들에게 주님은 임하시지 않는다. 자기를 드러내기를 원하고 남들이 알아주지 않으면 서운해 하는 이들, 남들의 앞에 서기를 원하며 남들에게 인정받기를 구하는 이들에게 주님은 임하시지 않는다. 그들에게는 고통의 기간이 필요하다.

낮아지지 않는 한 사람은 죄 가운데 죽는다. 그들은 신앙의 이름으로 주님을 십자가에 못 박고 사람들을 괴롭힌다. 자기를 드러내고 지옥의 영으로 산다. 이러한 사람들이 주님을 아프게 하는 것이다.
음란죄가 있다. 그것은 악한 것이다. 그러나 음란죄를 짓는 사람들보다 그것을 심판하고 정죄하는 이들이 더 심판을 받는다.
살인죄가 있다. 그것은 악한 죄이다. 그러나 그 죄를 짓는 사람보다 그것을 심판하고 정죄하는 이들이 더 심판을 받는다.
죄는 악한 것이지만 죄인은 미워해서는 안 된다. 우리도 동일한 죄에 빠지지 않도록 조심해야 하며 죄를 지은 이들을 불쌍히 여겨야 한다. 그래야 우리도 불쌍히 여기심을 받는다.

다른 사람이 어떤 죄를 지었을 때 분노하고 정죄하는 사람은 자기의 안에도 같은 죄의 속성이 있기 때문이다. 그러므로 더욱 분노한다.
온유한 자는 혈기 있는 자를 정죄하지 않으며 순결한 자는 음란한 자를 정죄하지 않는다. 마음이 넉넉한 자는 인색한 이를 미워하지 않는다. 같은 속성만이 서로 미워할 수 있다. 강아지가 다른 강아지들의 짖는 소리를 들으면 같이 짖듯이 남을 정죄하는 것은 자기 속의 동일한 죄성이다.
그러므로 남의 잘못에 대하여 자신의 모습은 돌아보지도 않고 함부로 심판해서는 안 된다. 남의 잘못을 통하여 자기반성의 기회로 삼는 것이 더 좋다. 심판은 주님의 권리이며 주님께 속한 것이므로 주님의 감동과 인도하심이 없이 심판하는 것은 무서운 죄다. 음란죄보다 살인죄보다 강도죄보다 도둑질보다 더 무서운 죄는 우리가 스스로 하나님이 되는 것이다. 그래서 스스로 남을 비판하고 심판하고 정죄하는 것이다.
높은 마음을 가진 사람들은 함부로 판단하고 정죄하며 가르치려고 한다. 잘 알지 못하면서 가르치려고 한다.
그러한 이들은 용서받기 어렵다. 한 가지 죄, 높은 마음, 교만한 자세만이 용서받지 못한다. 그들은 하나님의 자리를 빼앗기 때문이다.
성령을 거스르고 훼방하는 것도 교만한 마음에서 오는 것이다. 마귀의 타락도 교만에서 온 것이다. 우주 최초의 죄는 바로 교만이다. 그것은 천국 문을 닫으며 지옥문을 연다.

계속적으로 교만한 상태에 있으면 구원을 받을 수 없을 것이다. 그러나 다시 낮아지면 그는 다시 회복될 수 있다. 낮은 마음을 품기만 하면 주님은 곧 다시 그를 용서해주시며 그에게 임하여 주신다. 그것은 영계의 원리이다. 교만한 이들은 근본적으로 지옥과 어두움에 속하기 때문에 주님은 그들에게 오시지 않으신다. 천국의 빛과 영광은 그들과 파장이 맞지 않으므로 가까이 올 수 없는 것이다.
교만한 마음에서는 쉽게 짜증이 올라오고 남을 판단하고 미워진다. 모든 것이 마음에 들지 않는다. 사랑을 하려고 하면 그렇게 힘들 수가 없다. 주님이 저 멀리 계시고 마귀가 가까이 있으니 그것은 당연한 것이다.

그러나 낮아지고 엎드리고 나면 죄인들이 불쌍해 보이며 정죄하지 않게 된다. 모든 이들을 사랑하고 싶으며 아름답게 보이고 남을 위해서 죽고 싶은 마음이 일어나게 된다. 그것이 그리스도의 마음이다. 낮은 마음에는 주님이 임하시기 때문에 그 결과로 그러한 마음이 일어나는 것이다.

주를 아프게 하는 것은 무엇인가. 그것은 높은 마음을 가지는 것이다. 함부로 정죄하고 판단하는 것은 높은 마음에서만 가능하다.

이것을 기억해야 한다. 죄에도 높은 마음에서 오는 죄가 있고 낮은 마음에서 오는 죄가 있다.

높은 마음에서 오는 죄는 교만, 판단, 강퍅함, 시기, 분노, 질투 등이다. 낮은 마음에서 오는 것은 죄라기보다는 눌린 것이다. 슬픔, 낙심, 두려움, 좌절, 염려, 근심과 같은 것이다.

후자는 눌린 것이다. 그것은 주님의 능력을 통하여 물리치고 이길 수 있다. 그것도 주님을 신뢰하지 않은 것이므로 넓은 차원에서는 죄지만 그러나 그러한 것을 주님은 용서하신다.

그러나 높은 마음의 상태에서 짓는 죄는 용서받기 어렵다. 그것은 대가를 지불하고 터져야 한다. 그러므로 높은 이들에게는 고난이 많다. 인생의 풍파를 좀 더 많이 겪게 된다. 강퍅한 것이 깨어지고 낮아지도록 많은 고난이 다가오는 것이다.

이 두 가지 상태의 차이점을 알아야 한다. 당신이 두 번째 상태라면 주님의 위로와 은총을 경험할 수 있지만 첫 번째 상태라면 당신은 주님의 임재를 가까이 누리기 어려울 것이다. 그러므로 약한 것에는 위로와 치유가 있지만 강하고 높은 것에는 징계가 있음을 기억해야 한다.

우리 모임에서는 낮고 눌리고 연약한 자를 받으며 사랑한다. 그리고 강건한 사람이 되도록 돕는다. 그러나 높은 마음을 가지고 있는 이들과는 교제하지 않으며 가급적이면 가까이 가려고 하지 않는다. 그들은 천국의 은총을 누릴 수 없기 때문이다.

그들에게는 많은 시련과 재난이 기다리고 있다. 사람이나 물질, 질병이나 환경을 통해서 많은 고통을 겪게 될 것이다. 그것을 통과하고 조금 낮아지고 부드러워지면 비로소 영적 메시지를 소화하며 천국의 은총을 누릴 수 있는 상태가 된다. 100% 잘라서 어느 쪽이라 단정 지을 수는 없지만 사람은 대체로 강성과 약성으로 나뉜다. 어느 한쪽에 기우는 것이다.
강성에 속한 사람은 대체로 분노가 많고 약성에 속한 사람은 낙심 쪽이 많다. 당신이 주로 분노가 많고 분노 쪽의 문제로 넘어지는 편이라면 당신은 강성에 속한 것이다. 당신이 주로 낙심 쪽으로 넘어진다면 당신은 약성에 가까울 것이다.

이것을 기억해야 한다. 주님은 약한 자는 위로하고 힘을 주시고 일으키시지만 강성에 속한 자는 그의 혈기와 고집과 분노가 주님의 손에 다스려지기 까지 그에게 깊은 은총을 부어주시지 않는다는 것이다. 약한 자는 주님의 힘주심과 주의 능력으로 살 수 있지만 강한 자는 주님 앞에서 낮아져야 한다. 그것이 주님의 훈련이며 사람을 다루시는 방식이다. 강한 자가 약한 자가 되어서 주님의 손 안에 엎드러질 때까지 주님은 그를 기다리신다.

오늘날 이 시대는 높은 마음, 강퍅한 마음이 아주 많다. 겸손하고 온유한 이들을 찾기 어려우며 공격적이고 날카로운 이들이 많다. 사람들은 스스로 강한 사람이 되도록 훈련받으며 주님을 의뢰하고 주님 앞에서 낮아지며 주님의 능력으로 살 것을 배우지 않는다.
그러한 가르침은 사람을 점점 더 강퍅하게 한다. 그리하여 이 시대의 사람들은 점점 더 공격적이며 거스르며 강퍅해진다. 그러한 이들에게 주님은 임하시지 않는다. 주님은 오직 상하고 낮은 자에게만 오신다.
오늘날 자기 신앙에 대해서 확신하는 이들이 많다. 자기가 주님을 기쁘시게 한다고 믿으며 자기가 알고 있는 것이 대단한 진리이며 남들에게 가르쳐야 한다고 확신하는 이들이 많다.

하지만 조심해야 한다. 그러한 확신은 주님을 아프게 한다. 그러한 확신은 엎드림을 가져오지 않는다.

다윗이 잘 나가고 복을 받게 되자 마음이 높아져서 범죄를 했다. 그가 지적을 받고 터지고 울면서 그는 고백했다. '오, 주님.. 주님을 얻는 것은 낮고 상하고 통회하는 심령인데.. 제가 그것을 잃어버렸군요..'

누구나 마찬가지다. 낮고 상한 마음, 갈망을 잃어버리면 그는 주님을 계속 유지할 수 없다. 그러나 낮음과 절망과 상함과 엎드림 가운데 머물러 있으면 주님은 그를 떠나지 않으신다.

모세가 그의 능력으로 사역을 했는가. 그의 위대함으로 역사를 했는가. '나는 할 수 있다..' 그러고 있을 때 그는 정말 무능했다. 광야에서 갈 데까지 가고 절망할 대로 절망하고 주님 앞에 엎드러져 있을 때 주님이 그에게 임하셨다.

모세가 쓴 시편에 '사람의 수명이 70이고 강건하면 80'이라고 하는 고백이 있다. 그런데 80이 되었을 때 주님이 오셨다. 모세가 묘 자리 알아보고 있는데 주님이 임하셨다.

그래서 모세가 말했다.

'주님.. 저 이제 다 끝났는데요. 오시려면 진작 오시지.. 저 이빨도 다 빠졌어요. 틀니도 해야 돼요.'

주님이 말씀하셨다.

'그래서 내가 왔다. 네가 끝났으니 이제 내가 너를 사용해야겠다.'

모세가 스스로의 힘으로 움직이고 있을 때 주님은 임하시지 않았고 그가 지치고 피곤하고 비실거리고 있을 때 주님은 임하셨다. 이 원리는 성경 어디에나 동등하다.

사울이 집 나간 암나귀 찾아다니면서 비실거릴 때 주님이 '너 왕 해라' 하셨다.

사울이 대답하였다. '저, 그런데 관심 없거든요? 그저 나귀만 찾으면 됩니다.'
그러나 주님은 그를 왕으로 세우셨다.
사울은 나중에 이렇게 말했다.
'주님, 저 나쁜 놈의 자식이 내 왕위를 빼앗으려고 해요. 저 놈 죽여 버릴 거에요.'
사무엘이 그에게' 당신이 스스로 작게 여길 때 왕이 되지 않았습니까' 말했지만 그는 듣지 않았다. 그는 그러다가 죽었다. 높은 마음을 가진 자는 버림을 받으며 낮은 곳에 있을 때 주님은 임하신다.

나는 회원님들에게 이런 이야기를 하고 싶다. 여러분들이 자신을 괜찮은 사람으로 여긴다면 주님은 여러분들에게 임하지 않으실 것이다. 자신이 주님을 위하여 일하고 있는 귀한 도구이며 주님께 영광을 돌리는 사람이라고 여긴다면 당신은 주님의 임재를 경험하기 어려울 것이다. 당신의 말과 글에서는 악한 냄새가 나게 될 것이다.
그러한 의식이나 글들은 주님을 아프시게 한다. 자신이 옳다고 믿는 사람들의 판단과 생각은 주님을 아프시게 한다. 그러한 마음과 생각과 글이 주님을 아프게 찌른다. 주님은 불신자로 인하여 아프신 것이 아니다.
주님을 믿는 이들, 그 중에서도 자신이 잘 믿으며 옳으며 신앙이 좋다고 믿는 이들로 인하여 깊은 고통을 당하신다. 주의 이름으로 함부로 남을 정죄하고 판단하며 자신을 의롭다고 믿는 이들이 주님의 가슴에 깊은 상처를 남긴다.

당신이 주님이 없이 아무 것도 할 수 없다면, 그리고 그것을 고백한다면 주님은 임하실 것이다. 당신의 마음이 주님을 갈망함으로 상하고 괴롭다면 주님은 오실 것이다.

당신이 고백하기를 나는 더럽고 악한 자이며 주님 없이는 살 수 없는 자이며 음란하고 죄 많고 한심스러운 자라고 고백하면 주님은 오실 것이다.

당신이 배부른 사람이라면 주님은 당신에게 임하지 않으실 것이다. 당신이 진지하게 낮은 자세로 갈망하지도 않으면서 주님이 임하시지 않는다고, 은혜를 베푸시지 않는다고 화를 낸다면 주님은 당신에게 가까이 오시지 않을 것이다. 당신은 너무나 높은 마음을 가지고 있기 때문이다. 그럴 때 주님은 오실 수 없다.

한없이 낮아져 오직 파수꾼이 새벽을 기다리듯이 하인이 주인의 손을 기다리듯이 엎드리고 있을 때 주님은 오신다.

제발 나를 떠나지 말라고.. 나는 주님 없이는 한 순간도 살 수 없다고 눈물로 고백하면 주님은 임하실 것이다. 주님은 상한 마음에 가까이 오신다. 주님은 긍휼이 많으신 분이다. 주님은 눈물 앞에서 결코 외면하시는 분이 아니다.

나는 주님의 긍휼히 여기심을 많이 받았다. 그것은 내가 한심하고 쓰레기 같은 존재였기 때문이다.

나는 성질도 못됐고 인내심도 없었다. 친구도 없고 재능도 없고 환경도 나빴고 건강도 나빴고 학벌도 없고 돈도 없고 할 줄 아는 게 없었다. 갈 데도 없었고 오라는 데도 없었다. 좋아해 주는 사람도 불쌍하게 여겨주는 사람도 없었다. 나는 어디에서나 왕따였다. 내가 할 줄 아는 게 있다면 주님께 엎드리는 것이었다. 아무 것도 할 수 없었고 방법이 없었기 때문에 나는 주님 앞에 엎드려서 그냥 울었다. 많은 밤들을 울고 또 울었다. '주님.. 저에게 임해주세요. 저를 불쌍히 여겨주세요.' 하고 울었다. 그러자 주님이 내게 은총을 베푸셨다.

그것은 간단한 원리다. 주님은 우는 자를 불쌍히 여기신다. 그리고 쓰레기 가운데 임하신다. 나는 쓰레기인데 게다가 울고 있으니 불쌍하게 보시고 주님이 임하셔서 긍휼을 베풀어주셨다. 엎드려서 아파하고 주님 앞에서 우는 것은 지금도 내가 가지고 있는 유일한 무기다.

나는 가슴이 찢어지는 것 같은 순간들을 많이 겪었다. 가슴이 수 천 갈래 조각조각 찢어지는 것 같은 느낌을 받을 때가 많이 있었다. 아플 때는 기도하고 우는 것 외에는 아무 대책이 없다. 그러나 나는 기도하는 가운데 가슴의 고통이 황홀경에 가까운 기쁨과 달콤함으로 바뀌는 것을 느끼게 되었다.

처음에는 고통으로 기도하지만 나중에는 그 고통들이 심령의 깊은 곳에서 임하는 놀라운 기쁨으로 인하여 사라지는 것을 경험하게 되었다. 그러한 경험들이 반복되면서 내적인 새로운 감각이 일어나는 것을 느끼게 되었다. 그래서 나는 고통은 새로운 세계를 열어주는 문인 것을 알게 되었다. 가슴의 모든 찢김과 고통들이 황홀한 보석과 같은 아름다움과 달콤함으로 바뀌는 것을 알게 되었다. 고통은 괴로운 것이지만 그러나 그것은 아름다움을 만들어낸다. 그러므로 고통은 은총이다.

사람들이 속을 썩일 때 나는 심장의 극심한 고통을 느끼며 가슴을 부여잡고 기도하고 아파하며 씨름할 때가 많다. 그런데 눈물과 고통의 시간을 보내고 나면 나는 그들이 대부분 회복되고 좋아지는 것을 보게 되었다. 그래서 나는 사역이란 곧 피를 흘리는 것이며 고통을 통해서 변화와 역사를 이루는 것이라는 것을 알게 되었다. 고통의 분량만큼 하나님의 역사가 일어나는 것을 알게 되었다.

성도들은 사역자의 피를 먹고 자라는 것이다. 사역자가 그것이 싫다면 사역을 하지 말아야 한다. 죽는 것이 싫고 고통당하는 것이 싫다면 사역을 해서는 안 된다. 고통과 찢김을 즐거워해야만 사람들이 자라는 것을 볼 수 있다.

고통과 피흘림은 사역의 원리이다. 주님의 사역이 그러했고 모세도 바울도 그러했다. 모세나 바울이 위대한 능력으로 손쉽게 사역했다고 생각하지 말라. 그들은 심히 아파하며 눈물로 살았다. 모세는 내가 저들을 낳았느냐고 항변하기도 했고 바울도 인내와 눈물로 사역했다고 고백했다. 주님의 고독과 버림받음, 찢기심 그것 자체도 사역이었다.
피흘림과 고통은 성경이 가르치고 있는 사역의 원리이다. 그것이 없으면 열매가 없다. 고통과 찢김에 대한 준비가 없이 사역자나 사모가 되려한다면 그는 사역을 이해하지 못하고 있는 것이다.

사람이 범죄했을 때 이 원리가 형성되었다. 주님은 아담에게 이제부터는 땀을 흘려야 열매를 얻게 될 것이라고 말했다. 하와에게 고통을 겪지 않고는 아이를 낳을 수 없다고 말씀하셨다. 그것은 피와 땀과 고통을 통해서만 영혼이 자라고 깨어난다는 의미이다.
성경의 모든 말씀은 기본적으로 영혼의 깨어남과 성장에 대한 가르침이며 그 영적 원리를 설명해주고 있는 것이다. 성경은 본래 영성과 영혼에 대한 것인데 이것을 물질적인 차원으로만 이해한다면 깊은 충만함을 얻을 수 없다.
절망과 상한 심령은 우리의 무기이다. 그것은 주님의 긍휼히 여기심을 받는다. 낮은 마음을 유지할 수 있다면 우리는 주를 잃지 않을 수 있다.

나는 사람들의 찬사를 믿지 않는다. 나에게 대하여 감사와 존경.. 그러한 글이 있는 것을 보면 나는 몹시 불편하며 속으로 고통을 느끼게 된다. 그래서 나는 그러한 글을 접하면 속으로' 웃긴다. 저들은 나를 모른다. 나는 쓰레기다. 나는 썩은 인간이다. 지옥 불에 들어가 마땅한 놈이다' 하고 독백한다.
그런데 그렇게 고백하고 있을 때 주님이 기뻐하시며 나의 깊은 속에서 기쁨이 일어나는 것을 느낀다. 만일 내가 그렇게 하지 않고 내가 사람들의 찬사를 즐거운 마음으로 받고 있으면 나는 곧 바로 영혼의 어두운 구덩이로 떨어지게 될 것이다.

이야기가 길어졌지만 이제 독자님들은 어떠한 글이 위험한 글인지 어떠한 마음의 상태가 위험한 상태인지 대강 아셨을 것이다. 높은 마음은 지옥과 통하는 것이며 낮은 마음은 천국과 통하는 것이다. 그러므로 낮은 마음이 있는 곳에는 주님의 임재와 은총이 임하게 되어 있다.
이렇게 고백해보라.
'주님.. 저는 악하고 더럽고 못됐습니다. 저는 강퍅하고 교만하고 이기적입니다. 저를 용서해주십시오. 하지만 주님.. 저는 당신 없으면 살 수 없습니다. 제발 저를 불쌍히 여겨 주십시오..'
그렇게 할 때 주님은 임하신다.
바리새인은 '주님.. 저는 저 세리와 같은 놈과는 종자가 다릅니다. 저는 기도도 많이 합니다. 금식도 하고 예배도 드리고..' 하고 자랑스럽게 고백했으나 주님은 그를 받지 않으셨다.
세리가 감히 하늘을 바라보지도 못하고 가슴을 치면서 '주님.. 저를 불쌍히 여기소서.. 저는 죄인입니다..' 하고 고백할 때 그는 의롭게 여기심을 받았다.

가장 무서운 죄는 자기 의다. 자기가 잘났다고 생각하는 것이다. 자기가 옳다고 생각하는 것이다. 그것은 살인보다 간음보다 도둑질보다 온갖 종류의 악보다 나쁘다. 그에게는 주님이 임하실 수 없다. 자기 의가 있는 곳에는 주님의 의도 은혜도 임하지 않는다. 네가 그렇게 잘났으면 너는 혼자의 힘으로 마음껏 살아보라고 하신다.
자기 의가 있는 사람이 함부로 가르치려 한다. 남을 평가하고 판단한다. 정죄한다. 대접하지 않으면 분노한다.
부디 잘난 척 하지 말라. 남을 가르치려 하지 말라. 남이 알아주기를 기대하지 말라. 그것은 정말 위험한 것이다. 사람이 우리를 대적하면 갈 데가 있지만 주님이 우리를 대적하시면 우리는 이 우주 안에서 갈 데가 없다.

글을 쓰고 조회 수는 얼마나 되는지 덧글을 누가 어떻게 달아주었는지.. 그런 것을 신경 쓰지 말라. 그러한 것은 세상적인 것이고 자기중심적인 것이다.
중요한 것은 우리의 글이나 표현이 주님을 기쁘시게 하는지, 사람들이 주님께 나아가는 데에 도움이 되는가 하는 것이다. 글에는 멋지고 화려한 문장이나 세련된 언어의 구사가 필요 없다. 진실성만이 중요한 것이다. 그리고 이해하기 쉬우면 된다. 간단하고 솔직하게 주님을 기쁘시게 하는 고백이 좋은 것이다. 사람들을 의식하고 자신을 의식하는 것은 좋지 않다. 자의식에는 악한 기운이 틈타게 된다.

어떤 이는 영적 경험을 많이 했다고 자기의 신기한 체험을 이야기하는데 문제의 요소가 있어서 글을 삭제했더니 온갖 악담과 저주를 해왔다. 그러한 것은 높은 마음 때문이다. 이러한 사람들은 위험하다. 그러므로 은사를 많이 경험한 이들은 특히 조심을 해야 하는 것이다. 영적 세계를 경험했다가 거기에서 떨어지면 그 마지막은 정말로 비참하다. 그러므로 은사와 능력이 많은 것보다는 겸손하고 착한 것이 낫다. 그리고 안전하다.

부족하고 연약하고 한심스러운 우리를 주님은 불쌍히 여기신다. 그러나 높은 마음을 가지면 우리는 주님의 대적자가 된다. 파괴자가 된다. 그러므로 우리는 한없이 자기를 낮추어야 한다. 그래야 은혜 가운데 살아남을 수 있다. 남이 뭐라고 한다고 해서 기분 나빠하면 안 된다. 아프면 우는 것이 좋다. 주님 앞에서 울면 주님이 위로해주시고 힘을 주신다. 외로워도 다른 데서 사람에게 도움과 위로를 구하지 말고 주님 앞에서 우는 것이 좋다. '주님. 외로워요..' 그렇게 말하면서 울라. 그러면 주님이 그 공간에 임하시는 것을 경험하게 된다. '나다. 내가 여기 있다.' 그렇게 주님은 오신다. 아직 외로움과 고통의 분량이 부족하면 더 있어야 주님이 오실 지도 모른다. 그러나 분량이 차면 주님은 반드시 오신다. 힘들 때 엎드리라. 주님은 반드시 도우신다. 나중에 도우시는 것이 아니라 그 자리에 오셔서 등을 쓰다듬어 주신다. 엎드리는 것처럼 좋은 것이 없다. 주님은 약자에 약하시다.

올 해 말쯤에 나는 [낮아짐의 은혜]라는 책을 쓰려고 한다. 그것은 낮고 상한 마음이 천국에 이르는 지름길이라는 메시지를 좀 더 충분히 살펴보는 것이다. 높은 마음이 멸망과 지옥에 이르는 지름길이라는 것을 분명하게 밝히는 것이다.
적극적인 사고방식과 같은 마음으로는 천국에 이를 수 없다. 세상 철학을 따라가다 보면 잠시는 기분이 좋은 것 같지만 어느 사이에 영혼이 완악해지고 갈망을 잃어버리게 된다. 그것은 속는 것이다.
높은 마음만 조심한다면 우리는 지옥의 통로가 되지 않을 것이다. 우리는 주님을 아프시게 하지 않을 것이다. 주님께 버림을 받지 않게 될 것이다. 항상 낮은 마음으로 간절한 마음으로 산다면 우리는 주님과의 아름다운 교제를, 천국의 기쁨을 결코 잃어버리지 않게 될 것이다.

자꾸 미워지는 것, 자꾸 남이 꼴 보기 싫어지는 것, 자꾸 남의 단점이 보이는 것, 자꾸 짜증이 생기는 것, 쉽게 기분이 나빠지는 것.. 그러한 증상들은 그의 마음이 지금 높아져 있는 것을 보여주는 것이며 지옥의 영들이 그의 곁에서 어정거리고 있는 것이다.
나는 그러한 상태에 있는 이들이 어서 주님 앞에 엎드리기를 바란다. 그리고 마음이 높아진 것을 주님께 고백하고 회개하기를 바란다.
충분히 엎드리고 회개할 때 주님은 임하실 것이다. 그리고 그는 마음이 바뀌는 것을 느끼게 될 것이다. 주님이 임하시고 은총이 임할 때 사람은 마음의 생각과 느낌이 달라지게 된다. 세상은 아름답고 사람들은 아주 사랑스럽게 보이며 살아있는 지금 이 순간이 즐겁고 감사하고 영혼

속에서 감격과 희열이 치밀어 오르는 것을 경험하게 된다. 낮아짐과 회개가 있는 곳에는 항상 주님의 임재와 천국의 충만함이 있다. 당신이 지금 그러한 상태에 있다면 그것은 복스러운 것이다. 당신은 지금 천국의 문턱에 가까이 있는 것이다.

오직 낮은 마음을 품으라.
그리고 갈망을 유지하라.
그렇게 할 수 있다면
당신은 날마다 언제 어디서나
그러한 천국을 유지할 수 있을 것이다.
환경이 괴롭히고 사람들이 괴롭혀도
당신은 그 천국의 기쁨을 잃지 않게 될 것이다.

부디 낮은 마음으로 갈망하고 또 사모하며
우리 영혼을 언제나 주님의 임재로 채우자.
그 천국을 유지하자.
주님은 너무나 아름다우시며
사랑으로 가득하신 분이시다.
낮은 사람, 갈망하는 사람,
진정 사모함으로 엎드리는 사람은
그 영광의 주님,
그 영광의 구름 가운데 사로잡히게 될 것이다.
주님의 영광을 찬양하자.
할렐루야.

06. 8. 7
        낮아짐의 은혜 2권 끝.

도서구입신청

도서 구입을 원하시는 분들을 위한 안내입니다.

1. 도서 목록 확인

페이지를 넘기시면 정원 목사님의 도서 전권이 안내되어있습니다.
도서 목록을 참조하셔서 필요로 하시는 책을 선택하십시오.
각 도서의 자세한 목차와 내용을 원하시면 정원목사 독자 모임 카페의 [저자 및 저서소개] 코너를 참조하십시오. (http://cafe.daum.net/garden500)

2. 책신청

구입하실 도서를 결정하신 후에, 영성의 숲 출판사로 전화를 주세요.
(02-355-7526 / 010-9176-7526. 통화시간: 월~금 오전 9시~저녁 7시)
신청 도서 목록을 알려주시면 입금하실 금액을 안내해 드립니다.
신청하실 때는 책을 받으실 주소와 전화번호를 함께 알려주세요.
책신청은 전화 외에도 영성의 숲 홈페이지의 [책신청] 코너,
출판사 이메일(spiritforest@hanmail.net)을 사용하실 수 있습니다.

3. 송금

안내 받으신 도서 대금을 아래 계좌로 입금해 주세요.
(국민은행: 461901-01-019724, 우체국: 013649-02-049367, 예금주: 이혜경)
신청자 성함과 입금자 성함이 일치하지 않는 경우에는 입금자 성함을
꼭 알려주셔야 확인이 가능합니다.

4. 배송

입금 확인 후에 바로 발송 작업을 하는데, 발송후 도착까지 보통 2-3일 정도가 소요 됩니다. 책을 급하게 필요로 하실 경우에는 일반 서점을 이용해 주세요. 해외 배송을 원하시는 분은 총판을 담당하고 있는 생명의 말씀사로 문의해주시기 바랍니다. (생명의 말씀사 080-022-1211 www.lifebook.co.kr)

<기도 시리즈>

1. 하늘의 권능이 임하는 부르짖는 기도 1
영성의 숲. 373쪽. 13,000원 / 핸디북 10,000원
부르짖는 기도는 모든 기도의 형태 중에서 가장 기본적이고 중요한 기도입니다. 이 기도를 바르게 배우고 적용한다면 하늘의 권능이 임하는 것을 경험하게 되며 모든 면에서 강건한 그리스도인이 될수 있을 것입니다.

2. 하늘의 권능이 임하는 부르짖는 기도 2
영성의 숲. 444쪽. 15,000원 / 핸디북 11,000원
부르짖는 기도 1권은 발성의 의미, 능력과 부르짖는 기도의 전체적인 원리를 다루 었으며 2권은 부르짖는 기도의 실제로서 구체적인 기도의 방법과 적용원리를 다루고 있습니다. 3부에 수록된 다양한 승리의 간증은 독자님들에게 좋은 도전이 될 것입니다.

3. 대적기도의 원리와 능력
영성의 숲. 400쪽. 14,000원 / 핸디북 11,000원
대적기도 시리즈 1편. 대적기도는 주님께 간구하는 기도가 아니며 우리에게 주어진 권세와 능력을 발견하고 사용하여 능력과 승리를 경험하는 기도입니다. 이 기도를 알게 될 때 당신의 삶은 진정 달라지게 될 것입니다.
휴대를 위한 작은 사이즈의 핸디북도 있습니다.

4. 대적기도의 적용 원리
영성의 숲. 424쪽. 14,000원 / 핸디북11,000원
대적기도 시리즈 2편. 대적기도에도 원리와 법칙이 있습니다. 그 원리와 법칙을 잘 익혀서 실제의 삶에 적용한다면 우리는 풍성한 삶을 살 수 있습니다. 이 책에서는 그 원리들을 구체적으로 제시해 주고 있습니다.
휴대를 위한 작은 사이즈의 핸디북도 있습니다.

5. 대적기도를 통한 승리의 삶
영성의 숲. 452쪽. 15,000원 / 핸디북 12,000원
대적기도 시리즈 3편. 대적기도를 인간관계, 가정에서의 삶, 복음 전도와 사역에 구체적으로 적용하는 방법을 제시하였습니다. 여기서 제시된 원리를 잘 읽고 적용한다면 삶과 사역에 있어서 많은 변화와 승리를 경험할 수 있게 될 것입니다.
휴대를 위한 작은 사이즈의 핸디북도 있습니다.

6. 대적기도의 근본적인 승리 비결
영성의 숲. 454쪽. 15,000원 / 핸디북 12,000원
대적기도 시리즈 4편. 완결편. 1부에서는 악한 영들을 근본적으로 완전하게 제압하고 승리할 수 있는 원리와 비결을 제시하고 있습니다. 2부에서는 대적기도를 적용하고 경험한 성도들의 사례가 실려 있는데 이것은 각 사람의 적용과 승리에 좋은 참고가 될 수 있을 것입니다. 휴대를 위한 작은 사이즈의 핸디북도 있습니다.

7. 아름답고 행복한 기도의 세계
영성의 숲. 279쪽. 9,000원
〈기도업데이트〉의 개정판. 자연스럽고 편안하게 기도의 아름다움과 행복에 잠길 수 있도록 돕는 책입니다. 기다리는 기도, 듣는 기도, 안식하는 기도 등 다양하고 풍성한 기도의 원리들을 일상의 예화들을 통하여 쉽게 정리하였습니다.

8. 주님의 마음에 이르는 기도
영성의 숲. 309쪽. 10,000원
기도의 원리와 방법에 대한 200개의 조언을 담았습니다. 주님의 마음을 향하여 가는 것. 그것이 기도의 방향이며 목적임을 보여주는 책입니다.

9. 주님의 임재를 경험하는 길
영성의 숲. 308쪽. 10,000원
〈주님을 경험하는 100가지 방법〉의 개정판. 주님의 살아계심과 임재를 경험하기 위한 100가지의 실제적인 방법을 제시하고 있습니다. 사모하는 마음으로 이 방법들을 시도한다면 누구나 쉽게 그분의 역사를 경험하게 될 것입니다.

10. 예수 호흡기도
영성의 숲. 460쪽. 15,000원 / 핸디북 11,000원
호흡을 통한 기도가 주님의 임재와 영적 실제에 들어가는 중요한 비밀이며 열쇠임을 보여주는 책입니다. 이 책에 제시된 원리와 방법을 충실히 시도해 본다면 누구나 놀라운 변화를 경험하게 될 것입니다.

11. 방언기도의 은혜와 능력 1
영성의 숲. 459쪽. 16,000원 / 핸디북 12,000원
방언기도 시리즈 1편. 방언에 대한 성경적이고 균형잡힌 설명 뿐 아니라, 저자의 개인적인 경험과 간증, 방언을 받는 과정과 통역을 시도하는 과정에 대한 구체적인 설명, 여러 경험자들의 실례가 풍성하게 실려있어, 방언의 은혜에 대해 이해하고 적용하는 데에 실제적인 도움을 주는 책입니다.

12. 방언기도의 은혜와 능력 2
영성의 숲 403쪽. 14,000원 / 핸디북 11,000원
방언기도 2편에서는 방언과 통역이 발전해 나가는 과정과 그 영적인 의미를 깊이있게 다루었습니다. 방언의 가치와 의미를 바르게 이해하고 적용하게 될 때, 오래 동안 방언을 사용하면서도 주님의 은총를 누리지 못하던 이들이 주님의 가까우심과 아름다우심을 풍성히 경험하게 될 것입니다.

13. 방언기도의 은혜와 능력 3
영성의 숲 489쪽. 16,000원 / 핸디북 12,000원
방언 기도 시리즈의 결론적인 부분을 다룬 책입니다. 방언에 대한 부정적인 견해와 원인들, 방언을 통해 어떻게 부흥이 시작되는지, 은사의 바른 방향과 의미, 목적 등을 정리하였고, 전체적인 요약정리와 함께 경험자들의 구체적인 사례들을 첨부하여 실제적인 적용에 도움이 되도록 하였습니다.

<영성 시리즈>

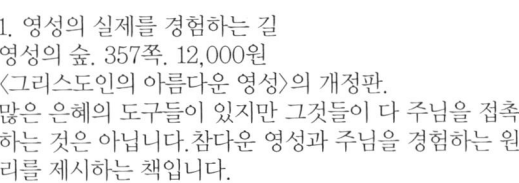

1. 영성의 실제를 경험하는 길
영성의 숲. 357쪽. 12,000원
〈그리스도인의 아름다운 영성〉의 개정판.
많은 은혜의 도구들이 있지만 그것들이 다 주님을 접촉하는 것은 아닙니다. 참다운 영성과 주님을 경험하는 원리를 제시하는 책입니다.

2. 생각의 자유를 경험하는 길
영성의 숲. 228쪽. 8,000원
〈그리스도인의 생각 다스리기〉의 개정판. 우리가 겪는 삶의 대부분의 고통들은 스스로 만들어낸 생각의 감옥에 지나지 않으며 생각을 분별하고 관리함으로써 풍성하고 행복한 삶을 살 수 있다는 메시지를 다양한 예화와 함께 설득력 있게 제시하고 있습니다. 많은 교회에서 훈련 교재로 사용되기도 했습니다.

3. 영성의 중심은 사랑입니다
영성의 숲. 243쪽. 8,000원
하나님의 은혜를 받아들이고 누림으로써 진정한 사랑과 따뜻함의 세계를 경험할 수 있도록 돕는 책. 신앙의 따뜻함과 아름다움을 회복하고, 영혼들을 이해하고 도울 수 있는 관점을 제시하고 있습니다.

4. 영성의 원리
영성의 숲. 319쪽. 11,000원
영성에도 원리가 있습니다. 이 책은 영성의 발전을 위한 다양한 원리들, 영의 흐름, 영의 인식, 영적 승리를 위한 중보 등의 원리를 실제적인 예와 함께 잘 설명해 줍니다. 영적 부흥과 충만함을 사모하는 이들에게 좋은 참고서가 될 수 있을 것입니다.

5. 문제는 주님의 음성입니다
영성의 숲. 227쪽. 9,000원
우리의 삶에 다가오는 여러가지 어려움들, 문제들은 우연이 아닙니다. 거기에는 주님의 배려와 가르치심이 있으며 반드시 우리가 배워야 할 것이 있습니다. 이 책은 그 문제들에서 주님의 뜻과 음성을 발견하는 원리를 가르쳐 주고 있습니다.

6. 영성의 발전은 어떻게 이루어지는가
영성의 숲. 254쪽. 8,000원
〈영성의 상담〉의 증보 개정판. 영성에 대한 여러 질문과 답변을 통해 다양한 영적현상의 의미와 삶 속에서 영적 성장을 이루는 구체적인 방법들을 소개하고 있습니다.

7. 지금 이 공간에 임하시는 주님
영성의 숲. 340쪽. 12,000원
주님은 믿을수 없을만큼 가까이 계시지만 사람들은 흔히 그분을 무시함으로 그의 임재를 소멸시킵니다. 이책은 그분의 가까우심과 구체적인 공간을 통한 임재, 나타나심을 경험할수 있도록 실제적인 지침을 제시하고 있습니다.

8. 심령이 약한 자의 승리하는 삶
영성의 숲. 228쪽. 9,000원
영혼의 힘이 약하고 마음이 여리고 민감하여 고통을 겪고 있는 이들을 위한 책. 영혼의 원리 및 기질과 사명을 이해함으로써 이전에 알지 못했던 자유와 해방과 놀라운 행복감을 누리게 될 것입니다.

9. 천국의 중심원리
영성의 숲. 452쪽. 14,000원
천국은 사후에만 갈 수 있는 장소가 아닙니다. 이 땅에 살면서 천국의 임재, 그 천국의 빛과 영광을 경험할 수 있습니다. 이 책에서는 내면세계의 천국을 경험하기 위한 길과 원리를 제시해 주고 있습니다.

10. 행복한 신앙을 위한 28가지 조언
영성의 숲. 348쪽. 12,000원
〈자유롭고 행복한 그리스도인 1〉의 개정판. 묶여 있고 창백한 의식의 틀을 벗어나, 자유롭고 풍성한 믿음의 삶으로 나아가도록 돕는 책입니다. 28가지 조언속에 행복한 신앙을 위한 영적 원리들을 담고 있습니다.

11. 성숙한 신앙을 위한 30가지 조언
영성의 숲. 340쪽. 12,000원
〈자유롭고 행복한 그리스도인2〉의 개정판. 의식이 바뀔 때 천국의 자유와 기쁨을 누릴 수 있음을 보여주는 책입니다. 묶여있는 사고와 습관, 잘못된 의식에서 해방되는 원리를 제시해 주고 있습니다.

12. 의식의 깨어남을 사모하라
영성의 숲. 239쪽. 9,000원
잠과 꿈과 깨어남의 실체를 보여주며 진정한 깨어있음의 세계로 인도하는 책입니다.
의식과 영혼을 깨우기 위한 방법과 원리들을 제시해 주고 있습니다.

13. 주님의 마음, 주님의 임재 속으로
영성의 숲. 348쪽. 12,000원
오늘날 주님의 마음에 대한 많은 오해가 있어서 주님의 깊으신 임재에 들어가지 못합니다. 이 책은 그 오해를 풀어주며 우리를 향한 주님의 사랑을 보여주고 그 사랑의 임재 속에 들어가는 길을 안내해주고 있습니다.

14. 영성의 발전을 갈망하라
영성의 숲. 292쪽. 10,000원
영성의 진리 시리즈 1편. 영성을 깨우고 발전시킬 수 있는 다양한 이야기, 원리, 법칙들을 묶은 36가지의 메시지가 수록되어 있습니다. 영혼의 각성에 도움이 되는 지식과 도전을 얻게될 것입니다.

15. 집회에서 흐르는 주님의 은혜
영성의 숲. 254쪽. 8,000원
이미 출간되었던 [집회 가운데 임하시는 주님]을 새롭게 개정하였습니다. 회원들의 간증을 줄이고 더 많은 분량을 추가하였습니다. 집회 가운데 나타나는 주님의 생생한 역사와 이에 관련된 여러 영적 원리를 기술하였습니다. 읽을수록 집회 현장에 있는 듯한 감동과 은혜를 얻을 수 있을 것입니다. 은혜를 사모하는 이들, 영성 사역에 관심이 있는 사역자들에게 좋은 참고가 될 것입니다.

16. 삶을 변화시키는 생명의 원리
영성의 숲. 348쪽. 값 12,000원
삶 속에서 열매를 맺을 수 있는 비결과 원리를 시편 1편의 말씀과 요한복음 15장의 말씀을 중심으로 제시하고 있습니다. 포도나무이신 주님과 가지로서 항상 연결되는 삶이 열매를 맺는 원리이며 은총의 비결인 것을 명쾌한 논지로 설명하고 있습니다. 신앙의 기초와 방향을 분명히 밝히는 책으로서 풍성한 삶과 승리하는 삶을 갈망하는 그리스도인들에게 귀한 도전이 될 것입니다.

17. 낮아짐의 은혜1
영성의 숲. 308쪽. 값 11,000원
쉽게 하나님의 임재를 경험하며 그 은혜 가운데 머무르는 사람이 있습니다. 그 은총의 비밀은 무엇일까요? 그 것은 바로 낮아짐이며 이를 통하여 주의 무한한 은혜와 천국의 풍성함을 누릴 수 있음을 본서는 증명합니다. 사람을 파괴하는 높아짐의 시작과 타락, 은혜의 회복, 열매의 풍성함 등을 다루고 있으며 누구나 그 은혜의 세계에 쉽게 이르도록 길을 제시하고 있습니다.

18. 낮아짐의 은혜 2
영성의 숲. 388쪽. 값 14,000원
낮아짐은 감추어진 비밀이며 천국의 문을 여는 보화입니다. 마귀는 낮아짐을 빼앗을 때 그 영혼을 사로잡을 수 있으므로 온갖 유혹으로 이 보화를 가로챕니다. 하나님은 천국의 풍성함을 주시기 위하여 낮아짐을 훈련하시며 인도하십니다. 2권은 적용을 주로 다루며 구체적으로 풍성한 은총을 누릴 수 있도록 권면하고 있습니다.

19. 그리스도를 갈망하는 삶
영성의 숲. 268쪽. 값 10,000원
부흥과 영적 깨어남, 영성의 다양한 원리에 대한 이야기. 삶 속의 이야기와 함께 자연스럽게 풀어서 정리하였습니다. 일상의 사소한 삶에서 영적 원리를 발견하고 적용하도록 도우며 그리스도에 대한 갈망이 증가되도록 도전하고 있습니다.

20. 영이 깨어날수록 천국을 누린다
영성의 숲. 236쪽. 값 8,000원
독자들과 일대일로 마주 앉아서 대화를 하듯이 영적 성장과 풍성한 삶을 누리는 원리에 대해서 메시지를 전달하고 있습니다. 사랑하는 삶, 영성의 깨어남에 대한 새로운 통찰력을 제공해주며 기쁨으로 주님을 따르는 길을 제시해줍니다.

<생활 영성 시리즈>

1. 주님과 차 한잔을
영성의 숲. 220쪽. 6,000원
신앙의 귀한 진리들, 주님을 사모하고 가까이 나아가는 데 도움이 되는 원리들을 유머를 통해 밝고 즐겁게 전달해주는 책입니다.
주님과 같이 차를 한잔 마시는 기분으로 부담없이 읽다 보면 자연스럽게 영적 통찰을 얻을 수 있을 것입니다.

2. 일상의 삶에서 주님을 의식하기
영성의 숲. 280쪽. 8,000원
일상의 사소한 삶 속에서 주님을 의식하며 살아가는 이야기. 신앙과 영성은 기도할 때만이 아니라 일상의 모든 삶 속에서 나타나야 한다. 작고 사소한 모든 일에서 주님을 의식하는 것이 진정한 행복의 원리인 것을 이 책은 보여주고 있습니다.

3. 일상에서 경험하는 주님의 사랑
영성의 숲. 277쪽. 8,000원
일상의 묵상 시리즈 2편. 사소한 일상의 삶에서 주님의 임재와 사랑을 느끼고 주님의 메시지를 경험하는 이야기. 항상 모든 것에서 주님의 마음과 시선으로 삶과 사람을 보고 느껴야 하며 이를 통해서 날마다 천국을 경험할 수 있음을 사소한 삶의 이야기를 통하여 부드럽게 전달해주고 있습니다.

4. 삶이 가르치는 지혜
영성의 숲. 212쪽. 6,000원
〈삶이 가르치는 지혜〉의 개정판. 우리의 삶에서 경험하는 많은 즐거운 일, 힘든 일들이 결국 우리 영혼의 성장을 위하여 주어진 일임을 보여줍니다. 가슴을 따뜻하게 하는 소박한 이야기들을 통해서 사랑의 중요성을 다시 한번 깨닫게 합니다.

5. 사랑의 나라로 가는 여행
영성의 숲. 156쪽. 5,000원
〈사랑의 나라〉의 개정판. 어른들을 위한 우화로서 한 청년이 여행을 통하여 삶의 목적과 방향을 깨달아 가는 과정이 흥미진진하게 전개되고 있습니다. 즐겁게 이야기를 읽어나가다보면 영적 성장의 방향과 중심, 영적 세계의 에너지와 원리, 흐름을 이해하는데 도움이 될 것입니다.

6. 하나님의 뜻을 발견해 가는 여행
영성의 숲. 269쪽. 신국판 변형 8,000원
성경에 등장하는 입다, 다윗, 암논의 삶과 사건들을 통하여 하나님의 아버지 마음과 하나님의 의도와 훈련을 이해하고 발견하도록 안내하는 책입니다. 등장인물들의 마음과 정서가 드라마처럼 녹아있어 흥미와 감동을 전달해 줍니다.

7. 일상에서 경험하는 주님의 은혜
영성의 숲. 253쪽. 값 8,000원
일상시리즈 3편입니다.
가족 이야기, 모임 이야기, 일상에서 경험하는 여러 가지 일들을 통해서 영적 원리와 교훈을 정리하였습니다.
일기와 이야기 형식으로 기록되어 있어서 즐겁게 읽는 가운데 주님과 같이 걷는 삶의 흐름 속으로 들어갈 수 있게 될 것입니다.

<묵상 시리즈>

1. 맑고 깊은 영성의 세계를 향하여
영성의 숲. 140쪽. 5,000원.
잠언시리즈 1편. 내 영혼의 잠언1을 판형을 바꾸어 새롭게 만들었습니다. 순결하고 맑은 영혼으로 성장하기 위한 진리의 묵상들이 간결하게 정리되어 있습니다.

2, 주님은 생수의 근원 입니다
영성의 숲. 196쪽. 6,000원
<내 영혼의 잠언2>의 개정판. 맑고 투명한 영성의 세계로 안내하는 영성 잠언집. 새벽녘의 신선하고 향긋한 바람처럼 우리 영혼을 달콤하게 채워주는 묵상의 글들을 모아서 정리했습니다.

3. 묻지 않는 자에게 해답을 던지지 말라
영성의 숲. 156쪽. 5,000원
삶과 사랑과 영혼의 진리를 담은 잠언 시집.
인생의 의미와 진리, 영성의 발전과정을 예리하면서도 부드러운 시각으로 표현하고 있습니다. 불신자에 대한 전도용으로도 좋은 책입니다.

4.영혼을 깨우는 지혜의 샘물
영성의 숲. 180쪽. 6,000원
<영적 성숙으로 향하는 여행>의 개정판
인생, 진리, 마음, 영성 등 중요한 8가지의 주제에 대한 짧은 묵상을 담았습니다. 맑은 샘물이 흐르듯이 간결한 지혜의 메시지가 영성을 일깨워주는 책입니다.

낮아짐의 은혜 2

1판 1쇄 발행	2008년 8월 10일
1판 7쇄 발행	2018년 1월 20일
지은이	정원
펴낸이	이혜경
펴낸곳	영성의 숲
등록번호	2001. 7. 19 제 8-341 호
전화	02 - 355 - 7526 (영성의 숲)
핸드폰	010 - 9176 - 7526 (영성의 숲)
E - mail	spiritforest@hanmail.net (영성의 숲)
홈페이지	cafe.daum.net/garden500 (정원목사 독자 모임)
	cafe.naver.com/garden500 (정원목사 독자 모임)

국민은행	461901 - 01 - 019724
우체국	013649 - 02 - 049367
예금주	이혜경

총판	생명의 말씀사
전화	02 - 3159 - 8211
팩스	080 - 022 - 8585,6

값 14,000원
ISBN 978 - 89 - 90200 - 53 - 2 04230
ISBN 978 - 89 - 90200 - 51 - 8 04230 (세트)